범죄피해자 보호제도론

원혜욱 · 손진 · 홍민지 · 김재희 · 박상민 · 박경규 공저

fides 도서출판

머리말

범죄피해자는 형사사법체계를 통한 실체적 진실발견의무 및 범죄예방의무와 사회보장의무라는 측면에서 국가의 조력을 받아야 할 권리를 부여받는다. 이에 범죄예방의무의 불이행 또는 범죄예방실패에 대한 국가의 책임은 범죄피해자에 대한 사회보장의무의 이행으로 실현되어야 하는 것이고, 범죄피해자가 국가에 대하여 법적 · 경제적 · 정신적 지원을 받을 권리는 정당화되는 것이다. 그러나 그동안 형사절차에서 인권보장은 범죄자(피의자/피고인) 중심으로 논의되어 왔기 때문에 2000년대 초반까지 우리나라에서 범죄피해자는 거의 관심의 대상이 아니었다. 이에 범죄피해자에 대한 체계적인 보호 · 지원도 충분하게 이루어지지 않았다. 이렇듯 국가의 범죄피해자보호에 대한 정책의 미비로 인하여, 강력범죄 등 사회적으로 관심을 받게 되는 범죄가 발생할 때마다 그 피해자에 대한 지원이 거의 이루어지지 않은 점에 대한 비판과 반성이 거듭되곤 하였다.

범죄피해자보호정책에 대한 반성적 고려에 의해 2005년 12월 '범죄피해자 보호 · 지원의 기본 정책 등을 정하고 타인의 범죄행위로 인하여 생명 · 신체에 피해를 받은 사람을 구조함으로써 범죄피해자의 복지 증진에 기여함'을 목적으로 하는 「범죄피해자보호법」이 제정되었고, 그에 따라 국가 및 지방자치단체의 책무가 규정됨으로써 범죄피해자 보호 · 지원에 대한 새로운 장이 열리게 되었다. 그러나 범죄피해자보호법이 제정 · 시행되고 있음에도 불구하고 범죄피해자 지원기관 및 지원체계의 비효율성과 국가, 지방자치단체 및 민간지원기관 간의 상호연대의 미흡함이 문제로 지적되고 있다. 이에 국가 · 지방자치단체 · 민간기관 간의 범죄피해자 보호 · 지원을 위한 역할 분담, 상호협력체계 및 재정조달방식 등을 조사 · 분석하여 범죄피해자 보호 · 지원을 위한 합리적인 지원체계를 구축할 수 있는 방안의 모색이 필요하게 되었다.

이 책은 이러한 필요성에 의해 범죄피해자 보호 · 지원제도에 관심을 가지고 있는 6명의 학자가 모여 논의하고 연구한 결과물이다. 이 책에서는 특히 우리나라 제도의 개선방안을 모색하기 위해 외국의 제도를 분석하는 작업을 진행하였다. 한국은 원혜욱 교수, 영국과 뉴질랜드는 손진 박사, 미국은 홍민지 박사, 일본은 김재희 박사, 독일은 박상민 박사, 오스트리아는 박경규 박사가 자료를 취합하여 분석하였다.

영국의 경우, 민간단체들의 자생적인 노력을 국가차원에서 수용하면서 중앙집중화되어 오다가 2014년을 기점으로 중앙정부와 지방경찰위원장이 책임을 분담하는 이원적 형식으로 변화되고 있다. 영국과 비슷하게 민간을 중심으로 성장해온 뉴질랜드는 강력한 중앙집중적 체계를 유지하고 있다.

미국의 경우, 주정부 차원의 재정적 보상으로 시작되어 연방정부 주도의 피해자지원센터를 중심으로 각 주정부와 지역사회 및 다수의 민간단체에 의해 다양한 프로그램이 제공되고 있다. 피해자들에 최대한 가까운 곳에서 피해자들의 삶을 재건하는데 실질적 도움을 주는 제도를 구체적으로 소개하였다.

일본의 경우, 경찰청 중심의 관주도적인 지원체제와 전국범죄피해자지원네트워크 및 그 가맹지원센터의 구조로, 우리나라의 법무부 중심의 관주도적 지원과 범죄피해자지원센터의 모델이기도 하다.

독일의 경우, 민간단체가 범죄피해자지원에서 선도적 · 중심적 역할을 하고 여기에 국가의 각종 지원제도들이 상호간에 적절하게 연계되어 탄탄한 시스템을 갖추고 있다.

오스트리아의 경우, 민간단체에서 시작되어 국가가 재정적으로 지원하는 형태로 발전되었고, 전반적으로 연방정부에 주된 권한이 있지만 지방의 자율성도 인정하면서 각 연방정부 부처, 연방과 주 및 민간단체의 협력을 꾀하고 있다.

범죄피해자 보호는 법질서를 준수하는 국민을 보호하는 일이라는 인식이 확대되면서 전 세계는 피해자의 아픔을 공감하고 고통을 덜어주기 위한 다양한 사회안전망을 구축해 가고 있다. 제한된 예산으로 수행하는 국가적 과업인 만큼, 우리나라의 범죄피해자 보호 · 지원체계가 효과적으로 운영되고 있는지, 그 문제점과 해결방안은 무엇인지를 탐색하기 위한 비교법적 연구는 상당한 의미를 가지고 있다. 우리나라에 많이 소개되기는 했지만 단편적으로만 알려진 영국, 뉴질랜드, 일본을 비롯하여 잘 알려지지 않은 미국, 독일, 오스트리아의 현황을 비교법적으로 연구한 이 자료가 우리나라의 제도 개선에 도움이 되기를 바란다.

저자들 중에는 범죄피해자 보호 · 지원제도에 대해 권위적인 위치에 있는 분도 있고, 상당기간 연구과제로 삼았던 분도 있으며, 이번 연구를 통해 새롭게 접한 분도 있다. 하지만,

서로의 부족함을 정보공유와 토론, 그리고 상호지지로 보완하며 수행한 흥미롭고 뜻깊은 공동연구였다. 범죄피해자 제도에 관한 학문적 성찰로 시작하여 한 권의 책으로 출판되기까지 함께 한 저자들은 서로에게 감사드린다.

이 연구가 여기까지 올 수 있었던 배경에는 대표저자의 정성과 배려가 있었다. 공동저자들의 글을 기다리고 가다듬으며 부드럽고 따뜻한 학자로서 성숙함을 보여주셨을 뿐만 아니라, 후학들의 연구를 존중하고 지지하며 방향을 제시하는 나침반이 되어주셨다. 공동저자들은 이 자리를 빌어 대표저자이신 원혜욱 교수께 하염없는 감사를 표한다.

이 책을 간행하는데 적극적으로 도움을 주신 피데스출판사 신창동 사장님께 감사를 드린다. 피해자보호제도라는 생소한 분야를 설명하기 위해 많은 도표와 그림이 이 책의 상당한 부분을 차지하고 있어서 작업과정이 쉽지 않았을 것인데도, 꼼꼼하게 이 책의 편집을 맡아주신 김상인 실장님과 디자인을 담당한 김혜진님에게도 진심으로 감사를 드린다.

또한 범죄피해자 보호 · 지원제도의 개선방안을 모색하기 위해 필진에게 연구를 위탁하여 이 책의 토대를 만들어 준 법무부 인권구조과, 직 · 간접적으로 연구에 도움을 준 많은 한국형사법학회 및 피해자학회 회원 여러분들께 감사드린다.

부디 이 책이 피해자학, 특히 합리적인 범죄피해자 보호 · 지원체계의 구축방향을 모색하고 연구하는데 일조하기를 바라며 …….

2018년 12월 저자 일동

목 차

제3장 뉴질랜드의 범죄피해자 보호 · 지원제도

제4장 미국의 범죄피해자 보호 · 지원제도

제5장 일본의 범죄피해자 보호 · 지원제도

제6장 독일의 범죄피해자 보호·지원제도

제7장 오스트리아의 범죄피해자 보호 · 지원 제도

제8장 각국 제도의 비교 검토

제 1 장 한국의 범죄피해자 보호·지원제도

Ⅰ. 개 관

1. 의 의

'범죄피해자보호'는 피해자의 법적 지위를 확립하고 피해자에게 필요한 것을 제공하기 위한 국가, 공공단체 및 민간단체의 노력이라고 할 수 있다. 따라서 범죄피해자보호는 형사사법절차에서 피해자의 법적 지위의 확보, 피해자보호를 위해 실시하는 적절한 조치, 피해자의 자립과 재활을 위한 지원 및 범죄의 고통을 완화하게 하는 국가 또는 공공단체·개인 또는 민간단체의 활동에 의해 이루어진다.[1] 범죄피해자에 대한 지원은 단순히 국가에 의한 범죄피해자에 대한 물질적·경제적 지원만을 의미하는 것이 아니라 범죄피해자가 처해있는 어려운 상황에서 신속하게 구제하는 지원도 포함된다. 이러한 지원을 위해서는 범죄피해발생 시점으로부터 신속한 국가의 개입을 요하며, 의료적 지원, 수사/법률지원 및 상담지원 등의 지원제도가 마련되어야 하고 이들 제도간 연계성이 확보되어야 한다.[2]

2. 범죄피해자의 개념

범죄피해자는 일의적으로 개념짓기 어려운 다양한 형태로 나타나고 있다. 즉 범죄피해자는 가해자 및 범죄행위와 관련시켜 고찰되어질 수 있을 뿐 아니라 범죄의 규제나 법정책 또

---

1) 장규원, 우리나라 범죄피해자 지원제도의 발전방향, 피해자학연구 제13권 제1호, 2005, 237면.

2) 박미숙, 형사사법모델간 피해자보호 프로그램 비교분석: 미국의 모델을 중심으로, 한국형사정책연구원, 2005, 162면.

는 범죄학적 탐구와 관련하여 고찰되어질 수도 있다. 이에 따라 범죄피해자 개념은 크게 다음과 같이 네 가지로 나누어 고찰할 수 있다.[3)]

① 범죄피해자개념을 최협의로 이해하는 견해는 형식적 범죄 개념에 근거하여 법률적인 관점에서 피해자를 파악한다. 이에 의하면 범죄피해자란 '법률상 범죄가 성립되는 경우의 범죄인의 상대방인 자'가 되며, '범죄행위에 의하여 침해당하거나 그런 위험성이 있는 법익의 귀속주체'가 된다.

② 범죄피해자개념을 협의로 이해하는 견해는 실질적 범죄개념에 근거하여 법률의 불비나 절차상 묵인될 수 있는 행위에 의한 것이라 할지라도 그 행위에 의해 법익을 침해당한 사람도 피해자에 포함된다고 한다.

③ 범죄피해자개념을 광의로 이해하는 견해는 피해자를 범죄와 분리하여 그 독자성을 강조한다. 이에 의하면 법익을 침해당한 자에 국한하지 않고 그와 관련을 맺고 있는 자(예를 들면 그의 가족)까지 피해자범위에 포함된다고 한다.

④ 범죄피해자개념을 최광의로 이해하는 견해는 1975년 국제피해자학연구회에서 행한 Mendelson의 특별강연에서 '에너지에 의한 피해자, 산업재해에 의한 피해자, 자연계에 있어서의 피해자도 포함되어야 한다'고 한 것과 더 나아가서 교통사고, 노동재해, 붕괴가정, 민족모살 등에 의한 피해자도 포함되어야 한다고 한다. 또한 피해는 누구에 의하여 발생하였는가를 묻지 않고 스스로 자초한 피해까지도 포함하며, 부주의한 운전에 의하여 스스로 발생시킨 자상, 그리고 자살까지도 피해에 포함시키고 있다.

범죄피해자는 헌법에 의하여 보장되어 있는 기본적인 인권을 개인 또는 사회, 국가에 의하여 침해를 당한 사람 및 사람들의 조직체로 파악함이 타당하므로 직접적으로 범죄행위 또는 결과를 경험한 직접 피해자와 고통과 손실을 겪었으나 직접적으로 범죄에 관련되거나 해를 당하지 않은 간접피해자도 포함시켜야 할 것이다.[4)] 이는 우리나라의 범죄피해자보호법에서도 나타나고 있는데, 동 법에 의하면 피해자구조금 청구권을 사망한 피해자의 가족에게도 인정하고 있다. 그러나 이에 대해 헌법재판소는 '피해자'란 범죄로 인하여 일정한 법익을 침해 또는 위협당한 자라고 일반적으로 정의하고 있으며, 피해자는 '직접적인 보호법익의 주체가 되는 자'이지 '간접적인 사실상의 이해관계가 있을 뿐인 자'는 제외하고 있다.[5)]

---

3) 권문택, 형법학 연구, 1985년, 5면; 오재환, 피해자의 위치와 조망, 한국형사정책연구원, 1991년, 28면 이하.

4) 박종렬/노상욱, 우리나라의 범죄피해자 지원제도에 관한 연구, 법학연구 제33집, 2009년, 360면.

3. 연 혁

우리나라는 범죄피해자 보호를 위한 입법으로 1987년 「범죄피해자구조법」을 제정하여 국가의 범죄피해자 구조금 지급을 제도화하였고, 「특정강력범죄의 처벌에 관한 특례법」 및 「성폭력범죄의 처벌 및 피해자보호 등에 관한 법률」 등에서 피해자보호에 대한 방안들을 마련하였다. 그러나 최근 우리 사회에서 아동을 대상으로 하는 강력범죄가 심각한 사회문제로 제기됨에 따라 범죄피해자보호에 대한 관심이 고조되었다. 특히 2009년 발생한 소위 '조두순 사건'의 피해아동은 장기간 범죄로 인한 정신적, 육체적 고통에 대한 치료가 필요한 상황이었다. 그럼에도 범죄피해에 대한 치료가 제대로 이루어지지 않았던 것이 사실이다. 이에 법무부에서는 범죄피해자에 대한 적절한 치료비 지원 및 의료지원을 위해 「범죄피해자보호법」의 개정작업과 범죄피해자보호기금을 마련하기 위한 새로운 법안의 제정작업에 착수하였다. 이러한 과정을 거쳐 「범죄피해자보호법」과 「범죄피해자보호기금법」이 2010년 4월 21일 국회 본회의를 통과하여 2010년 5월 14일 공포되었다. 범죄피해자보호법은 기존의 「범죄피해자구조법」을 통합하면서 범죄피해의 범위를 확대하는 등 범죄피해자 보호를 위한 제도를 전반적으로 보완하는 방향에서 전면 개정이 이루어졌다. 범죄피해자보호기금법은 범죄피해자 보호 및 지원에 필요한 재원을 안정적으로 확보할 수 있도록 범죄피해자보호기금의 설치를 주요 내용으로 하여 제정된 법률이다. 이는 우리 사회에서 범죄자에 대한 처벌도 중요하지만 범죄피해자에 대한 보호 역시 해결해야 할 주요한 과제임을 천명한 것이다.

5) 헌법재판소 90헌마1 결정

Ⅱ. 현행법상의 범죄피해자 보호 · 지원제도

1. 개 요

우리나라에서는 1980년대에 들어서면서 범죄피해자가 형사절차에 의하여 입게 되는 2차적 피해를 방지하고자 하는 논의가 활발하게 진행되었다. 이와 같은 논의는 형사소송절차에서 수동적으로만 관여할 수 있었던 피해자를 보호하기 위한 소위 '증인보호'로부터 출발하였다. 그 후 피해자 등이 범죄에 의해 발생한 손해를 신속하고 간편하게 회복할 수 있는 손해회복의 실현, 형사절차에 있어서 정보권의 보장, 형사절차의 참여권 등으로 점차 확대되었다.[6] 2007년 형사소송법 개정을 통하여 그동안 논의되었던 피해자보호를 위한 관련규정을 개정·신설하였다. 개정 형사소송법은 재정신청 대상범죄의 전면적 확대, 형사사건의 처리결과 및 진행과정에 대한 정보제공요구권, 공판기록 및 재판확정기록의 열람 · 등사권, 피해자 등의 진술권, 신뢰관계 있는 자의 동석권, 피해자 진술의 비공개 등에 관한 사항을 개정 · 신설함으로써 형사절차에서도 피해자보호를 위한 내용을 대폭 강화하였다. 이와 같은 형사소송법의 피해자보호에 관한 규정은 형사피해자에 대한 과거의 인식이 긍정적인 방향으로 선회하고 있음을 나타내고 있다. 이는 비록 소송당사자는 아닐지라도 범죄피해자를 적어도 형사소송절차에서의 이해관계자로 이해하려고 하는 노력에서도 알 수 있다. 더욱이 범죄피해자의 적극적인 소송참여는 형사소송의 이념적 목표이기도 한 실체적 진실발견을 보다 용이하게 해 줄 수 있다는 점에서도 긍정적으로 평가된다.[7]

우리나라에서 범죄피해자에 대한 배려가 없었던 것은 아니었다. 그러나 대부분의 범죄피해자들이 형사절차에 참여하여도 이익이 없다는 사고가 팽배하여 수사와 재판에 협조하지 않았던 것이 현실이었다. 이러한 문제들을 구체적으로 해결하기 위해 피해자보호를 위한 개선방안들이 연구되었으며, 그 대표적인 것이 2004년 9월 1일 법무부에서 발표한 '범죄피해자 보호 지원강화를 위한 종합대책'이다. 이를 계기로 2005년 범죄피해자의 권리장전이라 할 수 있는 「범죄피해자보호법」이 제정되었고, 2010년에는 범죄피해자구조법이 범죄피해자보호법에 흡수 · 통합되는 등 전면 개정이 이루어졌고, 2011년에는 범죄피해자기금이 설립되는 등

---

6) 원혜욱, 아동성폭행 피해자의 진술권, 저스티스 제115호, 2010년, 9면.

7) 김봉수, 새로운 형사재판에서 피해자의 권리보호, 피해자학연구 제16권 제1호, 2008년, 295면.

지속적으로 범죄피해자보호제도가 확대되었다. 2013년도에는 전국 주요도시에 피해자국선전담변호사가 지정되고, 2018년도에 청주, 울산에 피해자심리치료 전문시설인 스마일센터가 개소함으로써 서울, 부산, 인천, 광주, 대전, 대구, 전주, 춘천, 수원, 의정부를 포함하여 전국 13개 지역에 범죄피해자에 대하여 전액 무료로 심리치유를 전문적으로 할 수 있는 센터가 설립되었다.

2. 형사소송법 및 형사소송규칙

1) 피해자 진술권

형사소송법은 제294조의2에 피해자 진술권에 대해 "법원은 범죄로 인한 피해자 또는 그 법정대리인의 신청이 있는 때에는 ① 피해자 등이 이미 당해 사건에 관하여 공판절차에서 충분히 진술하여 다시 진술할 필요가 없다고 인정되는 경우, ② 피해자 등의 진술로 인하여 공판절차가 현저하게 지연될 우려가 있는 경우를 제외하고 그 피해자 등을 증인으로 신문하여야 한다"고 규정하고 있다. 이는 형사절차에 있어서 피해자의 인격권과 정당한 권리가 당연히 보장되어야 한다는 인식이 확대된 결과라 할 것이다. 피해자의 의견진술권 보장은 피해자가 주도권을 가지고 형사절차에 참여할 수 있는 길이 열렸다는 점에서 그 의의를 찾을 수 있다.[8] 피해자의 절차참여는 형사사법에 대한 신뢰증진 및 피해자의 만족도 제고에 매우 커다란 영향을 미친다. 전통적인 형사소송절차에서 피해자는 고소인 또는 증인으로만 절차에 참여하는 소극적 간접적 변수에 불과했지만, 피해자의 절차참여를 통해 피해자도 일정 범위 내에서는 주체적으로 절차에 관여할 수 있게 된 것이다.[9]

그러나 헌법상 피해자에게 보장된 형사절차상 권리인 피해자 진술권을 형사소송법은 공판단계에서 증인신문의 방법으로만 진술할 수 있는 권리로 규정하고 있어 피해자가 적극적으로 자신의 의견을 주장하고 범죄피해자로서 보호되어야 하는 피해자의 '권리'로서의 성격은 찾아보기 어렵다. 피해자의 진술권은 피해자에게 자신의 이익이나 주장을 형사절차에 적절하게 반영할 수 있는 기회의 제공을 목적으로 헌법상 인정된 제도이다. 현행 형사소송법이 규정하고 있는 통상의 증인신문절차와는 그 성질을 명백히 달리하는 것이이므로 형사소

8) 박상식, 범죄피해자의 의견진술권에 관한 연구, 피해자연구 제14권 제1호, 78면.
9) 김용세/윤민석, 개정 형사소송법의 범죄피해자 보호규정, 피해자학연구 제15권 제2호, 141면.

송법의 규정은 피해자 진술권의 헌법적 성격에 비추어 볼 때 타당하지 않다. 이렇듯 형사소송절차에서의 피해자진술권에 대한 문제가 지속적으로 제기되자 형사소송법이 아닌 형사소송규칙의 개정을 통해 피해자 진술권을 보장하고자 하는 작업이 진행되었다. 즉, 2015년 개정된 형사소송규칙은 제134조의10을 신설하여 "법원은 필요하다고 인정하는 경우에는 직권으로 또는 법 제294조의2 제1항에 정한 피해자 등의 신청에 따라 피해자 등을 공판기일에 출석하게 하여 법 제294조의2 제2항에 정한 사항으로서 범죄사실의 인정에 해당하지 않는 사항에 관하여 증인신문에 의하지 아니하고 의견을 진술하게 할 수 있다."고 규정하였다. 그러나 개정된 규칙의 내용 역시 '범죄사실의 인정에 해당하지 않는 사항'이라는 제한을 둠으로써 피해자의 진술권을 온전한 권리로 인정하고 있다고 보기는 어렵다. 피해자 진술은 피해자가 범죄과정에서 겪은 영향을 진술하는 것으로 범죄사실 자체와 범죄피해 이후 자신의 생활상의 고통에 관한 사항이나 가해자에 대한 처벌의사를 밝히는 것이다. 따라서 피해자 진술권은 형사소송법에 별도의 절차에 의해 보장되어야 한다.

2) 심리의 비공개

공개된 장소에서 수사하고 재판한다면 피해자의 얼굴이 여기저기 공개될 수 있다. 피해자의 얼굴공개는 한마디로 피해자를 사회에서 매장시키는 첫걸음이라 할 수 있다. 따라서 비공개로 수사와 재판이 진행될 필요성이 크다고 할 것이다. 성폭력범죄는 다른 범죄와는 달리 피해자임에도 얼굴이 공개되는 것을 두려워하는 경우가 많다. 더욱이 아동 성폭행 피해자의 얼굴은 절대 공개되어서는 안 될 것이며, 부득이 공개해야 할 경우에는 최소한으로 제한되어야 할 것이다.[10] 이에 성폭력범죄처벌등에관한특례법 제22조에 심리의 비공개를 규정하고 있으며, 개정 형사소송법 역시 피해자의 법정진술권을 실질적으로 보장하기 위하여 필요한 경우에 피해자인 증인에 대한 심리과정을 공개하지 아니하는 제도를 도입하였다(제294조의3). 피해자 진술의 비공개는 단지 피해자의 절차참여 욕구를 실질적으로 보장하는 취지를 넘어, 사건을 직접 경험한 피해자가 자유로이 진술할 수 있는 환경을 조성함으로써 실체진실의 발견에 기여한다는 의미를 지닐 수 있다.[11]

---

10) 문영희, 아동 성폭력 피해자 보호를 위한 형사절차에 관한 제도적 개선방안, 인권복지연구 제4호, 93면.
11) 김용세/윤민석, 앞의 논문, 143면.

3) 비디오 등 중계장치에 의한 증인신문

비디오 중계방식에 의한 증인신문이란 법정 이외의 장소에 있는 증인과 신문자가 모니터를 통하여 서로를 보면서 신문·진술하는 방식을 말한다. 증인에게 가해질 수 있는 심리적 압박감을 해소하고 명예의 침해를 방지하기 위한 제도로서 피고인이나 방청객 등의 시선을 차단하는 것에 그치지 않고 법정이라는 장소적 제약마저 해소함으로서 보다 안정적인 상황을 보장할 수 있는 신문방식이다.[12] 영상 및 음향 송수신 장치를 이용하여 증인을 신문하는 경우에 그 신문과정을 녹화하는 것은 얼마든지 가능하다. 이러한 상황이라면, 증인의 인권보호를 위해서 동일한 내용을 되풀이하여 진술할 것을 강요할 필요가 없다. 더욱이 피해자인 증인에 대해 자신의 피해체험을 반복하여 회상하게 하는 것은 피해자 보호의 취지에도 적합하지 못하다. 이에 개정 형사소송법은 성폭력범죄의 피해자에게만 인정되었던 비디오 등 중계방식에 의한 신문을 성폭력 범죄의 피해자 이외의 범죄피해자에 대해서도 도입하였다(제165조의2). 다만, 형사소송법은 일본 형사소송법 제321조의2와는 달리 비디오 등 중계장치를 이용한 증인신문의 과정을 기록한 영상녹화물의 증거능력에 관한 규정은 두고 있지 않다.

4) 신뢰관계자의 동석

범죄로 인하여 심각한 정신적 타격을 입은 사람의 경우에는 증인으로 법정에서 신문을 받게 된다면 불안이나 긴장으로 인해 충분히 진술하기 어려운 것은 물론이고, 피해자인 증인에게는 법정에 출두하여 진술을 요구받는 것 자체가 제2차 피해자화의 요인으로 작용할 가능성도 있다. 이에 변호사・심리치료사 등 관계전문가 또는 피해자 등이 신뢰할 수 있는 사람이 함께 법정에 출두하여 불안과 긴장을 완화해 주고 정신적 상처를 받지 않도록 보호할 필요가 있다. 예컨대 법정에 동석한 보호자가 신문내용을 쉬운 말로 전달하거나 상담사가 조언을 하는 것 등을 상정할 수 있다.[13] 형사소송법은 증인신문과정에서 피해자의 심리적 안정을 유지하는 등으로 2차적인 정신적 피해자를 막기 위해 성폭력범죄 등과 같은 특별범죄에 국한되었던 '신뢰관계 있는 자의 동석제도'를 일반범죄의 경우에까지 전면적으로 확장하였다(제163조의2). 특히 동 규정 제2항에는 "피해자가 13세 미만이거나 신체장애 또는 정신장애로 인하여 사물을 변별하거나 의사를 결정할 능력이 미약한 경우에 재판에 지장을 초래할 우려가 있는 부득이한 경우가 아닌 한 피해자와 신뢰관계에 있는 자를 동석하게 하여

---

12) 김용세/윤민석, 앞의 논문, 149면.

13) 김용세/윤민석, 앞의 논문, 143면.

야 한다"고 규정함으로서 특정한 피해자에 대한 신뢰관계 있는 자의 동석은 의무사항으로 규정하고 있다. 그러나 동석자는 신문 또는 진술에 영향을 미치지 않는 범위 내에서 증인을 보조하고 증인의 불안이나 긴장을 해소하기 위해 휴정을 요청하는 등의 행위를 할 수 있지만 증인신문에 대해 이의를 제기하는 등 절차진행에 적극 개입하는 것은 허용되지 않는다. 비디오 등 중계장치에 의하여 증인을 신문하는 경우에도 필요하다고 인정되는 때에는 신뢰관계에 있는 자로 하여금 증언실에 함께 들어가 증인과 동석하게 할 수 있다(형사소송규칙 제84조의7 제1항). 피해자를 위한 신뢰관계자의 동석은 검사 또는 사법경찰관이 피해자를 조사하는 경우에도 허용된다(형소법 제221조 제3항).

피고인과 동석할 수 있는 신뢰관계 있는 자의 범위에 대한 규정(형사소송규칙 제126조의2)과는 달리 피해자를 위한 동석제도에서 신뢰관계 있는 자의 범위에 대해서는 구체적인 언급이 없다. 물론 형사소송규칙 제126조의2를 유추적용할 수도 있겠으나, 피고인과 피해자의 차이를 감안하고 더 나아가 구체적인 피해자보호를 위해서는 피해자를 위한 신뢰관계자의 범위 및 선정방법 및 동석한 신뢰관계 있는 자가 증인신문과정에서 어떠한 역할과 활동을 할 수 있는지에 대해서도 구체적인 기준을 제시하는 것이 피해자보호를 위한 실질적인 방안이 될 것이다.[14]

5) 변호인의 조력을 받을 권리

피해자가 형사절차에서 자신에게 주어진 권리를 적절히 행사하기 위해서는 변호인의 도움을 받을 필요가 있다. 범죄피해자에게 변호인의 조력을 받을 권리가 보장되는 것은 피해자보호 뿐만 아니라 실체진실의 발견을 위해서도 필요한 것이다. 이를 위해서 범죄피해자에게도 변호인선임권이 보장되어야 하고, 피해자가 증인으로서 신문을 받는 경우뿐 아니라 법원 또는 검찰에서의 신문을 받는 경우까지 포함하여 원칙적으로 모든 피해자에게 변호인의 조력을 받을 권리가 보장되어야 할 것이다.[15] 현재에는 피해자의 대리인으로서의 역할정도만 인정되고 있는 성폭력범죄의처벌등에관한특례법 제27조 및 아동청소년의성보호에관한법률 제30조 제2항에 근거한 성폭력피해자에 대한 국선변호사제도도 향후에는 모든 범죄피해자에 대해 확대해야 할 필요가 있다. 즉, 피의자에 대한 필요적 국선변호사제도와 비교할 때 여전히 피해자에 대해서는 변호사의 도움이 미흡한 실정이므로 제도의 확대가 필요하다.[16]

14) 김봉수, 위의 논문, 284면.
15) 류전철, 개정 형사소송법 투영된 피해자 상, 피해자학연구 제16권 제2호, 2008년, 63면.
16) 김현철, 범죄피해자구조금제도 개선에 관한 연구, 서울대학교 박사학위논문, 2015년, 153면.

3. 범죄피해자보호법

1) 개 요

범죄피해자보호법의 목적은 범죄피해자 보호·지원의 기본 정책 등을 정하고 타인의 범죄행위로 인하여 생명·신체에 피해를 받은 사람을 구조함으로써 범죄피해자의 복지 증진에 기여하기 위함이다(제1조). 이러한 목적을 달성하기 위해 동 법은 범죄피해자 보호와 지원을 위해 행해야 하는 국가 및 지방자치단체의 책무에 대해 규정하고 있으며, 국가의 책무 중 가장 중요하다고 할 수 있는 '범죄피해에 대한 구조'의 대상, 요건 및 절차에 대해 규정하고 있다.

2) 범죄피해자 보호·지원 체계

동법은 제4조에서 범죄피해자 보호·지원을 위하여 국가가 ① 범죄피해자 보호·지원 체제의 구축 및 운영, ② 범죄피해자 보호·지원을 위한 실태조사, 연구, 교육, 홍보, ③ 범죄피해자 보호·지원을 위한 관계 법령의 정비 및 각종 정책의 수립·시행의 조치를 취하고 이에 필요한 재원을 조달할 책무를 진다고 규정함으로써 범죄피해자 보호·지원을 종합적으로 주관하는 주체가 국가임을 명시하고 있다. 또한 제12조 이하에서는 범죄피해자 보호·지원의 기본계획을 수립하고 시행하는 국가기관이 법무부임을 규정하고 있다.

제5조에는 지방자치단체의 책무를 규정하고 있는데, ① 지방자치단체는 범죄피해자 보호·지원을 위하여 적극적으로 노력하고, 국가의 범죄피해자 보호·지원 시책이 원활하게 시행되도록 협력하여야 하며, ② 지방자치단체는 제1항에 따른 책무를 다하기 위하여 필요한 재원을 조달하여야 한다. 범죄피해자보호법은 국가와 지방자치단체가 범죄피해자 보호·지원을 위해 협력적 관계를 유지할 것을 요구하고 있는 것이다.

이상의 법규정에 의하면 우리나라의 경우 범죄피해자지원체계는 국가기관인 법무부를 중심으로 지방자치단체의 협력을 통해 이루어지고 있다. 2014년 개정에서는 제46조의2를 신설하여 "범죄피해자 지원법인의 장 또는 보호시설의 장은 피해자나 피해자의 가족구성원을 긴급히 구조할 필요가 있을 때에는 경찰관서(지구대·파출소 및 출장소를 포함한다)의 장에게 그 소속 직원의 동행을 요청할 수 있으며, 요청을 받은 경찰관서의 장은 특별한 사유가 없으면 이에 따라야 한다."고 하여 경찰관서의 협조를 규정하고 있다.

3) 범죄피해자구조금

범죄피해자보호법에 의하면 범죄피해자구조금은 유족구조금, 장해구조금 및 중상해구조금으로 구분한다.[17] 장해구조금 및 중상해구조금은 해당 구조피해자에게 지급되는 구조금이고, 유족구조금은 구조피해자가 사망하였을 때 그 유족에게 지급하는 구조금이다. 다만 ① 유족이 구조피해자를 고의로 사망하게 한 경우, ② 구조피해자가 사망하기 전에 그가 사망하면 유족구조금을 받을 수 있는 선순위 또는 같은 순위의 유족이 될 사람을 고의로 사망하게 한 경우, ③ 구조피해자가 사망한 후 유족구조금을 받을 수 있는 선순위 또는 같은 순위의 유족을 고의로 사망하게 한 경우에는 유족구조금을 받을 수 없다.[18] 이에 따라 국가는 구조피해자가 피해의 전부 또는 일부를 배상받지 못하는 경우, 자기 또는 타인의 형사사건의 수사 또는 재판에서 고소 · 고발 등 수사단서를 제공하거나 진술, 증언 또는 자료제출을 하다가 구조피해자가 된 경우에 구조금을 지급하게 된다.[19] 또한 구조금의 지급은 각 지방검찰청의 범죄피해자구조심의회(이하 '지구심의회'라 한다)에서 심의 · 결정을 하며, 구조금을 받으려는 사람은 그 주소지, 거주지 또는 범죄 발생지를 관할하는 지구심의회에 신청하면 된다.[20] 이에 따른 지급결정이 내려지면 국가는 범죄피해구조금을 지급하며, 동시에 국가는 지급한 구조금의 범위에서 해당 구조금을 받은 사람이 구조대상 범죄피해를 원인으로 하여 가지고 있는 손해배상청구권을 대위하고 있다.[21]

4) 형사조정제도

범죄피해자보호법 제41조 제1항은 "검사는 피의자와 범죄피해자 사이에 형사분쟁을 공정하고 원만하게 해결하여 범죄피해자가 입은 피해를 실질적으로 회복하는 데 필요하다고 인정하면 당사자의 신청 또는 직권으로 수사 중인 형사사건을 형사조정에 회부할 수 있다"라고 규정함으로써 형사조정이 회복적 사법의 개념에 근거하여 규정되었음을 나타내고 있다. 이처럼 개정된 범죄피해자보호법은 제41조 내지 제46조에 형사조정 제도를 운영할 수 있는 관련 규정을 신설함으로써 기존에 범죄피해자지원센터에서 수행하던 형사조정에 대한 입법

17) 범죄피해자보호법 제17조 제1항.
18) 범죄피해자보호법 제18조 제4항.
19) 범죄피해자보호법 제16조.
20) 범죄피해자 보호법 제24조 내지 제25조 참조.
21) 범죄피해자보호법 제21조 제2항.

적 근거를 마련함과 동시에 그동안 학계에서 꾸준히 논의되었던 '가해자-피해자-화해제도'를 시행할 수 있는 입법적 근거를 마련하였다 점에서 그 의의를 인정할 수 있을 것이다.

4. 범죄피해자보호기금법

범죄피해자를 보호·지원하는 데 필요한 자금을 조성하기 위하여 범죄피해자보호기금을 설치하고, 그 관리·운용에 관하여 필요한 사항을 규정하는 것을 목적으로 하기 위해 「범죄피해자보호기금법」을 제정하였다.

1) 기금의 조성 및 운영

동법은 제4조에서 기금의 조성에 대해 규정하고 있는데, 기금은 ① 벌금 수납액, ② 「범죄피해자 보호법」 제21조 제2항에 따라 대위하여 취득한 구상금, ③ 정부 외의 자가 출연 또는 기부하는 현금, 물품, 그 밖의 재산, ④ 기금의 운용으로 인하여 생기는 수익금으로 조성한다. 여기서 벌금 수납액은 「형사소송법」 제477조 제1항에 따라 집행된 벌금에 100분의 6 이상의 범위에서 정하여진다. 이렇게 조성된 기금의 관리는 법무부장관이 한다(제5조). 기금은 ① 「범죄피해자보호법」 제16조 제1항에 따른 범죄피해 구조금 지급, ② 「범죄피해자보호법」 제34조 제1항에 따른 보조금의 교부, ③ 다른 법률에 따른 범죄피해자의 보호·지원에 관련된 사업이나 활동으로서 대통령령으로 정하는 것, ④ 기금의 조성·관리 및 운영을 위한 경비의 지출, ⑤ 그 밖에 범죄피해자의 보호·지원을 목적으로 하는 것으로서 대통령령으로 정하는 사업이나 활동을 위해 사용한다(제6조).

2) 기금의 현황

범죄피해자보호기금의 주요 재원은 벌금수납액이다. 범죄피해자보호법 제정 당시에는 벌금수납액의 4%를 기금으로 조성하도록 규정하였으나, 범죄피해자 보호·지원을 위한 사업이 확장되면서 기금이 부족하게 되어 점차 그 비율을 증가하다가 현재에는 벌금수납액의 6%를 기금으로 조성하고 있다. 그러나 벌금의 수납액이 매년 유동적이기 때문에 기금 역시 고정적이지 않은 문제가 발생하고 있다. 이는 범죄피해자 보호·지원 사업의 지속성 및 활성화에 부정적으로 작용할 수 있는 요인이 된다.

[표 1] 최근 5년간 벌금 수납 현황

(단위 : 억 원)

구 분	2012	2013	2014	2015	2016
예산액	1조 7,632	1조 7,546	1조 6,916	1조 6,215	1조 5,582
수납액	1조 2,277	1조 3,314	1조 3,941	1조 3,489	1조 3,628
수납율	69.6%	75.8%	82.4%	83.2%	87.4%

[표 2] 최근 5년간 기금 수입액(벌금전입금)

(단위 : 백만원)

구 분	2013년	2014년	2015년	2016년	2017년
기금총액	68,417	59,421	91,522	107,780	101,869
일반회계 전입금 (벌금전입비율)	52,397 (5%)	53,006 (5%)	86,014 (6%)	94,856 (6%)	80,110 (6%)
구상금	300	300	118	223	724
여유자금 회수	15,720	6,115	5,390	12,701	21,035

[표 3] 범죄피해자보호기금 부처별 예산현황

(단위 : 백만원)

부 처		2016		2017		2018	
	구 분	금 액	비율(%)	금 액	비율(%)	금 액	비율(%)
법무부	의무[22]	9,842	11.3	10,000	11.9	10,000	11.4
	재 량	25,886	29.9	25,955	30.7	30,489	34.6
여성가족부	의 무	-	-	-	-	-	-
	재 량	34,554	39.9	28,972	34.4	27,018	30.7
보건복지부	의 무	-	-	-	-	-	-
	재 량	15,628	18.0	18,297	21.7	19,302	21.9
경찰청	의 무	-	-	-	-	-	-
	재 량	786	0.9	1,071	1.3	1,195	1.4
합 계		86,696	100	84,295	100	88,004	100

벌금수납액이 점차 감소하는 현상을 해결하기 위해 대검찰청에 고액 벌과금 집행팀을 구성하고 일선청에 집중 집행반을 설치하여 전국적으로 고액 벌금 미납자에 대한 은닉재산을 추적하는 등 기금의 주재원인 벌금수납을 위해 노력하였다. 그 결과 벌금수납액이 2013년부터 증가추세로 전환되었다. 기금의 재원이 되는 구상금 역시 2013년 102백만 원이었으나 꾸

22) 법무부의 의무지출은 일부 강력범죄피해를 포함한 성폭력, 가정폭력, 아동학대범죄피해 중 중상해 이상의 피해자에 대한 구조금을 말한다.

준히 증가하여 2016년에는 1,014백만 원으로 증가하였다. 이러한 기금조성의 노력은 범죄피해자보호기금의 안정적인 운용을 통해 범죄피해자 보호·지원을 확대함으로써 범죄피해자에 대해 실질적인 도움을 줄 수 있는 기반이 되고 있다.

Ⅲ. 범죄피해자보호제도의 개선을 위한 입법활동

우리 사회가 범죄피해자보호·지원제도에 점차 관심을 가지게 되면서 국회에서도 「범죄피해자보호법」의 개정안이 다수 발의되었다. 발의된 개정안들을 살펴보면, 범죄피해자보호·지원을 위한 재원마련을 위한 방안 및 제도시행을 위한 각 기관의 역할강화를 위한 방안이 다수 포함되어 있다. 이하의 서술은 2018년 10월 현재 국회에 계류중인 개정안의 내용 및 검토의견이다.

1. 제안된 개정안

1) **이학재 의원 외 9인의 발의안**(2016. 7. 13. **의안번호** 851)

(1) 제안이유 및 주요내용

현행법은 국가 또는 지방자치단체가 범죄피해자 지원법인에 보조금을 지급할 수 있도록 하고 있는데, 최근 「지방재정법」의 개정에 따라 법령에 명시적 근거가 있는 경우 외에는 지방보조금을 법인 또는 단체 등의 운영비로 교부할 수 없게 되었다. 이에 국가 또는 지방자치단체가 범죄피해자 지원법인의 운영에 필요한 경비를 보조할 수 있도록 명시적인 근거를 규정하려는 것이다(안 제34조제1항).

2) **김순례 의원 외 11인의 발의안**(2016. 9. 2. **의안번호** 2102)

(1) 제안이유

헌법에 명시된 범죄피해자의 권리를 보장하고 범죄로 인해 고통받는 피해자를 두텁게 보호하기 위해서는 국가는 물론 지방자치단체와 민간단체의 다각적인 노력이 필요하다. 이에 본 개정안의 제안이유는 지방자치단체의 범죄피해자 보호 및 지원 시책 등 실행의 의무를 명확히 하고, 지역여건에 맞는 범죄피해자 보호 및 지원 활동을 위하여 피해자를 위한 보호시설 운영 및 위탁 등 지방자치단체의 피해자 보호 활동에 대한 근거를 마련하고자 함이다. 또한 범죄피해자 보호 및 지원은 다양한 정부부처간의 유기적인 협조와 연계가 필수적인 만큼, 현행 법무부장관 소속의 범죄피해자보호위원회를 국무총리 소속으로 함으로써 기본계획의 심의 및 평가, 부처 간 조정 기능을 강화하여 범죄피해자 보호 정책의 종합성·포괄성·유기성을 제고하고자 한다.

(2) 주요내용

① 지방자치단체의 의무 명확화

지방자치단체가 범죄피해자 보호 · 지원을 위해 소극적인 자세에서 벗어나지 못한다는 비판 등을 감안할 때, 지방자치단체가 관련 시책을 적극적으로 발굴하고 시행할 수 있는 책무를 명확히 할 필요가 있다(안 제5조제1항).

성폭력 및 가정폭력 피해자를 위한 보호시설의 설치 의무를 시 · 도지사 및 시장 · 군수 · 구청장에게 부여한 유사 입법례를 참고하여 지방자치단체에게 보호시설(안 제7조제2항), 상담 및 치료 프로그램의 운영(안 제7조제3항) 의무를 명시할 필요가 있다.

② 중앙행정부처 간 협력 강화

개정안에서는 관계 중앙행정부처 및 지방자치단체의 협력을 강화하고 참여를 촉진하기 위하여 기본계획 수립에 앞서 협의절차를 마련하였다(안 제12조제3항 신설).

범죄피해자보호위원회를 각 중앙행정기관에 대한 조정권한을 가진 국무총리 소속하에 설치함으로써 조정기능을 강화하고 기본계획 및 시행계획 등에 대한 심의 및 평가, 관련 예산안에 대한 심의 기능을 강화함으로써 통일적 · 종합적인 정책 집행이 필요하다(안 제15조).

국가의 범죄피해자보호위원회의 기능을 강화함과 동시에, 각 지역별로 범죄피해자보호를 위한 다양한 기능의 참여를 위하여 지방범죄피해자보호위원회 설치의 근거를 마련하였다(안 제15조의2 신설).

③ 등록법인 및 위탁기관 지원

지방자치단체의 범죄피해자 보호 및 지원활동을 강화하기 위해서는 법무부장관의 권한을 점차 이양할 필요가 있는 만큼 범죄피해자 지원법인에 대한 등록 및 감독권한을 지방자치단체장에게 위임할 수 있는 근거를 마련하였다(안 제33조제2항 신설).

현행법은 보조금을 지원한 민간단체 등에 대한 평가의 근거가 전혀 없어 적정한 보조금

지원의 근거가 부재하고 자의적인 보조금 지원의 우려가 있는 만큼, 주무부처의 평가 및 평가결과에 따른 보조금 지원의 근거를 신설하였다(안 제36조의2 신설).

3) **정갑윤 의원 외 10인의 발의안**(2016. 9. 19. **의안번호** 2322)

(1) 제안이유 및 주요내용

범죄피해자보호기금 수입 및 지출의 중장기 전망에 따르면 2020년이 되면 기금의 세입보다 세출이 늘어나 재원이 부족할 것으로 전망되고 있어 그 재원마련의 중요성이 커지고 있다. 현재 벌금 외의 재원으로 현행법은 국가에게 가해자에 대한 구상권 행사를 인정하고 있으나 2013년 법무부 국정감사자료집 통계를 보면 구조금 지급액과 비교하여 구상금 확보액은 그 10분의 1에도 미치지 못하고 있는 것이 현실이다. 이에 본 개정안은 검사로 하여금 피고인이 재산을 도피시키거나 은닉하여 범죄피해자의 피해회복이 어려울 것으로 예상되는 때 등 일정한 요건을 갖춘 경우, 법원에 가해자 재산의 기소 전 몰수·추징보전처분을 신청할 수 있도록 하여 가해자의 재산 은닉 행위를 예방하고 범죄피해자 보호 및 지원의 확대를 위한 재원을 마련하려는 것을 내용으로 하는 제22조의2와 제22조의3을 신설할 것을 제안하고 있다.

4) **권은희 의원 외 10인의 발의안**(2017. 2. 20. **의안번호** 5705)

(1) 제안이유

최근 발생한 '강남역 살인사건'과 같이 강력범죄는 지속적으로 흉폭해지고 있는 반면, 범죄피해자에 대한 보호와 지원은 아직까지 미흡한 실정이다. 이에 본 개정안의 제안이유는 범죄피해자에 대한 신변안전조치를 규정하여 범죄피해자에 대한 신체적 안전 보장을 강화하고, 형사절차에 참여하는 피해자들을 위한 시책을 명시하는 등 범죄피해자들에 대한 권리 및 보호의 실효성을 보장하려는 것에 있다. 또한 국가적 차원에서 범죄피해자 보호 및 지원을 강화하기 위하여 현재 법무부 소속으로 되어 있는 범죄피해자보호위원회를 국무총리 소속으로 격상하여 범정부적 관심과 지원을 촉구하면서 범죄피해자보호 정책의 유기성을 제고하고자 함에 있다.

(2) 주요내용

① 형사절차 참여 피해자를 위한 실질적 지원 강화

피해자는 국가 형벌권 실현을 위해 형사절차에 자발적으로 참여하고 있으며, 형사절차 내에서 피해자의 지위는 더욱 높아지고 있는 점을 감안할 때, 피해자들의 상황을 고려하여 여비, 진단서 비용 등을 국가가 지원할 수 있도록 근거를 마련하였다(제8조 제3항 신설).

② **신변안전조치 등 피해자를 위한 보호 강화**

범죄피해자에 대한 보복범죄 또는 재피해의 증가에 따라 범죄피해자에 대한 실질적이고 효과적인 신변안전조치를 위해 현재 「특정범죄신고자 등 보호법」에 의해 강력범죄 등 일부 범죄피해자 등에게만 인정되어 왔던 신변안전 조치를 위험에 처한 모든 범죄피해자로 확대하고, 실질적 신변보호조치의 수단을 명시하였다(제9조 제3항).

③ **협업체계 정비 및 범죄피해자보호위원회의 위상 강화**

신속하게 피해자를 보호·지원하고 피해자에게 가장 적정한 서비스를 제공하기 위해서는 지역을 기반으로 하는 다양한 피해자지원기관과 경찰의 협업이 무엇보다 중요한 만큼 경찰청장에게 성폭력, 가정폭력, 아동학대 보호시설 및 상담소 등과의 협업의무를 명시하여 범죄피해자 보호 및 지원체계의 통합성을 제고하고자 하였다. 또한 법무부장관 소속으로 되어 있는 범죄피해자보호위원회는 중앙행정부처 및 지방자치단체 간 협력의 부족, 정부부처 간 조정기능의 부재로 인한 관련 정책의 중복성 및 비효율성 등이 지적되어 온 만큼 각 중앙행정기관에 대한 조정권한을 가진 국무총리 소속하에 설치함으로써 조정기능을 강화하고 범정부적 관심을 환기하는 한편, 기본계획 및 시행계획 등에 대한 심의 및 평가, 범죄피해자보호기금의 관리 운용에 관한 심의기능을 명시하여, 관련 예산안에 대한 심의 기능을 강화함으로써 예산과 정책의 통일적·유기적 집행이 필요하다(안 제14조 제4항 및 제15조).

5) **표창원 의원 외 12인의 발의안**(2018. 5. 23. **의안번호** 13711)

(1) 제안이유

현행법은 범죄피해자 보호·지원 업무에 관하여 지방자치단체에 국가 정책에 대해 협력할 의무만을 정하고 있고, 각 지방자치단체가 지역 실정에 맞도록 범죄피해자보호·지원에 관한 시책을 자체적으로 수립하여 시행할 법적 근거가 명확하지 않다. 또한 현행법은 국가 및 지방자치단체가 범죄피해자의 사생활 및 신변의 보호를 위하여 적절한 조치를 마련하도록 정하고 있으나, 국가나 지방자치단체가 마련해야 할 신변보호조치의 내용과 절차가 명확하지 않아 실효성이 낮다는 지적이 있다. 뿐만 아니라, 현행법은 법무부장관에게 등록한 범죄피해자 지원법인에 한하여 보조금 등을 지원할 수 있도록 정함으로써, 국가 또는 지방자치단체가 지역사회 내에서 범죄피해자 보호·지원 업무를 현실적으로 수행하고 있는 민간

기관 또는 단체를 지원할 법적 근거가 없는 실정임. 그리고 현행법은 범죄피해자보호위원회를 법무부장관 소속으로 두고 있어, 범죄피해자 보호·지원에 관한 사무를 수행하는 여러 관계부처 사이에서 적극적으로 업무를 조정하고 총괄하는 데 한계가 있다는 지적이 있다.

이에 지방자치단체가 자체적으로 범죄피해자보호·지원에 관한 시책을 수립할 수 있도록 법적근거를 명확히 하고, 국가 또는 지방자치단체가 범죄피해자 보호시설을 설치·운영·지원할 수 있도록 하여 범죄피해자에 대한 지원을 사법기관에서 지역사회로 연장하여 피해자의 완전한 사회로의 복귀를 돕고자 한다. 또한 범죄피해자들이 신청 할 수 있는 신변보호조치의 구체적인 내용과 절차를 법률로 명시하고, 범죄피해자보호위원회를 국무총리 소속으로 두어 각 부처 간의 효율적인 업무조정을 제고하고 피해자보호의 법적근거를 명시하여 지원 대책을 강화하고자 한다.

(2) 주요내용

지방자치단체에 범죄피해자 보호·지원을 위하여 지역 실정에 맞는 시책을 수립하여 시행하도록 한다(안 제5조).

신변보호조치의 유형을 보다 구체적으로 명시하고, 범죄피해자들이 피의자 또는 그 밖의 사람으로부터 생명 또는 신체에 대한 위해를 당하거나 당할 우려가 있다고 판단하는 경우 경찰관서의 장에게 신변안전조치를 신청할 수 있도록 하며, 신변안전조치의 신청을 받은 경찰관서의 장은 지체없이 이를 심사하여 그 결과를 신청인에게 통지하도록 의무화하고 있다(안 제9조).

범죄피해자보호위원회를 국무총리 소속으로 하고, 대통령령으로 정하는 관계 중앙행정기관의 장 및 이에 준하는 기관의 장, 범죄피해자 보호·지원에 관한 전문지식과 경험이 풍부한 사람으로서 국무총리가 위촉하는 사람으로 구성하도록 하고(안 제15조), 국가 및 지방자치단체가 범죄피해자 상담소 및 보호시설을 설치·운영할 수 있도록 한다(안 제33조). 또한 법무부 등록 지원법인을 폐지하고 국가 또는 지방자치단체가 범죄피해자 보호시설을 설치·운영할 수 있도록 한다(안 제33조의2).

6) **백혜련 의원 외 11인의 발의안**(2018. 8. 30. **의안번호** 15181)

(1) 제안이유

현행법에 따르면 범죄피해 지원을 받을 수 있는 범위를 대한민국의 영역 안에서 또는 대한민국의 영역 밖에 있는 대한민국의 선박이나 항공기 안에서 행하여진 사람의 생명 또는 신체를 해치는 죄에 해당하는 행위로 제한하고 있어 우리나라 국민임에도 불구하고 국외에서 범죄피해를 입은 재외국민이나 내국인은 적절한 범죄피해 구조를 받지 못하고 있다는 지적이 있다. 이에 대한민국의 영역 밖에서 행하여진 범죄로 피해를 입은 국민에 대해서도 구조대상 범죄피해 대상으로 확대하는 등 범죄피해자의 복지 증진을 강화하기 위하여 현행 제도의 운영상 나타난 일부 미비점을 개선 · 보완하려는 것이다.

(2) 주요내용

대한민국의 영역 밖에서 행하여진 범죄로 피해를 입은 대한민국 국민을 구조대상 범죄피해 대상으로 포함한다(안 제3조 제1항 제4호). 다만, 대한민국의 영역 밖에서 행하여진 범죄로 피해를 입어 범죄피해 발생국의 법령에 따라 지원을 받은 경우에는 범죄피해 구조금 지급대상에서 배제한다(안 제20조의2 신설).

2. 검토[23)]

검토는 법제사법위원에서 개정안에 대해서 작성한 검토보고서를 참조하여 각 개정안의 주요 내용 중 의견이 대립되고 있는 내용을 중심으로 검토하였다.

1) 범죄피해자보호 · 지원을 위한 재원확보 방안

가해자의 재산에 대해서 기소 전 몰수보전명령 또는 추정보전명령을 청구할 수 있도록 하는 근거조항을 마련하여 가해자의 재산은닉행위를 예방하여 가해자에 대한 구상금을 확보하여 범죄피해자 보호 · 지원을 확대하기 위한 재원을 마련하고자 제안한 방안은 일응 타당하다고 평가된다. 특히 개정안은 현행 구상권 행사의 실효성 확보를 위하여 「마약류 불법거래 방지에 관한 특례법」과 유사한 몰수 · 추징제도를 도입하려는 것으로 그 취지에 있어서 타당성이 인정된다. 그러나 이에 대해서는 몰수 및 추징이 '범죄반복의 방지나 범죄에 의한 이득의 금지를 목적으로 범죄행위와 관련된 재산을 박탈하는 것을 내용으로 하는 재산형'이고, 원칙적으로 다른 형에 부가하여 과하는 부가형이라는 점에서, 범죄피해자에 대한 구상권 행사를 위하여 가해자의 일반재산을 몰수 · 추징할 수 있도록 하려는 개정안의 내용은 몰

---

23) 법제사법위원회, 범죄피해자보호법 일부개정법률안(정갑윤의원 대표발의, 제2322호) 검토보고(2016. 11.) 및 법제사법위원회, 범죄피해자보호법 일부개정법률안(권은희의원 대표발의, 제5705호), 검토보고(2017. 8.) 참조.

수·추징의 본래 성질을 벗어난 측면이 있다는 지적도 제기되고 있다. 또한 몰수·추징제도의 성격상 이를 통하여 피해자의 민사손해배상청구권을 보전하려는 것은 맞지 않는 부분이 있다는 점에서 신중하게 검토할 필요가 있다는 의견도 제시되었다.

구상권 행사와 관련하여 현재 법무부는 「범죄피해 구조금 지급 및 구상권 행사에 관한 실무운용 지침」에 따라 "피해자지원담당자는 지구심의회의 구상권 행사 결정이 있는 경우 또는 구상권 행사결정 전이라도 구조금 지급 가능성이 있고 가해자가 재산을 은닉할 우려가 있는 때에는 지체 없이 파악된 가해자 소유 재산에 대하여 각급 검찰청의 장에게 보전처분의 지휘를 요청하여야 한다"고 규정하여 가해자의 재산에 대한 보전처분을 실시하고 있다. 법무부의 이러한 조치는 개정안에서 염려하고 있는 가해자의 재산은닉을 어느 정도 예방할 수 있을 것이다.

범죄피해자보호를 위한 재원확보는 국가가 범죄피해자보호정책의 일환으로 마련해야 하는 국가의 임무로 파악하여 현행 제도의 개선, 즉 벌금의 재원을 확대하거나 혹은 새로운 재원 마련을 위한 정책수립이 필요하다 할 것이다. 물론 구상권행사를 통한 재원확보도 중요하겠지만 무자력 가해자의 경우에는 구상권행사가 제한될 수밖에 없기 때문에 가해자 재산에 대한 몰수·추징으로 구상권 행사의 실효성이 담보될 수 있는가에 대해서는 의문이라 하겠다.

범죄피해자보호를 위한 재원확보는 피해자보호·지원제도의 효율적 운영을 위해서 필요한 과제이다. 우리나라의 경우 벌금제도와 재원확보가 연계되어 있기 때문에 범죄피해자보호를 위한 기금확보가 불안정한 상태에 있는 것은 사실이다. 이에 외국에서 실시하고 있는 범죄피해자를 위한 재원확보제도를 비교·분석하여 효율적인 재원확보방안을 모색하는 것이 필요하다.

2) 범죄피해자의 형사절차 참여를 위한 비용지원

현행 형사소송법, 참고인등비용지급규칙, 특정범죄신고자등보호법 등에 따르면 참고인, 증인, 그 밖의 범죄신고자 등의 보좌인의 경우 형사절차 참여에 소요된 여비, 일단, 숙박료 등의 실비를 지급받을 수 있고, 범죄피해자보호법 제7조(손실 복구 지원 등)도 범죄피해자가 신청에 따라 치료비와 진단서 발급 비용 등을 지원받을 수 있도록 규정하고 있다. 따라서 개정안에서 범죄피해자가 형사절차에 참여하기 위한 비용을 국가가 지원하도록 한 내용은 적절한 것으로 판단된다.

3) 피해자에 대한 안전조치

① 「특정범죄신고자 등 보호법」상의 특정범죄의 범죄신고자 등에 대하여 보복의 우려가

있는 경우에 적용되는 신변안전조치를 모든 범죄피해자에게 확대하려는 개정안의 내용은 범죄피해자 보호를 위해 필요한 조치라고 판단된다. 다만, 이러한 조치의 시행을 위해서는 인적 · 물적 지원이 이루어져야 할 것이므로 이에 대한 방안을 마련하는 것이 우선적으로 고려되어야 할 것이다.

② 개정안에서 제안한 경찰청이 범죄 수사 초기 단계에서 데이트 폭력, 스토킹 등 반복적으로 발생하는 범죄피해자를 보호하기 위하여 보호기관을 설치 · 운영할 필요성에 대한 방안은 일응 타당하다. 다만, 현행 범죄피해자보호법 제7조 제2항에 국가가 범죄피해자의 일시적 보호시설을 설치 · 운영하도록 규정하고 있으므로 현행법 규정과의 관계를 어떻게 정립할 것인지가 해결되어야 할 것이다. 아울러 법무부, 여성가족부, 보건복지부 등 각 행정기관이 현재 운용하고 있는 전국 263개소의 보호시설과의 연계도 고려하여 본 규정의 실행방안이 마련되어야 할 것이다.

4) 범죄피해자지원의 주체

법제사법위원회는 범죄피해자보호 · 지원의 주체를 경찰청장으로 하여 각 기관의 협조의무 규정을 별도로 신설해야 한다는 개정안의 내용에 대해 범죄피해자보호법 제14조 관계기관과의 협조의무 규정에 따라 법무부, 경찰청, 여성가족부, 보건복지부, 지방자치단체 등 여러 국가기관이 전국 58개의 "범죄피해자지원센터"를 이미 설립하여 민 · 관 · 유관단체 통합 지원네트워크를 구축하고 있기 때문에 신중한 검토가 필요하다는 의견을 제시하였다. 범죄피해자보호 · 지원이 국가기관에 의하여 행해지는 것이 적절한지 민간단체를 중심으로 이루어지고 국가기관은 이를 지도 · 감독 및 지원하는 체제를 구축하는 것이 적절한지에 대해서는 다양한 견해가 제시되고 있다. 범죄피해자보호를 위해 민간단체의 역할이 중요하다는 인식은 세계 각국이 모두 공유하고 있다. 이에 범죄피해자보호 · 지원의 주체에 대한 논의는 해외사례 및 우리나라 민간단체의 운영현황에 대해 면밀하게 검토한 후 개선방안을 제시해야 할 것이다.

5) 범죄피해자보호위원회를 국무총리 산하로 격상하는 방안

범죄피해자보호위원회에 기금 관리 · 운용에 대한 심의권을 부여하고 국무총리 산하로 격상하려는 개정안의 내용은 부처간 원활한 협력으로 관련 정책과 예산을 통일적으로 집행할 수 있을 것이라는 측면에서는 긍정적으로 평가할 수 있다. 또한 범죄피해자보호기금에 관하여 여성가족부, 보건복지부, 법무부, 경찰청 등 범죄피해자 지원사업이 분산되어 있기 때문에 각 부처 간 서비스 대상 및 내용에 대해 수요자가 혼란을 일으킬 수 있고, 피해자 이용편의성 및 지원의 효율성이 저하된다는 지적이 있었다는 점에서 범죄피해자 관련 예산에 대한 통일적·유기적 집행을 위해 개정안의 내용은 일응 타당하다.

그러나 법무부가 정부조직법 제32조에 따라 '인권옹호 사무'를 관장하고 있는 점, 국무총리 소속으로 변경될 경우 국무총리 소속 위원회 현황[24]을 고려할 때 위원회의 운영이 오히려 부실화될 가능성이 있다는 점 등이 반대의견으로 제시되고 있다. 또한 범죄피해자보호기금의 재원은 대부분 벌금전입금으로 그 소관이 법무부인 점을 고려할 때 기금의 관리·운용에 대한 심의권을 전환하는 문제는 신중하게 결정해야 한다는 의견도 제시되고 있다.

이에 범죄피해자보호정책이 국무총리 주재로 추진되어야 할 필요성에 대한 각 부처의 합의가 우선되어야 할 것이다.

24) 현재 국무총리 소속 위원회는 총 62개가 운영되고 있다. 국무총리 소속 위원회로는 행정위원회 11개, 자문위원회 51가 운영되고 있다. 이와 같이 다양한 분야에 속하는 위원회들이 있어 일률적으로 국무총리 소속 위원회가 되는 대상 정책을 구분하기는 어렵다.

Ⅳ. 범죄피해자보호·지원 기관

각국의 범죄피해자 보호·지원정책의 흐름은 범죄피해자에 대한 금전적 지원으로부터 범죄피해로 인한 정신적·실제적 서비스, 형사절차에 있어서 피해자보호, 국가에 의한 피해자 정책이라고 하는 방향으로 전개되어 왔다.[25] 우리나라의 경우 범죄피해자를 위한 민간단체가 출현한 것은 1990년 이후부터이다. 즉 범죄피해자의 보호와 지원을 위한 민간조직의 효시라고 할 수 있는 것은 1991년 4월에 설립된 한국성폭력상담소이다. 현재 국내에서 범죄피해자에게 서비스를 제공하는 대표적인 기관으로는 스마일센터, 범죄피해자지원센터, 성폭력상담소, 해바라기아동센터, 여성·학교폭력피해자 원스톱지원센터, 아동보호전문기관 등을 들 수 있다.[26] 외국의 경우와 마찬가지로 우리나라 역시 민간에 의해 운영되는 기관이 중요한 피해자보호·지원업무를 수행하고 있는데, 대표적인 기관으로 범죄피해자지원센터를 들 수 있다.

[표 4] 각 정부부처의 보호시설 현황(2017년 기준)

<table>
<tr><th>소관별</th><th>시설명</th><th>주요기능</th></tr>
<tr><td>법무부
(강력범죄)</td><td>스마일센터(11개소)</td><td>• 범죄피해자에게 임상치료전문가에 의한 상담, 심리치료 등 지원
• 범죄피해로 주거가 불안한 피해자에게 임시주거 제공</td></tr>
<tr><td>대검찰청</td><td>임시안전가옥(12개소)</td><td>• 보복을 당할 우려가 있어 신변의 안전을 특별히 보호해줄 필요성이 있는 경우 제공</td></tr>
<tr><td rowspan="3">여성가족부
(성폭력,
가정폭력)</td><td>성폭력피해자보호시설
(30개소)</td><td>• 성폭력피해자의 보호, 상담, 치료, 법률지원 등을 통해 심리적 안정 및 사회복귀 지원
• 성폭력 피해자에게 안전한 쉼터(임시주거) 제공</td></tr>
<tr><td>해바라기센터(37개소)</td><td>• 성폭력, 가정폭력 피해자 등을 대상으로 24시간 의료, 상담, 심리치료, 법률지원 등을 종합적으로 제공</td></tr>
<tr><td>가정폭력피해자보호시설(95개소)</td><td>• 가정폭력피해자를 대상으로 상담, 치료, 법률구조 및 임시숙소 제공</td></tr>
</table>

25) 박미숙, 현행법상 범죄피해자 지원방안, 피해자학연구 제10권 제2호, 2002년, 143면.

26) 최현미/장수미/김연수/김혜성, 아동의 범죄피해를 경험한 위기가족의 사회적 지원체계 구축 연구, 사회보장연구 제25권 제2호, 2009년, 201면.

	이주여성성폭력쉼터 (26개소)	• 이주여성 및 동반아동에 대해 상담, 의료, 법률, 출국 등 지원 • 심리적 안정 및 사회복귀를 위한 상담 및 치료, 숙식 제공
보건복지부 (아동학대)	학대피해아동쉼터(65개소)	• 학대 피해아동을 대상으로 폭력으로부터의 보호 및 숙식 제공 • 심리적 안정과 사회적응을 위한 상담 및 치료, 교육 프로그램 운영

1. 스마일센터

법무부는 범죄피해자보호법의 제정을 계기로 강력 범죄피해자의 회복을 지원하기 위해 범죄피해 트라우마 통합지원기관인 스마일센터를 설립하였다. 스마일센터는 외상후스트레스장애(PTSD), 우울증, 불안장애 등 심리적 어려움을 겪는 피해자들과 그 가족들을 위하여 심리평가, 심리치료, 의학적 진단, 법률상담, 사회적 지원 연계 등의 서비스를 제공하고 있다. 또한 범죄 발생 후 신변 보호가 필요하거나 본인의 집에서 생활하기 곤란한 피해자들에게 임시주거가 가능한 쉼터를 제공하고 있다. 스마일센터는 피해자지원을 위해 비용 지불 없이 무료로 서울, 부산, 인천, 광주, 대전, 대구, 전주, 춘천, 수원, 의정부, 청주, 울산 등 전국적으로 13개소가 운영되고 있다. 제도적 외형으로는 이미 우리나라의 범죄피해자지원기관이 외국의 지원기관에 비하여 뒤떨어지지 않을 정도로 급성장하였다고 평가할 수 있다. 그러나 피해자의 접근성과 전문적인 상담인력의 확충 등 효율적인 운영을 위해서는 해결해야 할 과제가 남아있다.

2. 범죄피해자지원센터

범죄피해자지원센터는 기존의 피해자지원기관이 상담위주의 지원에 치우친데 반해, 상담에서 한 단계 더 발전된 지원조직으로서 법정 동행의 직접지원 및 의료지원을 통한 좀 더 구체적이고 현실적인 대안을 제시하고자 법무부가 범죄피해자의 보호 및 지원강화를 위해 2004년 9월 발표한 종합대책에 따라 설치되었다. 범죄피해자지원센터는 「범죄피해자보호법」 제33조[27]에 따라 등록한 후 운영되고 있으며, 2018년 현재 전국에 59개소가 설립되어 범죄피해자지원업무를 수행하고 있다.

27) 제33조(범죄피해자 지원법인의 등록 등) ① 범죄피해자 지원법인이 이 법에 따른 지원을 받으려면 자산 및 인적 구성 등 대통령령으로 정하는 요건을 갖추고 대통령령으로 정하는 절차에 따라 법무부장관에게 등록하여야 한다.
② 범죄피해자 지원법인의 설립·운영에 관하여 이 법에 규정이 없는 사항에 대하여는 「민법」과 「공익법인의 설립·운영에 관한 법률」을 적용한다.

[그림 1] 스마일센터 홈페이지

범죄피해자들은 범죄에 의한 직접적인 피해뿐만 아니라 다양한 정신적, 육체적, 경제적인 고통에 시달리게 되므로 범죄피해자의 실정을 이해하고 이들이 위기를 극복해 갈 수 있는 효과적인 대처방법을 갖도록 지원하는 것이 센터가 설립된 목적이다.[28] 이에 따라 센터에서는 법률지원, 심리상담, 긴급생계비, 장례비, 학자금, 치료비, 심리치료비, 간병비 및 부대비용, 취업지원, 프로그램 지원, 자조모임, 입소안내 등에 이르기까지 다양한 지원을 하고 있다. 즉, 범죄피해자와 가족에 대한 무료상담, 화해중재 및 법률구조기관연계 등의 법률지원, 피해자에 대한 병원 연계 및 의료비 지원, 피해자의 경제적 위기극복을 위한 생계비, 학자금 지원 등 긴급구호활동, 범죄발생현장 원상복귀 등 현장지원활동을 수행하고 있으며, 전국적

28) 박종렬/노상욱, 우리나라의 범죄피해자 지원제도에 관한 연구, 법학연구 제33집, 2009년, 370면.

네트워크를 가진 민간단체 성격으로 운영되고 있다. 센터의 활동 중에서 피해자에게 지급되는 경제적 구조금은 피해자의 원조를 위한 주요한 지원정책으로, 아래 [표]에서도 알 수 있듯이 센터가 범죄피해자에 대하여 긴급 경제적 지원 중심의 보호·지원을 수행하고 있다.

[표 5] 피해자구조금 현황

구 별	2012	2013	2014	2015	2016	합계
건 수	219	314	328건	382건	279건	1,594
금 액	62억5천만	79억1천만	69억4천만	97억7천만	92억6천만	400억2천6백만

[표 6] 범죄피해자지원센터 예산 및 지원 현황(2017년 기준)[29]

(단위/백만원)

구 분	예 산			지 원	
	국고보조금 총액	지자체보조금 총액	센터기금(회비+기부금)	경제적지원	비경제적지원
합 계	18,446 (15%)	56,294 (47%)	44,576 (37%)	54,160	12,007

센터의 운영을 위한 예산상황을 살펴보면, 센터의 예산에서 지방자치단체의 보조금 지원이 주요한 재원이 된다는 것을 알 수 있다. 이러한 현황은 국고보조금 혹은 센터 자체의 기금확보가 어려운 경우 지방자치단체의 경제적 자립도에 따라 피해자 보호·지원이 축소될 수 있다는 것을 나타내기도 한다. 이에 범죄피해자 보호를 위해서는 국가, 지방자체단체 및 민간단체가 서로 협력하여 예산을 확보하고 각 지역의 피해자가 동일한 지원을 받을 수 있도록 지원체계를 수립하여 집행하는 것이 필요하다.

센터의 서비스는 주로 자원봉사자를 통해 제공되고 있으며, 피해자에게 필요한 지원을 하기 위해서는 전문 인력을 확보하는 것이 중요함에도 불구하고 전문상담인력이 부족하다는 것이 문제로 지적되고 있다.[30] 따라서 자체적으로 심리상담 등의 지원을 하기보다는 전문기관과 피해자를 연계해주는 역할에 한정된 센터가 있는 것도 사실이다. 이에 센터의 활성화를 위해서는 인력이 증원이 필요하다.

---

29) 예산현황은 2012년부터 2017년까지의 총액을 나타내는 것이다(범죄피해자지원센터연합회 홈페이지 자료 참조).

30) 박종렬/노상욱, 위의 논문, 374면 : 2018년 현재 전국 센터에는 상근직원으로 각 센터의 사무처장 59명과 주임 81명이 근무하고 있다(전국 범죄피해자지원센터 홈페이지 참조).

또한 범죄피해자지원센터의 대부분이 검찰청사 내부에 위치하고 있기 때문에 피해자의 접근이 어려울 뿐 아니라 오히려 피해자로 하여금 범죄피해에 대한 기억을 되살리게 함으로써 피해자지원에 역효과를 초래할 수 있다는[31] 비판적 견해도 지속적으로 제시되고 있다.

[그림 2] 범죄피해자지원센터 홈페이지

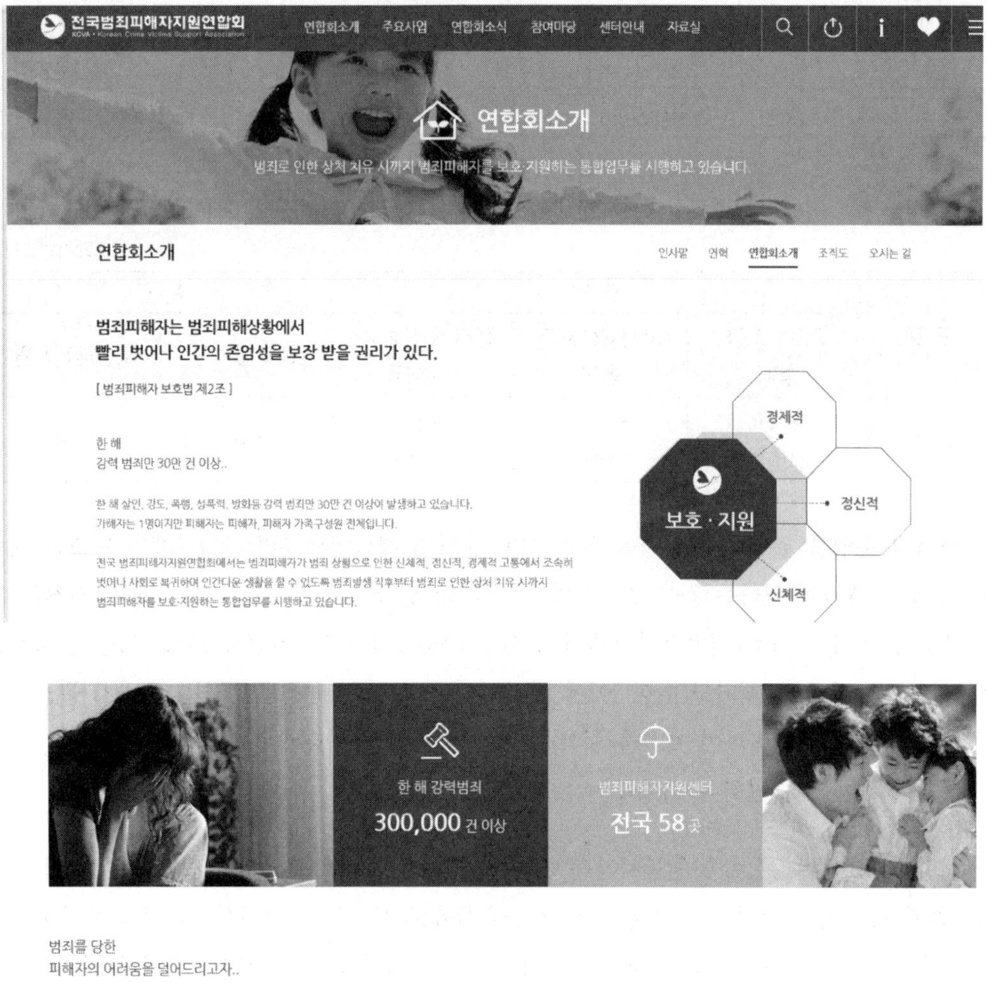

---

31) 홍영오/이수정, 범죄피해 청소년에 대한 보호방안 및 지원체계 연구, 한국형사정책연구원 보고서, 2006년, 178면 이하.

3. 성폭력상담소

성폭력상담소는 1991년 설립된 성폭력피해자를 위한 대표적인 지원기관으로, 성폭력 피해에 대한 상담, 지원 활동과 성폭력의 원인 및 대책에 대한 연구를 토대로 여성의 인권 회복을 위한 활동을 주요업무로 하고 있다. 구체적인 활동영역에는 성폭력 피해자에 대한 전화, 면접 및 온라인 상담, 치유프로그램 운영, 심리 · 의료 · 법률지원, 성차별적 문화 비판 및 감시, 성폭력 피해자의 인권확보 활동, 성폭력 관련 법률 제 · 개정시 제언활동, 여성 및 성폭력 관련 정부정책 감시 및 비판 등이 포함된다.[32]

4. 해바라기아동센터

본 센터는 2004년 여성부에 의해 주로 성폭력 피해아동중심의 원스톱 종합지원체계 구축을 위해 설립된 기관이다. 설립목적은 성폭력 피해아동의 신체적 · 정신적 피해에 대한 종합진료체계를 구축하여 피해아동 중심의 원스톱서비스를 실시하여 수사 증거자료 확보 등을 위한 응급처치, 소아정신과 · 아동심리학자 등 전문가 그룹에 의한 후유증 치료를 실시함으로써 성폭력 피해아동의 건강한 성장과 함께 부모 및 보호자의 정신건강을 증진하려는 것이다. 이에 따라 본 센터의 주요 활동내용은 13세 이하 성폭력 피해아동을 대상으로 의학적 진단 및 평가와 진료, 가족지지, 응급조치를 통한 보호 및 법적 절차 지원, 성폭력예방을 위한 홍보와 교육이다. 이러한 활동을 위해 센터는 사회복지사, 간호사, 임상심리전문가, 정신과전문의, 연계병원의 산부인과 전문의로 구성되어 있다. 성폭력피해아동뿐 아니라 부모의 정신과 치료, 부모교육, 부모자조모임, 부모집단프로그램 등의 가족개입이 이루어지고 있다는 점에서 타 기관과의 차이점을 찾을 수 있다.[33]

5. 여성 · 학교폭력피해자 원스톱지원센터

본 센터는 경찰청이 2006년을 '범죄피해자 보호원년'으로 선포하고 피해자 보호시스템 부재로 병원과 경찰서 등을 전전하며 고통을 받던 학교 · 여성폭력피해자들을 위해 경찰병원에 피해자 보호시스템을 갖춘 "학교 · 여성폭력피해자 ONE-STOP지원센터"를 2005년 설립하

32) 한국성폭력상담소 홈페이지 참조.

33) 홍영오/이수정, 위의 보고서, 175면.

였다. 본 센터는 원스톱서비스를 지원하기 위해 여성경찰관, 전문상담사, 간호사 등이 연중 24시간 근무하면서 무료 상담지원, 의료지원, 수사 및 법률지원을 제공하고 있다.[34] 여성·학교폭력피해자 원스톱지원센터는 여성·학교폭력 피해자들을 서비스의 대상으로 함으로써 해바라기아동센터에 비해 그 대상에 있어서 포괄성을 가지며, 경찰과의 공조를 통한 진술녹화지원과 수사지원을 강점으로 제시하고 있다.

6. 아동보호전문기관

중앙아동보호전문기관은 보건복지부가 아동복지법 제24조에 근거하여 설립하였으며, 사회복지법인 굿네이버스가 위탁 받아 운영하고 있다. 본 기관은 학대받은 아동을 지원하기 위한 기관으로 2010년 4월 현재 45개소가 운영되고 있다.[35] 전국차원에서 아동학대 예방교육, 홍보, 연구 및 국제협력 등의 업무를 수행하는 중앙아동보호전문기관과 아동학대 신고접수, 현장 조사 및 각종 서비스 제공 등 전체 사례관리의 업무를 수행하는 시·도 지방아동보호전문기관, 시·군·구 차원의 지역아동보호전문기관으로 구분되어 있다. 시·도 지방아동보호전문기관의 경우 8~9인의 상담원이 활동하고 있으며, 시·군·구 차원의 지역아동보호전문기관은 4-5명의 상담원이 활동하고 있다. 아동보호전문기관의 가장 큰 장점은 학대피해아동을 위한 그룹 홈과 전문적인 치료실, 교육장을 갖추고 있으며, 부모 및 보호자를 대상으로 심리상담의 지원을 해 줄 수 있다는 점이다. 특히 교육장을 갖추고 있어 부모, 경찰, 자원봉사자 및 아동학대 신고의무자를 대상으로 교육을 실시할 수 있다는 점이다. 아동학대 의심사례에 대해서는 현장조사를 실시하는 점이 해바라기아동센터와 차별된다. 또한 학대는 일반적으로 부모 혹은 보호자에 의해 행해진다는 점에서 성폭력범죄 피해아동에 대한 지원기관인 해바라기아동센터와 구별된다. 본 기관의 문제점으로는 센터 수의 부족, 다양한 지역사회 내의 인프라 구축과 네트워킹의 부족이 지적되고 있다. 또한 아동보호전문기관은 정부의 지원을 받아 놀이치료, 미술치료와 같은 치료시설과 상담과정을 모니터링하고 녹화할 수 있는 진술녹화실 등을 구비하였으나, 전문인력의 부족으로 놀이치료, 미술치료 등 치료서비스의 비중은 낮은 실정이다. 특히 현장조사까지 실시하는 기관의 특성상 전문인력이 매우 부족한 실정이다.[36]

---

34) 광주원스톱센터 및 보라매원스톱지원센터 홈페이지 참조.
35) 중앙아동보호전문기관 홈페이지 참조.
36) 홍영오/이수정, 위의 보고서, 166면 이하.

제 2 장 영국의 범죄피해자 보호·지원제도

Ⅰ. 서 론

영국[1)]의 범죄피해자 보호 · 지원 제도는 중앙정부와 지방경찰기구가 역할을 분담하는 이원적 구조로 이루어져 있다. 대부분의 정서적 · 실무적 지원서비스는 각 지방의 요구를 고려하여 지방경찰위원장(Police and Crime Commissioners)이 수행하고, 중앙정부는 인신매매, 살인피해자의 유족 등 비교적 소수이며 복잡한 고려가 필요한 피해자나 전국적 일관성이 필요한 사건관리기능 및 가정폭력 · 스토킹 상담전화 등 전국적으로 제공되어야 하는 서비스를 수행한다. 이와 같은 이원적 수행구조는 2014년부터 도입된 것으로서 2012년부터 시행된 경찰의 지방자치화(지방경찰위원장 직선제)와 궤를 같이한다. 그 이전의 범죄피해자 보호 · 지원 제도는 민간단체인 Victim Support를 중심으로 이루어졌고, 현재는 그 틀이 크게 바뀌고 있다. 따라서 우선 영국 범죄피해자 보호 · 지원 제도의 주요 전개과정을 살펴볼 필요가 있다. 다음으로 현행 이원구조의 근거법령과 중앙정부 및 지방경찰위원장의 역할분담을 자세히 논의한 후, 정부차원의 원스탑 서비스와 주요 민간단체의 활동현황을 살펴본다.

1) 이곳에서는 잉글랜드와 웨일즈의 범죄피해자 보호 · 지원 제도의 구성 및 운영실태를 살펴본다. 자치정부인 스코틀랜드와 노던아일랜드의 제도도 잉글랜드와 웨일즈의 그것과 대체로 유사한 방식으로 운영되고 있기는 하지만, 담당기관이나 성격면에서 차이가 있다.

Ⅱ. 범죄피해자 보호·지원 제도의 전개과정과 변화

영국의 범죄피해자 보호·지원 제도는 세계에서 가장 역사가 깊은 것으로 알려져 있다. 이미 1907년에 범죄자 보호관찰법(Probation of Offenders Act 1907)에 의하여 배상명령제도가 도입되어 £10 이하의 배상을 명할 수 있었으며, 1948년 형사사법법(Criminal Justice Act 1948)에서는 그 상한선을 폐지하였다.[2] 1950년대 말, 범죄자가 부담하는 배상명령제도의 한계에 대한 지적[3]이 이어졌고 국가가 대인폭력범죄 피해자에 대한 보상을 지급하여야 한다는 마저리 프라이(Magery Fry)의 주장이 힘을 얻으면서 1964년 국가가 비용을 부담하는 피해자보상제도를 시행하였다.[4] "사회가 예의바른 행동을 가르치는 것에 무관심함으로써 범죄자를 양육하는데 일조하고 있다면, 범죄행위의 결과에 대하여 큰 책임을 받아들여야 한다"[5]는 진술에서 나타나는 것처럼 영국에서 범죄피해자에 지원은 일종의 사회적 의무이자 복지제도의 연장선에서 국가의 책임이라는 일반적 합의에서 출발한 제도이다.[6] 1970년대 들어서면서 미국의 피해자 권리운동과 페미니즘 운동에 힘입어 민간중심의 범죄피해자 보호·지원제도가 태동하게 되었다. 모비(Mawby)는 이러한 피해자 운동의 전개과정을 Victim Support라는 민간단체를 중심으로 태동기(1973~1999), 성장기(2000~2011), 불확실성의 시대(2012 이후)로 구분해서 설명한다.[7] 현행 이원적 제도는 2012년부터 틀이 형성되어 2014년 이후 시행되었으므로, 이 글의 목적과 관련해서는 이원화 이전과 이후의 상황을 스케치 해볼 필요가 있을 것이다.

---

2) 정식재판의 경우에만 상한선이 없었고, 약식재판의 경우에는 £100로 상향조정되었다. Schafer, S., Compensation and Restitution to Victims of Crime, Patterson Smith Publishing Corporation, 1970, p.111.

3) 대표적으로 영국 최초의 여성 치안판사인 프라이가 "1951년 한 남자가 폭행으로 실명하여 11,500 파운드의 보상이 선고되었다. 그를 폭행한 사람들은 이제 교도소에서 나와서 1주일에 5실링씩 납부하도록 명령받았다. 피해자는 앞으로 442년을 더 살아야 보상금을 다 받을 수 있다. 순 엉터리 아닌가? 폭력범죄의 피해자들을 보호할 더 나은 방법은 없는가?"(Fry, M., Justice for Victims, J. Pub. L. 8, 1959. cf. Fry, M., Arms of the Law, Published for the Howard League for Penal Reform by Gollancz, 1951.) 라고 주장하면서 상당한 반향이 일어났고, 1959년 형사피해보상법안(Criminal Injuries (Compensation) Bill)이 제출되었다.

4) Home Office, Compensation for Victims of Crimes of Violemce, Cmnd. No. 2323(1964)

5) Bishop of Chester, Hansard, Vol. 245, col.269(Schafer, 1970, 위의 각주 2) p.144.에서 인용)

6) id. p.143. 이 국가보상은 피해의 회복이 아니라 단순히 위로금(*ex gratia*)을 지급하는 '비법률적인 정책'에 머물렀고, 1995년 들어서야 비로소 형사피해보상법(Criminal Injuries Compensation Act 1995)에 의하여 법제화되었다.

7) 모비의 구분방식이다. Mawby, RI., Victim Support in England and Wales: The end of an era?, International Review of Victimology, 2016, Vol.22(3), pp.203~221.

1. 범죄피해자 보호 · 지원의 전문화 · 중앙집중화(2012년 이전)

1) 태동기

1970년대 이후 미국에서 전개된 피해자 권리운동과 페미니즘 운동에 영향을 받아 금전적 지원 이외의 정서적 · 실무적 지원을 위한 영국형 피해자 운동이 전개되었다. 미국에서 1972년 3개의 피해자원조프로그램(Aid for Victims of Crime in St. Louis, Bay Area Women Against Rape in San Francisco, Rape Crisis Center in Washington, D.C.)[8]이 만들어지자 1973년 유럽 최초의 여성 쉼터가 런던에 세워졌고, 1976년 유럽 최초의 Rape Crisis 센터가 런던에 만들어졌다. Victim Support는 1974년 브리스톨에서 비영리 NGO로 설립되었으며, 이 모델이 전국적으로 확산되어 1999년에는 Victim Support라는 우산조직 아래 전국적으로 약 370여개에 이르는 단체들이 만들어졌다.[9] 1987년에는 지역적 군소단체들이 전국 협회 National Association of Victim Support Scheme 을 구성하였고, 이 협회조직이 중앙정부의 자금을 분배하면서 일정한 기준(Code of Practice)에 미치지 못하는 지역 단체를 통제하는 역할을 수행하였고, 피해자 보호정책의 수립에 영향을 미치기 시작했다.[10] 이 시기의 범죄피해자 보호 · 지원 체계는 자생적으로 형성된 지역 단체들이 전국적 협회를 구성하여 소속단체들은 지역적 요구를 충족하기 위해 어느 정도 유연성을 가지는 한편, 전국조직은 정책기능과 예산분배기능을 수행하면서 전국적 일관성을 유지하는 역할을 수행하는 방식으로 전개되었다. 모비(Mawby)에 따르면, 이 시기 피해자 지원단체들은 경찰(Home Office)로부터 보조금을 받았고, 보호관찰국으로부터 사무공간을 제공받는 등 경찰과 보호관찰국의 적극적 협력이 이와 같은 성장의 기반이 되었다고 한다.[11]

미국의 경우에는 대체로 보수적 입장의 정치단체들이 범죄자에 대한 강력한 응징을 요구하는 정치적 캠페인을 진행하는데서 비롯되어 이데올로기적 일관성이 있었던 반면, 영국의 피해자 운동은 주로 정치적으로 중립적인 입장을 가진 자선단체(피해자 지원단체의 설립근거는 자선법(Charity Act)이다)들이 국가적 복지제도의 사각지대에서 피해자의 고통을 덜어주는 구호서비스를 제공하는 자선활동으로 시작되었기 때문에 하나의 이데올로기로 뭉쳐질 수 없었다.[12] 이 같은 양상은 자선단체에게 정치적 중립성이 기대되기 때문이기도 하지만, 정

8) Wnuk, L., Victim Services: Serving Victims of Crime and Other Traumatizing Events CreateSpace Independent Publishing Platform, 2015, p.3.

9) Mawby, 위의 각주 7) p.205.

10) id.

11) id.

치적 환경변화에 따라 흔들리지 않기 위해 의도적으로 중립을 채택한 탓이기도 하다.[13)] Victim Support만 하더라도 정치적 중립을 유지함으로써 여러 정부를 거치면서 신뢰를 유지하는 동시에 상당한 재정지원을 받으면서 전국적 조직으로 성장할 수 있었다.[14)] 물론 Victim Support와 달리 정부의 지원을 거부하고 정치적 캠페인을 목적으로 조직된 단체들도 있었고, 대부분의 단체는 피해자 지원과 정치적 캠페인 모두를 목적으로 삼고 있다. 또한 범죄유형, 피해유형, 피해자의 요구가 다양함에 따라 일반적 지원을 제공하는 단체와 특정 범죄유형의 피해자를 대상으로 하는 단체들이 산발적으로 만들어졌다.

1990년대 들어 정서적 · 실용적 지원 필요성이 비로소 공식적으로 인정받게 되었다. 1990년 피해자헌장인 '범죄피해자의 권리에 대한 성명(Victims' Charter: a Statement of the Rights of Victims of Crime)'을 발표함으로써 피해자의 존재가 형사사법에서 공식적으로 인정받게 되었다. 하지만, 그 제목은 범죄피해자의 '권리'임에도 불구하고, 실제 내용은 형사사법 관련기관의 피해자 대응지침이었고 그와 같은 정책결정의 법적 근거도 없었다. 이러한 현실과 이상의 괴리를 메우기 위해 피해자의 권리를 법제화하는 대신, 영국은 1996년에 피해자헌장의 제목을 '범죄피해자를 위한 서비스 표준에 대한 성명(Victims' Charter: a Statement of Service Standards for Victims of Crime)'으로 수정하였다.

2) 성장기

2000년 들면서 영국정부는 피해자 중심적 사법을 선언하였다. 형사사법 및 법원서비스법(Criminal Justice and Court Services Act 2000) 제69조에서 국립보호관찰국이 범죄자의 정신병원 입원, 개방교도소 이송, 가석방 등에 관한 변경사항을 피해자에게 통보해주는 피해자통보제도(Victim Contact Scheme)[15)]를 규정함으로써 영국은 피해자의 형사절차상 권리를 최초로 법률상의 권리로 인정하게 되었다. 나아가 2004년 중앙정부(법무부장관)에게 "범죄피해자를 위한

---

12) Walklate, S., *Handbook of Victims and Victimology*, Routledge, 2012, p.241~242.

13) id. p.242.; Simmonds, L, Lost in transition? The changing face of Victim Support, International Review of Victimology, 2013, p.210.

14) Walklate, 위의 각주 (2) p.242.; Simmonds, L., The impact of local commissioning on victim services in England and Wales: An empirical study, International Review of Victimology, 2018, p. 2. 이런 Victim Support의 성장전략에 대해 "정부의 정책을 공개적으로 비판할 수 있는 능력을 상실했다"는 비판도 있다(Walklate, 위의 각주 15) p.242.

15) 폭력 또는 성범죄를 저지르고 12개월 이상의 징역형을 선고받는 범죄자의 피해자에게 적용되며, 피해자에게 피해자 연락담당관(Victim Liaison Officer; VLO)이 배정되어 형집행상의 주요 변경사항을 피해자에게 통보해 주고, 가석방 심리시에 피해자를 대변한다. (https://www.victimsinformationservice.org. uk/what-help-you-can-expect/joining-victim-contact-scheme/)

실무기준(Code of Practice for Victims of Crime)"을 마련할 의무를 부과함과 동시에 피해자통보제도[16]를 흡수한 「가정폭력, 범죄 및 피해자보호법(Domestic Violence, Crime and Victims Act 2004)」을 제정함으로써 현행 피해자보호제도의 틀을 확립하였다. 이 법에 의하여 ① 피해자 기금의 재원마련을 위해 벌금 및 과태료에 일정액을 추가하여 납부하도록 하는 피해자분담금(Victim Surcharge) 제도, ② 피해자 담당관(Victim's Commissioner) 제도, ③ 피해자 지원 단체에 대한 보조금 지급 등에 관한 규정이 만들어졌다. 그리하여 비로소 형사사법상 피해자의 존재를 '법적'으로 인정하기에 이르렀다. 2006년, 법무부장관은 피해자보호법 제32조의 위임에 따라 종전의 피해자 헌장을 폐기하고 "범죄피해자를 위한 실무기준(Code of Practice for Victims of Crime)" (이하 "실무기준")을 마련하였다.[17]

2000년대 초에는 370여개에 이르던 피해자단체들이 42개의 경찰지역에 상응하도록 49개의 지역단체로 재편되면서 소규모 군소단체들이 폐쇄되었고, 2008년에는 협회형식의 조직구조가 단일 법인형태로 전환되면서 범죄피해자 보호 · 지원 서비스는 중앙집중화되었다. 그리하여 Victim Support는 범죄피해자에게 일반적 서비스를 제공하는 유일한 NGO로서 확고한 자리를 차지하게 되었다. 이러한 배경에서 범죄발생시점과 법원절차 중 지원서비스의 필요성, 피해자 보상, 회복적 사법, 형사절차 이후의 피해자 지원, 가정폭력 피해자 서비스 등 다양한 측면에서 범죄피해자 보호 · 지원제도가 확충하였다.[18] 특히 포괄적인 증인지원전략으로서 Victim Support는 2002년 정부의 지원을 받아 재판 전 증인방문과 재판동행, 취약 증인 지원 등을 주요 내용으로 하는 증인지원서비스를 개발하였고, 2005년 경찰과 검찰은 공동으로 피해자보호전담반(Witness Care Units)을 설치하였다. 증인지원서비스는 2013-14년도 198,872명에게 재판동행서비스를 제공하였고, 26,135명에게 사전방문, 39,791명에게 취약 증인지원서비스를 제공하였다. 그러나 이와 같은 증인지원서비스는 2015년부터 Citizens Advice가 제공하게 되었다.

---

16) §35 이하.

17) The Domestic Violence, Crime and Victims Act 2004 (Victims' Code of Practice) Order 2006

18) Mawby, 위의 각주 7), p.209. 우리나라 범죄피해자 보호법도 2004년에 만들어졌으며, 이때부터 우리나라 형사사법도 피해자 중심적으로 구성되기 시작했다. 2007년 개정된 형사소송법에 신뢰관계자 동석제도(제163조의2, 제221조 제3항), 증언녹화제도(제165조의2), 정보제공제도(제259조의2), 피해자진술권(제294조의2), 피해자진술비공개제도(제294조의3), 피해자 공판기록열람등사권(제294조의4) 등 피해자의 권리를 대거 제도화하였고, 피의자 구속여부를 결정하는 경우에도 피해자 보호필요성을 고려하도록 하는(제70조 제2항) 규정이 마련되면서 피해자 중심화 경향이 가속화되었다. 2018년의 미투현상이나 여성단체들의 성범죄 강력처벌 요구도 피해자 중심화 경향의 맥락에서 이해할 수 있을 것이다. 이에 관해 자세한 사항은 손진, 형사사법의 피해자 중심화 경향과 범치주의(犯治主義)의 탄생, 2018년 8월 한국형사법학회 신진학자 포럼 발표자료 또는 손진, 형법의 정치도구화에 대한 성찰: 국가와 국민의 불편한 권력관계에 대하여, 2017, 성균관대학교 박사학위논문 제III장 참조.

2. 범죄피해자 보호 · 지원의 이원화(2012년 이후)

1) 경찰구조의 이원화

2012년 이후부터, 영국 범죄피해자 보호 · 지원 제도의 구조는 상당한 변화를 겪고 있다. 그 변화의 시작은 경찰구조의 이원화이다. 2011년 경찰개혁 및 사회책임법(Police Reform and Social Responsibility Act 2011)은 종전 Home Office가 중앙집중식으로 관장하던 경찰의 책임구조를 자치경찰과 국가경찰의 이원구조로 변경하였다. 이에 따라 2012년 11월부터 42개 자치경찰의 위원장(Police and Crime Commissioner, 이하 "지방경찰위원장")이 종전의 임명직에서 선출직으로 변경되었고, 지방경찰위원장이 해당 지방의 범죄예방정책과 피해자 보호정책에 대한 책임을 지게 되었다.[19] 지방경찰위원장은 외형적으로는 경찰의 민주적 책임을 강화하기 위해 도입된 것으로서[20] ① 경찰의 효율성 및 효과를 담보하고, ② 경찰서장을 임면하며, ③ 치안계획을 통해 해당 지방의 치안목표를 설정하고, ④ 경찰 예산을 수립 및 집행하며, ⑤ 내부장관이 설정한 국가 및 국제 경찰목표에 기여하며, ⑥ 지방의 중요과제를 수행하기 위해 공동체 내의 형사사법 관련자들을 조율하는 역할을 수행한다.[21] 한편 조직범죄 · 중대범죄 등 국가적 차원의 대응을 위하여 2013년 범죄 및 법원법(Crime and Court Act 2013)에 따라 국립범죄수사청(National Crime Agency)이 설치되었다.[22] 국립범죄수사청은 ① 조직죄와 중대범죄에 대한 투쟁(combat), ② 기타 범죄에 대한 투쟁, 및 ③ 부당이용수익 수사 및 명령신청과 관련된 정보의 수집, 처리, 분석과 ④ 범죄수익환수법(Proceeds of Crime Act 2002)에서 부여하는 기능 및 기타 법률에서 부여하는 기능을 수행하며, ⑤ 여러 기관들의 조직범죄와 중대범죄에 대한 투쟁이 효과적 및 효율적으로 수행될 수 있도록 조정하는 기능을 수행한다.[23] 이처럼 자치경찰이 대부분의 범죄를 담당하고, 국가경찰이 중대범죄를 담당하게 됨으로 인해 피해자 보호 · 지원 업무를 "대부분 지방이 수행"[24]하는 구조가 됨에 따라, 중앙정부의 시각에서는 피해자 보호 · 지원 제도의 운영을 지방에게 이전할 수밖에 없었을 것이다.

---

19) 영국 경찰구조의 변화과정에 대한 설명은 김학경/이성기, 영국지방자치경찰의 새로운 패러다임: 2011 경찰개혁 및 사회책임법과 국립범죄청을 중심으로, 경찰학연구 제12권 제1호 참조.

20) Hall, M., Supporting victims of crime in England and Wales: Local commissioning meeting local needs?, International Review of Victimology, 2018, Vol.24(2), p.222.

21) Police Reform and Social Responsibility Act 2011 §1.

22) 종전의 중앙집권형 경찰구조하에서 중대범죄를 담당하기 위해 설치된 중대조직범죄수사청(Serious Organised Crime Agency)을 확대 개편한 것이 국립범죄수사청이다.

23) Crime and Court Act 2013, §1.

24) Ministry of Justice, *Getting It Right for Victims and Witnesses: Consultation Paper (Cm 8288)*, TSO, 2012, p.21.

2) 피해자 보호 · 지원 구조의 이원화

이에 따라 중앙정부는 2012년 "Getting It Right for Victims and Witnesses: Consultation Paper"를 통해 피해자 보호 · 지원 제도의 이원화 필요성을 제기하며 관련단체의 의견을 수렴하였다. 이 문서에서 법무부는 영국의 피해자 지원제도가 처한 문제점을 다음과 같이 지적하고 있다:

"아직까지 중앙정부가 피해자 지원제도를 수행하는 일관적이고 전략적인 접근방법이 없다. 지원목표에 대한 공감대도 없이 여러 의사 결정자가 각각 고립적으로 무엇을 위해서 언제 어떻게 지원할지에 대한 결정을 해오고 있다"[25)]

법무부의 의견수렴문서는 구체적으로 다음과 같은 세 가지의 문제점을 제기하였다:

① 연간 약 £66m의 예산을 약 250여개의 피해자 또는 증인 보호단체에게 분배하는 과정에서 중앙정부가 지방 단체를 일일이 평가하여 최선의 서비스를 제공하고 최고의 효과를 낼 수 있는 단체를 선별하는 것은 불가능하다.[26)]

② 중앙정부 중에서도 법무부는 약 £38m(2007/8 기준)을 Victim Support에게 지원하여 피해자 보호활동을 수행하는 한편, Home Office는 별도로 £28m(2011~2015 4개년간)을 편성하여 여성에 대한 폭력 방지 전략을 지원할 뿐만 아니라, 다양한 소규모 지원금으로 여러 단체를 지원하는 등 일관성이 없다.[27)]

③ 지원을 가장 필요로 하는 피해자를 위해 전문화를 도모하지 않고 경찰이 회부한 모든 피해자에게 지원을 제공하도록 하는 기존의 전국적 피해자 서비스 체계는 지원의 우선순위가 없고, 결과에 대한 성과평가 기준이 없으므로 지속가능하지 않을 뿐만 아니라 자원의 낭비를 초래한다.[28)]

논자들에 의하면, 민간단체의 산발적인 전개과정은 정부기관과 민간기관의 복잡한 네트워크를 초래하였고, 이는 "일관성, 조정 및 시너지가 없고 … 명확성 결여, 목표의 상충, 우

---

25) id.

26) id.

27) id. p.17~18.

28) id. p.18. 이에 대한 예로 "Victim Support는 2010/11년도 중 1백만건 이상의 회부를 받았지만, 그 중 60%에 해당하는 피해자에게 연락하여 그 요구를 평가할 수 있었고, 그 중 3분의 1만 실제로 지원을 요구하였다"는 사례를 들고 있다. 2015/16 법무부 데이터에 의하면, Victim Support에 회부된 301,611명의 피해자 중에 그 지원을 받기로 한 비율이 10%에 불과하다고 한다.(Mayor appoints first Victims Commissioner for London, 13 June 2017, https://www.london.gov.uk/press-releases/mayoral/key-manifesto-commitment에서 인용)

선순위의 중복을 드러내는"[29] 피해자 지원 환경을 만들어 냈다고 한다. 민간단체들은 서비스를 유지하기 위하여 다른 단체들과 펀딩 경쟁을 벌여야 했고, 이러한 경쟁으로 인해 특히 2007년~2008년 신용경색에 따른 긴축재정기에 접어들면서 여러 단체들 사이의 긴장과 갈등이 고조되어 정보공유와 상호연계가 축소되는 문제점이 발생하였다. 이에 따른 서비스의 중첩, 비일관적 또는 주먹구구식 서비스 제공으로 범죄피해자는 거주지 우편번호에 따라 서비스가 달라지는 '우편번호 복권' 상황에 노출되고 있었다.[30]. 이와 같은 논의를 거쳐, 법무부와 지방경찰위원장이 범죄피해자 보호 · 지원 책임을 분담하는 현재의 이원적 구조가 만들어 졌다.

3) **이원화**, EU Directive, **'범죄피해자를 위한 실무기준'**

한편, "Getting it Right for Victims and Witnesses" 자문결과를 반영하기 위해 2006년에 마련된 '범죄피해자를 위한 실무기준'이 2013년에 개정되었다. 주요 개정사항은 다음과 같다. ① 피해자의견진술(Victim Personal Statement)제도[31] 도입, ② 기업인 피해자에게 범죄의 영향을 진술할 기회 부여, ③ 성인범죄자의 피해자에게 회복적 사법 관련 정보를 제공, ④ 민원제기절차 개선, ⑤ 18세 미만인 피해자 고려.

2012년에는 "범죄피해자의 권리, 지원 및 보호에 관한 EU Directive(EU Directive on the rights, support and protection of victims of crime)"[32]이 공표되었다. 이 Directive는 회원국들로 하여금 피해자에게 (1) 사건관련 정보접근권(제6조), (2) 형사절차상 의견진술권(제10조), (3) 기소결정 검토요구권 및 보호요구권(제11조), (4) 범죄자 연락 기피권(제19조) 등을 정하고 있으며, 특히 (5) 피해자 지원 서비스 접근권(제8조)[33]을 제공하도록 하고 있다. 이에 따라 유럽 국가

29) Crawford, A. & Enterkin, J., *Victim Contact Work and the Probation Service: A Study of Service Delivery and Impact*, CCJS Press Leeds, 1999, p.4.

30) Wedlock, E. & Tapley, J., *What Works in Supporting Victims of Crime: A Rapid Evidence Assessment*, Victims' Commissioner & University of Portsmouth, 2016, p.7.

31) 이 제도는 1996년 Victims' Charter에 의하여 시행된 적이 있는 '피해자 충격진술(Victim Impact Statement)제도'를 일부 수정한 것으로서, 피해자는 유죄판결이 있은 후에 그 진술서를 직접 읽거나 타인에게 읽도록 할 수 있다.

32) EU의 Directive는 회원국에게 일정한 결과의 달성을 요구하는 법률행위다. 규정(Regulation)과 달리 직접적 효력이 없으며, 구체적 실행방법과 규칙의 내용 등은 회원국의 재량에 맡겨두는 것이다. 통상 '지시'로 옮기지만, 국가 간의 관계에서 '지시'라는 용어는 바람직하지 않기 때문에 원래의 용어를 그대로 둔다.

33) "Member States shall ensure that victims, in accordance with their needs, have access to confidential victim support services, free of charge, acting in the interests of the victims before, during and for an appropriate time after criminal proceedings"

들은 규정형식은 다르더라도 내용 면에서 어느 정도 평준화된 범죄피해자 보호·지원제도를 갖추게 되었다. 영국은 2015년 이러한 변화를 반영하기 위해 ① 실무기준이 모든 범죄의 피해자를 포섭할 수 있도록 범죄자의 정의를 확대하고, ② 기준에 따라야 할 대상기관의 범위를 확대하였으며, ③ 범죄를 신고한 피해자에게 서면의 확인서를 발급하도록 '범죄피해자를 위한 실무기준'을 개정하였다.[34] 이에 따라 오늘날 영국의 형사사법과 관련되는 모든 공공기관[35]은 피해자 보호를 위한 기준, 증인보호헌장(Witness Charter),[36] 2010년 평등대우법(Equality Act 2010) 제149조에 따른 평등대우의무를 준수하여야 한다.

그러나 영국은 전세계에서 가장 긴 피해자 권리운동의 역사를 가지고 있으면서도 아직 피해자의 권리는 충분히 법제화되어 있지 않다고 할 수 있다. '범죄피해자를 위한 실무기준'이 형사사법 관련기관의 피해자 대응지침에 불과하고, 법률에 의하여 인정되는 권리가 아니며 아래에서 보는 것처럼 그 침해에 대해서 소구할 수 없기 때문이다. 2012년 이후 피해자 권리의 법제화 필요성이 제기되고 있으며,[37] 2015년 10월 하원에 범죄피해자권리보호법안[38]이 제출되었으나 1차독(first reading) 후 보류된 상태이고, 2017년 7월 상원에도 유사한 범죄피해자권리보호법안[39]이 제출되어 1차독을 거친 상태로 보류 중이다.

34) 개정에 대한 자세한 내용은 Ministry of Justice, Revising the Victims' Code: Government response to consultation, 2015 (https://www.gov.uk/)참조.

35) 아래 참조.

36) Witness Charter는 2007년에 마련되어 2013년에 한 차례 개정되었다. 피해자가 증인이 되는 경우가 많기 때문에 증인으로서의 권리도 중요하지만, 이 연구의 범위를 넘어서므로 별도로 언급하지 않는다.

37) Ministry of Justice, Our Commitment to Victim, 2014; Conservatives, The Conservative Party Manifesto, 2015 등

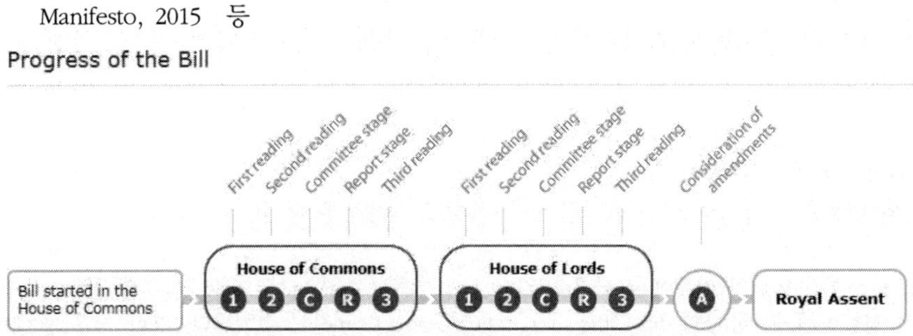

38) Victims of Crime Etc (Rights, Entitlements and Related Matters) Bill 2015~16, https:// services.parliament.uk/bills/2015-16/victimsofcrimeetcrightsentitlementsandrelatedmatters.html,. 영국의 법제정과정은 위의 그림과 같다. 다만 상원에 제출된 법안은 하원과 상원의 순서가 바뀐다. (출처: parliament.uk)

39) Victims of Crime (Rights, Entitlements, and Notification of Child Sexual Abuse) Bill [HL] 2017~19

Ⅲ. 이원적 범죄피해자 보호 · 지원의 수행체계

1. 이원적 수행체계

위에서 지적된 문제점에 대하여 법무부는 "중앙정부 기금의 사용에 대한 일관적인 접근방법의 확립"[40]을 대안으로 내놓으며, 이와 관련하여 세 가지 원칙을 수립하였다.[41] 첫째, 피해자 보호 · 지원 서비스는 ① 살인, 강간, 성폭행, 테러, 중상해 등 중대범죄의 피해자, ② 비교적 경미한 범죄라도 지속적으로 표적이 되는 피해자, ③ 사회적 또는 가정적 지원이 없거나 정신장애가 있는 등 피해자가 될 가능성이 높은 취약 피해자 등 범죄의 충격을 가장 심각하게 경험하는 피해자[42]에게 집중되어야 한다. 둘째, 평가의 기준을 기존의 연락건수, 회부건수와 같은 산출 중심에서 ① 범죄의 즉각적 충격에 대응할 수 있도록 피해자 지원, ② 그 후 피해자가 경험한 피해로부터 회복한 정도 등 성과로 변경하여, 피해자 지원단체에게 재원을 지원할 때에도 성과를 달성할 능력이 있는지 여부에 따라 지원여부를 결정하여야 한다. 셋째, 이와 같은 원칙은 지역적 필요성을 상세히 분석할 수 있는 지역 의사결정자가 집행하는 것이 가장 좋다는 것이다. 법무부는 2012년부터 직선제로 선출되고 있는 42개 지방경찰위원장[43]을 지방의 의사결정자로 선정하였다. 그 이유로 다음을 들고 있다:

① 지방경찰위원장은 지역 경찰활동의 우선순위를 정하며 범죄 등의 감소를 위한 보조금을 집행한다.

② 경찰활동 수행시 지역민의 의견, 특히 범죄피해자의 의견을 수렴한다.

③ 지방관청, 민간단체 등에 비해 이미 다른 형사사법기관과 협력할 상호적 의무를 지고 있어서 효과적으로 운영할 수 있다[44]

모비(Mawby)는 이러한 정책변화를 (1) 서비스 제공의 지방화, (2) 펀딩의 경쟁입찰화, (3)

---

40) Ministry of justice, 위의 각주 24) p.18.

41) 이하 이 단락의 내용은 id. p.18~26.을 요약한 것이다(별도 인용부분 제외).

42) id. p.11.

43) 런던광역시(Greater London)의 경우에는 시장을 직선으로 선출하고 있어서, 지방경찰위원장의 기능을 시장(시장부속 경찰범죄사무국; Mayor's Office for Policing and Crime)이 수행한다. 또한 최근 맨체스터광역시(Greater Manchester)에서도 시장을 직선으로 선출하게 되어 시장(경찰범죄담당 부시장; Deputy Mayor for Policing and Crime)이 관련 업무를 수행한다. 아래에서는 이들을 총칭하여 '지방경찰위원장'이라고 한다.

44) Ministry of Justice, 2012, 위의 각주 24) p.21~22.

서비스 결과의 엄격한 평가로 요약하고 있다.[45] 그 결과 현재 대부분의 범죄에 대한 정서적 · 실무적 지원서비스는 지방경찰위원장이 각 지방의 요구를 고려하여 수행하고, 중앙정부는 인신매매, 살인피해자의 유족 등 비교적 소수이며 복잡한 고려가 필요한 피해자나 전국적 일관성이 필요한 사건관리기능 및 가정폭력 · 스토킹 상담전화 등 전국적으로 제공되어야 하는 서비스를 수행한다.

2. 범죄피해자 보호·지원의 내용

2012년 법무부의 "Getting It Right for Victims and Witnesses: Consultation Paper"의 첫머리는 정부는 "피해자가 범죄의 즉각적 후유증을 해소하는데 필요한 지원을 받을 수 있도록 하여야 하며, 필요시 삶의 궤도를 되찾을 수 있도록 보상 등 추가 조력을 받을 수 있도록 하여야 한다"[46]는 말로 시작한다.[47] 또한 법무부의 각종 간행물에는 '피해자를 형사사법의 중심으로 만든다'는 말이 자주 등장하는데, 이는 피해자에 대한 "정부의 책임"[48]을 선언하는 것이다. 지방분권화 이전 중앙정부는 여러 가지 펀딩방식을 통해 가정폭력 또는 성폭력 피해자 도우미(Independent Advocacy), 정보제공, 카운셀링, 피어 서포트(Peer support), 실무적 원조, 정서적 지원, 쉼터/임시 수용시설, 상담전화 등 다양한 범죄피해자 지원 서비스를 지원함으로써 그 책임을 수행하였다. 앞서 본 것처럼, 이러한 역할은 중앙정부의 전폭적 지원을 받았던 유일한 일반적 피해자 지원 민간단체인 Victim Support를 통해 이루어졌다.

그러나 이원화 정책에 2014년부터 법무부는 일부 전국적 · 전문적 서비스를 제외한 피해자 지원에 대한 대부분의 책임을 42개 지방경찰위원장에게 분산시켰고, 각 지방경찰위원장은 중앙정부의 재정지원 아래 각 지방별 피해자 보호계획을 수립하여 이를 집행하고 있다. 발생빈도는 낮지만 충격정도가 크고 전국적 수행이 필요한 경우까지 지방경찰위원장에게 직접 수행하도록 함으로써 지역별 전문가 서비스를 유지하도록 하는 것은 비효율적일 뿐만 아니라 경우에 따라서는 서비스 제공가능성이 떨어질 수 있다는 것이다.[49] 현재 법무부가 직접 수행하는 서비스의 대상은 다음과 같다.[50]

---

45) Mawby, 위의 각주 7), p.213.

46) Ministry of Justice, 2012, 위의 각주 24) p.8.

47) 법무부가 들고 있는 책임은 피해자 보호책임이 첫째이고, 둘째는 증인보호책임, 셋째는 사건 재발 가능성 감소 책임이다(id.).

48) id.

49) Ministry of Justice, Victims' Services Commissioning Framework, https://www.gov.uk/government/publications/victims-services-commissioning-framework, 2013, p.9.

- 인신매매 피해자
- 살인 유가족
- 테러 피해자 또는 유가족[51]
- 강간 피해자(Rape Support Centre 구축)
- 증인(법원 내 증인지원서비스)
- 전국 상담전화 및 피해자정보서비스(Victim Support와 공동 구축)

Home Office는 별도의 Ending Violence Against Women and Girls Strategy를 수립하여 일정한 성폭력 및 가정폭력 피해자 보호제도를 위해 16/17년도부터 19/20년도까지 4개년간 피난처 및 보호시설 등을 위해 £80m 지원하고 있다.[52] Home Office가 이 분야의 지원을 담당하는 것은 성폭력 및 가정폭력을 단순히 범죄로 다룰 수 없다는 인식이 깔려 있기 때문이기도 하겠지만, 법무부와 Home Office가 2016년 7월까지 공동 차관(Minister of State for Policing, Fire, Criminal Justice and Victims; The Rt Hon Mike Penning MP)을 두고 있었다는 사실도 영향을 미친 것으로 보인다.

3. 이원적 수행체계의 문제점

지방분산 방식의 이원적 수행체제를 "모든 범죄피해자가 접근할 수 있는 질 높은 서비스를 제공하기 위한 일관적이고 지속가능한 접근방법을 마련할 수 있는 기회"[53]로 평가하는 자도 있지만, 법무부 스스로 "응답자의 대다수가 지방경찰위원장로 하여금 피해자 서비스를 수행케 하는 방식에 반대"[54]함에도 불구하고 이원적 수행체계를 강행한다고 해야 할 정도로 상당한 반론이 있었다. 응답자의 3분의 1가량이 이원화 자체를 반대하였고,[55] 수행주체를 지방경찰위원장으로 하는데 대해서도 196명의 응답자 중 136명이 반대하였다.[56] 이원화

50) id. p.5.

51) Ministry of Justice, 2012, 아래 각주 54) p.20~21.

52) 최근의 예산서에서는 이 예산에 £20m이 추가되어 총 £100m이 되었다고 한다. HM Treasury, Spring Budget 2017, HC 1025, p.49 (https://www.gov.uk/government/publications/spring-budget-2017-documents, print version). 지원사례는 https://www.gov.uk/government/news/new-funding-for-victims-of-sexual-abuse-announced, https://www.gov.uk/government/news/new-funding-announced-for-victims-of-sexual-abuse 참조.

53) Wedlock & Tapley, 2016, 위의 각주 30) p.7.

54) Ministry of Justice, Getting It Right for Victims and Witnesses: The Government Response (Cm 8397), TSO, 2012, p.16.

55) id. p.16.

자체와 관련하여, (1) 42개의 구역에게 기금을 나누어 주게 되면 행정비용이 증가하게 되어 피해자 서비스에 배정된 기금의 상당액이 집행절차에서 소실될 것이라는 비판과 (2) '전국적 서비스 표준'이 없다면 서비스 품질이 지역적으로 차별화되는 "우편번호 복권(postcode lottery)"현상이 발생될 수 있다는 지적이 있었다.[57]

수행주체와 관련해서 선출직 정치인인 지방경찰위원장이 자신의 정견에 따라 지원대상을 선정하거나 지지표를 의식하여 인지도 높은 사건 혹은 대중들이 공감하는 피해자만 집중 지원할 가능성이 있다는 문제점이 제기되었다. 즉, 소외된 피해자는 더 소외될 가능성이 있다는 것이다.[58] 이와 관련하여 모비(Mawby)는 영국 최저의 평균투표율(15%)을 기록하며 선출된 지방경찰위원장이 지역민을 대표할 것이라고 믿거나, 피해자 서비스에 대한 전문지식이 있을 것이라고 생각하는 것은 실수라고 비판하고 있다.[59]

특히, 경쟁입찰방식의 펀딩과 관련하여, 자원봉사인력에게 의존하여 전문적인 입찰서류 작성 능력이 없는 군소단체들이 상업적 제공자에게 포식될 위험성도 제기되고 있다.[60] 예컨대, 범죄자 관리를 지방단계로 개방한 재사회화 개혁 프로그램(Transforming Rehabilitation)에서 군소단체들이 대형 기업들과 경쟁하는 상황이 발생되었다는 것이다.[61] 이렇게 되면 피해자 보호지원의 전문지식이 경제적 원칙에 입각한 입찰전문지식에 잠식될 수 있다는 우려인 것이다. 이러한 우려가 어느 정도 현실화된 예로 증인지원서비스의 입찰경쟁을 들 수 있을 것이다. Victim Support의 주장으로 1996년 시범사업형태로 도입되어 전국적으로 확대된 증인지원서비스의 경우, 2015년도 입찰에서 그 동안 이 분야에 전혀 경험이 없던 Citizens Advice가 낙찰받아 2015~18년까지 £24m의 예산지원을 받는 상황이 발생되었다(18~21년도에 대해서도 다시 낙찰받았다). 홀(Hall)은 이와 같은 낙찰의 중요한 이유로 Victim Support의 종전 대표였던 길리언 가이(Gillian Guy)가 Citizens Advice의 대표가 되었다는 점을 들고 있다.[62] 어떻든 이원화로 인해 Victim Support가 지난 20여년간 쌓아온 증인지원서비스 관련 노하우가 유실되었음은 분명해 보이고, "펀딩이 제공된다는 혹은 장기적으로 배정될 수 있다는 보장 없이 다수의 NGO들이 같은 조건에서 펀딩경쟁을 [벌이는 상황]"[63]이 초래되었음을 부인할

56) id. p.17.

57) id. p.16.

58) id. p.17.

59) Mawby, 위의 각주 7) p.213.

60) Simmonds, 위의 각주 14) p.5.; Hirst, A. & Rinne, S., The impact of changes in commissioning and funding on women-only services, Equality and Human Rights Commission Research report 86, 2012, p.IV, p.31 이하.

61) Simmonds, 위의 각주 14) p.5.

62) Hall, 위의 각주 20) p.223.

수 없을 것이다. 이로 인해 지방경찰위원장협회가 법무부가 해마다 예산을 결정함에 따라 "서비스 제공자들이 … 미래를 계획하고 전략적 판단을 내릴 수가 없다"[64]고 지적함은 물론, Rape Crisis도 "내년 3월에 종료되는 Rape Support Fund의 지원신청이 익년도에 사용할 수 있도록 적시에 이루어질지 불안하다"[65]고 할 정도로 중앙정부가 제공하는 예산의 비연속성으로 인해 전략적 접근에 문제가 나타나고 있다.

Ⅳ. 범죄피해자 보호 · 지원 근거법

현재 영국의 범죄피해자 보호 · 지원의 중심이 되는 법률은 가정폭력, 범죄 및 피해자보호법(Domestic Violence, Crime and Victims Act 2004; 이하 "피해자보호법")이다. 이 법 제3편에서는 피해자 보호 · 지원에 대한 중앙정부의 의무와 권한을 정하고 있는데, 제1장 피해자 실무기준, 제2장 의견 및 정보제공, 제3장 기타(피해자 및 증인 담당관(Commissioner for victims and witnesses), 보조금지급 등)를 정하고 있다. 형사보상제도는 1995년 형사피해보상법(Criminal Injuries Compensation Act 1995)에서 정하고 있으며, 2014년 10월부터 시행된 피해자 보호 · 지원 서비스의 지방분권화에 따른 각 지방경찰위원회의 임무는 2014년 반사회적 행위, 범죄 및 경찰활동법(Anti-Social Behaviour, Crime and Policing Act 2014; 이하 "경찰활동법") 제143조 제1항 제b호에서 정하고 있다.

1. 2004년 가정폭력, 범죄 및 피해자보호법

〈2004년 가정폭력, 범죄 및 피해자보호법〉

제32조 (1) 법무부장관은 다음과 관련된 기능을 가진 것으로 판단되는 자가 범죄행위의 피해자에게 제공하여야 하는 서비스에 관한 실무기준을 공포하여야 한다 —

63) Mawby, 위의 각주 7) p.214.

64) Victims' Services Budget - APCC Chair Response, 2017.1.13., http://www.apccs.police.uk/latest_news/victims-services-budget-apcc-chair-response/

65) Rape Crisis responds to news of lack of funding for specialist sexual violence services, 2015.8.12., https://rapecrisis.org.uk/news/rape-crisis-responds-to-news-of-lack-of-funding-for-speciali

(a) 범죄행위의 피해자, 또는
(b) 형사사법시스템의 모든 측면.

피해자보호법 제32조 제1항은 법무부장관에게 "범죄피해자 또는 형사사법시스템의 모든 측면"과 관련된 기능을 수행하는 자가 범죄피해자에게 제공하여야 하는 서비스에 관한 실무기준을 마련하도록 하고 있다.[66] 실무기준의 초안은 제33조에 따라 법무부장관이 Home Office 장관과 검찰총장(Attorney General)과 상의하여 작성하여야 한다. 그 초안을 일반인에게 공표하여 여론을 수렴하는 과정을 거친 후에 법무부장관이 의회에 제출하여야 하고, 법무부장관이 명령으로 정하는 날로부터 시행하여야 한다.[67] 법무부장관은 같은 법 제48조에 따라 검찰총장(Attorney General) 및 대법원장(Lord Chancellor)과 상의하여 피해자 및 증인 담당관(이하 "피해자 담당관")을 선임하여야 한다. 피해자 담당관은 ① 범죄/반사회적 행위의 피해자 및 증인의 이익을 촉진하고, 피해자와 증인의 처우에 관한 실무개선을 위해 필요한 조치를 취하며, 제32조에 따른 실무기준의 운영을 점검하며, ② 법무부장관에게 실무기준의 개선을 제안하거나 실태에 대한 보고서를 제출하고, 관련기관에게 권고를 할 수 있다.[68] 아울러 같은 법 제56조에서는 중앙 정부부처가 피해자, 증인 등의 지원을 위한 보조금을 지급할 수 있도록 하고 있다.[69] 그 밖에 이 법에서는 ① 피해자 기금의 재원마련을 위해 벌금 및 과태료에 일정액을 추가하여 납부하도록 하는 피해자분담금(Victim Surcharge) 제도, ② 피해자 담당관이 위원장이 되는 및 피해자자문위원회[70] 등을 규정하고, ③ 범죄피해자보상청(Criminal Injuries Compensation Authority)이 피해자에게 지급한 금액을 범죄자로부터 회수할 수 있도록 허용하는 규정[71]을 마련하고 있다[72].

---

66) 피해자보호법 §32(1)

67) 피해자보호법 §33

68) 피해자보호법 §49

69) 피해자보호법 §56 (1) 국무장관은 피해자, 증인 또는 기타 범죄의 영향을 받은 자를 조력하는 것으로 판단되는 조치와 관련하여 적절한 자에게 적절한 보조금을 지급할 수 있다.
(2) 국무장관은 이 조에 의한 보조금을 지급할 때, 적절한 조건을 붙일 수 있다.

70) 제55조에서는 형사사법시스템의 개혁과 피해자 지원 서비스에 대한 피해자의 의견을 반영할 수 있도록 법무부산하 임의기구로서 피해자자문위원회를 두었다. 2008년 신용위기에 따른 긴축재정의 영향으로 피해자자문위원회와 피해자 담당관의 역할이 중복됨을 들어 전자를 폐지하였다. EXPLANATORY DOCUMENT TO THE PUBLIC BODIES (ABOLITION OF THE VICTIMS' ADVISORY PANEL) ORDER 2013 (2013 No. 2853), https://www.legislation.gov.uk/

71) 피해자보호법 §57

72) 이 제도는 아직 시행되지 않고 있다.

2. 2014년 반사회적 행위, 범죄 및 경찰활동법

〈2014년 반사회적 행위, 범죄 및 경찰활동법〉

제143조 (1) 지방경찰기구는 다음을 제공하거나 그 제공을 조정할 수 있다.

(a) 지방경찰기구가 볼 때, 관할 구역 내의 범죄 및 무질서 행위를 감소시키거나 감소시키는데 기여할 것으로 판단되는 서비스;

(b) 범죄 및 반사회적 행위의 피해자 또는 증인 또는 기타 그 영향을 받은 자를 지원하기 위하여 지방경찰기구가 예정하는 서비스;

(c) 국무장관이 명령으로 정하는 서비스.

경찰활동법 제143조 제1항 제b호에서는 피해자 보호·지원 제도의 지방분권화를 위하여 각 지방경찰기구에게 "범죄 및 반사회적 행위의 피해자 또는 증인 또는 기타 그 영향을 받은 자를 지원하기 위한 서비스"를 제공할 수 있는 권한을 정하고 있다. 법 제정 당시에 예상할 수 없는 변화를 수용하기 위하여 국무장관이 명령에 의하여 지방경찰기구의 서비스 제공범위를 확대할 수 있도록 하고 있으며,[73] 새로운 프로그램의 시범운영이 가능하도록 지방별로 다른 명령을 할 수 있는 길을 열어놓고 있다.[74] 지방경찰기구는 본 조항에 의한 서비스를 제공하기 위하여 조달계약을 체결하거나, 보조금을 지급할 수 있다. 보조금을 지급하는 경우에는 서비스 미제공시 보조금 반환 및 서비스 내용에 대한 정기 보고 등 필요한 조건을 붙일 수 있다.[75] 이 규정이 없을 때에는 법무부 등 중앙정부가 피해자 보호·지원 책임을 지면서 지방의 단체에게 직접 보조금을 지급하거나 조달계약을 체결해 왔다. 그러나 이 규정이 생기면서 중앙정부는 지방경찰기구에게 보조금을 지급하고, 각 지방경찰기구 피해자 단체에게 보조금을 지급하거나 조달계약을 체결하는 구조로 변화되었다.

이 규정에서 피해자 보호·지원은 경찰의 "책임" 또는 "책무"가 아니라 "권한"이다. 사회적 환경상 피해자 보호·지원이 국가 또는 지방경찰의 '책임'으로 인식되는 것처럼 보이지만, 사실 영국에서 피해자 보호·지원은 국가 또는 지방경찰의 은혜 또는 서비스이지 피해자의 권리가 아니다. 이 점은 앞서 본 실무기준이 형사사법 관련기관의 피해자 대응지침에 불과하고, 법률에 의하여 인정되는 권리가 아니라는 점과 맥이 통한다.

---

73) 경찰활동법 §143(1)(c)

74) 경찰활동법 §143(2)

75) 경찰활동법 §143(3)

Ⅴ. 중앙정부의 범죄피해자 보호·지원

1. 범죄피해자를 위한 실무기준

앞서 본 바와 같이 법무부장관은 피해자보호법 제32조에 따라 형사사법시스템 또는 범죄피해자와 관련된 기능을 제공하는 정부기관이 범죄피해자를 대할 때 지켜야할 실무기준을 정하고 있다. 법무부장관은 Home Office 장관과 검찰총장(Attorney General)과 상의하여 실무기준의 초안을 작성하고, 여론수렴과정을 거쳐서 의회에 제출하여야 한다. 또한 실무기준의 운영실태를 점검하고, 개선이 필요한 경우 개선을 제안하는 역할을 수행하는 피해자 담당관을 두고 있다.[76] 피해자 담당관은 직접 피해자를 상대로 서비스를 제공하는 자는 아니지만, 정부에 대하여 피해자의 목소리를 대변하는 가교역할을 수행하고 있다. 최근 런던에서도 피해자 담당관 제도를 도입한 것을 보면,[77] 기대 이상의 성과를 거두고 있는 것으로 판단된다.

실무기준의 구체적 내용은 이 연구의 범위를 벗어나지만, 몇 가지 언급하고자 한다. 첫째, 실무기준은 성인인 피해자와 아동청소년인 피해자를 나누고 있으며, 개인인 피해자뿐만 아니라 법인인 피해자의 권리까지 정하고 있다. 둘째, 이 실무기준은 모든 형사사법기관과 제한적 수사권한을 가진 모든 정부기관에게 적용된다. 실무기준이 적용되는 전체 목록은 다음과 같으며 구체적 기준은 양자간에 차이가 있다.

[표 1] 실무기준이 적용되는 공공기관[78]

형사사법기관	제한적 수사기관
• The Criminal Cases Review Commission • The Criminal Injuries Compensation Authority • The Crown Prosecution Service (CPS) • The First-tier Tribunal (Criminal Injuries Compensation)	• The Competition and Markets Authority • The Department for Business, Innovation and Skills (Criminal Enforcement) • The Environment Agency • The Financial Conduct Authority • The Gambling Commission

76) 피해자보호법 §49

77) Mayor appoints first Victims Commissioner for London, 13 June 2017, https://www.london.gov.uk/press-releases/mayoral/key-manifesto-commitment; Victims Commissioner, https://www.london.gov.uk/what-we-do/ mayors-office-policing-and-crime-mopac/victims-commissioner

• Her Majesty's Courts and Tribunals Service (HMCTS) • Her Majesty's Prison Service • National Offender Management Service (NOMS) • The Parole Board • Police and Crime Commissioners • All police forces in England and Wales, the British Transport Police and the Ministry of Defence Police • The National Probation Service • The UK Supreme Court • Witness Care Units • Youth Offending Teams.	• The Health and Safety Executive • Her Majesty's Revenue and Customs • Home Office (Immigration Enforcement) • The Information Commissioner's Office • The Independent Police Complaints Commission • The National Crime Agency • Natural Resources Wales • The Office of Rail and Road • The Serious Fraud Office.

이와 같이 실무기준이 적용되는 범위를 일일이 열거해야 한다는 것은 결국 실무기준이 그 명칭에서 나타나는 것처럼 형사사법 관련기관이 범죄피해자를 어떻게 처우해야 하는지, 범죄피해자에게 어떤 지원 및 정보를 제공해야 하는지를 정하는 형사사법 관련기관의 피해자 '대응지침'이지 피해자의 '권리'가 아니기 때문이다. 그래서 형사사법기관이 실무기준을 위반할 경우에도 곧바로 민형사상의 책임으로 이어지지는 않으며, 피해자가 그 기관을 상대로 인권침해 등을 주장할 때 하나의 증거로 고려될 수 있을 뿐이다.[79] 그러한 까닭에 실무기준이 정하고 있는 '피해자의견진술'의 기회가 실제로 부여되는 경우는 15%에 불과할 정도로 경시되더라도 위법하지 않다.[80] 이에 대하여 피해자 담당관 Baroness NewLove는 "피해자보호 실무기준이 희망사항에 불과하다는 사실이 수치로 드러난 이상 누구도 피해자가 '형사사법시스템의 중심'이라고 할 수 없을 것"[81]이라고 지적하며, 피해자의 권리가 법제화되어야 한다고 주장하고 있다.[82]

---

78) Ministry of Justice, Code of Practice for Victims of Crime, https://www.gov.uk/government/publications/the-code-of-practice-for-victims-of-crime, 2015.

79) 피해자보호법 §34. 실제로 실무기준에서는 권리에 해당하는 right라는 말을 매우 드물게 사용하고 있으며, 대신 급부라는 의미에 해당하는 entitlement를 자주 사용하고 있다.

80) Victims' Commissioner, *Victim Personal Statement: Victim Inequality 2015/16*, https://victimscommissioner.org.uk/victim-personal-statement-offer-inconsistent-approach/, 2017.

81) Victims' Code is not delivering entitltments for victims, http://victimscommissiner.org.uk/

82) https://victimscommissioner.org.uk/victims-commissioner-calls-for-new-victims-law/, 또한 Victim Support, Making a Victims Law a Reality, 2015 도 참조.

2. 범죄피해자 보호·지원 재원

1) 예산분배

국무장관은 피해자보호법 제56조에 따라 피해자, 증인 또는 기타 범죄의 영향을 받은 자를 조력하는 조치와 관련하여 적절하다고 판단되는 자에게 보조금(grant)을 지급할 수 있다. 이 규정에 따라 지방경찰위원장에게 보조금을 지급한다.[83] 이 보조금에는 적절한 조건을 붙일 수 있는데,[84] 법무부는 범죄피해자를 위한 보호 및 지원서비스에 사용하여야 한다는 조건을 붙인다.[85] 범죄피해자는 범죄 신고여부를 묻지 않는다.[86]

지방분권화가 시작되던 2014년 10월 법무부는 지방경찰위원장에게 £31.55m의 보조금을 지급하였다. 이 금액은 피해자 보호지원 서비스 £24m, 회복적 사법 £6.25m, 성폭력/가정폭력 피해자 지원 £1.3m이 포함된 금액이다. 또한 2014년 법무부는 중대범죄 피해자, 지속적 피해자, 취약 피해자를 위한 프로그램을 지원하기 위하여 별도의 경쟁입찰을 통해서 £12.5m을 교부하였다. 그 분배방식은 "단순하고 투명한 인구에 기초한 공식"[87]이며, 이 방식은 지금까지 변하지 않았을 것으로 추측된다.[88]

지방분권화는 종전의 중앙집중형 서비스 제공자였던 Victim Support의 예산을 크게 변화시켰다. Victim Support에 대한 법무부의 직접적 예산지원은 £34.2m(15/16년도)[89]에서 £2.9m(16/17년도)로 급감하였다. 양자를 도표로 보면 다음과 같다.

---

83) 이 보조금을 지방경찰기구가 다시 지역 내 피해자 보호기구에게 보조금으로 지급하거나(경찰활동법 §143(3)) 조달계약을 통해 집행한다.

84) 피해자보호법 §56(2)

85) Ministry of Justice, 2013, 위의 각주 60) p.7. 이에 따라 지방경찰위원장은 이 보조금을 무질서행위(혹은 반사회적 행위)의 피해자를 위해서 사용할 수 없다(id.).

86) id.

87) Police and Crime Commissioners competed fund: 2014 to 2015 results, https://www.gov.uk/government/publications/police-and-crime-commissioners-competed-fund-2014-to-2015-results

88) 최근 3년간 법무부가 지방경찰위원회에게 교부하는 보조금액은 거의 동일하다.

89) 이 수치는 Victim Support의 16/17년도 연차보고서에 표시된 수치이고, 법무부 연차보고서의 £35.71m과 다소 차이가 있다.

[표 2] 피해자 보호를 위한 예산 추이[90]

연 도	2011/12	2012/13	2013/14	2014/15	2015/16	2016/17
총 액	£47.1m	£52m	£73.2m	£83.41m	£94.5m	£ (?)
VS 보조금	£ (?)	£38m	£38.4m	£35.71m	£(?)	£2.9m
PCC보조금				£31.55m	£62.5m	£63.2m

그 밖에, 법무부는 별도로 피해자에게 직접 경제적 지원을 제공하는 범죄피해자보상기금과 긴급생계기금을 운영하고 있다. 범죄피해자보상기금[91]은 '책임없이 폭력범죄의 피해자가 된 자' 또는 '폭력범죄로 인해 사망한 자의 유가족'에게 지급되며, 정신적 또는 신체적 상해, 성적 또는 신체적 학대, 소득상실, 28주 이상 노동할 수 없게 되는 경우 등의 특별경비, 부양관계의 상실로 인한 손실 및 위로금, 장례비 등을 고려하여 결정하는데, 2015/16년에 £153m이 지급되었고 2016/17년에 143m이 지급되었다.[92] 이를 위한 별도의 자산은 보유하고 있지 않으며, 그 지급은 법무부의 예산으로 충당하고 있다.[93] 긴급생계기금(연간 한도 £500,000)은 범죄피해자보상기금을 받을 수 없으면서 동시에 법정인병휴가급여(Statutory sick pay: SSP)도 받을 수 없는 저임금 근로자가 폭력범죄로 인해 7일 이상 노동할 수 없는 경우에 SSP(현재 SSP는 주당 £87.55) 만큼 지급하기 위한 것으로서 2012년 11월부터 2014년 2월까지 총 £1,999가 지급되었다고 한다.[94] 지급여부에 대한 판단은 법무부 산하의 집행청인 형사피해보상관리청(Criminal Injuries Compensation Authority; CICA)이 수행한다.

---

90) 이 자료는 법무부 연차보고서(2011/12~2016/17)와 Victim Support의 연차보고서(2012/13~2016/17) 중 해당 내용을 가공하여 작성한 것이다. 다만 양자의 정보에 다소 차이가 있는 경우에는 법무부 연차보고서를 우선하였다. 법무부 연차보고서는 https://www.gov.uk/, Victim Support 연차보고서는 https://www.victimsupport.org.uk/more-us/about-us/annual-reports 참조.

91) 이 제도에 대하여 자세한 사항은 Ministry of Justice, A guide to the Criminal Injuries Compensation Scheme, https://www.gov.uk/government/publications/a-guide-to-the-criminal-injuries-compensation-scheme; Criminal injuries compensation: a guide, https://www.gov.uk/guidance/criminal-injuries-compensation-a-guide

92) Criminal Injuries Compensation Authority Annual Report and Accounts 2016-2017, p.64.

93) Ministry of Justice Annual Report and Accounts 2016~17, p.118.

94) MOJ, Review of the Hardship Fund, 2014. 별첨 B.

[그림 1] 2016~17년도 법무부 경비예산 구조

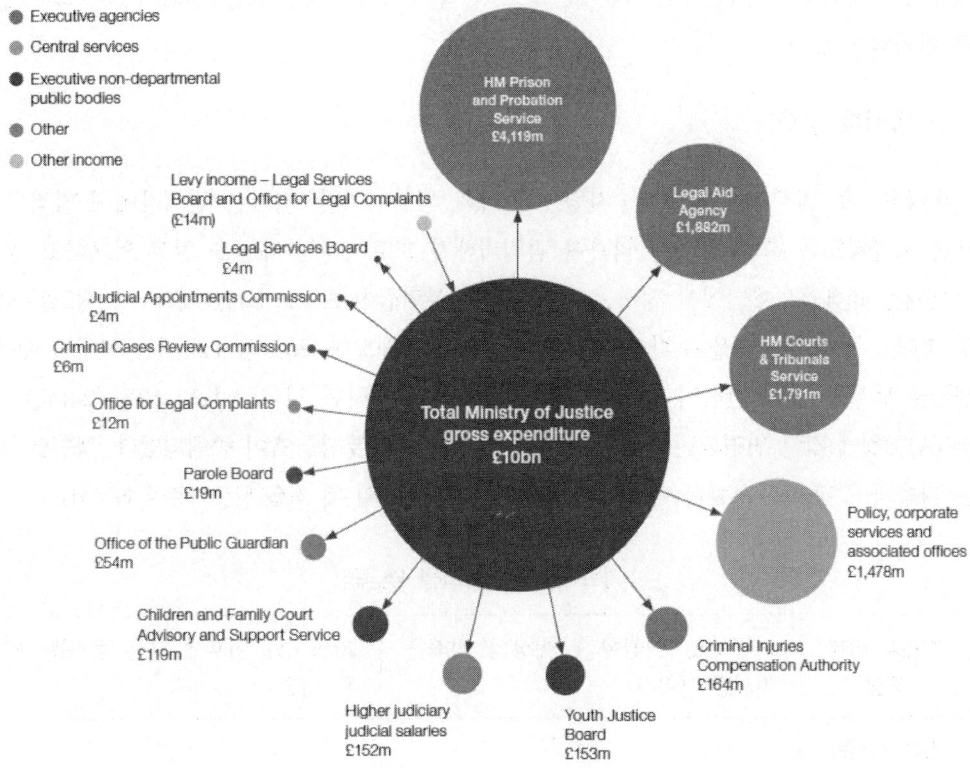

• 출처: National Audit Office, A Short Guide to the Ministry of Justice, 2017, p.7

영국 정부 웹사이트(http://www.gov.uk)의 Victims and witnesses funding awards에서는 5개의 기금 명칭이 나열되어 있다.[95)]

— General fund

— Homicide fund

— Peer support fund

— Police and Crime Commissioners funding for victims

— Rape support fund

법무부와 Home Office의 다른 문서에서도 Victims' Fund 혹은 Victim and Witness General Fund라는 용어가 발견되는 것으로 미루어 피해자 기금을 별도의 회계 항목으로 두고 있을

95) https://www.gov.uk/government/collections/victims-and-witnesses-funding-awards

수도 있지만, 이를 확인할 만한 다른 공개자료를 찾을 수는 없다.[96] 위의 법무부 예산 구조에서 형사피해보상비용은 CICA의 예산으로, 피해자 보호비용은 Legal Aid Agency의 예산으로 편입되어 있다.

2) 범죄자 부담

궁극적으로 범죄피해자 보호 · 지원은 국가의 예산이지만, 영국은 범죄자에게 범죄의 비용을 지불하도록 하는 방식에 의하여 범죄피해자 보호 · 지원 예산을 일부 확보하고 있다.

첫째는 피해자보호법에서 정하는 피해자지원 부담금(Victim Surcharge)이다. 이 제도는 벌금 및 과태료 등에 일정액을 추가하여 납부하도록 하는 제도다. 2007년 4월 처음 시행될 때에는 벌금을 납부할 때에 한하여 추가로 £15를 납부하도록 하던 것이 2012년 10월, 2014년 9월, 2016년 8월에 각각 변경되면서 그 적용범위가 확대되고 부담금액이 증액되었다. 성인인 경우는 다음과 같다(개인일 때와 법인일 때, 성인일 때 미성년일 때 적용되는 기준이 다르다).

[표 3] 피해자지원 부담금

범죄시 18세 이상	2016.4.8. 이전에 1 이상의 범죄를 저지른 경우	2016.4.8. 이후에 모든 범죄를 저지른 경우
조건부 석방	£15	£20
벌금	최소 £20 ~ 최대 £120 사이 벌금액의 10%	최소 £30 ~ 최대 £170 사이 벌금액의 10%
사회봉사명령	£60	£85
실 형	6 개월 이하 - £80 6 개월 ~ 2년 - £100 2년 초과 - £120 (Crown Court에 한함)	6 개월 이하 - £115 6 개월 ~ 2년 - £140 2년 초과 - £170 (Crown Court에 한함)
집행유예	6 개월 이하 - £80 6 개월 초과 - £100	6 개월 이하 - £115 6 개월 초과 - £140

• 출처: Sentencing Council, https://www.sentencingcouncil.org.uk

96) 이 기금이 형사피해보상제도의 재정(awards) 및 운영경비 조차 충당할 수 없다면, 별도의 기금은 존재하지 않는다고 해도 틀리지 않을 것이다.

피해자보호 부담금에 의하여 조달하는 재원규모는 다음 표와 같다:

[표 4] 피해자보호 부담금에 의하여 조달되는 재원규모

연 도	2012/13	2013/14	2014/15	2015/16	2016/17
금 액	£10.7m	£39.3m	£52.9m	£28.5m	£ 31.1m

• 출처: 법무부 연차보고서(2012/13~2016/17) 중 해당 내용을 발췌·가공

두 번째는 1996년 수형자소득법(Prisoners' Earnings Act)에 따라 개방교도소의 수형자가 시설 외에서 작업하여 얻은 소득으로부터 일정액을 공제하여 피해자 지원 기금으로 활용한다.[97] 교도소 내에서 근로하는 대부분의 수형자는 주당 £10 내외의 보수를 받지만, 교도소 외에서 근로하는 경우에는 최저임금법이 적용되어 상당한 소득을 올릴 수 있다. 이에 따라, 주당 £20을 초과하는 소득(세금 및 법원 명령에 의한 납부금 공제 후)이 있는 경우, £20를 제한 나머지 금액의 40%를 피해자 지원 등을 위하여 공제할 수 있다. 당초 이 법이 시행될 때에는 공제가 적용될 수 있는 수형자의 수가 500여명에 불과하였으나,[98] 1952년 교도소법(Prison Act 1952) 제47조의 A를 신설한 범죄자의 2012년 법률조력, 양형 및 형벌에 관한 법률(Legal Aid, Sentencing and Punishment of Offenders Act 2012) 제129조에 의하여 교도소 내 작업장에서 근로하는 수형자까지 공제가 적용될 수 있도록 범위를 넓혔다. 이에 따라 연간 약 £1m의 추가 재원을 확보할 수 있게 되었으며, 이를 피해자 또는 공동체의 이익을 위하여 기금을 활용할 수 있는 근거가 마련되었다.[99]

97) 이 법은 2011년 The Prisoners' Earnings Act 1996 (Commencement) (England and Wales) Order 2011에 의하여 시행되었다.

98) Ministry of Justice, 2012, 위의 각주 23) p.42. Ministry of Justice, Prisoners to pay back victims, 2011. 9. 26. 보도자료
https://www.gov.uk/government/news/prisoners-to-pay-back-victims

99) 시행 첫해에는 살인피해자의 살인피해자 지원(Peer support)를 위해 기존 살인유족 지원서비스 기금 £2.25m 이외에 추가 £150,000의 기금을 조성하였다.(Prisoners to pay back victims)

Ⅵ. 지방경찰기구의 범죄피해자 보호 · 지원

1. 지방경찰기구의 실무 수행원칙

각 지방경찰위원회는 경찰활동법 제143조 제1항에 따라 범죄 및 반사회적 행위의 피해자 또는 증인 또는 기타 그 영향을 받은 자를 지원하기 위한 서비스(제b호) 또는 기타 국무장관이 명령으로 정하는 서비스(제c호)를 수행할 권한을 가지고 있다. 이에 따라 2015년 4월부터 (정책적으로는 2014년 10월부터 시행) 각 지방위원회가 범죄피해자를 위한 실무적 및 정서적 지원 서비스의 대부분을 수행하게 되었다. 위 중앙정부의 역할에서 본 것처럼, 중앙정부가 지방경찰위원회에게 보조금을 지급할 때에는 범죄피해자를 위한 보호 및 지원서비스에 사용하여야 한다는 조건을 붙인다. 그러나 구체적으로 피해자 서비스를 어떻게 수행할 지는 보조금의 지급조건으로 정해져 있지 않는 이상 지방경찰위원장의 재량에 맡겨져 있다.[100] 이는 곧 피해자 보호 · 지원 활동의 수행체계 구성, 수행방법 결정, 수행자 선정 등 모든 사항을 지방경찰위원장이 직접 결정하고 집행해야 함을 의미한다. 따라서 경찰의 직접 수행 또는 위탁수행이 가능하며, 공동수행도 가능하다. 또한 범죄자를 대우함에 있어서 여러 기관이 협력하는 것과 마찬가지로 여러 지방 경찰이 공동으로 피해자 지원서비스를 제공할 수 있으며, 보건부 등 정부기관과 협력하는 것도 가능하다.[101]

이러한 직접수행의 원칙은 대체로 두 가지로 요약될 수 있다: 첫째, 피해자 보호지원 서비스는 ① 중대범죄의 피해자, ② 지속적 표적이 되는 피해자, ③ 취약 피해자 등 지원 필요성이 가장 큰 피해자에게 집중되어야 하고, 둘째, 사건 처리건수나 회부건수와 같은 산출(output)이 아니라 ① 범죄의 즉각적 충격에 대응할 수 있도록 피해자 지원 및 ② 그 후 피해자가 경험한 피해로부터 회복한 정도 등 성과(outcome)를 달성해야 한다는 것이다. 이런 원칙수립은 피해자 지원서비스 제도의 성공여부를 서비스의 결과가 아니라 서비스 총량을 중심으로 평가해 오던 기존 방식에 대한 반성적 고려에서 비롯된 것이며, 피해자 지원서비스에 한해서만 적용되는 것도 아니다.[102]

---

100) Ministry of Justice, 2013, 위의 각주 49) p.7; Ministry of Justice, 2012, 위의 각주 24) p.18.
101) Ministry of Justice, 2013, 위의 각주 49) p.7.
102) id. p.21.

2. 실무수행 모델

중앙정부는 지방경찰위원장의 업무수행을 지원하기 Victims' Services Commissioning Framework[103]를 제공하고 있다. 이 자료는 영국 감사원이 작성한 Successful Commissioning Toolkit[104]을 피해자 지원 환경으로 적용한 것에 불과하며, 일반적인 Understand/Analyse - Plan - Do - Review 사이클에 따를 것을 권고하고 있다. 특히 Understand/Analyse 단계에 대하여 법무부는 "현재 지역 내 피해자에게 어떤 서비스가 제공되고 있는지 확인하고 이해할 수 있는 기회"[105]가 될 것이라고 하면서, "지역내 활동 지도를 작성함으로써 공공, 민간 및 제3영역 제공자들이 피해자에게 어떤 서비스를 제공하는지 이해할 수 있다. 필요성을 이해하면, 서비스의 갭이나 중복을 확인할 수 있다"[106]고 하고 있다. 이것은 지금까지 이런 연구가 존재하지 않았다는 의미로 받아들여진다. 따라서 각 지방경찰위원장은 전략적 평가를 수행할 수밖에 없는 입장에 있었고,[107] 그 평가를 수행하는 동안에도 서비스를 수행해야 했기 때문에 지방분권화 시행초기 42개의 지방경찰위원장 중 37개[108]가 Victim Support(종전에 중앙정부로부터 위탁받아 실무를 수행하던 전국조직)를 지역 서비스 제공자로 선정한 것이 아닌가 생각된다.

당초 중앙정부가 상당한 반대를 무릅쓰고 지방경찰위원장을 피해자 지원서비스 수행자로 선정했던 주된 이유는(여러 가지가 이유가 있지만) 다른 형사사법기관을 비롯한 중앙정부 및 민간단체와 협력할 수 있는 적임자이기 때문이다. 중앙정부-지방경찰위원장-민간단체의 파

---

103) id.

104) National Audit Office, Successful Commissioning Toolkit, https://www.nao.org.uk/successful-commissioning/

105) Ministry of Justice, 2013, 위의 각주 49) p.15.

106) id.

107) 예컨대, West midlands PCC, Victim Services Strategy 2014-2016: From National to Local Commissioning, http://www.westmidlands-pcc.gov.uk/media/359356/pcc-victims-services-strategy-2014-16.pdf; Staffordshire PCC, A Strategic Assessment of Victims and Witnesses 2014: Staffordshire and Stroke-on-Trent, https://staffordshire-pcc.gov.uk/wp-content/uploads/2014/12/Strategic-Assessment- of-Victims-and-Witnesses-2014-FINAL.pdf; Suffolk PCC, SUPPORTING VICTIMS: A strategy to support victims of crime, http://www.suffolk-pcc.gov.uk/wp-content/uploads/2016/06/Victim-strategy-low-res.pdf; Bristol PCC, Safer Bristol Crime and Disorder Strategic Assessment, https://www.bristol.gov.uk/documents/20182/35136/Crime+%26+Disorder+Strategic+Assessment.pdf/b56afc10-d3fb-49d4-b0c1-9f3521bae2ac; Bedford PCC, Strategic Assement, https://www.bedford.gov.uk/PDF/BedfordCSP_StrategicAssessment-2016.pdf 등

108) Victim Support, Listening and supporting: Annual Report and Accounts, 2014/15, p.5.

트너십은 피해자 담당관이 간행한 보고서[109]에서도 강조하고 있을 만큼 효과적인 피해자 지원을 위한 선결과제라 할 수 있다. 지방분권화 시행초기 Avon and Somerset PCC는 경찰과 민간단체(Victim Support, Somerset & Avon rape & sexual abuse support, Putting victims first 등)가 같은 곳에 위치하여 협업하는 다기관팀인 Lighthouse Victim Care를 출범시켰다.[110] 현재 Lighthouse는 일평균 전체 사건의 52%에 해당하는 200건의 회부를 받고 있지만, 사건은 경찰로부터 회부되어 Victim and Witness Care Officers(VWCO)에게 배당되고, 나머지 절차는 VWCO가 단일의 컨택 포인트가 된다. 그러나 사건회부가 경찰을 통해서만 이루어지기 때문에 미신고 범죄를 자기 회부할 수 없게 되어 있다.[111] Devon and Cornwall PCC는 경찰과 민간 전문가로 구성된 Victim Care Unit을 경찰 내부에 설치하고 있으며, 자체적 평가를 통하여 일정한 기준을 충족하는 피해자 지원 서비스 제공자를 인증하는 제도를 시행하고 있다.[112] Kent PCC의 경우에도 Victim Support, Witness Care Unit 등 여러 기관이 같은 곳에 위치한 Compass House를 설치하고 있다. 이 경우도 범죄신고 여부나 발생시기는 묻지 않으며,[113] 정서적 지원, 정보 및 자문제공, 실무지원, 도우미, 타기관 회부 등 종전에 중앙정부가 수행하던 서비스를 모두 수행한다.[114]

최근 들어서는 Greater Manchester의 Victims' Services 와 같이 여러 민간단체들과 경찰이 컨소시엄을 구성하여 하나의 포털을 제공하는 경우[115] 혹은 경찰과 Victim Support가 협력

---

109) Wedlock & Tapley, 2016, 위의 각주 30).

110) https://www.lighthousevictimcare.org/about-us/

111) https://www.lighthousevictimcare.org/about-us/

112) 인증된 기관은 다음과 같은 배지가 부여되며, Victim Care Unit은 인증된 기관에 한하여 피해자를 (그 동의를 얻어) 회부한다.(http://www.victimcaredevonandcornwall.org.uk/About-Victim-Care/)

113) https://www.victimsupport.org.uk/help-and-support/get-help/support-near-you/south-east/kent/compass-points

114) https://www.kent-pcc.gov.uk/what-we-do/commissioning/victim-and-witness-services/

115) 예컨대, Greater Manchester의 Victims' Services, http://www.gmvictims.org.uk; Cheshire의 Victim Services Cheshire, http://www.victimservicescheshire.co.uk; Derbyshire PCC의 CORE, http://www.core-derbyshire.com;

하는 형태의 서비스[116]가 증가하고 있지만, 아직까지는 Victim Support에게 피해자 지원서비스를 위탁하는 형태가 가장 일반적이다.[117] 대표적으로 런던광역시(Greater London)의 경우, Victim Support에게 위탁하고 있는데, Victim Support는 Victim Assessment and Referral Service(VARS)에 의하여 지원 필요성을 평가하고 지역 프로그램에 사건을 회부한다. 2016년 기준으로 734,190명의 범죄피해자 중 301,611명이 Victim Support에게 회부되었고, 이 중 10%가 추가 지원을 받았다.[118] 각 버로우(Borough)별로 피해자 보호를 위한 다양한 프로젝트를 진행하고 있으며, 시 차원에서 다음의 프로젝트를 진행하고 있다:

- Children and Young People Project London
- International Visitors Project
- Repeat Victims Project
- MOPAC Pan London Domestic Violence team

여러 경찰위원장이 협력적으로 하나의 서비스를 개발하는 경우도 있다. 예컨대, South Yorkshire, West Yorkshire, Humberside PCC는 해당 지역의 Victim Support와 협력하여 Help for Victims를 구축하였다.[119]

이와 같이 여러 기관의 협력을 토대로 구성한 곳이 있는가 하면, 경찰이 회부기능까지만 수행하는 경우도 있다. 예컨대, Cambridgeshire PCC는 경찰주도로 Victim and Witness Hub를 설치하고 있는데, 여기에는 Care coordinator가 있어서 피해자의 환경이나 지원필요성을 고려하여 자원봉사자 또는 외부 피해자 지원단체로 연결해 주는 역할을 수행하며,[120] 범죄신고여부는 묻지 않는다.

Home Office는 2013년 3~4월 현재의 기존 협력방식을 분석하여 ① 정보공유, ② 공동 의

116) North Yorkshire의 Supporting Victims, http://www.supportingvictims.org/

117) 이례적으로 종전 중앙정부와 같이 입찰방식으로 보조금을 제공하는 경우도 있다. 예컨대, Bedfordshire PCC. 이곳에서는 지방경찰위원장의 관여없이 20여개의 민간단체들이 Victims Partnership을 구성하여 포털을 제공하고 있다. http://www.bedfordshirevictimspartnership.org.uk/

118) Linden (Policing and Crime Deputy Mayor), Integrated Victim and Witness Services Resource Plan 2017~2020, https://www.london.gov.uk/what-we-do/mayors-office-policing-and-crime-mopac/governance-and-decision-making/mopac-decisions-395

119) https://www.helpforvictims.co.uk

120) https://www.cambs.police.uk/information-and-services/Victims-and-Witnesses/Hub-staff.aspx; Safe:Space Sussex(http://www.safespacesussex.org.uk/)도 유사한 형태다.

사결정, ③ 조정에 의한 개입이라는 세가지 원칙을 기준으로 다기관 협력모델을 분류하고 있다:[121] ① 약간의 공동작업이 있는 협력 및 조정방식, ② 정보공유와 다기관 의사결정을 지원하는 기관간의 가상연계(virtual link), ③ 흔히 MASH(multi-agency Safeguarding Hub)라 불리는 실시간 정보공유, 의사결정 및 소통이 가능한 공동 허브(Co-located Hub). 정보공유와 협력 개선을 위해서는 ① 같은 곳에 위치, ② IT 시스템의 통합, ③ 관련된 모든 기관이 전략결정에 참여하는 것 등이 중요하다고 지적한 바 있다.[122] 지방경찰위원장의 피해자 보호 파트너십도 이와 같은 진화의 과정에 있다고 할 수 있으며, 그 진화정도에 따라서 상이한 효과를 내고 있다고 할 수 있다.

Ⅶ. One-Stop Service

현재 영국에는 국가적 차원에서 피해자 지원 서비스를 일괄적으로 관리하거나 조정하는 역할을 하는 기관은 존재하지 않으며, 각 지방경찰위원장 별로 조율이 이루어지고 있다. 종전 Victim Support 등 민간단체들이 피해자별 지원필요성을 분석하여 개별 지원단체에게 회부하는 정보제공서비스를 제공해 왔으나, 피해자 보호·지원 제도가 지방분권형으로 전환된 후 중앙정부의 "one-stop-shop" 기능이 필요하게 되어 '피해자정보서비스(Victims' Information Service: 이하 "VIS")"를 신설하였다. 이 서비스는 지방내 서비스 제공기관, 회복적 사법, 형사보상, 피해자의 권리 등 피해자 서비스 관련 정보를 제공하는 온라인 포털[123]과 회부, 민원, 사건 진행상황에 대한 정보제공 등을 담당하는 상담전화(0808 168 9293)로 구성되며, 상담전화는 월-금, 8am~8pm까지 제한적으로 서비스를 제공한다(24시간 서비스는 Victim Support에서 계속 제공하고 있다).

법무부가 운영하는 VIS는 ① 사건 발생 시 후속 처리절차 안내, ② 사건처리 단계별 피해자의 권리, ③ 성폭행, 가정폭력, 살인 등 범죄유형별 전문적 지원, ④ 회복적 사법 등에 대

121) Home Office, *Multi Agency Working and Information Sharing Project: Final Report*, https://www.gov.uk/government/publications/multi-agency-working-and-information-sharing-project, 2014.

122) id. pp.11~12.

123) https://www.victimsinformationservice.org.uk/

한 정보를 제공하고 있다. VIS는 우편번호를 입력하여 지역별 서비스 제공자를 조회하는 기능을 마련해 주고 있는데, 이 기능은 개별 피해자 지원단체에 대한 정보를 직접 제공하는 것이 아니라 42개 지방 경찰청이 직접 또는 위탁운영하는 정보제공포털에 대한 링크를 제공하고 있다. 예컨대, Avon & Somerset 지방의 경우 Lighthouse Victim & Witness Care로 연결되고, Thames Valley 지방은 Victim Support로 연결되는 방식이다.

2018년부터 사건진행상황에 대한 정보제공기능을 수행하는 TrackMyCrime을 피해자정보서비스로 통합할 계획에 있다. TrackMyCrime은 Avon and Somerset Constabulary 가 개발한 것으로 2014년 법무부가 잉글랜드와 웨일즈 전역으로 확대하기 위하여 인수한 시스템이다. 현재 정부는 모든 지방경찰에게 참여할 것을 요구하고 있지만, 현재까지 11개 지방경찰만 참여하는 등 저조한 실적을 보이고 있다.[124]

Ⅷ. 민간단체

1. 민간단체의 설립근거와 재원조달

민간 피해자 지원단체의 설립 및 활동 근거는 1960년에 최초 제정된 2011년 자선법(Charity Act 2011)이다. 동법 제3조는 "왕립군대의 효율성 또는 경찰, 소방 및 구조 서비스 또는 앰뷸런스 서비스의 효율성 촉진"을 자선목적으로 정하고 있다. 이 법에서는 등록, 모금, 기금사용 및 신탁관리, 회계 등의 원칙을 정하고 있는데, 민간 단체들은 이 법에 따라 기금을 모금한다.[125]

한편, 중앙정부는 지방분권화 이후 중앙정부가 계속 수행하기로 한 지원서비스(인신매매 피해자, 살인 유가족, 테러 피해자 또는 유가족, 강간 피해자를 위한 서비스 등)에 대하여 중앙정부가 진행하는 입찰에 참가하여 경쟁적 방법으로 보조금을 획득한다. 예컨대, 살인 유가족을 위한 지원의 경우 법무부는 Victim Support와 협약을 통해 2014년부터 3년간 보조금을 지급하였고,[126] 런던・맨체스터 등 테러사건이 발생될 때마다 별도 기금을 조성하여 테러 사건 전문

---

124) 웹사이트는 trackmycrime.police.uk, 도입관련 정보는 보도자료 Online tracking service launched for victims of crime, 2015.1.29. (https://www.gov.uk/) 참조.

125) 구체적 실무는 기금모금 실무기준(Code of Fundraising Practice)에 의해 규율. https://www.fundraisingregulator.org.uk/

지원단체인 Foundation for Peace[127]와 National Homicide Service(Victim Support가 제공)에게 보조금을 지급하고 있으며,[128] 성폭행피해자 지원단체들에게 보조금을 지급하고 있다.[129]

또한 법무부는 일반적인 피해자 지원서비스를 위한 보조금을 각 지방경찰위원장에게 연간 £63m을 인구수에 따라 분배하고, 각 지방경찰위원장은 이를 자체 계획에 따라 지역 내 피해자 지원단체에게 교부하거나 조달절차에 따라 지급한다. 그러나 지방경찰위원장이 피해자 보호에 지출하는 비용은 정부의 보조금으로 제한되지 않으며, 다른 재원에 의하여 마련된 기금을 추가로 지출한다. 런던의 예를 들어보면, 2017/18년, 2018/19년, 2019/20년 총 3개년간 기존 피해자 지원서비스를 유지하면서 개선하는데 총 £47,110,918의 경비예산을 산정하였으나, 이 중에서 법무부의 피해자 지원 보조금은 £29,092,663이며, 런던시(MOPAC) 자체 예산이 £18,018,255이다.[130] 법무부 보조금은 기존 수준의 지원을 제공하는데 사용되고, 런던 시 자체예산은 다음과 같이 서비스를 개선하는데 사용할 예정이다.[131]

- £4,179,523 : 피해자 및 증인 서비스 변경 및 개선 프로그램;
- £775,000: 피해 예방;
- £16,901,030: 일반적 피해자 서비스;
- £24,135,365: 전문가 서비스 제공;
- £1,120,000: 프로그램 제공(절차);

Suffolk PCC도 이와 유사하게, 법무부로부터 받은 보조금(2017/18년 기준 £911,585)을 지급하는 단체와 자체 기금(2017/18년 기준 £347,825)을 지원하는 단체를 구별하여 표시하고 있다.[132] 이상을 종합하여 볼 때 피해자 보호 · 지원 민간단체는 ① 모금, ② 정부 보조금, ③ 지방경찰

126) MOJ grant agreement with Victim Support to operate the national homicide service, https://www.gov.uk/. 중앙정부는 24개월 이내의 범위에서 계약기간을 연장할 권한이 있으며, 현재 연장된 것으로 보인다.

127) http://foundation4peace.org/

128) https://www.victimsinformationservice.org.uk/manchester-may/

129) Female rape support fund: organisations awarded funding for 2014 to 2016 , https://www.gov.uk/; 지원례는 New funding for victims of sexual abuse announced, https://www.gov.uk; New funding announced for victims of sexual abuse, https://www.gov.uk/.

130) Linden (Policing and Crime Deputy Mayor), 2017, 위의 각주 118).

131) id.

132) Victims' Commissioning, http://www.suffolk-pcc.gov.uk/involving-you/supporting-victims/victims-commissioning

위원장 보조금, ④ 조달계약에 의한 계약대금으로 구성된다.

2. 민간단체의 운영상황

영국 내에 피해자 보호·지원을 위한 민간단체가 얼마나 존재하는지에 대한 통계는 존재하지 않는다. 다만, 2007/8년 중앙정부가 피해자 지원단체에게 보조금을 지급하기 위해서 입찰을 받았을 때, 지원신청단체가 250여개 이상이었다고 한다.[133] 또한 살인 및 사망(교통)사고의 유족을 지원하는 단체들의 협의체(현재는 범죄유형 제한 없음)로 2011년 설립된 Victims' Servies Alliance의 회원기관이 44개이며,[134] 풀뿌리 가정폭력피해자 지원단체인 Vomen's Aid Federation에 참여하는 단체가 220개이고,[135] 성폭력 피해자 지원단체인 Rape Crisis England & Wales의 회원기관이 45개라고 한다.[136] 아울러, 피해자 지원서비스를 이용해 본 경험자들이 피해자 지원단체를 평가하여 다른 피해자들의 선택을 도와 줄 수 있도록 하는 Victims Choice에는 총 479개의 단체가 등록되어 있다.[137] 그러나 1개의 단체가 여러 유형의 피해자를 지원하는 경우가 많을 뿐만 아니라, 더구나 이원적 수행체계로 인해 Victim Support를 중심으로 하는 서비스 구조의 변화로 상당수의 군소단체들이 통폐합되거나 신설되었기 때문에 전체 규모를 미루어 짐작하기도 어렵다.

이하에서는 전국적 네트워크를 가지고 활동하는 Victim Support, Vomen's Aid Federation 및 Rape Crisis England & Wales의 서비스 내용과 재원규모를 파악해 보고자 한다.

1) Victim Support(www.victimsupport.org.uk)

(1) 개 요

지방자치화 이전에 영국 범죄피해자 보호·지원의 총괄기구역할을 했던 Victim Support는 영국 피해자 보호역사에서 빼놓을 수 없는 단체이며, 지금도 런던을 비롯한 상당수의 지방경찰위원장들이 피해자 지원임무를 Victim Support에게 위탁하거나 Victim Support와 협력하여 피해자 지원 포털을 구축하고 있을 정도로 중요한 역할을 하는 범죄피해자 지원분야 영

133) Ministry of Justice, Getting it right for victims and witnesses, 2012, p.17.

134) http://www.victimservices.org.uk/about-us

135) https://www.womensaid.org.uk

136) https://rapecrisis.org.uk/historyofrapecrisis.php

137) https://victimschoice.org.uk/service-providers/listings

국 최대의 민간단체(NGO)다.

연혁을 살펴보면, 1974년 범죄자 보호갱생협회(NACRO) 및 경찰, 보호관찰국 등의 참여로 브리스톨에서 최초로 설립되었다. 당시의 피해자 권리운동에 힘입어 다양한 단체들이 생겨났던 1979년 약 30여 단체가 참여하여 전국적 피해자 지원단체 연합회(National Association of Victims Support Schemes)라는 '우산단체'가 되었다가, 2008년 연합회 소속 지역 자선단체들이 합병하여 Victim Support라는 하나의 법인으로 설립되었다. 종전 중앙집중적 피해자 지원제도의 운영자답게 (명목적) 대표는 앤공주(The Princess Royal, Ann)가 맡고 있다.

Victim Support는 범죄피해자와 증인의 정신적 및 정서적 스트레스를 극복할 수 있도록 카운슬링 등 정서적 지원, 실용적 지원(보험청구서 작성, 피해자보상신청 지원, 도난방지장치 설치지원, 치료지원, 임시거처 정보제공 등), 형사사법기관 및 미디어 대응방법 안내, 범죄자를 위한 피해자인식제고과정(Victim Awareness Course) 운영, 가정폭력/성폭력/아동성폭력/살인/테러/사기/증오범죄 등을 위한 전문서비스, 회복적 사법 서비스, 법정지원서비스(피해자의견진술기회확보 지원, Witness Care Unit과 공조) 등 다양한 방면의 지원을 제공하고 있다. 특히 살인피해자의 유가족이 필요로 하는 복잡한 요구를 충족하기 위해 다음 등의 서비스를 제공한다.

- 트라우마 카운셀링
- 회복적 사법
- 채무문제, 주거문제 등 자문
- 유가족에 의한 지원(peer support)
- 가정 내 살인에 대한 자문, 사인규명
- 법률자문
- 해외 살인
- 자녀사망 지원 등

Victim Support는 그 지원 제공에 있어서 범죄의 종류 및 피해자의 국적 또는 불법체류 여부, 범죄 신고여부를 묻지 않는다. 또한, 정부가 운영하는 VIS라인과 달리 24/7 전화(0808 168 9111)를 운영하며, 이메일, 문자, 우편으로도 지원을 신청할 수 있다. 이와 관련하여 연간 약 11,000건의 전화 및 3,000건의 이메일을 처리한다.[138] 2016/17 기준, 814,000명의 피해자를

---

138) https://www.victimsupport.org.uk/help-and-support/get-help/supportline 지원한 피해자 수가 81만명

지원하였고, 그 중 살인사건 피해자 유족이 1,416명, 가정폭력 피해자가 91,000명, 증오범죄 피해자가 11,000명이다.139)

(2) 재원규모

Victim Support는 피해자 보호 지방분권화의 영향을 가장 크게 받은 단체다. 이원화 직전인 2010-11 회계연도의 예산은 £57.8m 이었고, 그 중 74.4%인 £45m이 법무부로부터, 17.8%인 £10.3m이 기타 공공부문으로부터 지원받은 예산이었다.140) 이와 같이 법무부 및 중앙정부의 전폭적인 지원을 받다가 지방경찰위원회로부터 예산지원을 받는 구조로 변화된 상황과 더불어, 2015년부터 증인지원서비스(Witness Service) 운영권을 상실했기 때문이다(이 서비스는 현재 Citizens Advice가 수행). 이에 따라 법무부의 직접적 예산지원은 14/15년도 £34.2m에서 16/17년도 £2.9m로 급감하였다.141) 다행히, 42개의 지방 경찰위원장 중 37개가 Victim Support를 지역 서비스 제공자로 선정함에 따라 2016/17년 총예산규모는 2015/16년 £53.1m보다 약 £10.2m 줄어든 £42.9m이다.142)

[그림 2] Victim Support, 2014/15년도 및 2014/15년도 예산 비교

2014/15년도	2014/15년도
	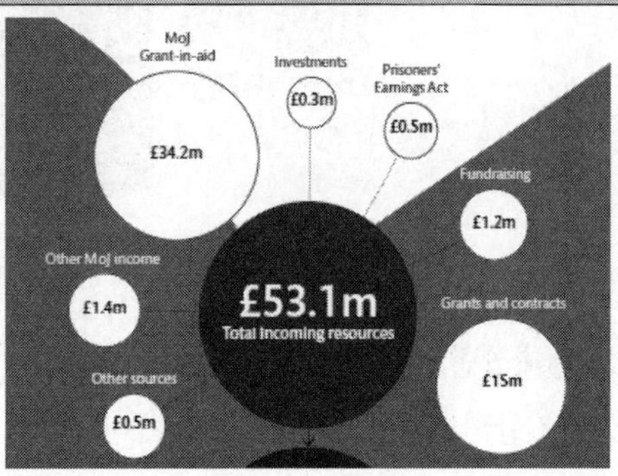

• 출처: Victim Support, 2016/17 Annual Review and Accounting, 2017, p.37; Impact Report 2014/15, 2015, p.5.

인데 반해, 연락건수가 압도적으로 적은 이유는 각 지방 PCC를 위한 서비스 제공시 별도의 상담전화를 개설하고 있기 때문인 것으로 보인다.

139) Victim Support, 2016/17 Annual Review and Accounting, 2017, p.12.

140) Victim Support, 2010/11 Annual Report.

141) Victim Support, 2014/15 및 2016/17년도 Annual Report.

142) Victim Support, 2014/15 및 2016/17년도 Annual Report.

2) Women's Aid(www.womensaid.org.uk)

Women's Aid는 여성 및 아동에 대한 가정폭력 · 학대 피해자 지원 및 강제적 통제(coercive control)143)에 대한 인식제고를 목적으로 쉼터(http://www.refuge.org.uk/: 500여개 쉼터의 전국망), 상담전화, 도우미 등을 제공하는 220여개 지역단체의 중앙 네트워크이다.

[그림 3] Survivors' Forum의 구성

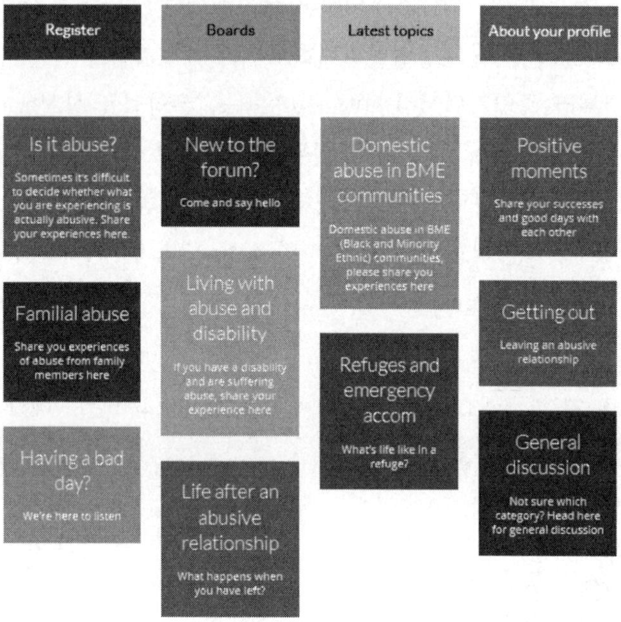

• 출처: https://survivorsforum.womensaid.org.uk/

지원대상범죄는 가정학대(배우자 또는 과거 배우자, 보호자 등의 폭력 및 학대)로 제한되어 있으며, 긴급피난처(http://www.refuge.org.uk/)와 공동으로 24/7 전화를(0808 2000 247) 운영하고 있고 이메일로도 지원을 신청할 수 있다. 카운슬링 및 피난처 정보제공(헬프라인), 기타 실용적 지원 및 정보제공(The Survivor's Handbook), 피해자 상호간 경험 및 정보공유/상호지원(Survivors' Forum), 회원단체의 서비스 품질관리를 위한 전국적 서비스 표준 작성, 경찰관 교육프로그램

143) women's aid는 가정 폭력을 (1) Coercive control (a pattern of intimidation, degradation, isolation and control with the use or threat of physical or sexual violence), (2) Psychological and/or emotional abuse, (3) Physical abuse, (4) Sexual abuse, (5) Financial abuse, (6) Harassment, (7) Stalking, (8) Online or digital abuse을 포함하는 것으로 정의한다. 그 중에서 Coercive control 은 다른 폭력을 수단으로 사용하여 '남성의 지배력을 확인'하는 것이라는 페미니스트적인 가정폭력 개념에 의한 것이다. https://www.womensaid.org.uk/information-support/what-is-domestic-abuse/

지원(College of Policing을 통해) 등을 지원한다. 특히 The Survivor's Handbook은 가정폭력의 특수성(배우자관계, 자녀관계)을 고려한 대응매뉴얼로서 포괄적인 내용을 담고 있으며, 아라비아어, 중국어, 스페인어 등 10개의 외국어로 제작되어 있다. Survivors' Forum은 가정폭력을 당했거나 당하고 있는 18세 이상 여성의 상호 지원을 위한 익명 온라인 포럼(로그인 필요)이며, 이 포럼을 통해서 긴급하지 않은 상황에 대한 대응방법 등 간단한 자문을 수행한다. 대부분의 피해자는 여성이고 가해자는 남성이기 때문에 여성을 중심으로 운영되고 있으며, 남성이 피해자인 경우를 위해 별도의 Men's Advice Line을 운영하고 있다.

2015/16년 기간 동안 221,000건의 전화상담을 수행하고, 피해여성 및 자녀 12,200명에게 피난처를 제공하는 등 가정학대 피해자 지원을 수행함과 동시에[144] 경찰관의 인식제고를 위한 교육을 수행하였다. 또한 가정학대 방지를 위한 캠페인을 통해 정부의 정책 결정에도 큰 영향을 미치고 있다. 예컨대, 가정폭력 피해자 쉼터 확충을 위한 £33m의 투자를 이끌어 냈고, 성과 관계에 관한 교육을 전국 교과과정의 필수과목으로 만들었으며, 강제적이고 통제적인 행위 또는 보복포르노 범죄화, 학대자의 피해자 교호신문 금지약속 등을 이끌어 냈다고 한다.[145] 현재는 Home Office, Comic Relief, Public Health England, Big Lottery Fund, Change that Lasts 등의 지원을 받아 Ask Me 등 여러 프로젝트를 진행하고 있다. 소규모 지역단체의 연합인 만큼 예산규모는 크지 않아서 2015/16 기준으로 수입예산규모는 £3.5m이다.

[그림 4] Women's aid, 2015/16년도 예산

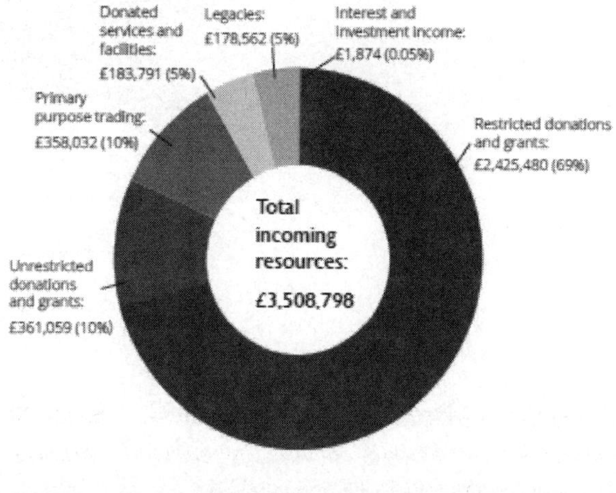

144) women's aid, Annual Review 2015~2016,

145) https://www.womensaid.org.uk/what-we-do/campaigning-and-influencing/

3) Rape Crisis England & Wales(rapecrisis.org.uk)

Rape Crisis England & Wales 는 성폭력을 경험한 여성[146]의 권리와 요구를 지원하는 영국 내 45개 지역 Rape Crisis 센터들의 우산조직으로서, Rape Crisis Network Europe (http://www.rcne.com)의 영국 지부다. 성폭력 피해자가 대부분 여성이므로 여성인력으로만 구성되어 있으며, 남성 및 아동 피해자에 대한 서비스는 별도로 제공하고 있다. 성폭행의 경우 직접적인 대면지원의 중요성을 고려하여 가급적 로컬 센터로 연락하도록 안내하고 있으며, 매일 12~2:30pm, 7~9:30pm 사이 상담전화를 운영(0808 802 9999)하고 있다. 상담전화 및 대면에 의한 정서적 지원, 카운슬링, 기타 정보제공 등의 서비스를 제공하고 있으며, 특히 전국적 서비스 표준(National Service Standards)을 마련하고 있다.[147] 재원규모는 2014년 현재 연간 £512,000 수준이다.[148]

[그림 5] 로컬 Rape Crisis Service 찾기

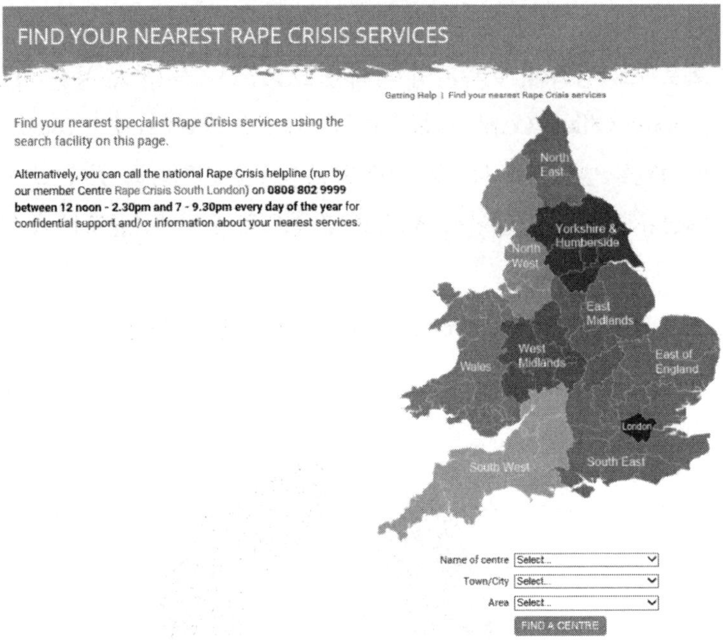

• 출처: https://rapecrisis.org.uk/contact.php

146) 성폭력과 관련된 단체들은 뉘앙스 문제로 피해자(victim)라는 용어를 회피하는 경향이 강하다.

147) Rape Crisis, *National Service Standards: Summary Information for Partners, Funders and Commissioners* https://rapecrisis.org.uk/userfiles/PDFs/RCNSS.pdf, 2012.

148) Rape Crisis England & Wales, Trustees' Annual Report and Financial Statement for the Year ended 31 March 204, https://charityjob.blob.core.windows.net/attachments/Trustees_Report___Accounts_2014.pdf 그 이후의 자료는 게시되어 있지 않다

제 3 장

뉴질랜드의 범죄피해자 보호 · 지원제도

Ⅰ. 개 관

“남태평양의 뉴질랜드라는 국가는 19세기 후반부터 사회적 문제에 대한 진보된 입법을 가진 나라라는 명성을 누려왔다”[1]는 카메론의 말처럼 뉴질랜드의 범죄피해자 보호·지원 제도도 영국이나 미국 등 영어권 국가와 마찬가지로 오랜 역사가 있다. 형사절차에서 민사적 손해배상을 명령할 수 있는 배상명령제도가 1908년 범죄법(Crimes Act 1908)에 도입되어 있었고, 1963년부터 일정한 범죄에 대하여 국가가 보상하는 형사보상법(Criminal Injuries Compensation Act 1963)이 제정되었다. 제정당시 형사보상은 “범죄를 예방하지 못한 국가의 책임이 아니라 불운을 겪은 사람을 위한 공동체의 의무”[2]라고 여겨졌다. 이 법 제정 당시에 이미 “피해란 실제의 신체적 훼손을 말하며, 임신 및 정신적 충격을 포함한다.”[3]고 정하여 정신적인 부분을 포함하였으나, 어디까지나 금전적 환가의 대상일 뿐이지 정서적 고통에 대한 지원을 의미하는 것은 아니었다. 이 법은 후에 교통사고보상 및 근로자재해보장제도 등과 함께 사고보상법(Accident Compensation Act 1972)으로 통합되었다.[4] 오늘날 피해자 보호·지원제도가 의미하는 정서적·실용적 지원은 1970년대 가정폭력과 성폭행 피해자들이 쉼터와 성폭행피해자 지원을 하면서부터 시작되었다. 1970~80년대 재산범죄 급증과 성폭행 공포가 사회를 뒤덮자, 1985년 Citizens Against Violence가 폭력범죄에 대한 강한 처벌을 요구하였

1) Cameron, B. J. Compensation for Victims of Crime: The New Zealand Experiment, J. Pub. L. 12, 1963, p.367.(Schafer, S., Compensation and Restitution to Victims of Crime, Patterson Smith Publishing Corporation, 1970.)

2) Schafer, 1970, 위의 각주 1) p.139.

3) Criminal Injuries Compensation Act 1963 (1963 No 134) §2(1)

4) 현행법은 Accident Compensation Act 2001

고, 뒤이어 오클랜드에서 구세군이, 기스본(Gisborne)에서 경찰이 피해자 지원을 시작하였다.

1980년대 뉴질랜드 피해자 보호제도에 있어서 두 가지 중요한 입법이 이루어진다. 1985년 형사사법법(Criminal Justice Act 1985)은 주로 재산범죄에 대하여 원상회복과 화해를 포괄하는 배상형(reparation)이라는 (당시에는) 새로운 형벌제도를 도입하였다. 이 제도는 보호관찰관과 피해자 및 범죄자가 만나서 피해규모와 변상방법을 논의하는 것으로 사회봉사명령과 병과할 수 있는 형벌의 한 유형으로 도입되었다. 피해자에게 사법절차에 참여할 수 있는 기회를 부여하였다는 점에서 역사적으로 최초의 회복적 사법 입법에 속한다. 그러나 이 절차는 상당한 시간과 노력이 필요한 반면 실제 범죄자들이 배상을 하지 못하는 경우가 많다는 문제점이 있었다. 이러한 문제점이 1980년대 후반, 뉴질랜드 정부의 경비절감[5]과 맞물리면서 1989년 아동, 소년 및 그 가족에 관한 법(Children, Young Persons, and Their Families Act 1989)에서 가족집단회의(Family Group Conferencing)이 도입되었다.

한편, 1987년 범죄피해자법(Victims of Offences Act 1987)은 검사, 경찰 등에게 피해자의 존엄과 사생활을 존중할 의무를 부여하고,[6] "피해자 및 필요시 그 가족은 그 필요에 상응하여 복지, 보건, 카운셀링, 의료 및 법적 조력을 받을 수 있어야 한다."[7]는 규정을 두어 피해자 보호의 전기를 마련하였다. 이 법에서 피해자충격진술(victim impact statement)제도, 절차에 대한 정보제공, 범죄자 석방시 통보 제도 등이 도입되었고, 이 법의 시행을 관장하는 피해자보호전담팀(Victims Taskforce)이 구성되었다. 피해자보호전담팀이 1989년 자원봉사자를 중심으로 하는 영국형 피해자지원서비스를 개시하였고, 이듬해 1990년 자원봉사단체들의 연합으로서 New Zealand Council of Victim Support Groups 이 구성되었다.

2002년에는 1987년 범죄피해자법의 권리 내용을 강화한 「피해자권리보호법(Victims' Rights Act 2002)」이 만들어졌고, 오늘날 뉴질랜드 범죄피해자보호의 기본법이 되었다. 이 법은 모든 범죄에 대하여 회복적 사법(Restorative Justice) 절차를 활용할 수 있도록 하였고,[8] 피

---

5) 80년대는 대처와 레이건이 내 건 신자유주의가 전세계를 장악하던 시기다. 뉴질랜드 정부도 경영이념을 도입하여 효율화와 민영화를 위해 공공부문을 상당부분 민영화하였다. 이에 따라 정책결정기능만 남기고 나머지는 대부분 공기업화하여 원래 50개였던 부처를 30개 수준으로 줄였다. 이 과정에서 인원도 절반 수준으로 감축했지만, 대부분 민영화된 공기업으로 재취업하였다.

6) Victims of Offences Act 1987 §3. 이 이념은 우리나라 범죄피해자 보호법 제2조 제1항뿐만 아니라 전세계 피해자보호법의 출발점이 되었다.

7) Victims of Offences Act 1987 §4

8) Victims' Rights Act 2002 §11

해자에게 제공되어야 하는 정보의 내용을 ① 피해자를 위한 프로그램, 구제수단 또는 서비스에 관한 정보와 ② 절차관련 정보로 나누어 상세한 규정을 두고 있으며,[9] 피해자의 사생활권, 피해자충격진술권, 기타 절차참여권 등을 규정하고 있다. 이와 더불어 제정된 「양형법(Sentencing Act 2002)」[10]은 1985년 형사사법법을 대체하는 법으로서 판사에게 피해자의 금전적 손실, 물질적, 정서적 피해에 대한 보상을 위한 형량을 산정할 의무를 부과하였으며, 「가석방법(Parole Act 2002)」은 피해자가 가석방위원회에 의견을 제출할 수 있도록 하였다. 2007년 형사사법기관의 피해자 대응지침으로서 '피해자 헌장(Victims Charter 2007)'이 만들어졌고, 2014년 피해자권리보호법 개정시에 마련된 법적 근거에 따라 2015년 9월 '피해자권리보호 실무지침(Victims Code of Rights)'이 만들어졌다. 같은 해 법무부에 피해자 정책에 대한 자문을 제공할 피해자정책자문인(Chief Victims Advisor; Dr Kim McGregor)이 선임되었다.

1985년 UN 범죄 및 권력남용 피해자를 위한 사법의 기본원칙선언(United Nations Declaration of Basic Principles of Justice for Victims of Crime and Abuse of Power)을 공동지원한 나라답게 형사사법기관의 피해자 대응지침 이전에 법률에 의하여 피해자의 권리를 선언하는 뉴질랜드의 피해자 권리보호제도는 가히 세계적 모범이라 할 만하다.

Ⅱ. 범죄피해자 보호·지원 관련법령

1. 피해자권리보호법(Victims' Rights Act 2002)

뉴질랜드의 피해자보호제도의 근간이 되는 법은 피해자권리보호법이다. 이 법은 1987년 「범죄피해자법(Victims of Offences Act 1987)」에 따라 피해자지원제도를 15년간 운영한 경험을 반영하여 제정된 것으로 2011년과 2014년에 한 차례씩 개정되어 현재에 이른 것으로 피해자에 대한 대응의 기본원칙과 피해자의 권리를 정하고 있다.

9) Victims' Rights Act 2002 §12

10) 양형법에도 2014년 개정시에 회복적 사법에 관한 규정이 들어갔다. Sentencing Act 2002 §24A, §25(1)(b)

피해자 대응의 원칙은 ① 피해자를 예의와 연민으로 대하고, 피해자의 존엄과 사생활을 존중하여야 하고,[11] ② 피해자는 그 요구에 맞는 서비스를 받을 수 있어야 하며,[12] ③ 피해자의 요청이 있는 경우,[13] 경찰관리 등은 가급적 회복적 절차를 제공하여야 한다는 것이다. 그 수범자는 "피해자를 대하는 모든 자(예컨대, 사법관리, 변호사, 법원직원, 경찰관, 보호관찰관, 가석방위원회)"[14]이다. 그러나 이 원칙은 법적으로 강제집행할 수 있는 권리를 부여하지 않는다.[15]

피해자의 권리는 일반범죄에 대하여 ① 피해자 지원에 관한 프로그램, 구제수단, 서비스 등에 관한 정보요구권,[16] ② 절차의 진행에 대한 정보요구권,[17] ③ 피해자의 개인정보 통제권,[18] ④ 피해자충격진술권,[19] ⑤ 범죄자가 성명공표금지 명령을 청구하는 경우 이에 대한 의견진술권,[20] ⑥ 증거로 보관된 물건의 반환청구권[21]을 정하고 있으며, 중대범죄에 대하여 ⑦ 피고인 또는 범죄자의 보석에 관한 의견진술권,[22] ⑧ 형의 선고 전후 가석방 중 석방, 석방, 탈옥, 가내구금 해제, 사망 등 정보제공 및 통지를 받을 권리,[23] ⑨ 대리인을 통해 통지를 받을 권리,[24] ⑩ 가석방절차 참여권[25]을 정하고 있다. 각각의 권리에 따라 수범자가 다르지만, 피해자 지원에 관한 프로그램, 구제수단, 서비스 등에 관한 정보요구권의 경우, 사고보상공사(ACC), 뉴질랜드 공공의료 및 장애보장법(New Zealand Public Health and Disability Act 2000)에서 정하는 DHB, 교정부(Department of Corrections), 법무부(Ministry of Justice), 사회발전부(Ministry of Social Development), 뉴질랜드 경찰(New Zealand Police)에게 정보제공의무를 부여하고 있다.

---

11) Victims' Rights Act 2002 §7
12) Victims' Rights Act 2002 §8
13) Victims' Rights Act 2002 §9
14) Victims' Rights Act 2002 §7
15) Victims' Rights Act 2002 §10
16) Victims' Rights Act 2002 §11
17) Victims' Rights Act 2002 §12
18) Victims' Rights Act 2002 §§15~16A. 개인정보 통제권은 개인정보보호법(Privacy Act 1993)에서 정하는 바에 의한다.
19) Victims' Rights Act 2002 §§17AA~27
20) Victims' Rights Act 2002 §28; 범죄자의 성명공표금지 명령청구권은 형사소송법(Criminal Procedure Act 2011) 제200조에서 정한다
21) Victims' Rights Act 2002 §51
22) Victims' Rights Act 2002 §§30~33C
23) Victims' Rights Act 2002 §§34~39
24) Victims' Rights Act 2002 §§40~45
25) Victims' Rights Act 2002 §47

절차의 진행에 대한 정보요구권의 경우에는 수사당국, 판사, 검사에게 정보제공의무를 부여하고 있으며, 피해자충격진술권의 경우에는 검사에게 법원제출의무를 부과하고 있을 뿐만 아니라 피해자의 요청에 따라 법정에서 이를 낭독할 의무를 부과하고 있다.

이와 같은 권리가 충족되지 않는 경우, 피해자는 ① 그 권리를 존중하여야 할 것으로 판단되는 자, ② 옴부즈만법(Ombudsmen Act 1975)에 따른 옴부즈만, ③ 권리를 존중하여야 할 자가 경찰관인 경우 경찰관직무감찰관(Independent Police Conduct Authority), ④ 관련 사항이 개인정보에 관한 것인 때에는 개인정보보호법(Privacy Act 1993)에 따른 개인정보보호담당관(Privacy Commissioner)에게 민원을 제기할 수 있다.[26] 민원을 접수한 자는 지체없이 공정하게 민원을 처리하여야 한다.[27] 뿐만 아니라 이와 같은 권리의 침해를 유일한 이유로 한 금전지급청구는 할 수 없지만, 그 침해행위로 인하여 개인정보가 침해되었거나 다른 결과가 발생된 경우에는 그에 대한 배상을 청구할 수 있다.[28] 이 같은 소구가능성은 피해자권리보호법에서 정하는 권리가 법적 권리임을 의미한다. 이는 '피해자의 권리'라 불리는 것들의 소구가능성을 차단해 둔 영국의 경우[29]와 결정적으로 다른 점이다.

2. 피해자권리보호 실무지침

피해자권리보호법은 법무부에 대해 피해자 대응지침(Code for victims)을 마련할 의무를 부여하고 있다.[30] 이 규정은 2014년 개정시에 신설된 것으로서, 이에 따라 따라 2015년 9월 피해자권리보호 실무지침(Victims Code of Rights)이 만들어졌다. 실무지침에서는 실무원칙, 피해자의 권리, 민원제기절차를 정하고 있는데, 이 원칙은 한국어를 포함하여 10개 언어로 번역되어 있다.[31]

첫째, 우선 피해자에게 서비스를 제공하는 개인, 단체 또는 정부기관이 준수하여야 하는 핵심 원칙으로 안전, 존중, 존엄 및 개인정보보호, 공정한 대우 등 8대 원칙을 정하고 있다.

둘째, 피해자의 권리에 대해서는 피해자권리보호법에서 정하는 권리 이외에 ① 법정에서

---

26) Victims' Rights Act 2002 §49(2)
27) Victims' Rights Act 2002 §49(3)
28) Victims' Rights Act 2002 §50(2) & (3)
29) 영국 Domestic Violence, Crime and Victims Act 2004 §34
30) Victims' Rights Act 2002 §51B
31) http://www.victimsinfo.govt.nz/

마오리어 및 뉴질랜드 수화 등 공식언어를 사용하고 통역받을 권리와 소년범죄의 피해자에 대하여 ② 가족집단회의를 청구할 권리를 정하고 있다.

셋째, 민원제기에 관해서는 각 민원을 제기할 수 있는 담당자의 연락처와 홈페이지 주소 등을 적시해 두고 있다.

3. 양형법(Sentencing Act 2002)

양형법은 범죄피해자의 이익을 그 목적의 하나로 선언하고 있다: "이 법의 목적은 … 범죄피해자의 이익을 정하는 것이다."[32] 나아가 이를 법원의 형선고 또는 기타 처리의 목적 중 하나로 선언하고 있으며,[33] 법원에게 범죄로 인하여 피해자가 입은 영향을 고려할 의무를 부과하고 있다.[34] 또한 피해자의 지위를 양형에서의 가중감경 사유로 그리고 14세 미만인 아동에 대한 폭력 사건에서는 피해자와의 관련성을 고려할 의무를 부과하고,[35] 회복적 사법절차가 개시되었을 때 절차를 연기하도록 하며,[36] 피해자의 금전적 손실, 물질적, 정서적 피해에 대한 보상을 위한 형량을 산정하도록 하고 있다.[37] 특히 2009년 개정에 의하여 범죄자에게 $50(뉴질랜드 총독이 다르게 정할 수 있음)의 부담금을 부담하게 하여, 이를 피해자 지원단체를 지원하기 위한 용도에 한하여 사용하도록 하고 있다.[38]

32) Sentencing Act 2002 §3
33) Sentencing Act 2002 §7(1)(c)
34) Sentencing Act 2002 §8(f)
35) Sentencing Act 2002 §9~9A
36) Sentencing Act 2002 §24A
37) Sentencing Act 2002 §32
38) Sentencing Act 2002 §§105A~105J

Ⅲ. 정부의 기능

1. 정책결정

피해자와 관련된 정책결정기능은 법무부가 수행한다. 뉴질랜드 법무부가 상정하고 있는 최상위 과제는 “사람중심의 사법서비스”다. 그것을 달성하기 위한 목표로 “범죄, 피해자화 및 피해 축소”를 설정하고, “피해자를 지원하고, 범죄자에게 책임을 지도록 하며, 인권을 지원하는 등 다양한 문제를 해결하는데 도움이 되는 사법정책을 개발하고 장관 및 내각에게 자문을 제공한다.”[39]

[그림 1] 뉴질랜드 법무부 전략 2015~2017

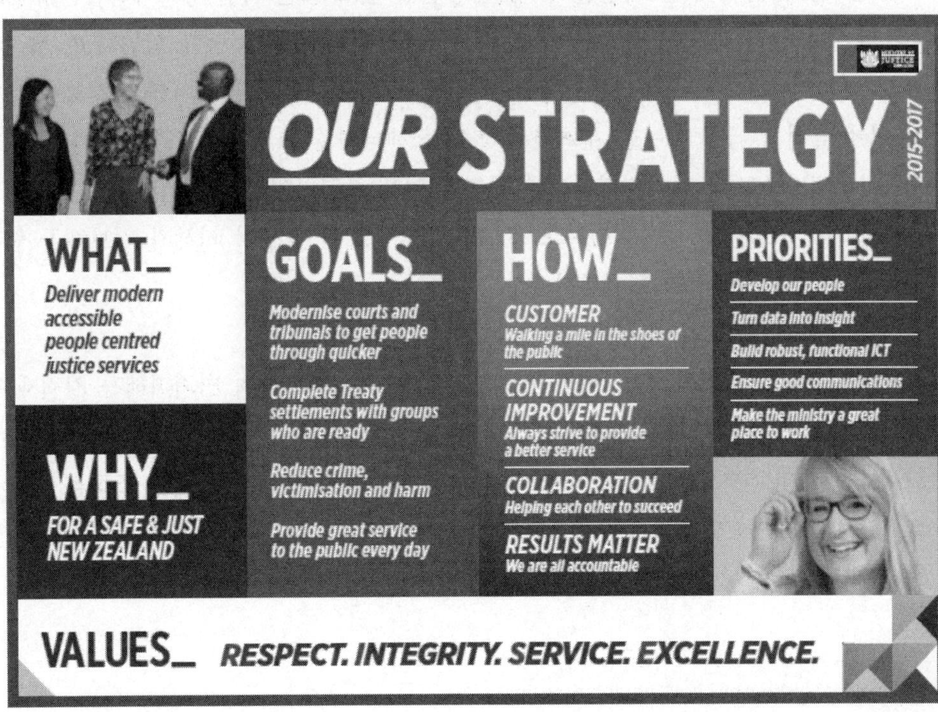

• 출처: Ministry of Justice, Annual Report 1 July 2016 to 30 June 2017, p.7.

39) https://www.justice.govt.nz/about/about-us/

법무부는 이러한 피해자 보호기능을 그 산하의 피해자 센터(Victim Centre)를 통하여 수행한다. 피해자 센터는 피해자 정보제공 웹사이트(www.victiminfo.gov.nz), 인쇄물 및 24/7 피해자 지원전화(0800-650654)를 통해서 피해자에게 그 권리 및 급부의 내용, 형사사법절차에 대한 정보를 제공하고, 정서적 및 실무적 지원, 정보 및 타서비스 회부 등 서비스를 제공하는 Victim Support 등 모든 피해자를 위한 다양한 서비스를 조달계약으로 확보하거나 보조금을 지급한다. 특히 피해자 센터는 피해자 관련 문제에 대한 정부 및 서비스 기관의 중앙 조정 기능을 수행하며, 피해자 지원제도의 설계와 지원제공을 개선하기 위해 관계자의 참여를 이끌어내는 역할을 수행한다.[40]

피해자 센터는 2009년 법무부가 피해자의 권리와 지원서비스 접근성 개선을 위한 피해자 권리제고를 위한 검토(Enhancing Victims' Rights Review)의 산물이다. 당시 법무부는 피해자가 자신의 권리가 무엇인지, 어떻게 행사하는지 등을 알고 싶어하고 정보 및 서비스에 즉시 접근하고 싶어하는 반면, 이것을 확인할 수 있는 방법이 없고 또한 어떤 형사사법기관에게도 그 책임을 지거나 질 높은 정보를 제공하도록 요구하기 어렵다는 문제를 확인하고, 형사사법 전반의 피해자 서비스 및 정보를 관장하는 피해자 센터를 설치하여 이를 해결하려고 하였다.[41] 이에 앞서 언급한 임무를 부여받은 피해자 센터가 2011년 7월 1일 발족하였고, 2012년 7월 마오리자문그룹, 피해자참조그룹 등의 의견을 수렴하여 피해자권리보호 실무지침을 초안하였고,[42] 2015년 피해자권리보호 실무지침의 발효에 맞추어 피해자 정보제공 웹사이트와 24/7 피해자 지원전화를 개통하였다.

최근 법무부는 가정폭력 및 성폭력 축소프로젝트[43]를 비롯하여 범죄피해자 지원제도 개선의 일환으로 수석 피해자 자문인(Chief Victims Advisor)을 선임하였다. 그 역할은 법무부 장관에게 사법부문(justice sector)의 전략에 대해 독립적 자문과 피해자에 관한 조정을 제공하는 것이다. 즉 개별 피해자를 옹호하는 역할이 아니라, 사법부문 전반적으로 피해자 권리보호를 위해 개선사항을 확인하고, 시스템 개선을 촉진하는 역할을 수행한다.[44]

---

40) http://www.victimsinfo.govt.nz/about/victims-centre/

41) Ministry of Justice, Regulatory Impact Statement, https://www.justice.govt.nz/assets/Documents/Publications/Regulatory -Impact-Statement-Enhancing-Victims-Rights-Review.pdf

42) https://www.parliament.nz/en/pb/research-papers/document/00PlibCIP101/victims-rights; Ministry of Justice, Annual Report 2011/12

43) https://www.justice.govt.nz/justice-sector-policy/key-initiatives/reducing-family-and-sexual-violence/

44) https://chiefvictimsadvisor.justice.govt.nz/advisor-role/

2. 재정지원

법무부는 피해자센터를 통해서 Victim Support 등 피해자 지원단체에게 보조금을 제공하거나 조달계약을 통해 서비스를 확보한다. 별도의 피해자 지원기금을 운영하지는 않으며, 법무부의 비부처(non-departmental) 예산으로 편성된다. 2017년 법무부 연차보고서에 의하면, 피해자 지원예산은 두 가지 유형으로 편성된다.

첫째는 민간단체인 Victim Support(공식명칭은 "New Zealand Council of Victim Support Groups") 지원예산이다. 이 예산은 Victim Support로부터 범죄피해자 지원 및 트라우마 지원서비스를 조달하는데 사용되는 예산이다. 여기에는 개별적 지원서비스(24시간 응급지원 및 후속 형사절차 지원), 피해자원조제도(살인피해자 가족을 위한 카운셀링 비용, 법정출석 비용, 현장정리비용 등) 집행비용 등이 포함된다.

둘째는 범죄피해자 보조금 예산이다. 이 예산은 범죄피해자를 위한 급부 및 서비스를 위한 용도로 한정된다. 이 예산은 2002년 양형법에 따라 조성된 범죄자 부담금 수익을 특정한 서비스 및 재정적 원조를 통하여 중대 범죄 피해자에게 돌려주기 위해 설치된 것이다. 재정적 원조는 피해자들이 형사사법절차에 참여할 때 발생되는 재정적 부담을 덜어주기 위한 것이다. 이 예산은 살인, 성폭력, 가정폭력 피해자 지원, 성폭행 법정피해자자문(court victim advisors), 성폭력 및 가정폭력 도우미 등 특정 범죄에 대한 개별적 서비스를 지원하기 위한 보조금 용도로도 사용되는데, 2012년 13개에서 2015년 15개로 보조금의 개수는 계속 늘어나고 있는 추세다. 최근 5년간의 예산은 다음과 같다.

[표 1] 최근 5년간 뉴질랜드 법무부의 피해자 지원 예산

	2012/13	2013/14	2014/15	2015/16	2016/17
Victim Support 지원예산	$6,032,000	$6,032,000	$6,032,000	$6,032,000	$6,032,000
범죄피해자 보조금	$2,492,000	$4,182,000	$4,242,000	$4,531,000	$5,053,000
범죄자 부담금 (연간징수액)	$4.5m	$4.02m	$3.6m	$3.2m	$3.3m

• 출처: Ministry of Justice, Annual Report 2012/13~2016/17 로부터 추출 및 편집

3. 사법부문(Justice Sector) 협력

최근 법무부, 경찰, 교정부, Crown Law Office[45], 중대비리수사국(Serious Fraud Office), 사회

45) 공소기능을 수행하므로 검찰에 가깝지만, 실무는 각 지역마다 개인 변호사가 임명되어 검찰권을 행사

발전부 산하의 Ministry for Vulnerable Children, Oranga Tamariki 와 같은 형사사법부문의 파이프라인에 속한 여러 기관들이 공공부문의 Better Public Services(BPS)를 달성하기 위하여 협력체를 구성하여 목표를 공유하고 상호 협력적인 프로젝트를 수행하고 있다. BPS의 주요 지표는 가정폭력범죄 발생율, 성폭력범죄 발생율 및 재범율이다.[46] 당연한 설명이기는 하지만, 형사사법은 경찰의 범죄예방 및 수사로 시작하여, 범죄자를 기소 및 양형하는 법원단계와 수형자를 관리하는 교정단계를 거쳐, 사회복귀프로그램을 제공하는 하나의 "파이프라인"으로 구성되어 있으므로 어느 한 부분의 정책과 접근방법이 다른 부분에 영향을 미치게 되므로, 관련된 모든 부분이 협력하여 최선의 결과를 도출할 수 있다는 것이다.

[그림 2] 사법부문 파이프라인

• 출처: https://www.justice.govt.nz/justice-sector-policy/about-the-justice-sector/

사법부문은 형사사법과 관련된 정책협력을 통해 ① 가정폭력 및 성폭력 감소, ② 사이버 불리(Cyberbullying) 및 유해 디지털 통신 방지, ③ 주류 판매 및 공급 제한, ④ 뇌물 및 부패방지 등 다양한 이니셔티브를 수행하고 있을 뿐만 아니라, 정책협력을 위해 예산을 절감하여 공동기금(JSF)을 조성하여 범죄 및 재범 감소를 위한 타기관의 프로그램을 지원한다. 2017년 5월 현재, 가정폭력방지법 연구, 회복적 사법 활용 확대, 석방자 사회재통합 프로그램 등 약 66개 프로젝트에 $273m을 지원했다고 한다.[47] 이 협력체에 참가하고 있는 기관들은 대부분 피해자권리보호법에 따라 피해자에게 정보를 제공할 의무가 있고, 연차보고서에 피해자의 권리침해 관련 민원에 대한 사항을 기재할 의무가 있는 기관들이다.[48]

하는 아웃소싱구조이다.

46) https://justice.govt.nz/justice-sector-policy/about-the-justice-sector/better-public-services/

47) https://www.justice.govt.nz/justice-sector-policy/about-the-justice-sector

48) Victims' Rights Act 2002 §50A(2)

Ⅳ. 경찰의 기능

피해자 보호에 있어서 경찰은 피해자를 피해자 지원단체에게 연결해주는 기능과 피해자 권리보호법에 따라 피해자에게 정보를 제공하는 기능을 수행한다. 또한 경찰은 Victim Support 본부를 비롯하여 전국의 경찰서 건물 내에 사무실을 지원하고, 피해자 지원인력의 교통편을 제공한다.[49] 오트림(Outtrim)에 따르면, 경찰은 사건 접수 시에 확보한 피해자 기록에 접근할 수 있는 전면적 권한을 Victim Support에게 부여한다고 한다.[50] 접근권한을 부여하게 된 것은 경찰이 피해자 지원 서비스에 대한 접근성을 결정하는 문지기가 될 수 있는 가능성을 제거하기 위해서, 즉 경찰이 범죄가 한 사람에게 미치는 영향이나 피해자의 '가치'를 판단해서는 안 된다는 것이라고 한다.[51] 경찰의 이러한 지원을 위하여 Victim Support와 양해각서를 체결하고 있으며,[52] 최근에는 중대비리수사국(Serious Fraud Office), 금융감독청(Financial Markets Authority) 등도 정보공유를 위한 양해각서를 체결하고 있다.

경찰은 ① 성범죄 또는 중요 폭력범죄의 피해자, ② 중상해, 사망 또는 중증 후유장애를 초래한 범죄의 피해자, ③ 기타 범죄 중 자기 또는 직계가족의 신체적 안전에 대한 우려가 있는 피해자에게 범죄자의 보석, 석방, 가석방, 탈옥, 가택구금, 병원구금 등에 대한 통지를 받거나 그 통지를 받을 대리인을 지정할 수 있는 권리가 있음을 알려주어야 한다.[53] 이 통지를 위해서 교정부는 피해자통지등록부(Victim Notification Register)를 관리하고 있으며, 경찰은 피해자의 신청이 있는 경우 시스템에 피해자의 신청사항을 등록한다(피해자가 직접 신청할 수도 있다).[54] 가정폭력과 관련하여 가정폭력이 일어났거나 일어날 수 있는 합리적 근거가 있는 경우 경찰안전명령(Police Safety Orders)을 발할 수 있다. 이 명령이 있는 경우에는 통상의 거주지를 벗어나야 하며, 통상 1~2일간 효력을 가지지만, 최대 5일까지 할 수 있다.[55]

---

49) Victim Support, Annual Report 2015/2016

50) Outtrim, L., VICTIM SUPPORT IN NEW ZEALAND - THE SIGNIFICANCE OF THE RELATIONSHIP WITH THE POLICE, Paper presented at the Restoration for Victims of Crime Conference convened by the Australian Institute of Criminology in conjunction with Victims Referral and Assistance Service and held in Melbourne, September 1999, p.3.

51) id, p.3.

52) Victim Support의 2013/14 연차보고서에서는 "뉴질랜드 경찰과 양해각서를 체결하고 있고, 우리 서비스의 신뢰성은 경찰서 내 사무실 제공으로 인해 한층 더 강화되고 있다. 경찰은 또한 피해자에 대한 서비스를 촉진하기 위하여 중요한 정보공유를 제공하고 있다."고 하고 있는 것으로 보아, 1999년 Outtrim이 보고한 MOU의 내용이 달라지 않은 것으로 보인다.

53) Victims' Rights Act 2002 §31

54) http://www.corrections.govt.nz/information_for_victims/victim_notification_register.html

55) http://www.police.govt.nz/advice/victims/information-victims-crime

V. 뉴질랜드 피해자 지원·보호 서비스의 내용

뉴질랜드의 범죄피해자가 받을 수 있는 지원은 금전적, 정서적 및 실용적 지원에서부터 무상 법률자문, 법정 동행 지원, 구직에 이르기까지 다양하다. 이 서비스들은 모두 민간단체를 통해서 제공되는데, 이곳에서는 특히 금전적 지원과 법정 동행 지원에 대해서 살펴본다.

1. 금전적 지원 : 보조금

피해자에게 지급되는 보조금은 두 종류가 있다. 우선 사고보상공사(ACC)가 사고보상제도에 따라 지급하는 사고보상금이다. 사고보상법(Accident Compensation Act 2001)에서는 '사고'의 개념을 '인체 외부의 물리력 또는 저항의 적용, 이를 회피하기 위한 신체의 갑작스러운 움직임, 신체의 뒤틀린 움직임과 관련된 사건'[56]으로 매우 넓게 정의함으로써 범죄와 재해를 동일하게 취급하고 있다. 일정한 성범죄의 피해자인 경우에는 정신적 피해까지 보상해 주며(성범죄의 발생시기는 묻지 않는다), 뉴질랜드인이 외국에서 당한 사고와 외국인이 뉴질랜드에서 당한 사고까지 보상한다.[57] 자신의 과실로 인한 상해나 타인의 행위로 인한 상해를 보상해주는 '무과실 보상 제도'[58]이므로 피해자가 고의로 자해행위 또는 자살한 경우, 살인의 유죄판결을 받은 경우, 범죄자가 2년 이상의 징역에 처할 수 있는 범죄 중에 상해를 입은 경우 등에는 보상금을 지급하지 않는다.[59]

사고보상공사도 1980년대 민영화의 일환으로 공기업화된 경우로서, 사고보상의 재원은 소득, 사업, 유류, 자동차등록 등에 추가납부하는 부담금 또는 정부의 재정지원으로 조달된다. 재원은 ① 근로자 계정, ② 소득자 계정, ③ 자동차 계정, ④ 비소득자 계정, ⑤ 치료중 상해 계정으로 나누어 관리하며, 계정 별로 산입되는 부담금의 유형이 다르다. 예컨대, 비소득자 계정은 정부의 세금으로 충당되고, 자동차 계정은 교통사고와 관련된 재원으로 사용되며, 나머지는 치료 중 상해 계정은 근로자 계정과 소득자 계정에 의하여 충당되는 방식이다. 매년 4월 1일(근로자/소득자 계정)과 7월 1일(자동차 계정)에 다음 해 부담금율이 결정된다.[60]

56) Accident Compensation Act 2001 §25

57) Accident Compensation Act 2001 §21A & Schedule 2

58) https://www.acc.co.nz/im-injured/injuries-we-cover/what-we-cover/

59) Accident Compensation Act 2001 §§119~121

사고보상공사가 지급하는 비용은 범죄유형별로 차이가 있지만, 상해에 대한 치료비(상한 없음)를 비롯하여, 근로할 수 없게 된 경우 소득의 80%를 지급하며, 영구적 장애를 입은 경우에 일시불 또는 분할불로 장애보상금을 지급한다. 사망사건의 경우에는 다음과 같은 장례비와 생존자 보조금 등을 지급한다.[61]

- 장례비 : 살인피해자인 경우 $10,000 이내 지급(기타 사망인 경우, $6,151.77 이내)
- 생존자 보조금 : 파트너, 배우자, 18세 이하 아동청소년 및 기타 피부양자에게 일시금 지급. 배우자 또는 파트너인 경우 $6,595.48 , 그 밖의 경우 1인당 $3,297.76
- 14세 미만 아동 보육급여 : 이 금액은 인원수에 따라 다르며, 아동이 뉴질랜드 안에 있을 때에만 지급

또한 법무부가 범죄자 부담금으로 조성한 기금으로 편성하는 예산에 의하여 살인, 성폭력 또는 폭행 등 중대범죄의 피해자에게 지급하는 보조금이 있다. 이 예산은 법무부를 대신하여 Victim Support가 집행하며 그 내용은 다음과 같다.[62] (예산 내역은 위의 표 참조). 또한 보조금을 받기 위해 Victim Support의 서비스를 이용해야 하는 것은 아니다.

① 살인인 경우

재량적 보조금	살인피해자 가족당 $5,000 이내
카운셀링	가족, 친구, 증인, 신고자 등 1인당 카운셀링 30 회 이내 지원
고등법원 출석	고등법원 출석시 5명 이내, 일비 지급
법원 및 기타 심리 출석	법원 심리, 가석방위원회 심리, 회복적 사법 회의 및 검시 심리 출석시 6명 이내 여비 및 숙박비
범죄현장 정리비용	집 또는 차가 범죄현장으로 전문적 정리가 필요한 경우 가족당 $2,000 이내

② 성범죄인 경우

범죄신고시 즉시 지급비용	자물쇠 교체, 의복 교체, 임시 숙소 등 범죄신고 후 $500 이내 즉시 지급
고등법원 출석	피해자 및 동반 1인 법원 심리 출석시 일비 지급
법원 및 기타 심리 출석 경비	법원 심리, 가석방위원회 심리, 회복적 사법 회의 및 검시 심리 출석시 피해자 및 동반 1인 여비 및 숙박비
소득수준에 따른 원조	피해자의 소득수준에 따라 카운셀링, 이사 및 기타 치유 및 안전 원조 비용 $2,000 이내

60) https://www.acc.co.nz/about-us/how-levies-work/the-levy-setting-process/

61) https://www.acc.co.nz/im-injured/financial-support/financial-support-after-death/

62) http://www.victimsinfo.govt.nz/support-and-services/financial-assistance/

범죄현장 정리비용	집 또는 차가 범죄현장으로 전문적 정리가 필요한 경우 가족당 $2,000이내

③ 기타 중대범죄인 경우

법원 및 기타 심리 출석 경비	법원 심리, 가석방위원회 심리, 회복적 사법 회의 및 검시 심리 출석 시 피해자 및 동반 1인 여비 및 숙박비
소득수준에 따른 원조	피해자의 소득수준에 따라 카운셀링, 이사 및 기타 치유 및 안전 원조 비용 $2,000이내
범죄현장 정리비용	집 또는 차가 범죄현장으로 전문적 정리가 필요한 경우 가족당 $2,000이내

2. 법정동행지원

법무부가 범죄자 부담금으로 조성한 기금은 약 15개의 피해자 지원 프로젝트를 지원하는데 사용된다. 그 중 하나가 법정동행지원이다. 법정동행지원자(court victim advisor)는 최초 공판기일로부터 형선고, 나아가 항소절차가 종료될 때까지 법정에서 피해자를 조력하는 무료 서비스다. 피해자에게 ① 법원 시스템이 어떻게 돌아가는지, 전문용어가 무슨 뜻인지 설명해주고, ② 다른 서비스, 급부 및 재정지원에 관한 정보를 제공해주며, ③ 사건 진행경과에 관한 정보를 제공해주고, ④ 피해자가 우려하는 사항을 경찰 등에게 주지시키며, ⑤ 피해자의 안전을 보장하기 위한 정보 또는 회복적 사법에 관한 정보를 제공해 주는 역할을 수행한다.[63] 성폭행 피해자인 경우에는 별도의 교육과 경험을 갖춘 전문지원자가 제공되며, 아동 피해자 또는 증인인 경우에는 아동증인 교육프로그램(Court Education for Young Witnesses programme)이 제공된다.[64]

Ⅵ. 민간단체

뉴질랜드의 피해자 지원 · 보호 제도는 Victim Support(공식명칭은 "New Zealand Council of Victim Support Groups")를 중심으로 이루어지고 있다. 이 단체는 1987년 범죄피해자법의 시행을 관장하던 피해자보호전담팀(Victims Taskforce)이 자원봉사자를 중심으로 하는 피해자지원서비

63) http://www.victimsinfo.govt.nz/support-and-services/support-at-court/court-victim-advisors/
64) http://www.victimsinfo.govt.nz/support-and-services/support-at-court/court-victim-advisors/

스를 실험적으로 시행하면서 1990년 만들어진 자원봉사단체들의 연합이다. 1993년 웰링턴 소재 뉴질랜드 경찰청사에 그 본부를 설치하면서 자원봉사자와 유급인력이 공존하는 현재와 같은 체계가 만들어졌다. 물론 민간단체로 Victim Support만 있는 것은 아니며, 가정폭력 피해자 보호와 캠페인을 주목적으로 하는 IT'S NOT OK(http://areyouok.org.nz/)와 National Network of Stopping Violence(http://www.nnsvs.org.nz/), 가정폭력피해자를 위한 쉼터(Women's Refuge; https://www.womensrefuge.org.nz/), 성폭력 피해자를 위한 각 지역별 Rape Crisis 센터(http://www.rapecrisisnz.org.nz/)와 HELP(http://helpauckland.org.nz/) 등이 있다.

Victim Support는 범죄피해자, 자동차 사고피해자, 자연재해 피해자, 돌연사 및 자살 유족 등 거의 모든 유형의 피해자에게 위기상황의 정신적 응급처치와 계속적인 정서적 지원, 재정 원조 등을 제공한다. Victim Support는 365일 24시간 무상 서비스를 제공하며, 핫라인 0800-VICTIM(842 846)을 운영하고 있으며, 2016년 현재 619명의 훈련된 자원봉사자가 전국 61개 사무소(주로 경찰서 소재)에서 활동하고 있다. 자원봉사자들은 20개국의 언어 사용자라고 한다.

[그림 3] Victim Support 전국 자원봉사자 활동현황

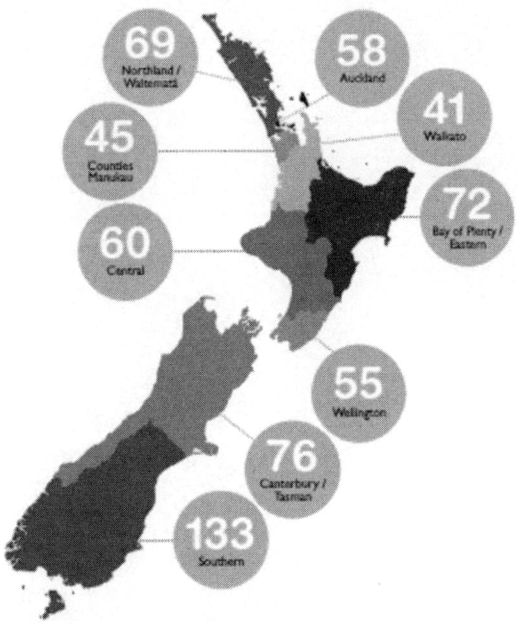

• 출처: Victim Support, Annual Report 2015/16, p.12

Victim Support 예산은 약 87%가 법무부의 지원금이며, 나머지 13%는 모금활동으로 충당하고 있다.[65] 기금은 복권 발행 등 다양한 방법으로 모금하고 있다. 최근 5년간의 수입예산은 다음과 같다:

[표 2] 최근 5년간 Victim Support 예산현황

	2011/12	2012/13	2013/14	2014/15	2015/16
정부지원액	$9.8m	$9.5m	$9.9m	$10.1m	$10.5m
모 금	$0.9m	$0.9m	$1.0m	$0.75m	$0.84m
기 타	$0.21m	$0.18m	$0.19m	$0.15m	$0.13m

• 출처: Victim Support, Annual Report 2012/13, 2013/14, 2014/15, 2015/16, 2016/17의 자료를 발췌 가공한 것임

65) http://www.victimsupport.org.nz/about-us/about-us-frequently-asked-questions/

2015/16년도 기준 Victim Support의 운영실적은 다음 그림과 같다:

[그림 4] 2015/16년도 Victim Support 운영실적

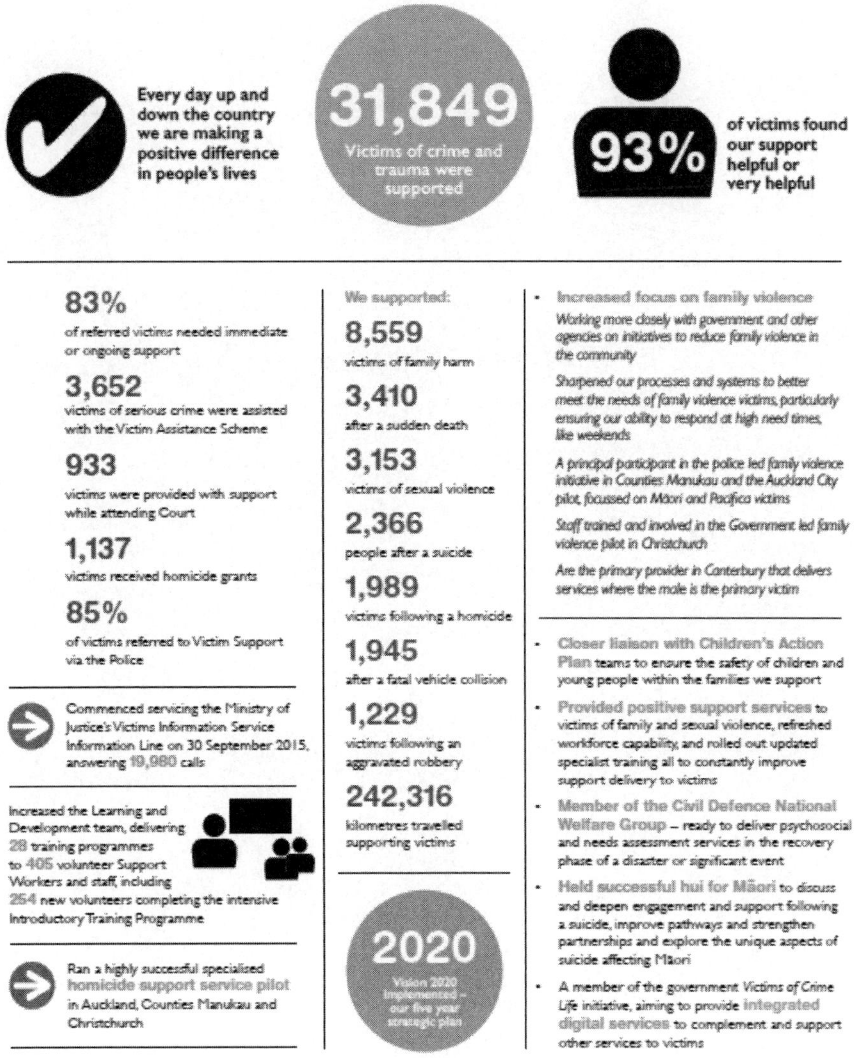

• 출처: Victim Support, Annual Report 2015/16, p.7

제 4 장 미국의 범죄피해자 보호 · 지원제도

Ⅰ. 개 관

미국의 범죄피해자에 대한 보호 및 지원제도는 주(州) 정부 차원에서 범죄피해자에게 제공하는 재정적 보상제도로 시작되었다. 1965년 캘리포니아 주가 세계에서 3번째로 범죄피해자 보상제도(Victim Compensation Program)를 도입[1)]한 것을 시작으로, 1979년까지 뉴욕, 하와이, 매사추세츠, 메릴랜드와 버진 아일랜드 주 등 28개 주에서 각각 추가적으로 보상제도가 정비되었고, 2002년 말까지 미국 50개의 주 전체에 피해자의 재정적 회복에 대한 기반이 마련되었다.

1970년대 연방 및 주 정부, 시민운동가들에 의한 피해자권리운동(Victims Right's Movement)의 전개는 피해자 관련제도가 확대 · 발전하는 데 영향을 주었다. 1973년 법집행과 사법행정에 관한 대통령위원회(The President's Commission on Law Enforcement and the Administration of Justice)의 주관으로 FBI의 범죄통계를 보완하기 위하여 처음으로 범죄피해조사(National Crime Victimization Survey)가 실시되었으며 이를 통하여 공식적으로 보고되지 않은 범죄피해실태를 확인하고 범죄피해자 지원에 대한 수요를 확인할 수 있었다. 1975년에는 전국의 시민운동가들이 피해자서비스 확대와 피해자권리에 대한 인식 증가를 목표로 NOVA(National Organization for Victim Assistance)를 형성하여 연합하였다.

---

1) 1965년 당시 캘리포니아 주지사는 "예컨대 강도행위 시에 한 가족의 부양자를 살해한 자는 교도소 내에서 제공하는 음식, 의료보호를 기본적으로 받는다. 그러나 갑작스럽게 모든 경제적 지원을 박탈당한 피해자의 가족은 궁핍에 빠지게 된다. 공공부조는 이러한 상황을 구제하는 것이어야만 의의가 있다"고 하면서 미국의 첫 범죄피해자 보상프로그램을 설정하는 법안에 서명하였다(법무부, 범죄피해자 보상제도, 1987, 225면).

1980년대에는 연방의 형사사법기관을 중심으로 하는 보다 체계적인 피해자서비스 제도가 구축되기 시작하였다. 범죄피해자에 대한 대통령 특별팀(President's Task Force on Victims of Crime)은 1982년 최종보고서를 통하여 피해자들의 수요를 반영할 수 있는 정책을 요구하였다. 이에 따라 1988년에 미국 법무부는 범죄피해자에 대한 국가지원센터인 범죄피해자사무국(Office for Victims of Crime: OVC)을 설립하여 전문가를 양성하고 피해자권리보호를 위한 법안을 개발하는 업무를 담당하도록 하였다. 1984년에는 범죄피해자법(Victims of Crime Act: VOCA)이 연방정부에서 제정되었는데, 그로 인해 피해자의 권리강화와 피해자 지원 및 보상제도의 실시를 위한 재정적 기반을 마련하게 되었다.[2)]

이후 1990년대에는 아동 및 여성피해자들에 대한 서비스를 중심으로 하는 법률과 제도가 만들어졌다. 아동피해자 및 증인의 충격을 완화하도록 연방형사사법제도의 개혁을 내용으로 하는 아동학대피해자법(Victims of Child Abuse Act, 1990)이 통과되고, 피해자 권리와 배상에 관한 법(Victims' Rights and Restitution Act, 1990)은 범죄피해자에게 허용되어져야 하는 서비스를 체계적으로 정리하였다. NCVC(The National Center for Victims of Crime)에서는 1993년 모든 유형의 범죄피해자를 위한 숙련된 원조와 지원을 제공하고, 범죄피해자에 대한 지원을 주 정부의 책임으로 명시하는 한편, 피해자의 비경제적인 피해까지도 보상의 범위에 포함시켜야 한다고 지적함으로써 정부 차원에서의 강력한 피해자보상을 제시한바 있다.[3)] 그 후 피해자권리명확화법(Victim Rights Clarification Act, 1997), 범죄피해자권리법(Crime Victim's Rights Act, 2004) 등 범죄피해자 관련 연방법률을 정비하면서 형사절차상 피해자의 보호가 강화되었다.

2) 김현철, 범죄피해자구조금제도 개선에 관한 연구, 서울대학교 박사학위논문, 2015, 83~84면.

3) 장준호, 무형적 범죄피해에 대한 미국의 지원제도 연구: 재정적 지원제도를 중심으로, 대검찰청, 국외훈련검사 연구논문, 2014, 7~9면; http://www.victimsofcrime.org

Ⅱ. 범죄피해자 보상 및 지원기관 : 국가 차원

1. 범죄피해자 보호·지원에 관한 연방 법률규정

1) 범죄피해자권리법(CVRA)

범죄피해자에 관한 근거 법률로는 범죄피해자권리법(Crime Victims Rights Act)이 있다.[4) CVRA는 제18편 범죄 및 형사절차(Crimes and Criminal Procedure) 제237장 범죄피해자의 권리(Crime Victims'Rights)에 위치하고 있다. 제3771조는 범죄피해자의 권리에 관한 내용을 담고 있다.[5)

범죄피해자라 함은 범죄(the State offense)를 당한 사람을 포함하여 만일 해당 피해자가 사망하거나 불구가 된 경우 그 피해자의 가족 및 법적 대리인을 의미한다.[6) 범죄피해자는 다음의 권리를 갖는데, ① 피고인으로부터 합리적으로 보호받을 권리, ② 변호인과 협의할 수 있는 합당한 권리, ③ 법률상 규정에 따라 적절한 보상을 받을 권리, ④ 피해자의 존엄과 프라이버시를 존중받고 공평하게 대우받을 권리 등이 규정되어 있다.[7)

2) 범죄피해자법(VOCA)

범죄피해자의 보호 및 지원에 관한 근거 법률로는 1984년 연방정부에서 제정된 범죄피해자법(VOCA)이 대표적이다. VOCA는 제34편 범죄규제 및 법 집행(Crime Control and Law Enforcement) 제201장 피해자의 권리, 보상 및 지원(Victim Rights, Compensation, and Assistance)에

---

4) 2004. 9월 제정된 '범죄피해자권리법'은 범죄로 인하여 직접 고통을 겪은 피해자도 당연히 권리를 인정받아야 하며 이를 법률로 명확히 규정하여야 법원의 구체적 판단에 있어서 해석의 기준이 된다는 취지에서 제정되었다.

5) https://www.law.cornell.edu/uscode/text/18/3771

6) 18 U.S.C. § 3771(b)(2)(D)

7) 18 U.S.C. § 3771(a)(1)~(10). 이외에도 ① 범죄와 관련한 재판·가석방 절차 및 피고인의 석방·도주 등에 대한 정확하고 신속한 고지를 받을 권리, ② 피고인에 대한 석방·가석방·양형·유죄인정답변(Plea Bargaining) 등에서 진술할 권리, ③ 검사와 협의하고 조언을 받을 권리, ④ 당시의 사정에 따라 적절하고 충분한 보상을 받을 권리, ⑤ 불합리한 지체 없이 신속한 재판진행을 받을 권리 등이 있다.

위치하고 있다. 제20101조 내지 제20111조는 범죄피해자기금(Crime Victims Fund)과 관련한 내용을 담고 있다.

(1) 범죄피해자기금 규정 : 34 U.S.C. § 20101(Crime Victims Fund)

범죄피해자기금은 재무부에 독립계정으로 창설된다. 해당 기금에는 ① 연방범죄로 유죄판결을 받은 자들로부터 징수한 벌금 전부(all fines), ② 수집된 형벌부가금(penalty assessments), ③ 몰수된 출석보증금(appearance bonds)·보석보증금(bail bonds)·담보물의 수익금(proceeds of collateral), ④ 기금에 편입되도록 명해진 일체의 금액, ⑤ 개인이나 민간단체가 기금에 수여한 선물(gifts)·유증(bequests)·기부(donations) 일체가 편입된다. 기금에 편입되는 금액은 기금에 유보되어야 하며 회계연도의 제한 없이 보조금에 지출되어야 한다. 각 회계연도에 기금에 편입된 전액으로서 의회가 다음 회계연도에 의무사항으로 사용하도록 정하지 않은 금액은 회계연도의 제한 없이 장래 회계연도의 의무사항에 사용할 수 있도록 기금에 유보되어야 한다.[8)]

사법행정비용에 대한 지출 및 보조금 프로그램 비율과 관련하여, 기금에서 일부(1천만 달러)는 아동학대예방(Child abuse prevention) 및 치료를 위한 보조금으로 사용되어야 하고, 남은 금액 중 필요한 만큼은 연방형사사법제도에서 범죄피해자를 위한 서비스 개선과 피해자통보시스템(Victim Notification System) 개선을 위해 연방검찰청과 연방수사국(Federal Bureau of Investigation)에서 사용할 수 있다. 또한 한 회계연도에 기금에서 배분될 남은 금액 중에서 47.5%씩은 각각 범죄피해자 보상 및 지원을 위한 보조금으로, 그리고 나머지 5%는 범죄피해자 지원을 위한 비영리 민간 및 지역사회 기반의 피해자서비스기구와 범죄피해자에 대한 봉사와 서비스 개선을 위한 연합에 대한 보조금으로 제공이 가능하다.

보조금이 조성된 회계연도 말에 지출하지 않고 남은 금액으로 보조금으로 받은 금액이 그 보조금을 조성한 회계연도 말에 사용되지 않고 남은 경우 그 잔액은 연속된 3회계연도 동안 언제든 그 보조금을 조성한 목적에 사용될 수 있고, 의무사항으로 부과되지 않은 잔액은 Director의 재량으로 비상유보금(emergency reserve fund)에 편입할 수 있다. 의무사항으로 부과되지 않은 잔액은 기금에 환수된다.[9)]

---

8) 34 U.S.C. § 20101(a)·(b)(1)~(5)·(c)

9) 34 U.S.C. § 20101(d)·(e)

인디언부족(Indian tribes)을 위한 보조금 및 아동학대사건과 관련하여, 법무부장관은 사용가능한 기금의 15%를 아메리카 원주민 부족이 아동학대사건, 특히 아동성학대사건에서 아동피해자의 추가적인 트라우마를 줄이거나 아동성학대의 수사 및 기소를 위한 프로그램의 개발·수립·운용을 지원하기 위한 목적의 보조금을 조성하는 데 사용할 수 있다. 또한 사용가능한 기금에서 5%는 아동피해자지원프로그램의 수립을 위해 보조금으로 사용할 수 있다.[10)]

(2) 범죄피해자보상 규정 : 34 U.S.C. § 20102(Crime victim compensation)

범죄피해자보상제도는 주(State)에 의해 운영되고 폭력범죄의 피해자 등에게 의료비(정신건강 상담 및 치료)[11)], 일실이익(수입의 손실), 장례비(피해자 사망 시 유족에게)를 제공한다. 이때 주 정부는 피해자와의 협력을 촉진하고, 해당 주의 지역 안에서 발생한 범죄일 경우 피해자가 다른 주에 거주할지라도 보상금을 지급하여야 한다. 보상액의 산정 시, 피해자의 수입이나 자산(assets)은 배제되며 범죄로 입은 손실을 완전히 보상하는 데 충분하도록 지원금액을 조정하지 않는다.[12)]

(3) 범죄피해자지원 규정 : 34 U.S.C. § 20103(Crime victim assistance)

주 정부는 범죄피해자지원제도의 재정지원을 보조금의 형태로 받을 수 있다. 범죄피해자사무국장은 주 및 지역 담당자, 민간단체의 대표자들과 협의하여 각 주 정부에게 충분한 지원을 하여야 한다. 보조금은 ① 각 주의 기본금액[13)]과 ② 모든 주의 인구수에 비하여 각 주의 인구수에 기초한 분배 결과, 각 주가 사용할 수 있는 유보금의 비율로 산정된다.

범죄피해자지원제도가 갖춰야 할 요건으로는 ① 공공기관 또는 비영리기구 등에 의한 서비스 제공, ② 범죄피해자에게 효과적인 서비스를 제공하고 기금 이외의 자원으로부터의 재정적 지원, ③ 범죄피해자서비스를 제공함에 있어 자원봉사자 활용, ④ 범죄피해자지원을

10) 34 U.S.C. § 20101(g)(1)·(2)

11) 34 U.S.C. § 20102(d)(2). 여기의 의료비(medical expenses)에는 적격의 범죄피해자보상제도에 의해 지급되는 한도로, 안경이나 기타 교정렌즈비용, 치과치료와 장치 및 보철기구비용, 그리고 주법(the law of the State)에 의해 승인된 치료방법에 따라 제공된 서비스비용을 포함한다.

12) 34 U.S.C. § 20102(b)(1)~(9)·(c)

13) 34 U.S.C. § 20103(a)(5)(A)~(B). 기본금액(base amount)은 50만 달러, 그리고 북 마리아나 제도, 괌, 미국령 사모아, 팔라우 공화국의 영토에는 20만 달러가 책정되어 있다.

위한 지역사회의 협력 촉진, ⑤ 잠재적 대상자 지원 등이 있다. 한편 여기의 범죄피해자서비스(services to victims of crime)에는 ① 위기개입서비스[14], ② 응급상황에서의 법정동행, 단기아동보호서비스, 임시주거와 안전조치수단, ③ 형사사법절차에의 참여 지원, ④ 법의학적 검사비용의 상당액 지불이 포함된다.[15]

OVC는 다음의 사항에서 범죄피해자지원을 위하여 보조금을 지급[16]할 수 있는데, ① 요건을 갖춘 범죄피해자지원제도에 대한 교육 및 기술지원, ② 범죄피해자에게 제공하는 재정지원서비스, ③ 비영리 민간기구 및 지역에 기반을 둔 피해자서비스단체와 범죄피해자에 대한 봉사와 서비스 개선을 위한 협력이 그것이다. 또한 OVC의 사무국장은 ① 범죄피해자에 대한 처우의 감시, ② 다른 공공기관과 비영리기구가 제공하는 피해자서비스와 연방정부가 제공하는 피해자서비스 간 조정 등의 책임이 있다.[17]

2. 국가 차원의 범죄피해자 보호 · 지원 기관

1) 연방정부기관 : 범죄피해자사무국(OVC)

범죄피해자 보호 · 지원을 위한 연방의 대표적인 정부기관은 미국 법무부 소속의 OVC이다. 미 연방 법무부의 사법제도실에 속한 6개 부서들 중 하나로, OVC는 1984년 VOCA 개정안을 통해 1988년 설립되었으며 범죄피해자 지원에 있어 가장 주요한 재원이 되는 범죄피해자기금을 운영하고 있다. 이 기금은 OVC를 통해 범죄 직후의 피해자 지원, 피해자의 갱생을 위한 지속적인 지원에 초점을 맞춘 광범위한 제도 및 지원을 수행한다. 미국 전역의 지역사회에서 범죄피해자를 지원하는 서비스제공자들의 능력 향상을 위해 훈련과 기술지원 등을 제공할 뿐 아니라 미국 전체 주에서 담당하는 피해자 보상 및 지원을 위하여 재정지원을 한다.[18]

주 정부 차원의 피해자 지원 및 보상제도는 VOCA 규정에 따라 OVC가 운영하는 범죄피

---

14) 34 U.S.C. § 20103(d)(4). 위기개입서비스(crises intervention services)란 범죄발생으로 생겨난 위기에서 정서적 지원(emotional support)을 제공하는 상담을 의미한다.

15) 34 U.S.C. § 20103(b)(1) · (d)(2)(A)~(D)

16) 34 U.S.C. § 20111(c)(4). 범죄피해자사무국의 설립(Establishment of OVC) : 범죄피해자에 관한 활동과 관련하는 국가, 지자체, 기타 공공 · 민간기관 또는 국제기구에 협조하여 기술지원을 제공한다.

17) 34 U.S.C. § 20103(c)(1) · (3)

18) https://www.ovc.gov/about/index.html

해자지금으로부터의 공식보조금을 제공받아 운영되고 있다. 보조금은 모든 주와 콜롬비아 특별구, 미국령 버진 아일랜드 및 푸에르토리코에 지급되며 범죄로 인해 발생하는 피해자의 부대비용을 상환해주는 각 주 정부의 기금으로 산입된다. 해당 보조금은 주 정부 차원의 기관 및 지역서비스 제공자들에게 부(sub)보조금의 형식으로 다시 지급됨으로써 모든 지역의 범죄피해자들에게 직접적인 서비스로 지원된다.[19)]

(1) 범죄피해자기금(Crime Victims Fund)의 운영

VOCA에 의해 설립된 범죄피해자기금은 연방지방검찰청(U.S. Attorney's Offices), 연방법원(federal courts), 연방교도국(Federal Bureau of Prisons)이 징수한 연방형사벌금(fine), 몰수된 보석보증금, 범칙금(penalty) 및 특별과세로 구성된다. 이 기금은 미국 전역의 피해자 지원을 위한 주요 자금조달 재원으로, 매년 수백만 달러가 기금에 기탁되며 1986년 이후 48억 달러($4.8 billion)의 VOCA 피해자 지원기금과 18억 달러($1.8 billion)의 보상기금이 수여된바 있다. OVC는 VOCA 규정에 따라 해당 기금을 모든 주와 미국 영토 전역에 지급하는 방식을 취하는데, 이를 수여한 각 주 정부(States and Territories) 및 각 주의 위원회(commissions or boards)는 범죄피해자에게 직접적인 서비스를 무료로 제공하는 지역사회 기반의 공공기관 및 민간기구(Public and Private Organizations)에게 배분한다.[20)]

19) VOCA 규정에 따른 공식보조금을 통해 OVC는 해마다 미국 전역에 약 4,000건의 피해자지원을 한다 (https://www.ovc.gov/about/initiatives.html).

20) https://www.ovc.gov/images/VOCA_Chart.jpg

[그림 1] How VOCA Works: Rebuilding Lives through Assistance and Compensation

(2) VOCA에 따른 범죄피해자기금의 지원체계 및 방식

위의 그림에서 보는 것과 같이, 미국의 경우 연방지방검찰청에서 징수한 범죄피해자기금은 OVC에서 범죄피해자에 대한 지원 및 보상을 위해 각 주 정부와 미 영토 전역에 분배하는 시스템을 보유하고 있다.

OVC는 범죄피해자에 대한 지원(assistance)과 보상(compensation)을 구분하여 기금을 제공한다. 먼저 피해자지원을 위한 보조금은 그 수여범위가 매우 광범위한데, 모든 주 정부와 미 영토 전역 뿐 아니라 로컬 커뮤니티 기반의 기관에 대해서도 해당 지역의 피해자에게 직접적인 서비스를 제공할 수 있도록 연간 공식보조금을 재원으로 조달한다. 이를 지원받은 각 기관들은 기금으로 위기개입이나 긴급대피소, 교통지원 및 형사사법지원 등을 범죄피해자에게 무료로 제공한다.

이와 달리 피해자보상을 위한 보조금은 각 주 정부에서 직접 운영하는 보상프로그램에 대해서만 제공하며 각 주 차원마다 보상을 받을 수 있는 자격을 요건화하여 그에 충족하는 피해자에 한하여서만 직접 제공받은 보조금을 피해자에게 보상함으로써 배분한다. 구체적인 보상내역으로는 범죄후유증에 대한 비용의 즉각적인 상환, 의료비용, 정신건강상담비용뿐 아니라 일실임금 등을 지원하며 피해자보상은 사보험이나 근로자보상으로 보장되지 않을 때에 한하여 최후의 수단으로만 사용되고 있다.

(3) 범죄피해자기금을 구성하는 보조금(Grants)의 유형 및 지급

OVC는 피해자보상을 위한 프로그램을 위해 각 주 정부에게 법적으로 설정된 연간 할당절차에 따라 공식 보조금(formula grants), 재량 보조금(discretionary grants), 여분의 보조금(set-asides)을 제공한다. 범죄피해자 보상을 위한 VOCA공식보조금제도를 관리하며 VOCA규정, 피해자보상지침(Victim Compensation Guidelines), 피해자지원규칙(Victim Assistance Rule), 2015 법무부(DOJ) 보조금 재정지침에 따라 보상 및 보조금을 지원한다.[21)]

[표 1] VOCA Victim Compensation 1: Amount Paid by Crime Type[22)]

Crime Type	FY 2016			FY 2015		
	Claims Paid	Amount Paid	Average Amount Paid Per Claim	Claims Paid	Amount Paid	Average Amount Paid Per Claim
Assault	93,023	$162,705,105	$1,749	82,276	$177,823,805	$2,161
Homicide	20,140	66,509,927	3,302	18,191	56,807,128	3,123
Child Abuse Sexual	59,300	34,531,013	582	44,891	32,844,309	732
Sexual Assault	45,428	32,738,496	721	30,268	25,648,289	847
Other Vehicular Crimes	5,974	13,410,610	2,245	3,960	13,445,831	3,395
Robbery	9,298	13,111,657	1,410	12,211	13,910,239	1,139
DUI/DWI	4,106	9,492,826	2,312	2,851	11,631,972	4,080
Child Abuse Physical	8,653	5,000,983	578	9,022	6,882,894	763
Child Abuse General*	4,606	2,926,949	635			
Other Crime Types**	2,413	2,187,019	906			
Stalking	1,747	1,601,679	917	1,253	1,327,557	1,060
Kidnapping	931	919,092	987	830	817,594	985
Burglary	1,838	902,280	491	2,342	1,724,472	736
Terrorism	304	878,929	2,891	803	971,582	1,210
Fraud/Financial Crimes	626	855,697	1,367	197	247,881	1,258
Human Trafficking	345	473,538	1,373	203	230,624	1,136
Arson	255	386,176	1,514	214	281,311	1,315
Child Pornography	138	113,040	819	92	101,753	1,106
Total	**259,125**	**$348,745,017**	**$1,466 (avg)**	**209,604**	**$344,697,241**	**$1,645 (avg)**

*States unable to break down Child Abuse into physical abuse, sexual abuse, and child pornography categories reported a combined figure for Child Abuse General.
**States may report payments for crimes that do not fall within the provided categories under "Other Crime Type."

21) https://ojp.gov/ovc/grants/types.html

22) Victims of Crime Act Victim Compensation Formula Grant Program, Fiscal Year 2016 Data Analysis Report, Office for Victims of Crime, 2017. 4, p.7.

[그림 2] VOCA Victim Compensation 2: Amount Paid by Expense Type

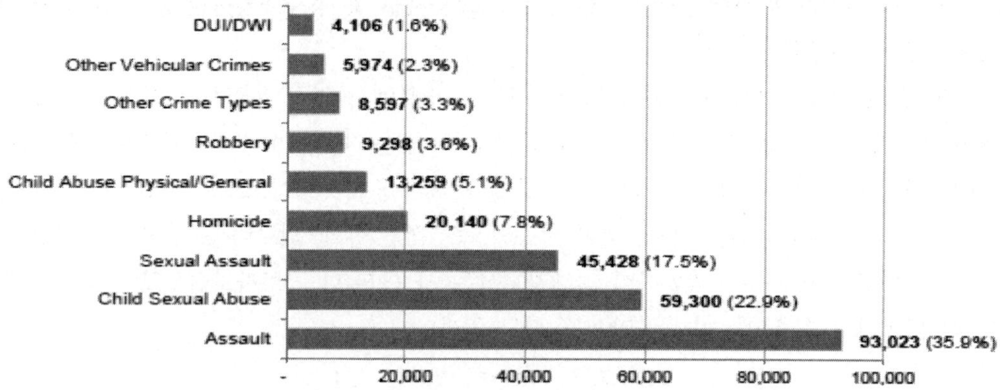

VOCA 피해자보상 공식보조금제도(VOCA Victim Compensation Formula Grant Program)에 관한 '2016 회계연도 데이터 분석보고서(FY 2016 Data Analysis Report)'에 따르면, 2016년 피해자 보상은 총 348,745,017 달러가 지급되었으며 이는 전년도(2015)에 비해 1.2% 증가한 수치이다.[23] 전체 53개의 주 및 전역에 대하여 피해자 보상은 총 259,125건의 공식 보조금이 지급되었으며 범죄유형별 지급액(Amount Paid by Crime Type)을 살펴보면 폭행(36%), 아동 성적 학대(23%), 성폭력(18%), 살인(8%), 아동에 대한 신체적 학대(5%)의 순이다.[24]

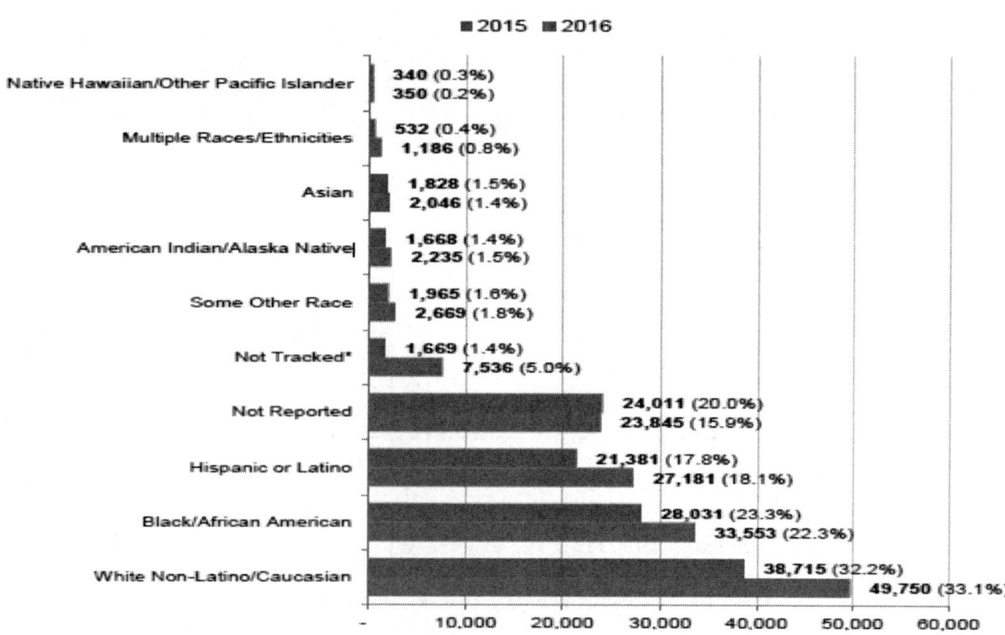

23) https://ojp.gov/ovc/grants/vocanpr_vc16.pdf

24) Victims of Crime Act Victim Compensation Formula Grant Program, Fiscal Year 2016 Data Analysis Report, Office for Victims of Crime, 2017. 4, pp.6~7.

2016년 피해자 보상을 위한 보조금을 지급받은 피해자의 인종은 비라틴계 백인(33.1%), 흑인/아프리카계 미국인(22.3%), 히스패닉 및 라틴계(18.1%), 아메리칸 인디언/알래스카 원주민(1.5%), 아시아인(1.4%)의 순이다.[25)]

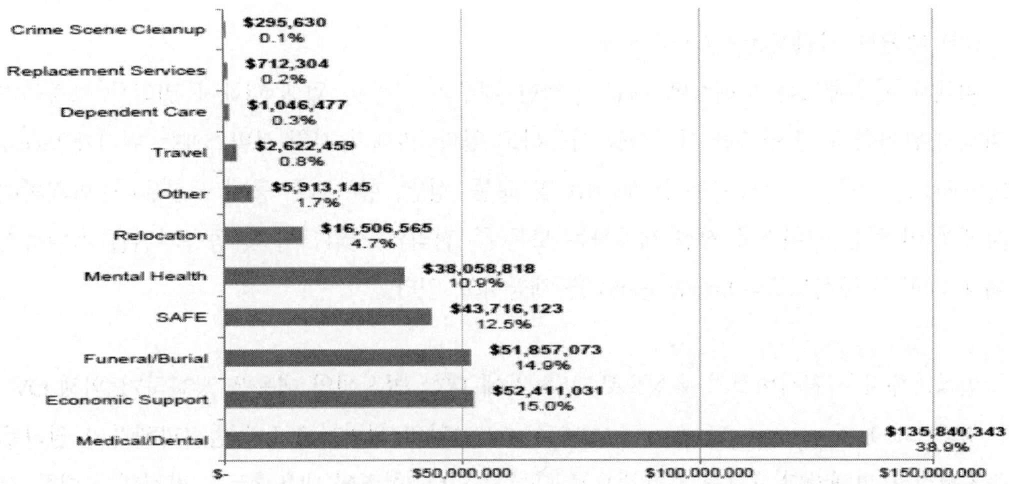

비용 유형별 지급액(Amount Paid by Expense Type)은 의료 및 치과 진료비(38.9%)가 압도적이며 경제적 지원(15%)이 그 뒤를 잇고, 장례비(14.9%), SAFE[26)](12.5%), 정신건강서비스(11%)의 순이다.[27)]

그 외에도 OVC는 재량 보조금(Discretionary grants)을 운용하고 있는데, 이는 피해자서비스 제공자의 전문성을 강화하기 위한 훈련 및 기술지원에 사용된다. 해당 보조금은 주 정부, 지방 단위, 개인 및 민간비영리기구 등에 지급이 가능하다. 재량 보조금의 최대 50%까지는 부족 보조금(tribal grants)을 위해 지원되며 이는 연방범죄피해자에 대한 서비스를 지원 및 강화한다.[28)]

25) Victims of Crime Act Victim Compensation Formula Grant Program, Fiscal Year 2016 Data Analysis Report, Office for Victims of Crime, 2017. 4, p.2.

26) SAFE = Sexual Assault Forensic Exam

27) Victims of Crime Act Victim Compensation Formula Grant Program, Fiscal Year 2016 Data Analysis Report, Office for Victims of Crime, 2017. 4, p.8. SAFE와 관련하여 주 정부의 2/3는 성폭력검사비용의 일부를 보상기금으로 지급하고 있으며 1/3 이상은 검사비용 전액을 이 기금으로 지급한다. 거의 모든 피해자들이 무료로 검사비용을 지급받는다.

28) https://ojp.gov/ovc/grants/types.html

(4) 범죄피해자 서비스의 제공

OVC가 제공하는 범죄피해자 서비스에는 지역사회 위기대응(Community Crisis Response), 피해자 지원(Victim Assistance), 피해자 보상(Victim Compensation) 등이 있다.

(가) 피해자 지원(Victim Assistance)

피해자 지원제도는 피해자에 대한 공정한 대우와 존중을 위해 피해자 권리를 보장하며 피해의 완화를 위해 필요한 서비스를 제공하고 있다. 피해자 지원 서비스에는 위기개입(crisis intervention), 긴급대피소(emergency shelter) 및 교통, 상담, 형사변호 등이 포함된다. 범죄피해자에게 이 같은 서비스를 직접 제공하는 모든 주 전역의 지역단체 및 공공기관을 지원하기 위해 OVC는 공식보조금(formula grants)을 제공하고 있다.

범죄피해자 지원서비스의 유형으로, 피해자에 대한 법집행의 대응을 강화하기 위해 OVC는 IACP(the International Association of Chiefs of Police)와의 협력함으로써 범죄피해자의 권리를 증진시키고 피해자의 요구를 효율적으로 다루고 있다. 협력의 내용으로는 법집행에 대한 전략적 대응, 실행가이드, the Resource Toolkit, 훈련 등을 포함한다. 또한 '성폭력피해자를 위한 전국 네트워크(Rape, Abuse and Incest National Network: RAINN)'를 통해 피해자가 온라인으로 지원 서비스를 받을 수 있도록 '24시간 전화 핫라인(a 24-hour telephone hotline)'을 운영하고 있다.[29)]

(나) 피해자 보상(Victim Compensation)

범죄피해자, 특히 폭력범죄의 피해자는 신체적 피해와 정서적 외상만큼이나 재정적 고통을 겪는다. 범죄피해자에 대한 보상으로는 의료비, 장례비, 정신건강 상담비용, 임금 손실 및 손해비용을 포함하여 다양한 범죄관련비용을 피해자 대신 직접 상환하는 것이 있다. 모든 주 전역에서는 범죄피해자에게 중대한 재정지원을 제공하는 피해자 보상 제도를 시행하고 있다.[30)] 또한 피해자 보상에는 여행(travel), 임시숙박(temporary lodging), 범죄현장 정화작업(crime scene clean-up) 및 부양가족 돌보기(dependent care)와 같은 희생과 관련된 유형의 비용도 지불한다.[31)]

(다) 법률 지원 : 피해자 변호(Victim Advocacy)

29) https://ovc.ncjrs.gov/topic.aspx?topicid=59#tabs2
30) https://ovc.ncjrs.gov/topic.aspx?topicid=58#tabs2
31) https://ojp.gov/ovc/grants/types.html#formulagrants

VOCA에 따라 형사사법제도 내에서 범죄피해자에게 재정적 지원과 변호인 상담 및 피해자에게 필요한 서비스 등을 제공하고 있다. 모든 주 전역에서 피해자의 신체적·심리적·정서적·재정적 피해를 최소화하기 위하여 피해자와 법원을 연계하는 서비스를 운영한다. OVC는 '변호사협회(American Bar Association: ABA)'에 지원함으로써 범죄피해자에게 기술지원을 제공하고 있다. 또한 '피해자권리협의회(National Alliance of Victims' Rights Attorneys: NAVRA)'는 OVC의 보조금을 통해 미국 전역의 범죄피해자 권리를 보호하고 법집행을 지원하고 있다.[32)]

2) 주 정부 차원의 범죄피해자 담당기관

미국의 모든 주에서는 해당 지역의 피해자에게 지원 및 보상 제도를 적용하기 위해 OVC로부터 VOCA 기금을 받는다. 이에 따라 해당 프로그램은 범죄피해자의 거주지역과 가까이에 위치한 지역에서 편의성 높은 서비스를 제공하게 된다.[33)] 이를 위하여 미국은 각 주마다의 법률을 통해 범죄피해자의 권리 및 보장절차 등을 규정하고 있다. 여기서는 대표적으로 캘리포니아 주를 살펴보고자 한다.

(1) 범죄피해자 보호 · 지원에 관한 캘리포니아 주 법률 규정(California Government Code)

(가) 일반 규정(general provisions) : § 13950~13951

캘리포니아 주 법률에 따르면, 주 의회는 캘리포니아 주 거주자가 범죄피해를 당한 경우 그에 대한 금전상 손실을 보상하도록 선언하고 있다. 제5장 범죄피해자 보상(Indemnification of Victims of Crime)에 관한 규정은 범죄피해자가 기금으로부터 보상을 받을 수 있는 절차에 관해 정의하고 있다.[34)] 캘리포니아 주 법률상 보상이 가능한 범죄피해와 관련한 '범죄'의 개념은 ① 캘리포니아 주에서 발생한 범죄로 성인(a competent adult)이 범한 경범죄와 중죄(misdemeanor or felony)를 포함하거나 ② 주 내에서 발생했는지 여부와 상관없이 주 거주자를 대상으로 할 수도 있다.[35)] 한편 '피해자'란 범죄로 인한 직접적인 결과(as a direct result of a crime)로 상해를 입거나 사망한 개인을, '파생 피해자(Derivative victim)'란 피해자의 상해나 사망의 결과로 인해 금전상 손실(pecuniary loss)을 입은 개인을 말한다.[36)]

---

32) https://ovc.ncjrs.gov/topic.aspx?topicid=41#tabs2

33) https://ovc.ncjrs.gov/ResourceByState.aspx?state=ca#tabs1

34) California Government Code § 13950(a)~(b). http://leginfo.legislature.ca.gov/faces/codes_displayText.xhtml?division=3.&chapter=5.&part=4.&lawCode=GOV&title=2.&article=1.

35) California Government Code § 13951(b)(1) · (2)

36) California Government Code § 13951(c)~(g). (e)여기의 금전상 손실은 범죄피해자의 상해나 사망으로 인해 어떠한 상환도 받지 않았거나 상환되지 않는 경제적 손실 또는 비용을 말한다.

(나) 피해자 보상을 위한 신청 · 적격 및 보상범위 : § 13952~13958

보상신청(Applications for Compensation)과 관련하여서는 이사회(California Victim Compensation Board)의 보상 신청 검토가 지연될 때 피해자에게 상당한 경제적 곤란이 유발되는 경우라면, 이사회는 해당 규정에 따라 적격의 신청자에게 긴급보상지급(emergency award)을 하도록 규정하고 있다.37) 보상가능적격자(Eligibility for Compensation)는 피해자 및 파생 피해자로, ① 캘리포니아 주에서 3년 이내에 발생한 범죄이거나 ② 캘리포니아 주 이외의 지역에서 발생한 범죄피해자인 경우, 캘리포니아 거주자 또는 주둔군인(함께 사는 가족 포함)이어야 한다. 보상적격의 파생 피해자에는 ① 캘리포니아 거주자 또는 ② 다른 주 거주자인 경우 범죄발생 당시 ⅰ) 피해자의 부모 · 조부모 · 형제자매 · 배우자 · 자녀(손자녀)이거나 ⅱ) 피해자의 가정 내 거주하고 있었거나 ⅲ) 이와 유사한 관계로 2년 이상 피해자의 가정 내 거주하고 있었거나 ⅳ) 가족구성원 이외의 사람으로 예를 들어 범죄를 목격한 사람 등이 포함된다.38) 보상가능범위(Scope of Compensation)로는 ① 의료비 및 의료관련비용(안경 · 보청기 · 의치 · 보철장치 등), ② 정신건강 상담서비스 관련비용(피해자의 가족도 포함)39), ③ 법률서비스(변호인 비용 등)40) 등이 있다.41)

(다) 범죄피해자 보상에 관한 관리(Administration) : § 13962~13965

이사회는 범죄피해자가 규정된 보상서비스를 지원받을 수 있도록 거주지로부터 근접한 피해자센터(victim centers)의 위치 및 보상신청과 관련한 정보 등을 제공해야 한다. 특히 모든 지역의 법집행기관(local law enforcement agency)과 피해자센터가 이를 준수하도록 신청관련 서류 등을 제공하도록 한다. 피해자센터와의 협력을 통해 이사회는 각 지역의 집행기관이 준수해야 할 기준(standards) 및 준수 절차 등을 규정하는 한편, 그 사항을 요구할 수 있다.42)

---

37) California Government Code § 13952.5(a)~(f). 이때 지급된 긴급보상지급액은 최종보상금에서 차감되며 보상금액이 긴급보상액보다 적을 경우 초과금액은 초과지급액으로 간주되어 이사회에 추후 상환하여야 한다(§ 13965(a)~(d)).

38) California Government Code § 13955(a) · (b) · (c)

39) California Government Code § 13957(a)(2)(A)(ⅰ)~(ⅲ). 피해자 및 파생피해자는 정신건강상담 외래환자로서 1만 달러를 초과하지 않는 범위 내에서 그 비용을 상환 받을 수 있다.

40) California Government Code § 13957.7(g). The board shall pay attorney's fees representing the reasonable value of legal services rendered to the applicant, in an amount equal to 10 percent of the amount of the award, or five hundred dollars ($500), whichever is less, for each victim and each derivative victim.

41) California Government Code § 13957~13958

42) California Government Code § 13962(a) · (b)

(2) 캘리포니아 주의 범죄피해자 지원 및 보상 담당기관

미국 각 주는 피해자 지원 및 보상을 위한 기관을 설치하고 있는데, VOCA에서 정하는 규정에 따라 범죄피해자를 위한 '지원(assistance)'프로그램은 주 정부 기관 뿐 아니라 지역사회를 기반으로 하는 민간단체 등 다양한 기관을 통해 제공된다. 이와 달리 범죄피해자를 위한 '보상(compensation)'프로그램은 위원회의 형식으로 구성된 주 정부기관에 한해서만 제공하도록 단일화하고 있다. 이에 따라 미국 각 주에서는 피해자 지원에 대해서는 주 정부기관에 피해자 지원을 위한 부서가 담당하며, 피해자 보상과 관련하여서는 범죄피해자 보상위원회(Crime Victim Compensation Boards)가 담당하고 있다.[43]

43) https://www.ovc.gov/map.html

[표 2] OVC Formula Chart 2016: CRIME VICTIMS FUND ALLOCATIONS[44)]

	Compensation				Assistance
			POPULATION		
			2015 Estimate Number		2016
STATE/TERRITORIES	FY 2014 Certified Payout	FY 2016 ALLOCATION	NUMBER	PERCENT	ALLOCATION after NECC Award
Alabama	1,527,046	916,000	4,858,979	0.01493	33,244,704
Alaska	958,473	575,000	738,432	0.00227	5,476,300
Arizona	1,887,699	1,133,000	6,828,065	0.02098	46,514,392
Arkansas	1,488,820	893,000	2,978,204	0.00915	20,570,144
California	17,268,920	10,361,000	39,144,818	0.12030	264,297,285
Colorado	7,630,287	4,578,000	5,456,574	0.01677	37,271,902
Connecticut	1,925,470	1,155,000	3,590,886	0.01104	24,699,013
District of Columbia *	4,555,039	2,733,000	672,228	0.00207	5,030,151
Delaware	1,041,751	625,000	945,934	0.00291	6,874,658
Florida	9,199,436	5,520,000	20,271,272	0.06230	137,108,287
Georgia	10,655,135	6,393,000	10,214,860	0.03139	69,338,035
Hawaii	152,012	91,000	1,431,603	0.00440	10,147,586
Idaho	1,046,555	628,000	1,654,930	0.00509	11,652,588
Illinois	7,639,671	4,584,000	12,859,995	0.03952	87,163,624
Indiana	3,515,779	2,109,000	6,619,680	0.02034	45,110,084
Iowa	2,885,032	1,731,000	3,123,899	0.00960	21,551,984
Kansas	621,182	373,000	2,911,641	0.00895	20,121,575
Kentucky	266,196	160,000	4,425,092	0.01360	30,320,735
Louisiana	843,336	506,000	4,670,724	0.01435	31,976,052
Maine	328,448	197,000	1,329,328	0.00409	9,458,354
Maryland	2,730,041	1,638,000	6,006,401	0.01846	40,977,191
Massachusetts	2,385,362	1,431,000	6,794,422	0.02088	46,287,672
Michigan	2,383,249	1,430,000	9,922,576	0.03049	67,368,330
Minnesota	1,355,677	813,000	5,489,594	0.01687	37,494,424
Mississippi	1,517,269	910,000	2,992,333	0.00920	20,665,359
Missouri	3,478,616	2,087,000	6,083,672	0.01870	41,497,921
Montana	514,868	309,000	1,032,949	0.00317	7,461,053
Nebraska	223,427	134,000	1,896,190	0.00583	13,278,442
Nevada	3,414,535	2,049,000	2,890,845	0.00888	19,981,431
New Hampshire	297,802	179,000	1,330,608	0.00409	9,466,979
New Jersey	7,580,087	4,548,000	8,958,013	0.02753	60,868,131
New Mexico	933,883	560,000	2,085,109	0.00641	14,551,569
New York	12,326,605	7,396,000	19,795,791	0.06084	133,904,016
North Carolina	4,700,627	2,820,000	10,042,802	0.03086	68,178,534
North Dakota	219,286	132,000	756,927	0.00233	5,600,938
Ohio	6,551,953	3,931,000	11,613,423	0.03569	78,762,963
Oklahoma	2,537,481	1,522,000	3,911,338	0.01202	26,858,542
Oregon	1,390,699	834,000	4,028,977	0.01238	27,651,313
Pennsylvania	7,467,038	4,480,000	12,802,503	0.03935	86,776,184
Rhode Island	964,249	579,000	1,056,298	0.00325	7,618,402
South Carolina	3,168,196	1,901,000	4,896,146	0.01505	33,495,173
South Dakota	50,177	30,000	858,469	0.00264	6,285,230
Tennessee	6,036,982	3,622,000	6,600,299	0.02028	44,979,475
Texas	41,728,636	25,037,000	27,469,114	0.08442	185,614,610
Utah	5,274,239	3,165,000	2,995,919	0.00921	20,689,525
Vermont	456,060	274,000	626,042	0.00192	4,718,903
Virginia	2,691,222	1,615,000	8,382,993	0.02576	56,993,066
Washington	3,855,306	2,313,000	7,170,351	0.02204	48,821,061
West Virginia	1,738,771	1,043,000	1,844,128	0.00567	12,927,595
Wisconsin	3,916,065	2,350,000	5,771,337	0.01774	39,393,093
Wyoming	1,190,509	714,000	586,107	0.00180	4,449,780
American Samoa *	0	0	54,343	0.00017	566,218
Guam *	0	0	161,785	0.00050	1,290,271
N. Mariana Is. *	0	0	52,344	0.00016	552,747
Puerto Rico *	258,926	155,000	3,598,357	0.01106	24,749,361
Virgin Islands *	284,967	171,000	103,574	0.00032	1,197,986
Total	**209,059,097**	**125,433,000**	**325,389,223**	**1.00000**	**2,219,900,941**

44) FY 2016 ALLOCATION STATE/TERRITORIES Compensation & Assistance, 2016. 7.

범죄피해자에 대한 지원 및 보상 프로그램을 위한 재원은 OVC를 통해 제공받는 연간 공식보조금이 기반이 되며 그 외에 다양한 방식으로 해당 프로그램에 사용되는 기금을 보충하고 있다. 캘리포니아 주의 경우, CalVCB 기금(funding)은 ① 형사벌금(fines), ② 명령(orders), ③ 범칙금 산정액(penalty assessments)을 통해 형사범죄자가 납부한 배상(Restitution)으로 보충된다.[45)]

첫째, 형사벌금에 의한 배상은 성인범죄자가 유죄판결을 받은 모든 형사사건에 있어서 법률에 의해 요구된다. 경범죄(misdemeanors)로 유죄판결을 받은 성인의 경우 벌금은 120달러에서 1천달러, 중죄(felonies)로 유죄판결을 받은 성인의 경우 240달러에서 1만달러까지이다.[46)] 형사벌금에 의한 배상은 소년형사사건(juvenile cases)의 경우 역시 적용되는데, 경범죄로 인해 유죄판결을 받은 소년범죄자(Juvenile offenders)는 최대 100달러까지를, 중죄인 경우 100달러에서 1천달러까지이다.[47)]

둘째, 명령(Orders)을 통한 배상의 경우 범죄자는 피해자에게 입힌 손실을 배상하여야 하는데, 이에 대해 캘리포니아 주 헌법(Article I, section 28(b))은 피해자의 권리의 일환으로 형사배상명령(a criminal restitution order)을 규정하고 있다. 배상명령은 피해자의 경제적 손실 전액을 부과하며, 법원에 의한 배상명령에 따라 범죄자가 부과한 배상액은 CalVCB를 통해 피해자에게 재정지원으로 제공된다.[48)]

셋째, 범칙금 산정(Penalty Assessments)을 통한 배상의 경우, 주 및 지방 범칙금 산정은 교통위반을 포함하여 법원 시스템에 의해 부과된 모든 형사벌금이 징수된다. 해당 주에서의 범칙금 산정액은 부과된 형사벌금액과 동일하며 일부 금액은 카운티 차원에서 징수한 후 해당 기금으로 할당된다.[49)]

이처럼 대부분의 주에 있어서도 캘리포니아 주와 유사하게 피해자 보상에 관한 자금을 보충하는데, 약간의 주에 있어서는 차이를 보이기도 한다. 특징적인 점을 보이는 주를 중심

45) https://victims.ca.gov/board/
46) Penal Code section 1202.4(b)
47) Welf. & Inst. Code section 730.6(d)
48) Penal Code 1202.4(f)
49) http://www.nacvcb.org/index.asp?sid=5

으로 살펴보자면, 예를 들어 뉴욕 주의 피해자 서비스(New York Office of Victim Services)는 OVC로부터의 연간 VOCA 공식보조금 외에 피해자보상을 위해 법정추가금(mandatory surcharges) 및 범죄피해자 지원금의 일부에서 나오는 특별수익기금(State Special Revenue Funds)에 해당하는 '형사사법개선계정(Criminal Justice Improvement Account)'으로부터 연간 책정액(an annual appropriation)을 받아 다양한 행정적 지원을 제공한다.[50]

워싱턴 주(Washington Crime Victim Compensation Program, Department of Labor and Industry)의 경우, 연간 VOCA 공식보조금 외에 법원으로부터 창출된 수익이 보상기금의 재원으로 보충되며[51] 노스캐롤라이나 주(North Carolina Crime Victims Compensation Commission)는 연간 책정액 뿐 아니라 교도소 구내식당(prison canteens)에서 재소자의 구매액으로 구성되는 교도소 구내식당 기금과 교도소 운영을 통한 이익의 5%씩을 제공받아 보충한다.[52] 오레곤 주(Oregon Crime Victims' Services Division, Department of Justice)는 중죄(105달러), 경범죄(65달러), 음주운전(95달러), 벌금형(35달러)에 부과되는 범죄자배상 산정액의 8.5%를 제공받으며 민사상 징벌적 손해배상금(punitive damages)의 60%를 제공받아 보충하는 점에 특색이 있다.[53]

네바다 주(Nevada Victims of Crime Program)는 음주운전 면허취소 구제비용(DUI license reinstatements) 20달러, 보석보증금 작성 시에 부과되는 행정비용 20달러, 보석 몰수금의 100%, 법원산정액(11달러 이상) 및 최소임금의 초과로 벌어들인 교도소 시설임금(prison-industry wages)의 5%를 제공받아 보상프로그램의 재원으로 조달하는 점이 특징적이다.[54] 조지아 주(Georgia Crime Victim Compensation Program Criminal Justice Coordinating Council)는 가석방 및 보호관찰을 받는 사람으로부터 매달 30달러의 가석방 감독비용(parole supervision fee)과 9달러의 보호관찰비용(probation fee)을 제공받아 보충하고 있다.[55]

(가) 캘리포니아 주의 피해자 지원 : Cal OES

예를 들어 캘리포니아 주의 경우, 범죄피해자에 대한 지원은 OVC로부터의 공식 보조금을

---

50) https://ovs.ny.gov/

51) http://www.lni.wa.gov/claimsins/crimevictims/default.asp

52) https://www.ncdps.gov/DPS-Services/Victim-Services/Crime-Victim-Compensation

53) https://www.doj.state.or.us/crime-victims/victims-resources/victims-services/compensation-for-victims-of-crime/

54) http://voc.nv.gov/VOC/VOC_Home/

55) https://cjcc.georgia.gov/victims-compensation

관리하는 Cal OES(Governor's Office of Emergency Services)가 담당하고 있다.[56] Cal OES는 긴급관리(emergency management)에 초점을 맞춰 피해자를 지원하기 위하여 지역사회에 기금을 통해 범죄피해자들에게 직접적인 서비스를 제공하고 있다. Cal OES가 제공하는 피해자 서비스 프로그램으로는 가정폭력(domestic violence), 노인 학대(elder abuse), 성폭력(sexual assault), 스토킹(stalking) 등이 포함되며 각 프로그램에 대해서는 그 운영을 감독하는 개별 단위의 부서가 설치되어 있다.[57]

(나) 캘리포니아 주의 피해자 보상 : CalVCB

캘리포니아 주의 범죄피해자에 대한 보상은 GOA(Government Operations Agency) 산하 캘리포니아 피해자보상위원회(California Victim Compensation Board: CalVCB)가 담당하고 있다.[58] 캘리포니아 피해자보상 프로그램은 1965년에 최초로 운영되었으며 폭력범죄(a violent crime)로 인해 직접적인 상해를 입었거나 또는 그에 대한 위협을 받는 피해자를 대상으로 그 보상규정에 따라 그 피해자와 가족이 범죄로 인한 정서적·신체적·재정적 비용을 상환하도록 지원하고 있다. 또한 캘리포니아 주에 대한 보상청구사안의 해결 및 형사범죄자로부터의 배상금 등을 감독한다.[59] 피해자는 CalVCB에 신청서를 제출하여 보상을 신청할 수 있는데, ① 지원자는 범죄발생 시 캘리포니아 주민이었거나 또는 캘리포니아에서 발생한 범죄일 것, ② 범죄자를 검거 및 기소하기 위해 형사사법기관과 협력할 것, ③ 범죄 발생 후 3년 이내일 것, ④ 후속범죄에 개입하지 않았거나 중죄를 범하지 않았을 것 등의 자격요건을 충족해야 한다.[60]

이 프로그램에 의해서 지원받을 수 있는 최대 금액은 63,000달러로, 구체적인 보상가능항목으로는 ① 의료비(치과진료비는 75% 지원), ② 정신건강상담, ③ 일실임금(범죄발생 후 5년으

56) 캘리포니아 주는 미국에서 인구밀도가 가장 높은 주로 전체 미국인구의 12%가 분포하고 있으며 면적은 3번째로 넓다. 문화·인종·경제·생태·정치적으로 다양하며 미국 국내총생산(GDP)의 13%로 세계에서 8번째이다.

57) 가정폭력 감독부서(Domestic Violence Unit)의 경우, Domestic Violence Housing First (XD) Program, Domestic Violence Response Team (VA) Program, Teen Dating Violence (TV) Program, Statewide Domestic Violence Prevention Resource Center (PV) Program, Statewide Prevention Coordination (PP) Program, Equality In Prevention and Services for Domestic Abuse (GL) Program, Family Violence Prevention (FV) Program, Domestic Violence Assistance (DV) Program, State Coalition Technical Assistance and Training (BW) Program 등이 있다.
(http://www.caloes.ca.gov/cal-oes-divisions/grants-management/criminal-justice-emergency-management-victim-services-grant-programs/victim-services-programs)

58) https://victims.ca.gov/board/

59) http://victims.ca.gov/board/annualreport/15-16.aspx#calvcp

60) https://victims.ca.gov/victims/eligibility.aspx

로 제한; 단 영구적 장애발생 피해자는 최대 7만 달러까지), ④ 장례비용(5천 달러), ⑤ 이사비용(1회성 비용으로 최대 2천 달러까지), ⑥ 범죄현장정화(거주지에서 발생한 살인을 위해 1천 달러, 보안을 위해 1천 달러 추가), ⑦ 재활비용(주거 및 차량 개조비용 지원), ⑧ 변호인 비용(10% 이하), ⑨ 위급상황비용 등이 포함된다.[61)]

[표 3] California Victim Compensation Program: compensation paid

COMPENSATION PAID BY TYPE OF EXPENSE						
Fiscal Year	FY 2010–11	FY 2011–12	FY 2012–13	FY 2013–14	FY 2014–15	FY 2015–16
Dental	$1,896,541	$1,177,333	$1,153,568	$1,193,587	$961,926	$ 1,026,797
Funeral & Burial	$9,762,135	$6,265,666	$6,790,837	$6,455,273	$6,486,650	$8,662,773
Income/Support Loss	$13,285,715	$10,562,346	$7,524,440	$6,939,095	$7,116,650	$7,591,113
Medical	$32,658,936	$25,198,192	$21,839,505	$21,396,726	$12,596,909	$9,738,848
Mental Health	$33,988,327	$23,472,571	$21,084,361	$21,528,453	$20,655,268	$20,813,301
Rehabilitation	$165,724	$138,155	$147,501	$136,627	$145,876	$257,398
Relocation	$4,069,947	$3,608,187	$3,452,226	$3,427,877	$3,549,692	$4,050,049
Total	$95,827,326	$70,422,451	$61,992,437	$61,077,637	$51,512,972	$52,140,278

CalVCB는 의료서비스, 정신건강서비스[62)], 폭력범죄상담, 치과진료서비스, 장례서비스, 범죄현장정화서비스, 보조 및 대체의약품(Complementary and Alternative Medicine)서비스[63)]의 제공기관과 연계함으로써 지원하고 있다. 의료서비스와 관련해서는 범죄발생으로 인한 의료비용을 지급받을 수 있는데, ① 입원, 수술, 구급차 운송 및 처방전 등의 의료 서비스와 ② 범죄로 인해 분실 · 도난 · 파손된 안경, 보청기, 의치 · 보철장치와 같은 의료필수품목 및 특정 대체의학치료 등을 제공한다.[64)] 또한 캘리포니아 주 법률에 따르면, CalVCB는 폭력범죄상담기관이 피해자에게 제공한 상담서비스비용을 상환하도록 하고 있으며 적격의 상담제공기관을 비정부기구로 규정한다.[65)] 거주지 또는 차량에서 범죄가 발생한 경우 정해진 금액의 범위 내에서 범죄현장을 정화하기 위한 비용이 지급될 수 있다. 캘리포니아 보건부(Department of Health)에 등록된 Trauma Scene Waste Management에 한하여 상환이 가능하다.[66)]

---

61) http://www.nacvcb.org/index.asp?sid=5

62) http://victims.ca.gov/providers/mental.aspx. The dollar limit on payments for mental health treatment is $10,000 for direct victims, $5,000 for derivative victims and $5,000 for minor witnesses.

63) http://victims.ca.gov/victims/camtreatments.aspx. 보조 및 대체의학(CAM)에는 다양한 비의료적 치료 유형이 포함된다. 예를 들어 침요법, 한의학, 생체자기제어(Biofeedback), 지압요법, 전인의료(Holistic medicine), 최면요법(Hypnotherapy), 자연의학(Naturopathic medicine), Massage therapy, Music therapy, 기타 자연치유요법 등이며 이에 국한되지 않는다.

64) http://victims.ca.gov/docs/brochures/provider.pdf

65) California Government Code(CGC) § 13957.9(a)~(c)

Ⅲ. 범죄피해자 지원기관 : 민간 차원

1. 민간 차원의 범죄피해자 지원기관의 의의

미국의 경우 1960년대 중반부터 사회단체가 범죄피해자를 보호해야 한다는 주장이 공감대를 형성하면서 민간단체에 의한 자원봉사활동이 전개되었다. 1970년대에 이르러 민간차원의 피해자지원에는 한계가 있다는 인식에 기초, 범죄피해자에 대한 국가적 지원을 확충하기 위한 법제도의 정비가 추진되는 한편, 종래 산발적으로 활동해 온 여러 민간단체들이 상호 연합을 통하여 전국적인 네트워크를 구축하기 시작하였는데, 그 대표적인 예로 가장 오랜 설립 역사를 지닌 미 전역의 조직인 NOVA(National Organization for Victim Assistance)와 연방 및 주 정부와 지역 간 협력을 통해 범죄피해자의 권리와 보호 및 지원을 강화하는 조직인 NCVC(The National Center for Victims of Crime)가 있다. 이들은 전국적인 조직망을 갖춘 후 국가기관과의 협조 하에 국가재정으로부터 보조금을 확보함으로써 안정적인 피해자 지원업무를 체계화시켜왔다.[67]

미국은 연방 및 주 정부기관 이외에도 피해자 보호 및 지원을 위한 다양한 비영리 민간단체들이 운영되고 있으며 지역별, 피해범죄 유형별, 범죄피해자 보상 및 지원 프로그램은 일일이 열거할 수 없을 정도로 상당수 운영되고 있는데, 대부분 OVC의 범죄피해자기금(CVF)으로부터 공식 보조금을 받아 주요재원으로 사용하고 있다.[68] VOCA 규정 가운데 범죄피해자지원(Crime victim assistance)에 관한 34 U.S.C. § 20103 (c)에 따르면, OVC의 Director는 이에 할당되는 보조금 중 50% 이상을 범죄피해자에 대한 지원과 관련하여 비영리 민간(nonprofit neighborhood) 및 지역에 기반을 둔 피해자서비스기구, 범죄피해자에 대한 봉사와 서비스 개선을 위한 연합을 대상으로 보조금을 지급할 수 있도록 하고 있다.[69] 이에 따라 각각의 비영리 민간단체 및 지역기반 피해자서비스기구는 OVC로부터 범죄피해자 지원을 위한 보조금으로 1만 달러 미만의 재원을 조달받을 수 있다.[70] 또한 각 민간단체마다 기부(donation)의

66) http://victims.ca.gov/providers/crimescene.aspx. CGC § 13957(a)(9)

67) 김용세 · 김종덕, 민간단체에 의한 범죄피해자 지원의 현황과 전망, 피해자학연구, 제11권 제2호, 2003, 263면; 김상원, 미국의 범죄피해자 지원을 위한 민간조직의 특징과 현황, 미국학논집 제13집, 2011, 7면.

68) 장준호, 앞의 논문, 13면.

69) 34 U.S.C. § 20103 (c)(1)(C)

70) 34 U.S.C. § 20103 (c)(2)(A) · (C)

방식이나 별도의 기금을 조성하여 피해자 지원을 위한 자원을 충당하기도 한다.

2. NOVA

1975년에 설립된 NOVA는 미국에서 가장 오래된 피해자지원기구로, 제501조(c)(3)에 따른 비영리 민간단체이다. NOVA는 강간위기센터, 가정폭력상담소, 검찰청, 법집행관리청, 지역사회조직에서 일하던 연구원 및 피해자권리옹호자들에 의해 설립된 기구로서 범죄피해자와 재해 등의 위기(crisis)피해자들의 권리와 지원업무를 증진시키는 것을 주요 목적으로 한다. 비영리민간조직으로서 범죄피해자와 목격자를 지원하는 프로그램 뿐 아니라 형사사법담당자 및 전문가, 정신건강전문가들, 피해자관련 연구자들, 기존 범죄피해경험자와 재해생존자들이 주축이 되어 피해자들의 권리와 그들이 받아야 할 지원업무에 대한 인식과 실행을 위해서 형성된바 있다.

NOVA의 주요활동으로는 ① 범죄피해자와 서비스 및 자원을 연계하여 줌으로써 피해자를 지원하고, ② 피해자 전담변호인 및 위기대응전문가에게 교육과 훈련을 제공하며 ③ 범죄피해자의 권리보호를 위한 공공정책의 활성을 장려한다.[71)]

1) 국가적 지원

NOVA는 국가적 지원(National Advocacy)의 확보를 목적으로 한다. 1980년 오클라호마에서 있었던 알프레드 뮤라 빌딩(Alfred P. Murrah Federal Office Building) 폭탄테러사건 때 NOVA는 적극적인 역할을 수행, 1998년 50개주에서 피해자보상 프로그램이 시행되도록 하였다. 또한 NOVA의 꾸준한 문제제기로 인해 1998년부터는 거의 모든 주에서 가해자의 판결과 가석방 결정과정에서 피해자의 의견을 고려하고 그들의 구두증언과 서면진술이 허용되었다.[72)]

2) 위기대응 프로그램(Crisis Response Program)

NOVA의 위기대응팀(Crisis Response Team: CRT)은 대량살상이나 자연재해가 발생한 경우 피해자와 생존자 및 지역주민에게 필수적인 교육과 정서적 응급처치를 제공하고자 자발적 위

71) https://www.trynova.org/who-we-are/mission-and-reach/

72) 김상원, 앞의 글, 11~12면.

기대응 전문가를 훈련하고 있다. 북미 및 전 세계적으로 1만명이 넘는 훈련을 받은 NOVA의 CRT Training은 대량살상사건 발생 시 즉각적으로 투입될 수 있는 제도이다. CRT는 살상사건 직후의 트라우마 완화 및 교육 등을 제공하도록 최소 24시간 동안의 훈련 중심의 현장테스트를 받는다. 해당 훈련 프로그램은 tribal communities, 정신건강전문가, 학교상담자, 피해자 전담변호단체 등에게 제공되고 있다.[73)]

3) **법률적 지원**(Legal assistance)

NOVA는 범죄피해자에게 다양한 법률적 지원을 제공하고 있다. 먼저 피해자 전담변호인 서비스가 있다. NOVA는 범죄피해자에게 법률적 정보 및 서비스를 제공하기 위해 전담변호인의 협력을 연계한다. 미국 전역의 광범위한 면적의 특성상 피해자가 접근하기 용이한 관할권을 반영하여 지원받을 수 있도록 해당 주(State) - 카운티(County)를 선택하여 "피해자 지원(Victim Assistance)"을 검색할 수 있도록 제공하고 있다.[74)]

특히 구체적인 법률 지원에 있어서는 NCVLI(National Crime Victim Law Institute)가 담당한다. 비영리 법률교육 및 변호단체인 NCVLI는 피해자의 법적 권리에 초점을 맞춘 유일한 국가기구로, 범죄피해자 중심의 법률적 변호와 교육 및 정보공유를 제공한다. NCVLI의 재원은 연방 공식보조금을 통해 충당하고 있으며 2015~2016 회계연도 동안 총 자금의 75%를 법률서비스에 사용한바 있다.[75)]

[표 4] FY 2015~2016 NCVLI Revenues and Expenses Amount

Category	Amount	Category	Amount
Federal Contracts	$442,582	Rent	$35,999
Institutional Support	$31,718	Staff Compensation	$544,925
Training and Tech Assistance	$124,867	Supplies & Services	$9,642
Donations (Including In-Kind)	$198,337	Travel	$6,127
Other	$8,975	Professional Services & Fees	$146,312
Total	**$806,480**	Other	$44,675
		Total	**$777,120**

NCVLI의 법률적 변호를 위한 방식 중 하나는 미 전역의 법원에 amicus curiae(법정 조언자)로서의 참여이다. 이는 '법원의 친구'라는 의미를 가진 라틴어로, NCVLI는 해당 사건에 대

73) https://www.trynova.org/crisis-response-program/
74) https://www.trynova.org/help-for-crime-victims/
75) http://law.lclark.edu/centers/national_crime_victim_law_institute/about_ncvli/funding/

한 법원의 판단이 향후 미치는 영향에 대해 제안하여 선례를 세우고자 각 관할지역의 최고 법원의 결정을 확보하기 위해 연간 최소 12건의 참여를 목표하고 있다.[76]

4) 피해자 보상 연계

피해자 보상은 주 정부 단위로 관리되고 있기 때문에 대부분의 주에서는 온라인을 통한 피해자 보상신청을 서비스하고 있다. NOVA는 피해자 보상과 관련하여 NACVCB(National Association of Crime Victim Compensation Board)를 연계하고 있다. 1977년에 설립된 NACVCB는 전국적인 피해자 보상프로그램 네트워크를 통해 정보를 교환하도록 하고 있다. NACVCB는 다양한 훈련 및 기술지원활동 뿐 아니라 각 주의 범죄피해자 보상프로그램에 접근할 수 있는 웹사이트 서비스를 제공한다. 링크를 클릭하면 각 보상프로그램의 혜택, 신청자격 및 절차 등에 관한 정보를 확인할 수 있다.[77]

[그림 3] U.S. Resource Map of Crime Victim Services & Information[78]

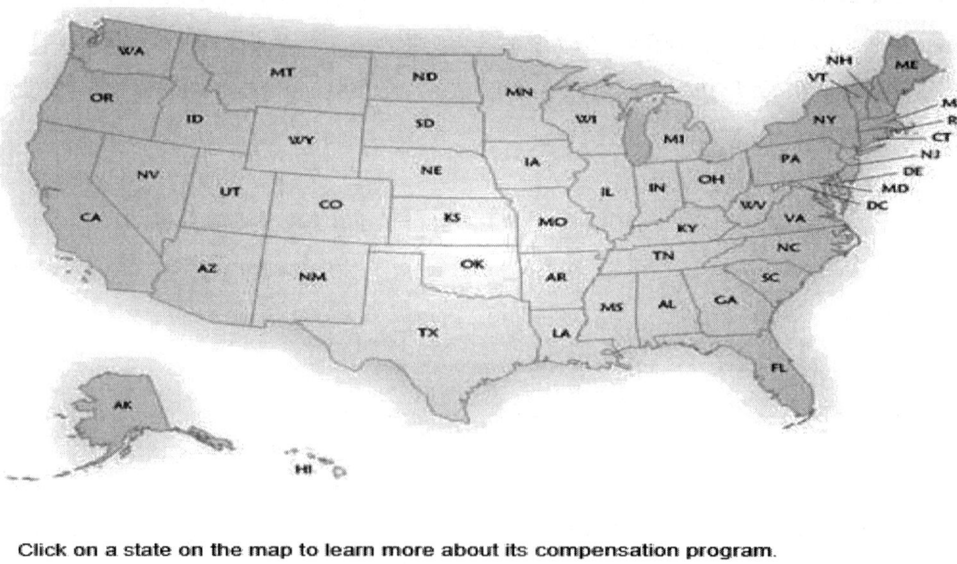

76) http://law.lclark.edu/centers/national_crime_victim_law_institute/projects/legal_advocacy/

77) https://www.trynova.org/help-for-crime-victims/

78) http://www.nacvcb.org/index.asp?sid=5; http://www.nacvcb.org/index.asp?sid=6

3. NCVC

1) NCVC의 조직적 성격 및 목적

1985년 설립된 NCVC는 모든 유형의 범죄피해자 및 피해자를 지원하는 사람들을 위한 전국조직으로 비영리 민간단체이며 설립 이후 범죄피해자의 권리와 그들의 삶을 재건하는 데 있어 지원을 아끼지 않고 있다. 특정한 유형의 범죄나 범죄피해자에 초점을 맞추기보다는 모든 유형의 범죄와 범죄피해자를 지원하는 것이 이 단체의 성격이라고 볼 수 있다. 지역, 주 정부 그리고 연방의 관련 파트너조직들과의 공조를 통하여 피해자들의 권리, 자원, 보호를 보장하기 위한 법과 공공정책을 주창한다. 또한 범죄피해자의 요구사항에 대해 분석하고 관련된 현재 정보를 제공하며 범죄피해자를 지원하기 위한 주의사항, 지원계획, 서비스, 정책들을 강화하기 위한 서비스들을 제공한다. 범죄피해자 관련이슈들에 해당되는 정보들의 신뢰할만한 원천들을 제공하고 범죄피해자들의 권리, 보호, 서비스에 관련된 전국적 논의들을 형성하는 데 핵심적인 역할을 한다.

이러한 목적을 달성하기 위하여 NCVC는 ① 범죄피해자를 위한 직접적 지원과 자원들을 제공하고, ② 범죄피해자들을 위한 자원과 법적 권리, 보호를 마련하기 위한 법적 조치와 공공정책을 옹호하며 ③ 피해자 지원단체, 상담원, 변호사, 형사사법기관 종사자와 전문가 동료집단들에게 훈련과 기술적 지원을 제공함과 동시에 ④ 범죄의 충격과 범죄피해자의 재활을 지원할 수 있는 방법에 대해 노력한다. 재원으로는 개인·기업·재단의 기부금 및 정부 보조금에 의해 충당된다.[79] 아래 표를 살펴보면 NCVC는 연간 재원(3,551,348 달러) 가운데 연방보조금(Federal Grants; 1,470,651 달러) 약 41.4%, 기부금(Contributions; 1,169,918 달러) 약 32.9%로 대다수를 구성하고 있다. 그 외로는 기타 보조금(Other Grants; 317,094 달러)과 Conferences(220,673 달러), 회비(Membership Dues; 146,649 달러) 등이 있다.[80]

79) http://victimsofcrime.org/about-us/support-our-work

80) http://victimsofcrime.org/about-us/financials

[표 5] NCVC Financial Statements Fiscal Year 2013: Statement of Activities

	Unrestricted	Temporarily Restricted	Total
REVENUE AND OTHER SUPPORT			
Federal Grants	$ 1,470,651	$ -	$ 1,470,651
Contributions	1,169,918	61,891	1,231,809
Other Grants	317,094	22,909	340,003
Special Events	22,739	-	22,739
Membership Dues	146,649	-	146,649
Conferences	229,673	-	229,673
Interest Income	2,069	-	2,069
Publications	236	-	236
Services Revenue	107,519	-	107,519
Net Assets Released from Restrictions:			
Satisfaction of Program Restrictions	39,621	(39,621)	-
Total Revenue and Other Support	3,506,169	45,179	3,551,348
EXPENSES			
Program Services:			
Victim Services	82,401	-	82,401
Training and Technical Assistance	1,016,924	-	1,016,924
Public Policy	279,832	-	279,832
Public Education	681,323	-	681,323
Civil Justice	529,648	-	529,648
Research and Evaluation	353,740	-	353,740
Total Program Services	2,943,867	-	2,943,867
Supporting Services:			
Management and General	464,045	-	464,045
Fundraising	170,937	-	170,937
Total Supporting Services	634,982	-	634,982
Total Expenses	3,578,850	-	3,578,850

NCVC의 재원은 크게 프로그램 서비스(Program Services)와 지원 서비스(Supporting Services)에 사용되는데, 프로그램 서비스의 경우 가장 큰 비중인 약 34.5%가 훈련 및 기술지원(Training and Technical Assistance)에 사용되며 그 외로는 대중교육(Public Education), Civil Justice, 조사 및 평가(Research and Evaluation) 등에 사용된다. 지원 서비스로는 Management and General, 모금활동(Fundraising)에 사용되고 있다.

NCVC의 주요활동으로는 ① 연방 및 주 정부를 포함하여 지역 partner와의 협력을 통해 범죄피해자의 보호 및 지원 제공, ② 교육 및 훈련 제공, ③ 피해자 문제에 대한 최신 정보의 제공 등을 담당한다.[81)]

81) http://victimsofcrime.org/about-us/our-history

2) 범죄피해자 권리 및 보호, 서비스의 강화

NCVC는 범죄피해자를 위한 자원의 확보를 위해 연방기금(CVF)을 증대하고자 하며 피해자 서비스를 위한 주 정부 차원의 재원을 보장하고자 한다. 형사사법제도에 있어서의 범죄피해자를 위한 중요한 권리를 강화 및 확대하고 있으며 피해자의 요구를 다루고 피해자의 안전과 회복을 증진시키기 위한 국가의 대응방식을 강화하고 있다. 특히 피해자 서비스에 대한 접근을 제한받는 피해자와의 접촉을 시도하고자 노력한다.[82)]

3) 교육, 훈련 및 평가

NCVC는 범죄피해자를 치료하고 이해하는 방법을 개선하기 위한 매커니즘의 일환으로, 교육 및 훈련에 초점을 맞춘다. NCVC가 개발 및 실행하는 프로그램은 피해자와 함께 피해자의 시각을 대변함으로써 인식을 제고할 뿐 아니라 서비스의 개발 및 제공단체들을 위한 자원으로 기능하고 있다.

위 프로그램의 구체적인 내용은 다음과 같다. ① 국가회의(National Conferences) 프로그램은 피해자 지원에 있어 형사사법전문가와 전담변호인, 정책입안자 및 연구자들과의 협력을 구축하고자 실시하고 있다.[83)] 또한 ② DNA자원센터 및 스토킹자원센터 서비스, ③ 소년피해자 지원을 위한 Youth Initiative 프로그램, ④ 1999년 설립된 미국 최초의 전문변호인협회로, 범죄피해자 담당변호인에게 기술을 지원하고, 피해자에게 해당 관할지역의 변호사와 연계해주는 범죄피해자 변호인협회(National Crime Victim Bar Association) 프로그램이 있다.[84)]

4) 범죄피해자를 위한 재원 확보 : National Compassion Fund

NCVC의 National Compassion Fund는 과거 대량살상범죄의 피해자들에 의해 설립된바 있다. 이 기금은 장래 살상범죄의 피해자에게 직접 지원될 공공기금으로 기능한다. 하나의 중

---

82) http://victimsofcrime.org/about-us/our-work#advocate

83) National Conferences는 연 1회 개최되고 있으며 피해자 중심의 프로그램 및 정책을 개발하기 위해 NCVC의 National Training Institute는 법집행기관, 피해자 서비스 전문가, 실무자, 정책입안자, 연구자 등의 협력관계 구축을 모색하는 프로그램이다.
http://victimsofcrime.org/training/national-training-institute/2017-national-training-institute

84) http://victimsofcrime.org/our-programs/national-crime-victim-bar-association/about-us

앙집중식 기금을 보유할 경우, 피해자가 트라우마를 회복하는 동안 다양한 자선단체로부터의 제공을 분류하여야 하는 부담을 경감할 수 있다. 이 기금은 개인 후원자들에 의해 직접 기부되며 기금수령을 신청한 피해자는 신청기간 종료 후 빠른 기간 내에 기금을 지원받을 수 있다.[85)]

5) **범죄피해자 보상·지원에 대한 연계 서비스** : VictimConnect Resource Center

VictimConnect는 미국 내 모든 범죄피해자에게 지원이 가능한 서비스에 관한 권리를 소개하는 helpline으로, 전화기반 helpline과 온라인(Chat.VictimConnect) 및 웹기반(VictimConnect.org) 등의 방식을 제공한다.[86)] Helpline 상담원은 피해자에게 적합한 국가·지역별 서비스에 관한 정보를 제공하며 이를 위해 VictimConnect는 NCVC와의 협력관계를 구축하고 있다. VictimConnect의 프로그램으로는 ① 학대나 사기로 인한 고령의 피해자를 지원하는 Senior Services, ② 금융범죄피해자를 지원하는 Financial Crimes Resource Center 서비스 등이 있다. VictimConnect가 다루는 사안에는 Case Management, 정신건강 및 상담서비스, 주거 요청, 피해자 보상 및 배상, 국가 및 지역 소개, 법률 서비스, 피해자 권리 변호, Crime Reporting 등이 포함된다. 또한 Helpline은 200개가 넘는 언어로 통역 지원하며 청각 및 언어에 장애를 가진 피해자에게는 Telecommunications Relay Services를 통해 접촉할 수 있도록 하고 있다. 모든 VictimConnect 서비스는 익명으로 실시되며 소속 피해자 지원 전문가는 발신자의 개인 정보를 요구하지 않는다. VictimConnect는 최적의 지역 서비스를 원하는 피해자를 위해 정보를 제공한다.[87)]

---

85) http://victimsofcrime.org/our-programs/national-compassion-fund

86) https://victimconnect.org/statistics/ 2015년 7월부터 개시한 VictimConnect의 helpline은 피해자, 그 가족 및 친구 등으로부터 총 15,354건의 문의가 있었고, 그 중 13,909건(calls)과 1,425건(chats) 등이 포함된다. 2017년 6월 기준, 하루 평균 33건의 문의가 있었다. 문의가 가장 많은 범죄유형으로는 폭력범죄 및 스토킹이 포함된다(Two-Year Data Overview: July 1, 2015 - June 30, 2017, Victim Connect reource center, pp.1~4).

87) https://victimconnect.org/about-us/

[그림 4] 범죄피해자에 대한 서비스 유형

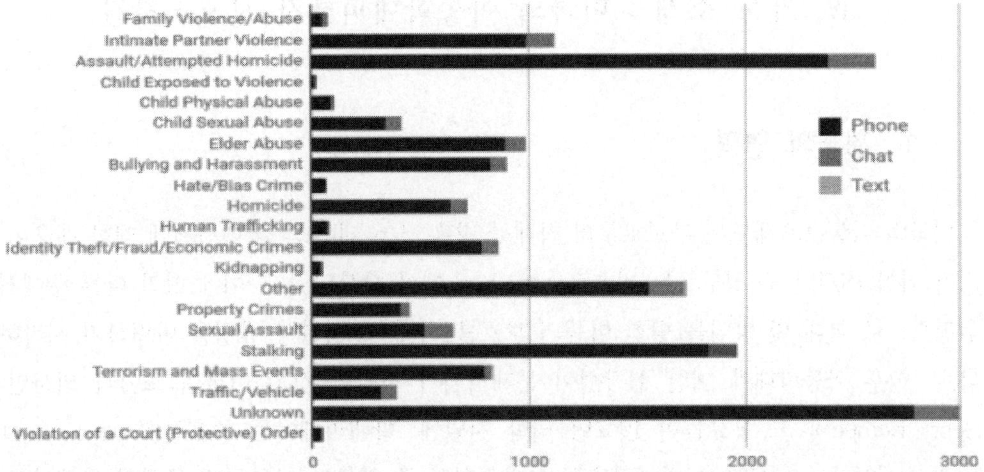

6) Vision 21 : Tribal Victim Services (Tribal Resource Mapping Project)

미국 전역에서 아메리칸 인디언(American indian: AI)과 알래스카 원주민(Alaska Native: AN)은 범죄피해율이 가장 높게 나타나고 있지만, 범죄와 학대로부터의 지원 서비스에 접근하는 데 있어 용이하지 않은 측면이 문제시된다. 이에 대응하고자 OVC는 NCVC에 자금을 지원함으로써 범죄 및 학대를 겪은 AI/AN 생존자들이 모든 지역에서 서비스를 지원받을 수 있도록 연계하고, 기존 서비스 네트워크의 공백을 확인하여 지원하도록 하고 있다. NCVC와 그 협력단체들은 AI/AN 피해자가 이용 가능한 범죄피해서비스를 확인하고 인디언 거주지역의 이해관계자와 협력하고 있다. AI/AN 범죄피해자의 서비스 요구사항 및 기존 서비스를 확인하며 online resource mapping tool을 개발하여 그 격차를 해소하고 있다.[88]

88) http://victimsofcrime.org/our-programs/tribal-resource-mapping-project

Ⅳ. 제도 소개 : 미국의 아동학대피해자 보호 · 지원

1. 제도의 연혁

미국의 아동보호제도는 부모로부터 학대를 받은 Mary Ellen의 폭행사건에 대한 대응이 계기가 되어 1874년 주 정부로는 최초로 New York에서 시작되었다. 이에 따라 다른 주에서도 점진적으로 학대 및 방임을 당한 아동의 보호를 위해 주 법률상 규정을 마련하기 시작하였다.[89] 이후 아동학대에 대한 심각성이 문제시되기 시작한 것은 미국의 소아과 의사인 C. Henry Kempe와 그 동료들이 1962년 의학 저널에 "학대피해아동 증후군(The Battered Child Syndrome)"이라는 논문[90]을 발표하면서 연방의회와 주 정부는 아동학대 문제의 심각성에 대해 다시금 주목하기 시작하였고, 1967년에 이르러 모든 의사에게 아동 학대 및 방임이 의심되는 사례를 의무적으로 신고하도록 하는 법률 규정을 마련하게 되었다.[91]

1970년대에는 아동학대에 대한 개념을 확대하여 신체적 · 정서적 · 성적 학대 및 방임 등 아동의 복지에 유해하다고 간주되는 모든 형태의 행위를 학대의 범주에 포함시켰다. 이 같은 포괄적 개념은 1974년 연방 법률인 "아동학대 방지 및 처우에 관한 법률(The Child Abuse Prevention and Treatment Act; 이하 CAPTA)"에 법제화되면서 아동학대의 조기 발견을 위한 여러 규정은 미국 내 모든 주(州)법에 마련되도록 하였다. 연방의회는 CAPTA를 통해 아동학대의 방지와 조기발견을 꾀하고자 연방정부의 재정지원을 받는 조건으로, 각 주 법률에 24시간 아동학대 신고를 받도록 하는 의무를 규정하도록 가이드라인을 정하였다. 이로 인해 1980년대에 이르러 미국의 모든 주 법률들이 아동학대와 관련한 광범위하고 적극적인 신고의무규정을 두게 되었다.[92]

이 법은 아동학대 문제를 다룸에 있어 주요한 법안으로 기능하며 매 5년마다 사회의 변화를 반영하여 개정되는데, 이때 국회의 재승인 과정을 거치도록 되어 있다. 현재까지 아동학

---

89) 송수진, 아동학대 방지 및 피해아동 보호를 위한 법제도 개선 방안, 충북대학교 박사학위논문, 2016, 109-110면.

90) Kempe, C., Silverman, F., Steele, B., Droegmueller, W., & Silver, H., "The Battered Child Syndrome," 181 Journal of the Medical Association, 1962, pp.17~24.

91) 윤진수, 미국 가정법원의 현황과 개선 논의, 가족법연구 제22권 제3호, 한국가족법학회, 2008, 170면.

92) CAPTA는 U.S. Code Title 42, Chapter 67에 위치하고 있다.

대에 관한 주요 원칙과 기본 방향을 제시하고 있고, 특히 CAPTA의 제정 이후 미국에서의 아동학대 및 방임 문제에 대한 정부의 개입은 형사적 처벌보다는 비처벌적이고 치료적인 접근 방식으로 전환되었다. 이에 따라 아동학대 및 방임의 정도가 심각하거나 학대행위자의 기관 협조가 원활하지 않을 경우에 한해서만 법원의 개입이 이루어지고 있다. 또한 법적 처우와는 별개로 부모 교육, 정신질환 및 알코올·약물 중독 치료, 가족보존 프로그램 등 사례 맞춤형 서비스를 제공하고, 해당 서비스에 대한 참여를 강제하고 있다. 1996년 개정에서는 아동의 안전을 최우선하도록 하였고, 2002년 개정에서는 가정폭력과 입양 및 가족서비스에 대한 내용을 추가하였으며 2003년에는 아동학대 및 예방을 위한 재정적 지원이 추가되면서 Keeping Children and Families Safe Act로 명칭을 개정하였다. 이 법은 아동학대 관련 정보관리를 위한 기관의 임무 강화, 아동학대에 대한 효율적인 수사 및 소추에 관한 프로그램 지원 등에 대한 규정도 포함하였다.[93)]

2. 아동학대의 개념 및 실태

1) 아동학대에 관한 개념 정의

일반적으로 '아동학대' 개념의 범주에는 아동에 대한 학대(abuse) 뿐 아니라 방임(neglect)을 구분하여 포함시키고 있다. 구체적으로 학대는 아동에게 적극적인 가해행위를 하는 것인 반면, 방임은 아동에게 필요한 것을 제공하지 않는 불이행(failure to act) 또는 부작위로 이해된다.[94)] CAPTA는 학대와 방임의 개념을 모두 반영하여 "child maltreatment"라는 용어로 표현하는데,[95)] 아동학대 및 방임의 개념에 대해서 '부모 또는 보호자가 18세 미만의 아동에게 사망이나 심각한 신체적 또는 정서적 피해(serious physical or emotional harm), 성적 학대 및 착취(sexual abuse or exploitation) 등의 결과를 유발하는 행위 또는 부작위'[96)]라 정의하여 신체적 학대 뿐 아니라 정신적·성적 학대를 행위유형에 포함시킴으로써 그 범위를 확대하고 있다.[97)]

---

93) U.S. Department of Health and Human Services, The Child Abuse Prevention and Treatment Act, 2010, p.3 이하.

94) 윤진수, 앞의 글, 170~171면.

95) U.S. Department of Health & Human Services, Child Maltreatment, 2016.

96) CAPTA Reauthorization Act of 2010 (P.L. 111-320), § 5101, Note (§ 3). "Any recent act or failure to act on the part of a parent or caretaker which results in death, serious physical or emotional harm, sexual abuse or exploitation; or an act or failure to act, which presents an imminent risk of serious harm."

97) https://www.acf.hhs.gov/sites/default/files/cb/capta2010.pdf. The Child Abuse Prevention and

특히 CAPTA는 성적 학대에 대해서 상세히 정의하고 있는데, 그 내용은 다음과 같다. ① 시각적으로 묘사할 목적에서 성적으로 노골적인 행위 등을 하도록 아동을 고용, 이용, 설득, 유인, 유혹 또는 강압하는 행위 그리고 ② 아동에 대한 강간(보호자 및 가족 내 관계 포함), 성추행, 성매매 또는 기타 성적 착취 및 근친상간행위가 포함된다. 거의 모든 주에서 아동학대의 행위유형으로 신체적 학대, 정서적 학대, 성적 학대, 방임을 포함하고 있으며 일부 주에서는 아동학대로 부모의 약물남용 또는 유기행위에 대한 정의도 제공한다.[98]

아동학대의 정의에 관해서는 각 주 정부마다 법률상 정의를 달리하고 있을 뿐 아니라 이에 대한 완전한 합의 역시 존재하지 않으나, CAPTA상 규정에 근거하여 대부분의 주에서는 신체적 학대(physical abuse), 정서적 학대(psychological maltreatment), 성적 학대(sexual abuse), 그리고 방임(neglect)의 네 가지 행위유형을 포함하고 있다.[99] 이 가운데 특히 아동에 대한 성적 학대와 고의적인 상해(physical injury inflicted other than by accidental means) 및 살인은 형법에서 규정한다.

2) 아동학대 발생 실태

미국에서 2016년 학대를 겪은 아동은 67만명에 달한다. 이는 아동 1천명 당 약 9.1명의 비율을 나타내는 것으로, 2012년(65만명)과 비교할 때 약 3% 증가한 수치이다. 아동보호기관(Child Protective Services; 이하 CPS)에 따르면 매년 아동학대로 인한 신고 접수에 포함되는 아동의 수는 약 660만명에 이르며 이 중 약 58%가 조사를 받았는데, 이는 미국 전역에서 아동 1천명 당 약 31.3명의 비율로 보고되고 있다.

Treatment Act, The CAPTA Reauthorization Act of 2010, U.S. Department of Health and Human Services, Children's bureau, p.6.

98) 42 U.S.C. 5106g. 4. the term "sexual abuse" includes—

A. the employment, use, persuasion, inducement, enticement, or coercion of any child to engage in, or assist any other person to engage in, any sexually explicit conduct or simulation of such conduct for the purpose of producing a visual depiction of such conduct; or

B. the rape, and in cases of caretaker or inter-familial relationships, statutory rape, molestation, prostitution, or other form of sexual exploitation of children, or incest with children

99) https://www.acf.hhs.gov/cb/resource/child-maltreatment-2016.

[표 6] Child Victimization Rates, 2012~2016 (Child Maltreatment 2016, p.19)

Year	Reporting States	Child Population of Reporting States	Victims from Reporting States	National Victimization Rate per 1,000 Children	Child Population of all 52 States	National Estimate/ Rounded Number of Victims
2012	52	74,542,811	656,372	8.8	74,542,811	656,000
2013	52	74,383,731	656,361	8.8	74,383,731	656,000
2014	52	74,346,098	675,437	9.1	74,346,098	675,000
2015	52	74,349,174	683,261	9.2	74,349,174	683,000
2016	51	73,642,285	671,622	9.1	74,338,157	676,000

학대유형으로는 피해아동의 3/4이 방임(약 74.8%), 신체적 학대(약 18.2%), 성적 학대(약 8.5%)의 순으로 나타났다.

[표 7] Maltreatment Type Combinations, 2016 (Child Maltreatment 2016, p.45)

MALTREATMENT TYPE COMBINATIONS	Maltreatment Type	Maltreatment Type Percent
SINGLE TYPE	-	-
Neglect includes Medical Neglect	423,007	63.0
Other/Unknown	20,258	3.0
Physical Abuse	74,548	11.1
Psychological or Emotional Maltreatment	15,504	2.3
Sexual Abuse	44,468	6.6
TWO TYPES	-	-
Neglect and "Other"/Unknown	23,182	3.5
Neglect and Physical Abuse	34,606	5.2
Neglect and Psychological Maltreatment[1]	12,858	1.9
Neglect and Sexual Abuse[2]	9,079	1.4
Physical Abuse and "Other"/Unknown	681	0.1
Physical Abuse and Psychological Maltreatment[3]	5,109	0.8
Physical Abuse and Sexual Abuse[4]	1,430	0.2
Sexual Abuse and Psychological Maltreatment[5]	425	0.1
THREE TYPES	-	-
Neglect, Physical Abuse, and Psychological Maltreatment	3,176	0.5
Neglect, Physical Abuse, and "Other"/Unknown	1,207	0.2
Neglect, Physical Abuse, and Sexual Abuse[6]	980	0.1
REMAINING COMBINATIONS	**1,104**	**0.2**
National	**671,622**	**100.0**

3. 아동학대피해자 보호 및 지원의 내용

1) 범죄피해자사무국(OVC)

OVC는 연방범죄피해자를 위한 직접 서비스를 지원한다. 아동법(Children's Justice Act)에 따라 아동학대 및 방임사건, 특히 성적 아동학대와 아동성착취에 대한 조사나 기소 등 처리절차를 개선하기 위해 연간 최대 2천만 달러를 제공하고 있다. 매년 OVC는 보건복지부

(Department of Health and Human Services)에 1천7백만 달러를 제공하는데, 이는 아동학대와 성적 아동학대 및 신체적 아동학대 사건에 의해 아동피해자들의 트라우마를 경감하는 방안으로 지역사회 아동 협력프로그램을 통해 약 3백만 달러가 지원되고 있다.[100)]

아동학대와 관련하여 VOCA 범죄피해자 보상 프로그램에 의해 범죄현장정리(Crime Scene Cleanup), 부양가족돌봄(Dependent Care), 경제적 지원, 장례비, 의료(치과진료 포함)비, 정신건강 진료비, 이전(Relocation), 대체서비스(Replacement Services), SAFE(Sexual Assault Forensic Exam) 비용을 지원한다.

2015~2016년 동안 신체적 학대를 받은 아동피해자는 22,281명이 위의 지원금을 보상받았고, 아동 포르노그래피 관련 피해자는 230명, 성적 학대를 받은 아동피해자는 104,191명으로 가장 많았다. 신체적 아동학대와 아동 포르노의 경우 정신건강 치료비(6,513,557)에서 가장 많은 금액이 지원되었으며 성적 아동학대의 경우 SAFE 비용(38,426,733)에서 가장 많은 금액이 지원되었다. VOCA를 통한 범죄피해자 보상 인원수에 있어서 성적 아동학대피해자는 성폭력을 겪은 성인피해자(75,696명)보다 28,495명이나 더 많았다.[101)]

[표 8] VOCA Victim Compensation Programs :

Payment Statistics for FYs 2015 and 2016

Crime Type	Number of Claims Paid	Amount Paid, by Expense Type (continued on page 2)								
		Crime Scene Cleanup	Dependent Care	Economic Support	Funeral/ Burial	Medical/ Dental	Mental Health	Relocation	Replace-ment Services	SAFE
Abuse—Physical/General*	22,281	$1,910	$72,953	$476,866	$122,799	$1,518,848	$6,513,557	$284,022	$15,462	
Child Pornography	230	$0	$0	$35,717	$0	$12,539	$140,781	$16,701	$750	
Child Abuse—Sexual	104,191	$1,413	$120,868	$2,004,904	$9,089	$4,599,616	$14,304,081	$2,220,495	$71,162	$38,426,733

2015~2016년 동안 VOCA 범죄피해자 지원 프로그램을 통해 제공받은 범죄피해자를 살펴보면, 신체적 아동학대와 방임(636,804명), 아동 포르노(11,069명), 성적 아동학대(972,260명)의 순으로 아동학대와 관련하여 정부의 지원 프로그램을 제공받은 아동피해자들은 총 1,620,133명이다. 이는 전체 범죄피해자 중 약 13.94%에 달하는 수치이다.[102)]

---

100) https://ojp.gov/ovc/pubs/reporttonation2017/direct-services.html#direct-services-set-asides

101) https://ojp.gov/ovc/pubs/reporttonation2017/images/Exhibits/Exhibit_3.pdf

102) https://ojp.gov/ovc/pubs/reporttonation2017/images/Exhibits/rtn2017_fig-5.jpg

[표 9] Victims served by VOCA Assistance Programs in FYs 2015~2016 by Type of Victimization

Crime Category	Number of Victims Served	% of Victims Served
Child physical abuse/neglect	636,804	5.48
Child pornography	11,069	0.10
Child sexual abuse	972,260	8.36

지원 프로그램의 유형으로는 정보 및 추천(referrals), 사적 변호(personal advocacy), 정서적 지원 또는 안전서비스, 쉼터 및 안전가옥(shelter and safehouse), 민형사상 사법 지원, 보상 신청서 제출 지원이 있다. 이 중에서 정보 및 추천을 지원받은 범죄피해자는 4,503,574명으로 전체의 약 57%에 달하는 가장 높은 비중을 보였다. 민형사상 사법 지원의 경우, 21,346,066회로 제공의 빈도가 가장 높게 나타났으며 쉼터 및 안전가옥 지원의 경우, 범죄피해자 1명당 평균적으로 약 7회 정도의 서비스를 제공받은 것으로 나타났다.[103)]

[표 10] Services delivered to victims by VOCA Assistance Programs in FY 2016, by type of assistance

Type of Assistance	Total Frequency of Services Provided in FY 2016	Number of Victims Served in FY 2016*	Percentage of Total Victims Served in FY 2016*	Average Number of Services per Victim in FY 2016
Information and referrals	10,611,287	4,503,574	57	2.36
Personal advocacy	3,395,947	1,671,528	21	2.03
Emotional support or safety services	7,914,491	2,699,848	34	2.93
Shelter and safehouse	2,419,620	337,851	4	7.16
Criminal and civil justice assistance	21,346,066	3,090,593	39	6.91
Assistance in filing compensation claims		944,119	12	NA
Total Services Delivered to Victims	**45,687,411**	**7,909,079**		**5.78**

2) **보건복지부 산하 아동국**(Children's Bureau)

아동국은 연방, 주 정부 및 지방 단체들과 협력하여 미 전역 아동의 전반적인 건강과 복지를 향상시킨다. 연간 약 80억 달러의 예산을 통해 아동학대 및 방임의 예방, 학대받은 아동의 보호에 초점을 맞춘 다양한 제도에 대한 지원과 안내를 제공한다.[104)]

103) https://ojp.gov/ovc/pubs/reporttonation2017/images/Exhibits/rtn2017_fig-6.jpg
104) https://www.acf.hhs.gov/cb/about/what-we-do

아동국은 아동학대를 예방하기 위해 기금을 제공하고 있다. 해당 기금은 또한 아동학대에 관한 조사, 수사, 기소 및 치료 활동을 위해 제공된다. 아동학대 예방프로그램으로는 CAPTA 자유재량기금(discretionary fund)과 주 정부 보조금(state grants), 지역사회기반 아동학대 예방 보조금 등이 있다. 아동학대 방지를 위한 기술 지원과 관련해서는 해당 네트워크를 통해 주정부를 지원하는데, 아동보호, 아동학대예방, 가정 내 서비스 등이 여기에 포함된다.

아동국 산하 아동학대 및 방임과(Office on Child Abuse and Neglect)는 CAPTA상 아동 학대 및 방임 예방에 관한 지침을 제공한다. 여기서는 아동학대 및 방임과 관련하여 지역사회 기반의 아동학대 예방프로그램을 통해 예방 중심의 지원 프로그램 네트워크를 구축하고 있다. 특히 아동법을 통한 아동학대사건의 조사 및 기소제도의 개선을 지원한다.[105]

아동국은 학대 및 방임의 피해아동이 치료와 보살핌을 받을 수 있도록 지원한다. 이를 위해 기금을 제공하고 있으며 아동학대사건의 조사, 기소 및 치료활동 또한 지원하고 있다. 아동학대 및 방임 프로그램은 다음과 같다.[106]

(1) 주 정부 법원 개선 프로그램(State Court Improvement Program)은 위험에 직면하거나 위기에 처한 가정을 대상으로 방지 서비스를 제공하고 있다.[107]

(2) CAPTA 자유재량기금 : 아동학대방지를 위한 자유재량기금은 CAPTA에 의해 자금이 제공되며 아동학대 및 방임의 원인 및 예방, 조사 및 피해아동의 치료를 포함한 증거기반 훈련프로그램 및 기술지원 등 다양한 활동을 지원하고 있다. 기금은 주 정부나 지자체 및 기관 뿐 아니라 대학이나 의료기관과 제휴된 프로그램에 대해서도 제공된다. 또한 기금은 피해아동에 대한 기술지원, 각 부처 간 협약 등 연방정부 차원에서의 다자간 노력을 지원하고 있다.[108]

(3) CAPTA 주 정부 보조금(State Grants) : 이 프로그램은 주 정부가 아동보호서비스 시스템(CPS)을 개선할 수 있도록 제공되는 기금이다. 구체적으로는 약물에 노출된 유아를 다루

105) https://www.acf.hhs.gov/cb/about/organization-structure#OCAN
106) https://www.acf.hhs.gov/cb/focus-areas/child-abuse-neglect
107) https://www.acf.hhs.gov/cb/resource/court-improvement-program
108) https://www.acf.hhs.gov/cb/resource/capta-discretionary-grants

는 절차, 위급한 위험에 처하지 않은 아동의 위탁을 위한 분류심사절차, 아동학대혐의자에 대한 수사대상 통보, 피해아동에 대한 부모의 권리 및 법적 의무에 관한 교육 등이 있다. 재승인된 CAPTA에 따라 아동보호서비스, 건강, 정신건강, 기타 공공 및 민간 기관 전반에 걸친 부처 간 협약에 중점을 두고 있다. 이 프로그램을 위한 추가 기금은 가정 지원 및 아동학대 예방 관련 활동에 보다 초점을 둘 수 있도록 지원한다. 아동국은 또한 아동복지센터와 협력하여 아동보호서비스 모범 사례에 관한 주 정부의 기술적 지원을 제공한다.[109)]

(4) 지역사회기반 아동학대 예방보조금(Community-Based Child Abuse Prevention Grants) : 이 프로그램은 1996년 CAPTA에 따라 실시되었으며 목적은 다음과 같다.

아동학대 및 방임의 예방을 목적으로 가정의 강화 및 지원을 위한 다양한 활동을 제공하는 지역사회기반의 노력을 지원한다. 또한 아동학대 및 방임을 효과적으로 다루기 위해 다양한 인종에 대한 이해와 지식을 장려한다. 이 기금의 제공을 위해 주 정부는 주관 기관을 지정해야 한다. 이 프로그램의 주요 기능에는 다음을 포함한다. 연방정부, 주 정부 및 민간 기금은 아동학대 및 방임 예방활동 및 가정지원 프로그램을 위해 지역기관과 조합되어야 한다. 예방프로그램의 실행 및 평가는 아동의 부모에 대한 참여의 증진에 중점을 둔다. 특히 공공 및 민간 기관 간 협력을 통해 아동학대 예방네트워크를 구축함으로써 보다 많은 자원의 조율을 촉진한다. 기금은 자발적인 가정 방문 프로그램, 육아 프로그램, 가족 자원 센터, 임시위탁 및 위기관리, 부모 상호 지원과 기타 가족 지원 프로그램 등에 사용된다. 본질적으로 지역사회기반 아동학대 보조금은 지역주민 및 이주민 집단 내에서의 아동학대 및 방임의 발생과 재발을 방지하기 위한 것이다. 이를 위해 이주민 및 원주민 아동과 그 가족의 생활을 향상시키고 안전과 복지를 보장하는 가족지원서비스를 제공하는데, 대표적으로 아동교육 및 가정지원 등이 있다.[110)]

(5) 아동학대 및 방임에 대한 기술 지원과 관련하여서는 주 정부 및 지자체 간 네트워크를 통해 아동보호, 아동학대예방, 가족을 위한 가정 내 서비스, 방임의 위험이 있는 유아 지원 등을 제공한다. 이에 관한 교육 및 기술지원을 제공하는 자원센터에는 대표적으로 '지역사회기반 아동학대예방센터(The National Center for Community-Based Child Abuse Prevention)'인 FRIENDS가 있다. FRIENDS는 주 정부 담당기관이 CAPTA에 의거하여 다양한 분야의 교육 및 기술 지원을 제공하고 있다. 아동학대에 있어 1차 및 2차 예방 활동과 그에 관련하는 서

109) https://www.acf.hhs.gov/cb/resource/capta-state-grants

110) https://www.acf.hhs.gov/cb/resource/cbcap-state-grants

비스에 중점을 둔다. 아동학대 및 방임 예방프로그램의 모범사례, 아동의 부모 참여, 지역사회 간 협력과 네트워크, 프로그램에 관한 자체 평가, 아동과 그 가족에게 제공된 서비스가 행한 예방적 역할 평가, 위탁서비스 등을 다룬다. FRIENDS는 지역프로그램의 요구사항에 따라 학대 및 방임을 받은 피해아동의 부모에게 포괄적인 전략의 개발을 위한 보조금의 제공을 허용하고 있다. 또한 추가적으로 아동과 비학대부양자를 위한 가정폭력서비스 프로그램이 포함된다.[111)]

FRIENDS의 예방활동은 아동학대 및 방임을 방지하기 위하여 지역사회 및 각 가정과 협력하는 것을 내용으로 한다. 대표적으로 대중인식캠페인, 예비부모를 위한 가정방문 프로그램, 위험에 직면한 가족을 위한 전환 프로그램, 부모 지원 그룹 등이 있다. 예방서비스에는 3단계가 있는데, 지역사회기반 아동학대 방지 기금은 1차/2차 예방에만 제공된다. 1차 예방은 지역사회를 대상으로 하는 활동으로 구성된다. 이는 학대 및 방임의 의심 자체를 예방하기 위한 것으로, 교육활동, 학부모교육 및 가족지원 프로그램을 통해 가정에 영향을 주기 위함이다. 2차 예방은 약물남용가정, 10대 부모 및 저소득 가정을 포함하여 하나 이상 위험요소를 가진 가족을 대상으로 하는 활동이다. 특히 고위험부모를 대상으로 하는 학부모교육, 장애 아동의 부모를 위한 돌봄 및 예비부모를 위한 가정방문 프로그램이 포함된다. 3차 예방은 아동학대가 확인되었거나 아동학대 여부가 판단 중에 있는 가정을 대상으로 하는 활동으로, 이 경우 법원의 감독과 상관없이 기관의 개입이 입증되기 때문에 아동복지 프로그램에 따라 서비스를 제공받을 자격이 인정된다.[112)]

예방을 지원하는 활동에는 가정 방문, 가족지원센터, 아버지로서의 자격(Fatherhood), 청소년 발달, 휴식(Respite) 등이 있다.

① 가정방문은 주요 예방프로그램으로, 집중 방문부터 주기적 또는 1회 가정방문평가까지 다양하게 구성된다.

② 가족지원센터는 1980년대에 설립되기 시작하면서 아동학대 및 방임을 예방하고자 가족을 위한 일반적인 지원 및 지역자원을 제공하고 있다. 보통 인근 지역 중심의 청소년회관(drop-in centers)으로, 지역사회의 가족을 강화하기 위해 가족 중심의 현장 프로그램, 자원, 활동 및 수업을 위한 안전하고 편안한 환경을 제공한다. 서비스는 공공과 민간 지역사회 기반단체 간 공동 노력으로 구성된다. 가족지원센터는 가족구성원 뿐 아니라 누구나 갈 수 있는

---

111) https://friendsnrc.org/what-is-cbcap

112) https://friendsnrc.org/prevention

곳이다. 학부모 교육, 아동발달활동, 방과 후 및 학업 심화 등 기타 다양한 프로그램과 서비스를 제공한다.[113)]

③ Fatherhood는 아버지와 아동을 다시 연결시키는 역할을 하고 있다. 뿐만 아니라 성인 남성이 지역사회에서 아동의 삶에 적극적으로 참여할 수 있도록 지원하기도 한다.[114)]

④ Respite는 긴급상황 중지 돌봄서비스로, 장애가 있거나 만성질환을 앓고 있는 아동에게 학대 및 방임의 위험 시 위기 돌봄이나 임시적인 안전을 제공한다. 이 같은 긴급상황 중지 서비스는 부모나 보호자가 약물남용, 가정폭력, 건강 및 직업상 위기와 같은 긴급한 문제에 직면한 경우 도움을 구하는 동안 아동에게 일시적인 안전피난처를 제공한다. 위기중지 또는 위기돌봄 프로그램은 종종 '위기보육' 또는 '위기 중지'라고도 불리며 이는 포괄적인 가족지원서비스 또는 아동학대예방전략의 핵심요소로 작동한다. 이 프로그램은 돌보미(caregivers)의 사회적·정서적 및 기타 스트레스를 완화하기 위한 것으로 일련의 지원서비스를 제공한다. 해당 서비스에는 개인, 가족 및 지원그룹 상담, 약물남용 예방 및 치료, 형제자매 보호, 사례관리 등이 포함된다.[115)]

3) 아동보호서비스 기관(CPS)

미국의 모든 주에는 아동학대를 담당하는 CPS 기관을 설치하도록 의무화하고 있기 때문에 각 주 정부의 카운티 단위로 CPS를 두고 있다. 해당 기관은 아동에 대한 학대 및 방임을 사후 대응하는 정부기관으로, 연방 법률인 CAPTA 규정에 의해 모든 주 정부는 아동학대 여부에 관한 조사가 요청되는 경우 그 절차를 마련하고자 연방정부로부터 보조금을 지원받아 설립되었다. 대부분의 CPS는 각 주마다 명칭이 조금씩 상이하나, 연방 법률상 기준에 따라 그 업무 내용 및 기능 면에서는 유사하게 주 법률상 규정되어 있다.

CPS는 아동에 대한 학대 또는 학대가 의심되는 사례가 발생한 경우, 법적으로 이를 보고할 의무가 있는 사람(Mandated reporters)을 포함하여 Hotline을 통해 24시간 신고를 받는다. 사건 신고가 접수되면 아동학대가 있었는지 여부를 조사한 후 결정을 하고, 법원으로 해당 사건에 대한 심리가 개시되면 법원의 결정에 따라 아동 및 그 가정에 보호 및 감독 서비스를 실시하게 된다.

113) https://friendsnrc.org/activities-that-support-prevention/family-resource-and-support-centers

114) https://friendsnrc.org/activities-that-support-prevention/fatherhood

115) https://friendsnrc.org/activities-that-support-prevention/respite

아동 보호에 있어 CPS의 최우선적인 목표는 아동이 원가정으로 복귀하여 가족과 재결합하는 것인데, 부모 등 아동에 대한 학대행위자의 개선이 불가능하거나 아동학대의 정도가 심각한 경우 또는 학대행위자가 법원의 명령이나 조건을 이행하지 않은 경우, 법원은 해당 아동을 원가정에 복귀시키지 않고 친권종료절차를 개시하여 위탁 가정이나 입양 등 아동의 보호와 안전을 위해 영구적 결정을 하기도 한다.[116)]

아동학대가 발생한 경우, CPS는 아동학대에 대한 신고를 접수하고 해당 사건을 조사·결정한 다음 아동 및 그 가정을 위한 다양한 서비스를 준비하여 제공하고 있다. 아동에 대한 학대 가능성이 인정되면 아동의 가정 내 안전 여부를 확인하는 것으로 시작하는데, 학대의 정도에 따라 아동은 CPS의 관리·감독 하에 원가정에 그대로 둘 수도 있고 현존하는 위험이 클 경우 원가정으로부터 격리(removal)한 후 법원에 명령을 요청하여 해당 아동에 대한 보호·양육(custody) 조치가 실시되기도 한다.[117)]

이와 달리 가정 내에서 아동의 안전이 보장되는 경우라면 아동을 원가정에 그대로 두는 대신, 학대자를 가정으로부터 격리시키거나 또는 가족 구성원에 대한 집중적인 가족상담 및 개선 프로그램을 받도록 강제하는 등의 다양한 서비스를 제공한다. CPS는 각 주 법률상 규정된 아동보호체계에 따라 기타 기관과 협력하여 아동 보호 업무를 수행한다. 여기에는 아동의 위탁 보호 연결 및 관리, 가정법원 또는 소년법원과의 협력, 기타 아동 보호 서비스 등의 제공이 포함된다.[118)]

(1) 긴급보호서비스

아동학대로 인해 아동의 안전에 긴급한 위험이 인정되는 경우, CPS는 아동에 대한 임시보호서비스를 위해 법원에 요청할 수 있다. 이때 아동은 가정으로부터 격리가 가능하며 부모가 동의하지 않을지라도 아동의 임시격리를 실시할 수 있다.

(2) 신변보호 서비스

아동으로부터 학대자를 보호할 필요가 있는 경우, 가정에서 학대자를 퇴거시킬 수 있으며

---

116) Children's Bureau, Making and Screening Reports of Child Abuse and Neglect, STATE STATUTES, 2017. 1, p.2-5.

117) https://ocfs.ny.gov/main/cps/manual/CPS-ch06-CPS-Investigations.pdf

118) Children's Bureau, Child Maltreatment 2015: Summary of Key Findings, 2017. 3, p.2-3.

아동에게 위해를 가할 수 있음을 방지하는 취지에서 학대자가 가정이나 학교 등 특정 장소에 접근하는 행위를 금지시킬 수 있다. 또한 아동에 대한 괴롭힘이나 협박 및 위협행위 등을 금지시킬 수 있다.

(3) 치료서비스

아동의 생명이나 건강을 보호하는 데 있어 요청되는 경우, 아동에 대한 의료 및 외과치료를 받도록 서비스를 제공할 수 있다. 이때 의사 또는 병원으로 하여금 치료서비스를 제공하도록 요청할 수 있고, 학대 및 방임이 의심되는 사례에 있어서도 아동에 대한 검사 또는 진찰 서비스를 제공할 수 있다.[119)]

119) https://ocfs.ny.gov/main/cps/cps_manual.asp

제 5 장 일본의 범죄피해자 보호 · 지원제도

Ⅰ. 개 관[1]

1. 범죄피해자지원의 경위

일본의 범죄피해자 보호 · 지원의 특징은 국가기관(경찰)이 주도적 역할을 담당하고 있다는 것이다. 일본의 범죄피해자 보호 · 지원의 주요 협력수행주체는 크게 경찰청(도도부현 경찰청), 전국범죄피해자네트워크(가맹 각 현의 범죄피해자지원센터), 지자체(각 현) 3자와 기타 관련기관(범죄피해자 등 조기원조단체와 범죄피해자 자체의 기관 그리고 기타 조직 등)으로 나눌 수 있다. 각 지원단체들 간에는 피해자의 보호 · 지원을 위한 총괄기관과 관계기관 및 지원단체 등과의 연계를 위한 범죄피해자지원 「연락협의회」를 통해서 범죄피해자 지역 네트워크를 구축하고 있다. 「연락협의회」는 피해자에게 종합적인 지원을 실시하기 위해, 경찰 외에도 지방 검찰청, 변호사회, 의사회, 임상심리사회, 지사부국(전국 도도부현)과 도시의 담당 부현이나 시의 상담기관 등에 의하여 설립이 전국 각지에서 진행되어, 1999년 2월말에 전 도도부현에 설립되기에 이르렀다.

연락협의회 하에 각 기관 단체들 간의 상호 연계를 강화하고 피해자의 필요에 따라 서로 적절한 기관 등을 소개하는 등으로 피해자들의 요구에 부응하기 위한 체제를 정비하고 있다. 또한 개별 사건의 피해자들의 구체적인 요구를 파악하여 보다 치밀한 지원을 실시하기 위해, 각 도도부현에는 아래와 같이 경찰서의 관할 구역을 단위로 한 피해자 지원 지역 네트워크 구축을 진행하고 있다.

---

1) 가나가와 현의 범죄피해자지원센터의 홈페이지에서 발췌하였으며, 대부분 현의 범죄피해자지원센터 역시 유사한 내용으로 범죄피해자지원 체계를 소개하고 있다(최종방문일 : 2018. 9. 11.).
http://kanagawa-vsc.or.jp/contrivance/trinitarian/

[표 1] 범죄피해자지원의 경위

연월일	발생사건
1974. 8. 30.	• 미츠비시 중공(三菱重工)빌딩 폭파사건 ※ 동 사건으로 범죄피해자 급부제도의 필요성이 논의되었다.
1980. 5. 1.	• 범죄피해자 등 급부금 지급법 공포(1981. 1. 1. 시행)
1981. 5. 21.	• 재단법인 범죄피해자 구조기급설립
1985. 8. 26.	• 「범죄방지 및 범죄자의 처우에 관한 제7회 국제연합회의」(~9월 6일) ※동 회의에서 「범죄 및 권리남용의 피해자를 위한 사법의 기본원칙 선언」을 채택
1990. 11. 17.	• 일본 피해자학회 설립
1991. 10. 3.	• 범죄피해자 급부제도 발족 10주년 기념 심포지움 개최 ※동 심포지움에서 피해자의 정신적 지원의 필요성이 지적되었다.
1992. 3. 10. 1992. 4.	• 「범죄피해자 상담실」(동경)설립 • 범죄피해자실태조사연구회에 의한 조사(1995년 3월 보고서 제출) ※ 10주년 기념 심포지움에서 지적을 받아, 범죄피해자 지원기금의 위탁연구로써 범죄피해자실태조사연구회(대표 : 게이오대학 미자야와 고이찌 교수)에 의해 실시된 일본에서 최초 본격적 피해자의 실태연구. 이에 의하여 경찰의 수사과정에서 2차 피해의 문제나 정보제공의 요구 등이 지적되었다.
1995. 3. 20 1995. 6.	• 지하철 세린사건 ※동 사건으로 피해자가 받은 정신적 피해의 심각성이 널리 인식되게 되었다. • 「경찰의 피해자대책에 관한 연구회」에 의한 연구(~12월) ※경찰의 피해자대책 방식에 대한 연구. 이를 참고로 경찰청이 피해자 대책에 관한 기본방심을 책정
1996. 2. 1. 1996. 5. 11.	• 경찰청의 「피해자 대책 요강」을 책정 전국 경찰에 배포(通達) • 경찰청 장관관방 급여후생과에 범죄피해자 대책실 설치
1998. 5. 9.	• 「전국 피해자지원 네트워크」 설립
1999. 5. 15. 5. 26. 6. 18. 11. 11.	• 전국피해자지원네트워크의 「범죄피해자의 권리선언」 발표 • 아동매매, 아동포르노에 관한 행위 등의 처벌 및 아동의 보호 등에 관한 법률공포(11월 1일 시행) • 범죄수사규범의 일부를 개정하는 규칙공포 · 시행 • 정부에 「범죄피해자대책 관련 부처 회의」 설치

2000. 5. 19. 5. 24. 12. 6.	• 소위 범죄피해자보호를 위한 2법 공포 • 아동학대의 방지 등에 관하 법률시행(11월 20일 시행) • 스토커 행위 등 규정 등에 관한 법률시행(11월 24일 시행) • 소년법 등의 일부를 개정하는 법률 공포(2001년 4월 1일 시행)
2001. 4. 13. 11. 19.	• 범죄피해자 등 급부금 지급법의 일부를 개정하는 법률 공포(2001.7.1.시행) • 배우자 폭력의 방지 및 피해자보호에 관한 법률 공포 • 범죄피해자 급부제도 발족 · 범죄피해자구조 기금 설립 20주년 기념 범죄피해자지원 포럼개최
2002. 1. 30.	• 경찰본부장 등의 피해자 등에 대한 원조 실태에 관한 지침고시(4월 1일 시행) • 범죄피해자 등 민간지원단체에 관한 규칙배포(4월 1일 시행)
2003. 3. 18. 10. 3.	• 범죄피해자 대책 국제심포지움 2003 개최 • 「전국 피해자지원 네트워크」가 10월3일을 「범죄피해자의 날」로 정하여 전국 캠페인을 실시
2004. 12. 8.	• 범죄피해자 등 기본법 공포(2005. 4. 1. 실시)
2005. 12. 27.	• 범죄피해자 등 기본계획 내각 의결 결정(閣議決定)
2006. 4. 1.	• 범죄 피해자 등 급부금 지급 등에 관한 법률 시행령 일부를 개정하는 정령(政令) 시행 • 범죄 피해자 등 급부금 지급 등에 관한 법률 시행 규칙의 일부를 개정하는 규칙 시행
2006. 4.	• 범죄 피해자 등 기본 계획에 근거한 3개의 검토회(~19년 11월)
2007. 6. 27	• 범죄 피해자 등의 권리 이익의 보호를 위한 형사 소송 법 등의 일부를 개정하는 법률 공포
2007. 11.	• 범죄 피해자 등 기본 계획에 근거한 3개의 검토회 "최종 종합"결정
2008. 4. 18. 6. 18. 7. 1. 10. 31.	• 범죄 피해자 등 급부금 지급 등에 관한 법률 일부를 개정하는 법률 공포 (7월 1일 시행) • 옴 진리교 범죄 피해자 등을 구제하기 위한 보조금 지급에 관한 법률 공포(12월 18일 시행) • 경찰청 장관관방 급여 후생과 범죄 피해자 대책실을 "범죄 피해자 지원실"로 개칭 • 범죄 피해자 등의 지원에 관한 지침 고시
2009. 9. 11.	• 범죄 피해자 등 급부금 지급 등에 의한 범죄 피해자 등 지원에 관한 법률 시행 규칙의 일부를 개정하는 규칙 공포(10월 1일 시행)

2011. 3. 25. 7. 7. 7. 15. 9. 30.	• 2차 범죄 피해자 등 기본 계획 의결 • 경찰청에서 「범죄 피해자 지원 요강」을 제정 전국 경찰에 통보 • 범죄 피해자 등 급부금의 지급 등에 의한 범죄 피해자 등 지원에 관한 법률 시행 규칙의 일부를 개정하는 규칙 공포(7월 15일 시행) • 민간 피해자 지원 20년 범죄 피해 구호 기금 · 범죄 피해 급부 제도 30주년 기념 범죄 피해자 지원 포럼 개최
2013. 6. 12.	• 범죄피해자들 등의 권리이익의 보호를 위한 형사절차에 부수하는 조치에 관한 법률 및 종합법률지원법의 일부를 개정하는 법률 공포(12월 1일 시행)
2013. 7. 3.	• 배우자의 폭력 방지 및 피해자 보호에 관한 법률 일부를 개정하는 법률 공포(26년 1월 3일 시행) • 스토커 행위 등 규제 등에 관한 법률 일부를 개정하는 법률 공포(10월 3일(일부 7월 23일)시행)
2014. 10. 10.	• 범죄 피해자 등 급부금의 지급 등에 의한 범죄 피해자 등 지원에 관한 법률 시행 규칙의 일부를 개정하는 규칙 공포(11월 1일 시행)
2016. 4. 1.	• 각의 중요 정책에 관한 종합 조정 등에 관한 기능의 강화를 위한 국가행정 조직법 등의 일부를 개정하는 법률 시행 ※ 내각부에서 담당하고 있던 범죄 피해자 등 기본 계획 수립 및 추진에 관한 사무를 국가 공안 위원회 (경찰청)에 이관 • 제3차 범죄 피해자 등 기본 계획 의결 • 경찰청에서 「경찰청 범죄 피해자 지원 기본 계획」을 제정 전국 경찰에 통보
2016. 6. 7.	• 해외 범죄 피해 조위금 등의 지급에 관한 법률 공포(11월 30일 시행)

2. 경찰주도의 범죄피해자 지원

전술한 바와 같이 일본의 범죄피해자 보호 · 지원의 주도적 역할은 경찰청이 담당하고 있다. 그러나 경찰만으로 범죄피해자에 대한 지원이 어려워 '연락협의회'를 구축하고 이들 간 연결 네트워크의 강화를 통해 범죄피해자 지원을 더욱 현실화 하고자 노력하고 있다.

범죄피해자 지원을 위한 '연락협의회' 하에 각 기관 단체들은 상호 연계를 강화하고 피해자의 필요에 따라 서로 적절한 기관 등을 소개하는 등으로 피해자 분들의 요구에 부응하고

자 체제를 정비하고 있다. 또한 개별 사건의 피해자들의 구체적인 요구를 파악하여 보다 치밀한 지원을 실시하기 위해, 각 도도부현에서는 아래와 같이 경찰서의 관할 구역을 단위로 한 피해자 지원 지역 네트워크 구축을 진행하고 있다.

[표 2] 경찰서 단위 피해자지원 네트워크의 구성[2)]

구 분	내 용
○○시, 구의 생활지원, 담당과 여성청소년 담당과 여성상담소, 아동상담소, 보건소	생활지원, 보자복지등 상당지도, 정신적 서포트, 여성상담소
NTT영업소(우리 SKT, KT영업소 정도에 해당)	통신관계지원
변호사	법률상담, 변호활동
병원, 의사	피해자의 진찰치료 성범죄피해자의 조기진찰 등
세리사(세무사)	피해 등에 따른 세무 상담
건설회사, 공무점(工務店)	건물손괴 등에 수반한 건물등 수리 일
부동산업무자, 운송회사	주택이전희망자의 상담, 알선, 이사
장의사	장의, 자사구급차에 의한 유체반송(遺體搬送)
열쇠점	열쇠, 자물쇠의 손괴 등에 수반한 수리, 부착 등
택시회사	택시이용 희망자에게 배차
피해소년 서포터	피해소년, 보호자에 대한 방문활동
경찰관련단체 교통안전협회, 방범협회 등	재피해방지 · 보조, 아동 · 고연령자에 대한 지원 피해자원조에 관한 계몽, 광고활동
경찰서	위기개입 등

2) 일본 경찰청 범죄 피해자지원실/경찰에 의한 범죄피해자지원 홈페이지/경찰서 단계에서 피해자지원네트워크의 구성례/ (최종방문일:2017. 11. 20.)
https://www.npa.go.jp/higaisya/home.htm

Ⅱ. 범죄피해자 보호 · 지원의 근거법률[3)]

1. 범죄피해자 보호2법[4)]

1) 범죄피해자 보호2법의 제정경위[5)]

1990년대에 들어와 범죄피해자에 관한 문제가 일본에서도 주목받기 시작하였다. 범죄피해자에 대한 조사, 연구가 진행되어 피해자의 실태가 밝혀지게 됨과 함께 많은 문제점이 드러나게 되었다.

1980년에 "범죄피해자등 급부금 지급법(구 범급법)"이 제정되어 불충분하지만 피해자의 경제적 지원제도가 존재하고 있었다. 동법의 제정은 경제적 문제 이외에 피해를 원인으로 하는 심적 외상후 스트레스 장애(PTSD) 등의 정신적 문제, 형사사법에 있어서 정보제공, 피해자의 지위와 절차의 관여, 프라이버시, 2차 피해 등 여러 문제가 있다는 인식에서 출발하였다. 법무총합연구소는 1997년 1월 1일부터 1999년 3월 31일까지 유죄판결을 받은 사건(살인, 상해 등의 생명신체범죄 사건, 강도, 절도 등 재산범죄사건, 강간 등의 성범죄사건)의 피해자, 유족 합계 1,132명을 대상으로 "범죄피해자실태에 관한 조사"를 행하여 보고 하였다(동 연구소 연구보고 7). 동 연구소의 보고에 따르면 형사절차에서 소외된 피해자의 입장은 형사사법에 대한 불만을 포함, 형사사법의 신뢰를 떨어뜨리고 있었다. 더욱이 동 보고서에 따르면 주요범종의 피해자 중에 살인 등 강간의 피해에서 손해배상청구의 민사소송을 제기한 피해자는 소송에서 그 근거로 가해자에 대한 사죄와 반성을 요구하기 위하여, 사건의 전용을 알고 싶기 때문에 형사절차에 수반하는 다양한 조치를 요구하는 것이라고 주장하는 사람도 많았다. 민사소송을 제기하지 않는 피해자는 승소해도 범죄자의 자력부족으로 실용성이 없다는 것, 상대에 대하여 이 이상 알고 싶지 않다는 것을 이유로 드는 자도 많았다.

이러한 범죄피해자의 문제는 여러 가지 측면을 가지고 있고, 단순한 경제적 지원으로 해

---

3) 일본의 범죄피해자를 위한 보호 · 지원 법제에 대한 내용은 高井康行 · 番敦子犯 · 山本剛, 犯罪被害者保護法制解説[第2版], 三省堂, 2008.을 요약 정리한 것임.

4) '범죄피해자보호2법'은 '형사소송법 및 검찰심사회법의 일부를 개정하는 법률'과 '범죄피해자 등의 보호를 위한 형사절차에 수반하는 조치에 관한 법률(일명 '범죄피해자 등 보호법') 2개를 묶어 이르는 말이다. 일본의 범죄피해자 보호 · 지원을 위한 대표법률로는 범죄피해자 등의 기본법, 범죄피해자 등 보호법, 범죄피해자 등 급부금의 지급 등에 관한 법률을 꼽을 수 있다.

5) 高井康行 · 番敦子犯 · 山本剛, 앞의 책, 32頁 이하.

결할 수 있는 것은 아니어서 다양한 지원이 필요한 것이란 점이 충분히 인식되었다.

2) 형사소송법 및 검찰 심사회법의 일부를 개정하는 법률(2000년 법률 제74호)

형사소송법 및 검찰 심사회법의 일부를 개정하는 법률(이하 "형소법 등 개정법"이라 함)에는 성범죄의 고소기간의 철폐, 증인심문 시 증인의 부담을 경감시키기 위한 조치, 피해자의 심정, 기타 의견에 대한 진술이 도입되었으며, 검찰 심사회법에 관하여 신청권자의 범위를 확대하는 개정규정이 도입되었다.

3) 범죄피해자등의 보호를 위한 형사절차에 수반하는 조치에 관한 법률(2000년, 법률 제75호)

범죄피해자등의 보호를 위한 형사절차에 수반하는 조치에 관한 법률(이하 "범죄피해자보호법"이라 함)에서는 재판절차의 방청에 관하여 특별한 배려, 공판기록의 열람, 등사, 형사소송절차에 있어서 민사상의 이해에 관한 규정(민사화해)이 도입되었다. 형사소송에서 민사상의 화해에 관한 규정(형사화해)은 새롭게 창설된 제도이다.

범죄피해자보호법 제1조에서 법의 목적이 규정되어있지만, 형사법제에서 처음으로 피해자의 존재를 인정하는 규정이라 말할 수 있다. 2007년 6월 동법의 명칭은 "범죄피해자등의 권리이익의 보호를 위한 형사절차에 수반하는 조치에 관한 법률"이라 개정되었다.

2. 범죄피해자 등 기본법[6)]

1) 범죄피해자 등 기본법의 제정경위

우리나라 범죄피해자보호법과 유사한 법으로 일본의 범죄피해자 보호 · 지원의 법제로는 "범죄피해자 등의 기본법"이 있다. 동법이 마련되기까지의 경위를 살펴보면 다음과 같다.

1988년 「전국피해자지원네트워크」가 설립되고, 2000년 범죄피해자 보호2법이 제정되어, 2001년에는 범금법이 개정되었지만, 일본에서 피해자 정책이 뒤쳐진 까닭은 피해자에 대한

6) 平成16年(2004년) 法律 第61号, 최종개정: 平成二十七年(2015년) 9月 11日 공포 法律 第六十六号

논의는 부분적으로 서서히 진행되어 왔지만, 전면적으로 크게 받아들여지지 않았기 때문이다. 2003년 7월, 전국범죄피해자의 모임(あすの会)의 대표 岡村勲(오카무라 이사오)씨가 小泉(고이즈미)수상과 대면해서 범죄피해자가 처한 상황을 설명하고, 범죄피해자의 권리의 확립과 지원을 요청하였다. 특히 범죄피해자가 사건의 당사자이면서도 형사사법절차상에서는「증거물」로써만 취급당하는 현상이나 경제적 손해에 의한 곤궁을 강하게 호소하였다. 범죄피해자로부터 직접 비통한 호소를 들은 小泉(고이즈미)수상이 범죄피해자대책의 검토를 진행하도록 지시한 것을 계기로 자유민주당 정무조사회, 사법제도조사회, 경제활동을 지원하는 민사 · 형사의 기본법제에 관한 소위원회에 의해 범죄피해자 지원에 관한 논의가 시작되었으며, 2004년 6월 15일 일련의 제언들을 통합하였다. 이러한 제언들에 따라 자민당에 의한 기본법안이 작성되어 여당 내에서의 조정, 민주당과의 조정을 거쳐 2004년 12월 1일 "범죄피해자등 기본법"이 제정되었다. 2004년 12월 8일(법률 제161호). 동 법은 자민당의 사법제도조사회의 소위원회 청문(ヒヤリング)조사에서 출발한 범죄피해자 대책으로, 2004년 12월 1일 여야당 합의로 의원입법으로써 범죄피해등 기본법이 제정되어 2005년 4월 1일 시행되었다.

범죄피해자 등 기본법은 범죄피해자 등을 위한 시책에 관한 기본이념을 정하고, 국가와 지방공공단체 등의 책무를 밝힘과 동시에 범죄피해자 등의 권리이익의 보호를 꾀하는 것을 목적으로 한다. 범죄피해자 등 기본법에는 다른 법률과 달리 '전문'[7])을 가지고 있다. 전문에서는 지금까지 범죄피해자가 놓인 상황을 설명하고, 충분한 지원을 받도록 할 것, 범죄에 의한 직접적 피해뿐만 아니라 2차 피해를 받을 수 있는 것 등을 인정한 후, 범죄피해자의 관점에 맞춘 시책을 강구하여 권리이익의 보호가 이루어져야만 한다는 것을 선언하고 있다.

---

7) 전문의 내용은 다음과 같다. "안전하고 안심하고 살 수 있는 사회를 실현하는 것은 국민 모두의 바램인 동시에 국가의 중요한 책무이다. 일본은 범죄 등을 방지하기 위하여 지칠 줄 모르는 노력을 거듭해왔다.
그러나 최근 각종 범죄 등은 끊이지 않고 그들에 휘말린 범죄 피해자 등의 대부분은 지금까지 그 권리가 존중되어 왔다고는 말하기 어렵다. 뿐만 아니라 충분한 지원을 받지 못해 사회에서 고립되어져 왔다. 또한 범죄 등에 의한 직접적인 피해에 그치지 않고, 그 후에도 부차적인 피해에 시달린 적도 적지 않았다.
물론 범죄 등에 의한 피해에 대한 일차적 책임은 가해자이다. 그러나 국가는 범죄 등을 방지하고 안전하고 안심하고 살 수 있는 사회의 실현을 도모할 책무를 가진다. 우리(일본) 또한 범죄 피해자 등의 목소리에 귀를 기울여야한다. 국민 모두가 범죄 피해자 등이 될 가능성이 높아지고 있는 지금이야말로 범죄 피해자 등의 관점에서 시책을 강구하고 그 권리 이익의 보호를 도모하는 사회의 실현을 향한 새로운 한 걸음을 내딛어야 한다.
여기에 범죄 피해자 등을 위한 시책의 기본 이념을 분명히 하고 그 방향을 나타내어, 국가, · 지방 공공 단체 및 기타 관계 기관 및 민간단체 등의 협력 하에 범죄 피해자 등을 위한 시책을 종합적이고 계획적으로 추진하기 위하여 이 법을 제정한다."

2) 범죄피해자 등 기본법의 주요내용

동 법은 전문과 3개의 장에서 총 30개의 조문과 부칙으로 구성되어 있다.

제1장 총칙은 이 법의 목적(제1조)과 정의(제2조), 기본이념(제3조), 국가의 책무(제4조), 지방 공공단체의 책무(제5조), 국민의 책무(제6조), 각 관련기관가의 제휴 협력의무(제7조), 범죄피해자 등의 기본계획 수립(제8조) 등을 밝히고 있다.

제2장 기본적 시책 수립과 관련한 장에서는 국가를 비롯한 관련기관의 구체적인 기본 시책에 대하여 규정하고 있다(제11조 내지 제23조).

제3장은 범죄피해자 등을 위한 시책을 추진하기 위한 추진 회의에 대하여 규정하고 있다(제24조 내지 제30조).

3. 범죄피해자등 급부금의 지급 등에 관한 법률(1980년 5월 1일 법률 제306호 / 최종개정 : 2008년 4월 18일 법률 제15호)

1) 제정경위

일본의 제도는 미국 각 주 및 프랑스와 같이 피해자가 범죄피해에 의해 입은 손해의 일부를 보전하는 것이 아니라 사회연대공조의 정신에 기초한 위로금 제도로서 발족하여, 현재는 범죄피해자의 빠른 회복을 지원하는 지원금(일시금 지급)의 성격을 가지는 것으로 이해되고 있다.[8)]

2) 목 적

이 법은 범죄 행위로 인하여 뜻하지 않게 죽음에 이른 사람의 유족 또는 중상 질환을 얻거나 심각한 장애가 남은 자에 대한 범죄 피해 등을 조기에 완화하고, 이들이 다시 평온한 생활을 영위 할 수 있도록 지원하기 위해 범죄 피해 등을 받은 자에 대하여 범죄 피해자 등 급부금을 지급하고 및 당해 범죄 행위의 발생 후 신속하게하고 지속적으로 범죄 피해 등을 입은 자를 지원하기위한 조치를 강구함으로써 범죄 피해 등을 받은 자의 권익 보호를 도모하는 사회의 실현에 기여하는 것을 목적으로 한다(제1조).

---

8) 太田達也, 일본에 있어서의 범죄피해자지원과 경찰의 역할, 경찰학연구(제12권 제4호), 212~213면.

3) 급부금의 지급(동법 제4조)

범죄 피해자 등 급부금은 다음과 같은 피해자 등에 대하여 일시금으로 지급한다. 급부금은 유족 급부금, 중상질환(중증의 상해질환)급부금, 장애급부금 3가지 있으며, 3종류의 급부금 중 유족급부금과 장애급부금은 피해자의 피해 당시 소득(일액)의 일정 비율에 피해정도에 따른 배수를 곱하여 지급액을 산출하는 점은 2010년 전면 개정된 한국의 범죄피해자구조금과 동일하지만, 중상병급부금은 의료보험이 적용되는 의료비의 자기 부담분을 환급하는 제도이다.[9]

그 대상자는 다음과 같다.

- 유족 급부금 : 범죄 행위로 인하여 사망 한 사람의 제일 순위 유족(동법 제5조 제3항 및 제4항의 규정에 의한 우선순위의 유족)을 말한다.
- 중상질환 급부금 : 범죄 행위로 인하여 중상해 또는 중상질병을 얻은 자들
- 장애 연금 : 범죄 행위로 인하여 장애가 남은 자들

4) 민간단체의 활동을 촉진하기 위한 원조(동법 제23조)

공안위원회는 범죄 피해 등을 조기에 완화하고 범죄피해자 등이 다시 평온한 생활을 영위할 수 있도록 지원하는 것을 목적으로 성립된 비 영리법인인 범죄피해자 민간지원 단체로 해당 도도부현의 구역에서 다음에 규정된 사업을 할 수 있는 자로 지정할 수 있다.

① 범죄 피해자 등의 지원에 관한 홍보활동 및 개발활동

② 범죄 피해 등에 관한 상담에 응하는 것

③ 범죄피해자 등 급부금의 지급을 받고자 하는 자의 재정신청을 보조

④ 범죄 행위의 발생 후 신속하고 지속적으로 범죄 피해자 등에 대한 물품의 제공 및 대여, 용역의 제공, 기타 방법으로 원조

5) 홍보 · 개발활동의 추진(동법 제22조 6호)

국가 공안위원회 공안위원회와 경찰 본부장 등의 의무사항으로 범죄피해자 등의 지원에 관한 홍보 활동 및 계발 활동을 실시하도록 노력하여야 한다.

---

9) 太田達也, 전게논문, 213면.

공안위원회, 도도부현 공안위원회 및 경찰본부장 등에 의한 범죄피해자 등의 지원에 관한 홍보 · 개발활동을 할 의무가 있다.

6) 대상이 되는 범죄피해

급부의 대상이 되는 범죄는 일본 국내 및 일본국외에 있는 일본선박 및 일본항공기내에서 행한 사람의 생명 또는 신체를 해하는 죄에 해당하는 범죄행위(과실범 제외)에 의한 사망, 중상병 또는 장해로 긴급피난에 의한 행위, 심신상실자 또는 형사미성년자의 행위로 아니한 형법상 가해자가 처벌되지 않는 경우도 대상에 포함된다.

7) 국외범죄피해 조위금의 지급

국외범죄피해 조위금 등 지급제도는 국외에서 불의의 범죄피해를 당한 피해자 등에 대하여 국가가 조위금을 지급하는 것이다. 구체적으로는 국외에서 범죄피해를 입어 사망한 일본국민(일본국외의 영주자를 제외)의 유족(범죄행위 발생시, 일본국적을 갖지 않으면서 일본국내에 주소를 가지지 않은 자를 제외)에 대하여 국외범죄피해자 조위금(200만 엔)을 장애(장애등급 제1급 상당)을 입은 일본국민에 대하여 국외범죄피해 위문금(100만 엔)을 각각 지급하는 것으로 한다. 단 일본국외에 있는 일본선박이나 일본항공기 내에서 행하여진 것은 본제도의 대상이 아닌 범죄피해급부제도의 대상이 된다.

4. 기타 범죄예방 및 피해자보호의 각종 입법

범죄피해자보호법제 외에도 개별적인 범죄에 해당 개별범 죄 피해자에 한하여 피해를 지원하려는 각각의 개별규정을 두고 있는 법률도 있으며, 각각 해당 범죄의 피해자보호를 위한 입법을 마련해 두고 있다. 대표적인 법률로는 다음과 같다(보다 자세한 내용은 Ⅴ. 개별 범죄별 범죄피해자지원 시책에서 설명).

- 소년법
- 스토커규제법
- 가정폭력방지법
- 아동학대방비법

Ⅲ. 범죄피해자 보호, 지원의 총괄기구 : 경찰청10)

형사사법 분야에서는 1996년 경찰청이 「범죄피해자 시책 요강」을 정하고 범죄피해자 대책에서 선두적 역할을 담당하게 되었다. 더욱이 법무성은 1999년, 형사국장통달로써 「범죄피해자등 통달제도 실시요강」을 공시하고, 일부의 검찰청에서 행하였던 범죄피해자에 대한 통지를 전국의 검찰청에서 실시하도록 함으로써 사건의 처리결과, 공판기일, 재판의 경로 등을 피해자에게 통지하는 것으로 했다.

1. 일본 경찰청의 시스템 개관

일본의 경우 경찰시스템이 독특한 구조를 가지고 있어 먼저 그 시스템을 살펴볼 필요가 있다.

[표 3] 일본 경찰구조의 개관

◉ 일본의 경찰청
○ 경찰청(警察庁, National Police Agency) 일본의 치안기관이다. 내각부의 국가공안위원회에 설치된 특별 기관이다. 주로 국가적, 초광역(超廣域)적 경찰 업무나 운영을 맡고 있으며, 경찰의 정비, 범죄의 감식, 범죄 통계 등의 사무를 책임지고, 도쿄도의 일본 경시청 및 지방의 도도부현 경찰 본부를 감독한다. 구 경찰법 하에서의 경철의 철저한 지방분권화는 민주화를 기하는 것으로 보았고, 이는 또한 경찰의 관료독선화와 정치경찰과 1,600개의 지방자치제 경찰로 세분화됨으로써 국가비상사태의 경우를 제외하고는 중앙정부로부터 완전히 조직의 복잡화와 중복으로 비경제적 제도로 전락하였다.[11] 이러한 문제점들로부터 1954년(昭和 29년) 7월 1일 : 경찰법을 제정 · 시행함으로써 분권성과 집권성을 적절히 조화시키고 정치적 중립성을 유지하되, 치안의 책임도 명확히 하고자 하는 신경찰법의 목표에 따른다. 현행 일본 경찰은 중앙에는 정치적으로 독립된 "국가공안위원회" 소속의 국가경찰을, 그리고 지방에는 "도도부현공안위원회" 관리 하에 자치경찰을 존속시키는 이원적 구조의 형태를 취하고 있다.[12]

10) 경찰의 범죄피해자지원과 관련해서는 일본 경찰청 홈페이지 내 '범죄피해자 등을 위한 시책'에서 발췌하였음.
일본 경찰청 홈페이지 범죄피해자 등을 위한 시책을 번역 정리한 것임(최종방문일 : 2018. 9.11.).
https://www.npa.go.jp/higaisya/home.htm

• 경찰청의 내부조직으로는 "장관관방(총무국), 생활안전국(방범국), 형사국, 교통국, 경비국, 정보통신국의 5국과 장관관방국제부, 형사국, 폭력단대책부가 있다. 장관관방은 관방장이 각 국에는 국장이, 국제부나 보안부에는 부장이 있으며, 관방장 또는 국장과 부장은 병을 받아 각각의 해당 사무를 관할한다."[13)]

○ 국가공안위원회(国家公安委員会)

일본에서 경찰업무는 지방자치단체(지방자치 경찰)에서 처리하는 것을 원칙으로 하고 있고, 국가는 긴급사태를 제외하고는 경찰권을 직접 행사하지 않고 있다.[14)] 국가공안위원회는 경찰관리기관으로써 국가공안에 관한 경찰의 운영을 담당하며, 경찰교양, 경찰통신, 범죄통계, 경찰장비에 관한 사항을 총괄하고, 도도부현공안위원회와 밀접한 연락 하에 재해 및 지방의 평온을 해하는 혼란 또는 국가비상사태에 대처하기 위한 계획 및 그 실시, 기타 경찰행정에 관한 조정 등에 관해 경찰청을 관리하고, 공안위원회 규칙의 제정 등의 권한을 갖는다.[15)] 공안위원회 위원은 임명 전 5년간 경찰 또는 검찰의 경력이 없는 자 중에서 내각총리대신이 의회의 동의를 얻어 임명한다.[16)] 경찰업무에 공안위원회제도를 두는 것은 경찰행정을 민주적으로 관리하여 그 운영에서 관료화와 독선을 막고, 경찰의 정치적 중립을 유지하려는데 있다.[17)]

2. 경찰에 의한 범죄피해자지원의 필요성과 조치

1) 설립배경

경찰이 일본의 범죄피해자 지원에서 주도적 역할을 하게 된 배경으로 전통적인 법집행기관으로부터 벗어나 행정적 역할을 확대하고자 하였기 때문에 범죄피해자 보상제도 관련 법률(1980년 제정, 1981년 시행) 제정에 적극적으로 관여한 것에서 그 출발점을 찾는다. "일본 경찰은 20세기 중반까지 내무부에 속한적도 있었는데 다양한 행정 분야의 책임을 지고 있었다. 1948년 경찰제도 개혁이 진행되는 동안 많은 행정사무들은 다른 부처로 이관되었고 경찰은 범죄수사와 조직범죄 및 폭동 진입을 주로 책임지는 기관으로 간주되게 되었다. 결과적으로 이 개혁은 경찰이 정책결정 과정에서 멀어지게 하였다. 1970년대부터 국가경찰은 교통안전에서 중심적인 역할을 수행하였지만 범죄관련 분야의 정책을 개발하거나 법률을 감독하지도 않았다.

11) 정진환, 비교경찰제도, 백산출판사, 2006. 254면.
12) 신현기, 비교경찰제도론, 우공출판사, 2014. 42면.
13) 김성수, (2000년판) 비교경찰론, 경찰대학,2000. 424면.
14) 신현기, 전게서, 43면.
15) 김성수, 전게서, 419면.
16) 김성수, 전게서, 414면.
17) 김성수, 전게서, 413면.

이러한 맥락에서 경찰의 담당범위의 확대 의도와 공공안전 관련 종합적인 정책에 대한 책임 있는 기관이 되고자 하는 욕구가 국가경찰로 하여금 그러한 의사결정을 하도록 촉진하였다고 본다. 당시 범죄피해자 보상제도의 도입에 대하여 '그러한 지원금이 정말 필요한가?' 혹은 '경찰이 정말 지원금 운영을 담당하기 적정한가?'와 같은 많은 논쟁이 있었다. 경찰은 관련 행정기관들과 이 문제를 해결함에 있어서 많은 어려움에 직면했었다. 사실 법무부를 포함한 다른 부처와 기관들은 경찰의 행정권 확장에 대해서 매우 조심스러운 입장을 가졌었다. 이 논쟁은 지원금이 '사회적 상호부조 원리에 입각한 부조금'이며, 이 문제에 대한 경찰의 책임은 적합한 지원금 결정기관인 도도부현 공안위원에 의해서 부여된다는 결론에 이르러 마침내 종지부를 찍게 되었다. 달리 말해 주의 깊은 판단이 필요한 지원금 지급 결정을 담당하기에 적합한 기관은 합의제기관이고 새로운 행정기관의 설립이 필요한 것은 아니며, 결국 결정업무는 기존에 존재하던 합의제 기관인 도도부현 공안위원회가 담당해야 하고 지원금 지급은 경찰의 주된 의무가 아니라는 것을 의미한다. 이러한 가정에 근거하여 비록 경찰청 형사국에서 관련 법안을 실질적으로 수립하였지만 지급절차 관련 업무는 범죄수사를 담당하는 형사부서가 아닌 직원들의 보수지급을 담당하는 급여후생과에서 담당하도록 결정되었다."[18]

2) 범죄피해자 지원의 필요성과 조치

경찰은 피해신고 피의자 검거 피해 복구 · 경감, 재발 방지 등을 통해 범죄피해자와 가장 밀접하게 관여하거나 범죄피해자를 보호하는 역할을 담당하는 기관인 것으로부터 범죄피해자의 관점에서 각종 시책 추진에 노력을 기하고 있다. 경찰청은 1996년 2월 각종 시책을 종합적으로 추진함에 앞서서 기본 방침을 정리한 「피해자 대책 요강」을 제정하였다. 또한 같은 해 5 월에는 장관 관방 급여 후생과 범죄 피해자 대책실 (후에 「범죄피해자 지원실」로 개칭)을 설치하고, 각종 시책의 기획 · 조사 외에도 전체총괄을 실시하고 있다. 2004년 12월에는 "범죄피해자 등 기본법"이 성립되어 2005년 4월에 시행되었다. 그때까지는 각 부처가 개별적으로 시책에 임하고 있었는데, 이 법률은 범죄피해자 등에 관한 기본 이념을 정하고 국가에 있어서는 종합적이고 장기적으로 강구해야 할 범죄 피해자 등을 위한 시책의 요강 등을 정하는 범죄피해자 등 기본 계획을 수립하고, 지방 자치 단체는 이를 바탕으로 지역의 상황에 따라 적절한 시책을 실시하는 것 등이 포함되었다. 정부에서는 이 법에 근거하여, 2005년 12월에 「범죄피해자 등 기본 계획」을 의결했다. 계획에서 범죄피해자 등에 대하여 강구 해 나갈 구체적 시책이 포함되었다. 또한 검토를 요하는 과제는 내각부(범죄피해자 등 시책 추진실)를 중심으로 경찰청을 비

---

18) 마사히로 타무라, "일본경찰의 범죄피해자 지원현황과 시사점", 263~264면.

롯한 관계 부처와 지식인 등으로 구성된 3개의 검토회에서 구체적인 검토가 진행 되었다. 검토회의 검토 결과 등을 근거로 경찰청에서는 2008년 4월에 '범죄피해자 등 급부금의 지급 등에 관한 법률'을 개정하여 국가 공안위원회는 '범죄피해자 등의 지원에 관한 지침'(2008년 국가 공안위원회 고시 제25호)을 정했다. 2011년 3월에는 「제2차 범죄피해자 등 기본 계획」이 각 의결로 결정된 경찰청은 이 계획의 결정을 받아 피해자 대책 요강을 검토하고 경찰에서 특히 강구한 권고 시책의 구체적 추진 요령을 게시하였다.

「범죄피해자 지원 요강」을 제정하였으며, 2016년 4월에는 「제3차 범죄피해자 등 기본 계획」이 결정되어, 계속 추진해야 할 시책 외에도 피해가 잠재화되기 쉬운 범죄피해자 등에 대한 적절한 지원의 충실을 도모하는 대응활동 등이 포함되었다. 경찰은 이 계획이 결정되어 범죄피해자 지원 요강이 교체되고, 새로운 경찰이 취해야 구체적인 활동 내용 및 그 추진 요령을 보인 「경찰청 범죄피해자 지원 기본 계획」을 책정하였다. 이미 실시하고 있는 활동보다 한층 더 충실을 도모해 나갈 것 외에 상담 등 심리 치료비용의 부담 감소 등의 새로운 활동을 포함시켰다. 이것을 이어 받아 각 도도부현 경찰은 계속 조직을 정비하여 범죄피해자 지원에 최선을 다하고 있다.

3. 경찰청의 범죄피해자 지원의 경위

三菱(미츠비시)중공빌딩 폭파 사건 등을 계기로 1980년에 "범죄피해자 등 급부금 지급 법"이 제정되고, 살인이나 상해 등 사람의 생명 또는 신체를 해하는 고의적인 범죄 행위와 불의의 죽임을 당한 사람의 유족이나 신체에 중한 장해가 남은 사람에 대해 국가가 급부금을 지급하는 「범죄피해 급부 제도」가 신설되고 일본의 범죄피해자에 대한 경제적 지원이 시작되었다.

그 후 1991년에 개최된 「범죄피해 급부 제도 발족 10주년 기념 심포지엄」에서 특히 정신적 원조의 필요성이 범죄피해자 측으로부터 강하게 지적되고 이것이 중요한 계기가 되어 범죄 피해자 지원을 위한 검토가 시작되었다.

이 외에도 인권이식의 함양으로 범죄피해를 입은 피해자가 인간의 존엄성을 근거로 한 범죄피해자들에 대한 국가의 구제와 지원을 시행하고자 하는 국제적 동향도 크게 영향을 주었다.

4. 주요시책[19)]

1) 개 관

범죄피해자 등 시책은 범죄피해자 등이 그 입은 피해를 복구하거나 완화하고 다시 평온한 생활을 영위할 수 있도록 지원 및 범죄 피해자 등이 그 피해에 관한 형사관련 절차에 적절히 관여할 수 있도록 하기 위한 시책을 말한다. 범죄피해자 등 기본 계획에는 다양한 범죄 피해자 등 시책이 포함되어 있다. 예컨대 범지피해 급부제도, 피해자 참가제도(범죄피해자 등이 형사재판에 참여하는 제도), 손해배상 명령제도 등을 들 수 있다.

범죄피해자 등 기본 계획에서 말하는 "범죄피해자 등"이라 함은 범죄 등에 의해 피해를 입은 자와 그 가족 또는 유족을 말한다. 가해자 피해를 입히게 된 범죄의 종류, 고의범 · 과실범, 사건의 기소 · 불기소, 해결 · 미해결, 범죄 등을 당했던 장소, 등에 의한 제한을 두고 있지 않다. 물론, 개별 구체적인 범죄피해자 등 시책 대상 등에서는 그 시책마다 각각 대상으로 하는 범위가 다르게 설정되어 있다.

2) 주요한 범죄피해자 등의 시책

경찰은 피해자 측의 요구(needs)에 대응하여 여러 시책을 추진하고 있다. 경찰청은 지침으로 경찰본부장에 의한 범죄피해자 등에 대한 원조와 함께 범죄피해자 등의 지원에서 중요한 역할을 하는 민간단체의 자주적 활동의 촉진을 도모하는 조치에 대해서도 적절하고 효과적인 실시를 도모하고자 한 것이므로 경찰 및 민간단체에 공통되고, 범죄피해자 등의 지언을 실시할 때 유의해야 할 기본적 사항을 다음과 같이 정했다.

① 범죄피해자 등의 개인의 존엄에 대한 배려

범죄피해자 등 지원은 사회의 예외적 존재에 대한 시혜적 조치로써 행하여지는 것이 아니라 사회의 일원으로써 그 존엄에 걸 맞는 지원이 행하여지도록 배려하여야 한다.

② 범죄피해자 등이 처한 상황에 대한 이해

범죄피해자 등이 처한 상황은 각각의 범죄피해자 등 마다 또 시간의 경과와 함께 변화하

---

19) 경찰의 피해자지원의 구체적 조치는 「범죄피해자 등 지원에 관한 지침」(平成20년 10월 31일 국가공안위원회 고시 제25호)을 참조하였음(최종방문일 : 2018. 9. 11.).
https://www.npa.go.jp/higaisya/home.htm

는 것이므로 지원에 있어서는 개개 구체적 사정을 정확하게 파악해야 한다.

③ 범죄피해자 등의 요구(needs)에 입각한 지원 실시

범죄피해자 등의 지원은 범죄 피해자 등이 무엇을 원하는지 무엇이 필요한지를 항상 염두에 두고 실시해야만 한다.

④ 범죄피해 등의 조기 경감

범죄피해자 등의 지원은 범죄피해의 발생 직후로부터 계속적으로 실시되어야 한다.

⑤ 지원에 종사하는 자들의 적극적 제안

스스로 지원을 요청하기 어려운 범죄피해자 등에 대해서도 필요한 지원이 이루어질 수 있도록 지원하는 사람 측에서 적극적인 작업이 이루어져야 한다.

⑥ 범죄피해자 등에 대한 정보제공 및 적절한 설명

범죄피해자 등이 빠지기 쉬운 심신의 상황이나 각종 지원제도에 관한 필요한 정보가 적절한 대에 제공되도록 해야 한다.

⑦ 2차 피해의 방지

범죄피해자 등의 지원에 있어서는 범죄피해자 등의 인권이나 그 심신의 상황에 배려하는 것, 전문적 지식을 가지는 사람이 지원하는 것, 시설의 정비를 실시함으로써 이차적 피해의 방지가 도모되어야 한다.

⑧ 사생활의 배려

주변 사람들의 언행, 취재와 보도에 의한 이차적 피해를 보지 않도록 범죄피해자 등의 프라이버시를 배려해야 한다.

⑨ 범죄피해자 등의 안전확보

범죄 피해자 등이 더 큰 피해를 받는 것을 방지하는 동시에 재피해의 불안을 해소하도록 배려해야 한다.

⑩ 지원에 종사하는 사람에 대한 심리적 영향에 대한 배려

지원에 종사하는 사람은 강한 스트레스를 받는 경우가 있기 때문에, 지도하는 자는 그의 정신건강상태에 주의를 기울여야 한다.

⑪ 중단 없는 지원

장기간을 요하는 범죄피해자 등의 지원은 제도와 담당기관이 바뀌어도 계속성을 가지고

지원을 해야 한다.

⑫ 민간범죄피해자 등 지원단체와 경찰과의 유기적인 연대

끊임없는 지원을 실현하려면 다른 기관·단체 간에 서로 역할 분담에 대한 이해를 꾀하고 적절한 연계가 이루어져야 한다. 특히 경찰과 민간단체와의 사이에 이음매 없는(매끄럽게 연결되어 연결부분에 표시가 없는) 연대를 꾀하는 것이 중요하다.

⑬ 기타 여러 시책의 추진

상기의 구체적 시책 외에도 피해의 특성에 상응한 다양한 시책을 추진하고 있다.

예 : 성범죄피해자에 대한 대응조치, 피해소년에 대한 대응조치, 악질상인의 피해자에 대한 대응조치, 폭력단범죄에 관한 피해자에 대한 대응조치, 교통사고 피해자에 대한 대응조치, 치정(스토킹포함) 등에 의한 폭력사안에 대한 대응조치 등

3) 범죄피해자지원을 위한 구체적 시책

① 상담 · 수사의 과정에서 범죄피해자에 대한 배려 및 정보제공

• 지역경찰관에 의한 범죄피해자방문, 연락활동
• 각종상담창구의 설치

② 정신적 피해회복을 위한 지원

• 카운셀링체제의 정비
  - 전문적 카운슬링 관련 지식이나 기술을 가진 직원의 배치
  - 정신과의나 민간 카운슬링센타와 연대
• 안심하는 사회를 만들기 위한 익명통보 다이알
  - 경찰청에 위탁받은 민간단체가 일정 범죄 등에 관련한 통보를 익명으로 받아 유용한 정보를 제공한 자에 대하여 정보료를 지불하는 "익명의 다이얼"을 통해 피해가 잠재하기 쉬운 범죄를 조기에 인지해서 검거로 연결할 수 있도록 하는 제도(폭력단체 등의 검거에 유용)

③ 경제적 부담의 경감을 위한 지원

• 범죄피해 급부제도
  - 유족급부금
  - 중상병급부금
  - 장애급부금

5. 유관기관과의 연계

1) 피해자지원을 위한 경찰과의 관계기관 · 단체의 종합적인 연계를 통한 지원[20)]

피해자들의 요구는 생활, 의료, 재판에 대한 대응 등을 비롯해 매우 다양하다. 따라서 경찰에서 이 모두를 수용할 수 없으며, 종합적인 피해자 지원을 위해 사법, 행정, 의료, 언론 등 피해자 지원과 관련된 기관 · 단체 등이 서로 연계해 나가는 것이 필요하다. 때문에 경찰 외에도 검찰청, 변호사회, 일본 사법지원센터(법테라스), 의사회, 임상심리사회, 지방자치단체의 담당부국, 현과 시의 상담기관이나 민간 피해자지원 단체 등에 의한 「피해자지원 연락협의회」가 전체 도도부현 단위로 설립되어있다. 따라서 범죄피해자 지원을 위하여 경찰은 관계 기관 · 단체 등과 시의 상호 협력과 연계 강화에 노력하고 있다. 또 민간범죄피해자 등 지원단체의 자주적 활동을 촉진하기 위한 조치의 실시를 지침으로 마련하여 규정[21)]하고 있다.

2) 경찰과 관계기관 · 단체와의 연계를 위한 피해자지원 연락협의회(被害者支援連絡協議会)[22)]

일본의 범죄피해자 지원체제는 서설에서 전술한 바와 같이 경찰의 주도하에 경찰청, 전국범죄피해자네트워크(와 전국 피해자네트워크에 가맹한 각 현의 민간 범죄피해자지원센터), 지자체(각 현) 3자의 연대로 범죄피해자를 지원하고 있으며, 이 외에도 범죄피해자등 조기원조단체와 범죄피해자 자체의 기관 그리고 기타 조직 등이 있다.

범죄피해자지원 연락협의회에서는 다양한 관계기관 · 단체가 참여하여 지역 범죄피해자 지원을 위해 중요한 역할을 담당하고 있다.

도도부현 주관과(都道府県主管課)와 도도부현 경찰, 지방 검찰청 (옵저버 자격으로 참가의 경우도 포함한다) 범죄피해자 지원 단체 일본 사법 지원 센터 지방 사무소 및 폭력 추방 운동 추진 센터는 모든 도도부현에서 피해자 지원 연락 협의회에 참여하고 있다. 또한 여성 상담

---

20) 경찰청 홈페이지 〉범죄피해자 등 시책 〉홍보자료 소개 : 범죄피해자 백서 〉2018년판 범죄백서 〉 지원 등을 위한 체제정비에의 조치 (최종방문일 : 2018. 9. 11.)
https://www.npa.go.jp/hanzaihigai/whitepaper/w-2018/pdf/zenbun/pdf/hd4s.pdf

21) 경찰청 홈페이지 〉범죄피해자 등 시책 〉홍보자료 소개 : 범죄피해자 백서 〉2018년판 범죄백서 〉 범죄피해자등시책에 관한 기초자료 2편 (최종방문일 : 2018. 9. 11.)
https://www.npa.go.jp/hanzaihigai/whitepaper/w-2018/pdf/zenbun/pdf/hkiso4_11.pdf

22) 경찰청 홈페이지 〉범죄피해자 등 시책 〉홍보자료 소개 : 범죄피해자 백서 〉2018년판 범죄백서 〉 범죄피해자등시책에 관한 기초자료 2편 (최종방문일 : 2018. 9. 11.)
https://www.npa.go.jp/hanzaihigai/whitepaper/w-2018/pdf/zenbun/pdf/hkiso4_11.pdf

소 · 남녀 공동 참가 센터 · 여성 상담 센터, 아동 상담소, 정신 보건 복지 센터, 보호관찰소, 지방운수국(地方運輸局), 임상 심리사회, 변호사회 및 의사회 · 치과의사회, 산부인과 의사 모임 등도 많은 도도부현에서 참여하고 있다.

범죄피해자 지원에 관련된 다양한 기관 · 단체가 피해자 지원 연락 협의회에 참여하고 사례 검토와 의견 교환 활동보고 등을 통해 네트워크를 강화함으로써 범죄피해자 등이 직면하는 다양한 문제 대한 부단한 지원을 제공할 것으로 기대된다.

또한 일부 피해자 지원 연락 협의회에서는 성범죄와 교통사고 등 피해의 유형 등에 착안 한 분과회를 마련해 해당 분야의 더욱 충실한 범죄피해자 지원을 위하여 협력을 도모하고 있다.

[그림 1] 피해자 지원 연락협의회 설치

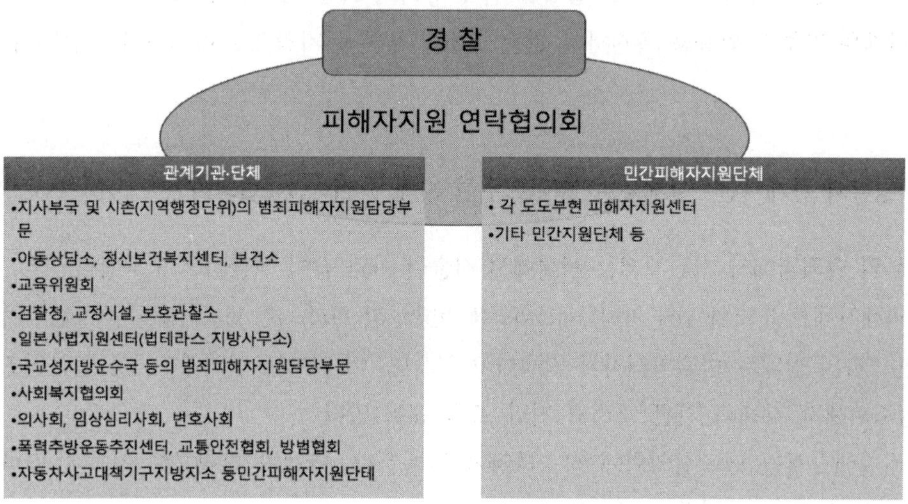

3) 각 도도부현(지차체) 단위

피해자의 편에서 종합적인 지원을 행하기 위하여 경찰 외 지방검찰청, 변호사회, 의사회, 임상심리사회, 지사부국(知事部局)이나 시의 담당부, 현이나 시의 상당기관 등에 따른 「피해자지원연락협의회」의 설립이 전국 각지에서 추진되고, 1999년 2월 말까지, 전국 도도부현(지자체)에 설립되게 되었다.

이 연락협의회의 하에서, 각 기관 · 단체상호의 연대를 강화하고, 피해자의 필요에 상응하여 상호 적절한 기관 등을 소개하는 것에 의해 피해자의 요구(needs)에 부응하는 체제를 취하고 있다.

4) 경찰서(각 구동읍면) 단위

각각 사건의 피해자 측에 대하여 그 구체적인 요구를 파악하고, 보다 세부적인 지원을 행하기 위하여 각 도도부현(지자체)에서는 경찰서의 관할구역을 단위로 한 피해자 지원구역네트워크구축을 진행하고 있다.

[표 4] 범죄피해자지원 유관기관 등의 홈페이지 링크

구 분	홈페이지
• 전국피해자지원 네트워크	http://www.nnvs.org/
• 법무부 "범죄피해자들에게" 피해자 등 통지제도를 시작으로 하여 지원을 위한 제도에 대하여 소개하고 있다.	http://www.moj.go.jp/KEIJI/keiji11.html
• 일본사법지원센터–법테라스(法テラス) 일본사법지원센터(법테라스)는 법적 갈등해결을 위한 종합적 안내소이다.	http://www.houterasu.or.jp/
• 공공임대주택 안내 범죄피해로 종전의 집에 살수 없게된 일정한 소득 이하의(가정폭력 피해자 이외의 독신자는 제외)에 대해 지방자치단체에 따라 공영 주택(도도부-지자체 주택)에 우선적으로 입주할 수 있는 곳이 있다. 또한 긴급 공영주택에 입주할 필요가 있는 사람이나 독신자에 대해서도 대응할 수 있는 지방 공공단체가 있거나 독신자에 대하여 대응할 수 있는 지방공공단체가 있기 때문에 상세한 것은 도도부현 또는 시정초(동읍면)의 공영 주택관리담당창구에 문의.	http://www.kokyo-chintai.jp/
• 일본변호사 연합회 (日弁連) 전국의 변호사회, 관련단체의 일람이 게시되어 있다.	http://www.nichibenren.or.jp/

Ⅳ. 예 산

예산은 국가(경찰청)의 일반예산으로 충당하고 있으며, 미국과 같은 특별 부과금 또는 추가벌금(special assessment, fine surcharge)에 기반 한 범죄피해자기금이나, 한국과 같이 벌금의 일부를 재원으로 하는 범죄피해자 보호기금과 같은 방식은 아니다.[23)]

1. 범죄피해자 급부제도

"범죄피해자등 급부금의 지급 등에 관한 법률[24)](2008년 7월 1일 시행)"은 그 목적 조항에서 "이 법률은 범죄행위로 불의의 죽음을 당한 자의 유족 및 중상질환(중증의 상해와 질병을 의미함, 이하 '중상병(重傷病)'이라 한다.)을 입거나 심각한 장애가 남은 자의 범죄피해 등을 조기에 경감하는 것과 함께 이러한 자가 부디 평온한 삶을 영위할 수 있도록 지원하기 위해, 범죄피해 등을 입은 자에 대하여 범죄피해자 등 급부금을 지급하고 해당 범죄행위의 발생 후 신속하고 지속적인 범죄피해 등을 받은 자를 지원하기 위한 조치를 강구하고 나아가 범죄피해 등을 받은 자의 권리이익의 보호가 이루어지는 사회를 실현할 것에 기여할 것을 목적으로 한다."(동법 제1조)고 밝히고 있다. 급부대상이 되는 범죄피해자는 일본국내 및 일본국외에 있는 일본선박 또는 항공기 내에서 행하여진 사람의 생명 또는 신체를 해하는 죄에 해당하는 행위(과실범을 제외)에 의한 사망, 중상병, 장애를 말한다. 범죄피해자등 급부금의 성격은 유족급부금, 중상병급부금 및 장애급부금 3종류가 있고, 국가로부터 일시금으로 지급받는다.

---

23) 太田達也, 전게논문, 213면.

24) 「범죄피해자등 급부금의 지급 등에 의한 범죄피해자 등 지원에 관한 법률」(昭和55년 5월 15일 법률 제36호, 최종개정 : 平成20년 4월 18일 법률 제15호)
"이 법률은 범죄행위로 불의의 죽음을 당한 자의 유족 및 중상질환을 입거나 심각한 장애가 남은 자의 범죄피해 등을 조기에 경감하는 것과 함께 이러한 자가 부디 평온한 삶을 영위할 수 있도록 지원하기 위해, 범죄피해 등을 입은 자에 대하여 범죄피해자 등 급부금을 지급하고 해당범죄행위의 발생 후 신속하고 지속적인 범죄피해 등을 받은 자를 지원하기 위한 조치를 강구하고 나아가 범죄피해 등을 받은 자의 권리이익의 보호가 이루어지는 사회를 실현하는 것에 기여하는 것을 목적으로 한다."(동법 제1조 [목적])

[그림 2] 범죄피해자급부금의 신청 · 청구의 진행절차[25)]

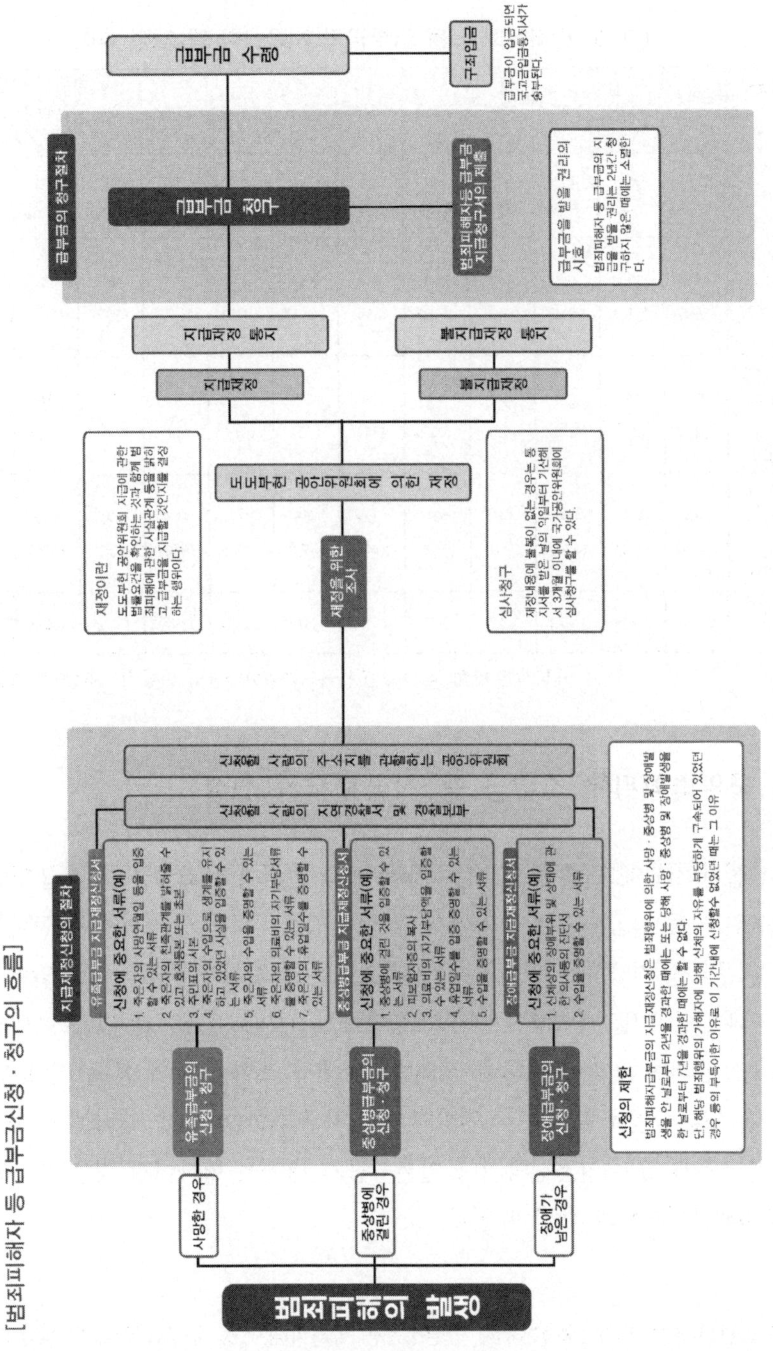

---

25) 일본 경찰청 피해자지원 홈페이지에서 발췌(최종방문일 : 2018. 9. 11.), 해당 파일 14~15면.
https://www.npa.go.jp/higaisya/shien/pdf/higaisyashienP.pdf

2. 범죄피해급부금 제도의 운용현황[26)]

[표 5] 범죄피해자 등 급부금의 지급신청 및 재정 추이

구분 / 연도	1981~2004	2005	2006	2007	2008	2009	2010	2011	2012	2013	2014	2015	2016	누계
신청에 관계한 피해자수(인) (신청건수 (건))	5,103 (7,738)	465 (608)	491 (649)	448 (574)	462 (565)	589 (719)	585 (718)	652 (810)	619 (729)	558 (645)	531 (623)	452 (552)	460 (536)	11,415 (15,466)
지급재정에 관계한 피해자수(인) (재정건수(건))	4,554 (7,099)	394 (520)	435 (583)	407 (546)	388 (510)	538 (656)	534 (641)	663 (835)	517 (621)	516 (597)	503 (591)	422 (523)	390 (470)	10,261 (14,192)
지급총재정에 관계한 피해자수(인) (재정건수(건))	274 (379)	18 (21)	23 (27)	38 (42)	19 (22)	28 (31)	29 (32)	52 (61)	56 (69)	55 (65)	56 (64)	33 (36)	50 (54)	731 (903)
[합계]재정에 관계한 피해자수(인) (재정건수(건))	4,828 (7,478)	412 (541)	458 (610)	445 (588)	407 (532)	566 (687)	563 (673)	715 (896)	573 (690)	571 (662)	559 (655)	455 (559)	440 (524)	10,992 (15,095)
재정금액(백만엔)	15,801	1,133	1,272	932	907	1,277	1,311	2,065	1,509	1,233	1,243	991	882	20,556

* 제도시행 昭和56(1981)년 ~ 平成27(2015)년도 현황[27)]/ 재정액의 단위는 백만엔(円)

3. 국외범죄피해 조위금 등 지급제도의 신설

최근 신설된 지원제도 중 눈에 띄는 것이 「국외범죄피해 조의금 등 지급제도」이다. 국외범죄피해조위금 등 지급제도는 국외에서 불의의 범죄피해를 입은 피해자 등에게 국가가 조의금이나 위문금을 지급하는 것이다. 구체적으로는 국외에서 범죄피해를 입어 사망한 일본국민(일본국외의 영주자를 제외)의 유족(범죄행위 발생시, 일본국적을 갖지 않으면서 일본국내에 주소를 가지지 않은 자를 제외)에 대하여 국외범죄피해자 조위금(200만 엔)을 장애(장애등급 제1급 상당)를 입은 일본국민에 대하여 국외범죄피해 위문금(100만 엔)을 각각 지급하는 것으로 한다. 단 일본국외에 있는 일본선박이나 일본항공기 내에서 행하여진 것은 본 제도의 대상이 아닌 범죄피해급부제도의 대상이 된다.

---

26) 내각부 소관의 일반 회계 세출개요와 경찰청운용 범죄피해자 등 급부금에 대한 예산임. 예산 전반에 대한 통계는 일반적인 공개 자료로 찾지 못하였음.

27) 일본 경찰청 홈페이지 '범죄피해자등을 위한 시책', 11면. https://www.npa.go.jp/higaisya/home.htm 최종방문일 : 2017. 11. 01.

Ⅴ. 개별 범죄피해자 등을 위한 구체적 시책과 진행상황

전술한 기관들의 범죄피해자 지원을 위한 노력들 외에도 범죄피해자와 그 유족 등을 위한 구체적 시책은 '손해와 경제적 지원을 위한 원조', '정신적·신체적 피해의 회복을 위한 원조', '형사절차에 참여 확충을 위한 노력', '지원 등을 위한 체제정비의 노력', '국민의 이해 증진과 배려·협력의 확보를 위한 노력'등을 위한 중점과제의 선정과 구체적 시책에 대한 노력들이 계속되고 있다.

끝으로 범죄피해자 등의 시책에 관한 각 국가기관의 사무분담에 대하여 정리한 자료가 있어 소개하고자 한다.

[표 6] 범죄피해자 등 시책관련 관계부서의 사무분담관계[28]

담당 부서	연구 기관 등	지방 지분 부국 등	협의회 등	독립 행정 법인	담당하는 사무
내각부 범죄 피해자 등 시책 추진실			범죄 피해자 등 시책 추진 회의		· 범죄 피해자 등의 권리 이익의 보호에 관한 행정 각부 시책의 통일을 도모하기 위해 필요한 기획 및 입안 및 종합 조정에 관한 사무 · 범죄 피해자 등 기본 계획(범죄 피해자 등 기본법(2004년 법률 제161호) 제8조 제1항에 규정하는 것을 말한다.)의 작성 및 추진에 관한 사무
내각부 정책총괄관 (공생 사회 정책 담당)					· 교통사고 상담 활동의 촉진 및 전국 교통안전 운동을 중심으로 한 홍보·계몽 사업에 관한 사무

28) 경찰청 홈페이지의 자료 중 범죄피해백서 중 발췌(최종방문일 : 2018. 9. 11.).
https://www.npa.go.jp/hanzaihigai/whitepaper/w-2015/html/zenbun/part3/s3_07.html

내각부 남녀공동참획국 (男女共同参画局)			남녀 공동 참획 회의, 여성에 대한 폭력에 관한 전문 조사회		· 여성에 대한 모든 폭력근절을 위한 홍보 계몽, 조사 연구, 정보 제공, 관계 기관 및 민간단체와의 연계 강화, 직무 관계자에 대한 교육에 관한 사무 · 배우자 폭력 방지법의 시행에 관한 사무(경찰청, 법무성, 후생 노동성 및 공관)
경찰청(공안위원회) 장관관방	과학 경찰 연구소 경찰 대학교 경찰 정책 연구 센터	관구 경찰국			· 범죄 피해자 지원에 관한 기획, 입안 및 조정에 관한 것 · 범죄 피해자 등 급부금에 관한 것 · 옴 진리교 범죄 피해자 등 급부금에 관한 것
금융청 감독국 보험과 검사국					· 보험 회사에 대한 감독 · 검사
총무성 대신 관방 자치 행정국					지방 공공 단체 등에 관한 사무
법무부 사법 법제부 민사국 형사국 교정국 보호국 인권옹호국	법무총합 연구소	법무국, 지방법무구, 최고검찰청, 고등검찰청, 지방검찰청, 구검찰청, 교정관구, 형무소 소년형무소, 구치소, 소년형무소, 소년감별소, 부인보도원, 교정연수소, 지방갱생보호위원, 보호관찰소	법제심의회	일본 사법 지원 센터 (통칭 : 법테라스)	· 범죄 피해자 등에 관한 법률 검찰, 교정, 갱생 보호, 인권 등에 관한 사무 종합 법률 지원에 관한 사무

문부과학성 평생 학습 정책국 초등·중등 교육국 고등교육국 과학 기술 · 학술 정책국 스포츠 · 청소년국					·범죄 피해자 등 지원에 관한 학교와 관계 기관과의 연계의 충실이나 학교 상담 체제의 정비 등 학교 교육, 사회 교육, 가정 교육 등에 관한 사무
후생노동성 정책총괄관(사회 보장 담당) 대신관방지방과 의정국(医政局) 보건국(健康局) 노동기준국 직업안정국 고용 평등 · 아동가정국 사회·원호국 장애 보건 복지부보험국		도도부현 노동국 공공 직업안정소 지방 후생국	사회보장 위원회 노동 정책 심의회		·의료 제공 체제의 확보·의료 보험 제도에 관한 사무 ·아동 학대 방지, 배우자로부터의 폭력 방지 및 인신매매 방지 및 그 피해자의 보호·지원에 관한 사무 ·개별 노동 분쟁, 고용 관리와 노동 시간 등 설정 개선에 관한 사무 ·구직자에 대한 치밀한 취업 지원에 관한 사무 ·정신적 피해 등의 상담·원조 활동에 관한 사무
국토 교통부 자동차국 보장제도참사관실 주택국 주택총합정비과		지방교통운수국 자동차교통부 각 지방정비국 등 주택정비 등 담당과		독립 행정법인 자동차 사고 대책기구	·자동차 손해 배상 책임보험 및 자동차손해배상책임공제에 관한 사무 ·정부가 관장하는 자동차손해배상 보장사업에 관한 일 ·공영 주택 관련 법령의 개정 및 운용에 관한 지침의 책정
해상보안청		관구 해상 보안 본부 해상 보안부 등			·범죄 피해자 등 시책의 실시에 관한 사무 ·해상 범죄로 인한 피해자 등을위한 시책의 실시에 관한 사무

1. 성범죄 피해자에 대한 대응29)

1) 성범죄자에 대응한 개별적 시책추진

강제 성관계나 강제 추행 등의 성범죄는 피해자의 존엄을 짓밟고 신체뿐만 아니라 정신적으로도 매우 중한 피해를 입히는 범죄이다. 이 때문에 경찰은 종래부터 살인, 강도 등과 함께 성범죄를 중요 범죄로 파악하고, 그 수사에 힘을 실어왔다.

성범죄의 피해자는 정신적인 피해 등으로 경찰에 피해 신고를 주저하기 때문에 많은 성범죄 피해가 잠재화하기 쉬운 범죄(암수범죄가 많은 범죄)이다.

그러므로 경찰은 성범죄 피해자의 정신적 부담을 경감하고, 피해의 잠재화를 방지하기 위해 다음과 같은 시책을 추진하고 있다.

2) 성범죄수사지도관 등의 설치

도도부현 경찰에서는 경찰 본부에 "성범죄 수사 지도관(性犯罪捜査指導官)"의 지정과 "성범죄 수사 지도계(性犯罪捜査指導係)"를 설치하고 성범죄 수사의 지도 · 조정, 발생 상황의 집계, 전문 수사관의 육성 등을 실시하고 있다.

3) 여성수사관에 의한 수사

성범죄의 피해자가 수사 과정에서 받는 정신적 부담을 조금이라도 완화하기 위해서 피해자가 원하는 성별의 경찰관에 의한 대응이 필요하다.

따라서 각 도도부현 경찰은 경찰 본부의 성범죄 수사지도계와 경찰서의 성범죄 수사를 담당하는 관계자로 여성 경찰관의 배치를 추진함과 동시에, 성범죄가 발생한 때에 수사를 담당하는 성범죄수사원으로써 여성경찰관을 지정하고 있다.

이들 여자 경찰관은 피해자의 사정 청취를 시작으로 증거 채취, 증거품 수령, 병원 등의 동행수사상황의 연락 등 성범죄 피해자에 관련된 다양한 실무에 종사하고 있다.

---

29) 이하 성범죄를 비롯한 개별 시책들에 대한 내용은 일본 경찰청 범죄피해자지원실 홈페이지 내용을 번역하였음(최종방문일 : 2018. 9. 11.).
https://www.npa.go.jp/higaisya/shien/pdf/higaisyashienP.pdf

4) 증거채취에 있어서 배려

성범죄의 피해를 입은 경우, 그 증거가 되는 것이 피해의 신체와 의류에 남아있는 경우가 많다. 그 흔적이 손실되지 않도록 피해 직후 증거 채취 및 의류 제출이 필요할 수 있다.

그러나 피해 직후의 충격이나 수치심에 이를 부담스러워 하는 피해자도 적지 않기 때문에 각 도도부현의 경찰은 그런 부담을 주지 않고 채취할 수 있도록, 채취 요령을 정한 것 외에 채취에 필요한 용구, 피해자의 의류를 맡을 때 갈아입을 옷 등을 마련해 두고 있다.

또한 피해 상황을 확인할 필요가 있는 경우에는 마네킹인형을 사용하는 등 사건의 재현에 의해 피해자가 느끼는 정신적 피해를 경감하도록 하고 있다.

더욱이 사건발생 시에 신속하고 적절한 진료, 치료를 행하는 것 외에 증거채취나 여성의사에 의한 진단을 행하기 위해 산부인과의사회 등과의 네트워크를 구축하고 연대강화에 노력하고 있다.

5) 성범죄피해 상담전화 전국 공통번호(#8103 ;하토상[30]))의 도입

성범죄 피해를 입은 자들이 상담하기 쉬운 환경을 마련하기 위해 각 도도부현 경찰의 성범죄 피해 상담전화 창구로 이어지는 전국 공통 단축 다이얼번호(#8103)를 2018년 8월부터 도입하고 있다. 다이얼을 누르면 발신된 지역을 관할하는 각 도도부현 경찰의 성범죄피해 상담 창구로 연결된다.

6) 긴급피임 등의 경비부담

성범죄를 당한 분의 부담을 경감하기 위한 목적으로 그 피해에 상응한 초진료, 진단서류, 긴급피임비용 등에 들어간 비용을 공비로 부담하는 제도를 각 도도부현 경찰에서 운용하고 있다. 이렇게 피해신고를 받는 것으로 잠재화되고 있는 동종사안의 확대방지도 꾀하고 있다.

7) 파출소의 여성안전대책의 추진

범죄 피해에 대한 불안을 안고 있는 여성의 안전 대책을 추진하기 위해 지역의 특성, 범

---

30) 전화번호를 일본어 발음과 연계하여 하토('heart')상이란 이름을 붙이고 있는 듯하다.

죄 발생 상황 등을 감안하여 파출소에 여성 경찰관을 배치함으로써 여성에 의한 상담에 대응하거나 피해 신고에 대한 대응을 실시하는 것 외에 상담자의 요구에 응한 순찰 등을 실시하고 있다. 또한 파출소에서는 상담자의 개인 정보를 보호하기 때문에 외부의 시선과 방음을 고려한 커뮤니티룸 등을 설치하여 여성이 안심하고 상담 할 수 있는 환경마련에 노력하고 있다.

8) 철도경찰대의 여성안전대책의 추진

철도경찰대에서는 여성경찰관을 배치하는 것과 함께 파출소 등에 배치한 여성경찰관과 연계하여 열차 내 성추행이나 성범죄에 대한 여성의 상담 피해신고에 적절하게 대응하고 있다. 또한 동 경찰대에서는 피해실태나 발생상황에 따라 피해자에게 동행하여 통근열차에 승차하는 등의 경계활동을 행하거나 성범죄피해의 방지 피의자 검거에 노력하고 있다.

2. 피해소년의 보호

1) 피해소년에 대한 지원활동

심신이 모두 미성숙한 소년이 범죄, 이지매, 아동학대 등의 피해를 당한 경우 그것으로 입은 정신적 피해는 어른에 비하여 특히 크고, 고통스런 속내를 말로 자유롭게 발산하는 방법이 미숙하기 때문에 마음의 상처는 어른보다 더욱 뿌리 깊은 것이 되기 쉽다.

이러한 정신적 피해로 인해 문제 행동으로 나가게 되는 등 소년의 건전한 육성을 해치는 경우가 많다. 경찰은 소년의 특성을 감안하면서 범죄 등의 피해를 입은 소년(피해소년)의 정신적 피해를 줄이고 그 회복을 지원하는 활동을 추진하고 있다.

(1) 전문직원 등에 의한 정신적인 지원활동

소년의 피해당시 상황이나 정신적 피해의 정도 등을 종합적으로 판단하여 피해로부터 회복을 위하여 "정신적인 지원이 필요"하다고 인정하는 경우 소년이나 보호자에 대한 적절한 조언·지도에 노력하는 동시에 관계 기관·단체에 협력하면서 상담의 실시와 소년의 가정환경을 비롯한 주위의 환경을 조정하는 등 정신적·환경적인 면에서의 지속적인 지원을 하고 있다. 이러한 활동은 소년의 특성·심리에 관한 지식과 상담에 관한 기술을 가진 소년보호·

지도하는 직원(이하 '보도직원')이 중심적으로 담당하고 있다. 또한 임상심리사, 정신과의사 등의 외부전문가를 "피해소년상담고문"으로 위촉하고 지원에 상응한 자문을 받으며 활동하고 있다. 또한 세밀한 방문활동 등을 실시하는 지역에서의 자원 봉사를 "피해소년 서포터"로 위촉하고 후원을 담당하는 경찰 직원과 일체가 되어 활동하고 있다.

[그림 3] 피해소년에 대한 지원활동

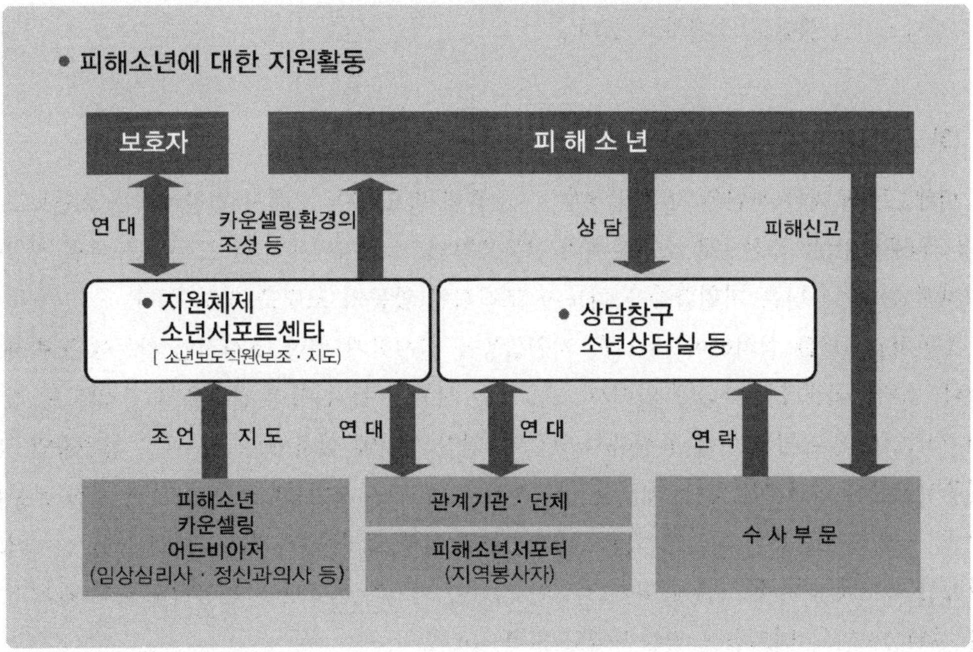

(2) 소년상담창구의 충실

피해 소년의 고민, 곤란한 일 등을 상담할 때 적절히 대응하고자 각 도도부현 경찰에서 소년 상담을 위해 전용 창구를 마련하고, 면접 상담 등을 받게하고 있다. 또한 상담자가 쉽게 접근 할 수 있도록 "영 텔레폰코너(ヤング・テレホン・コーナー)" 등의 명칭으로 전화 상담 창구를 설치하거나 팩스나 메일로 상담 접수 등을 진행하고 있다.

소년 또는 그 보호자 등으로부터 상담이 있었을 경우에는 내용에 따라 조언 기타의 원조를 지속하는 지원이 필요한 내용은 지원 담당자에게 전달된다.

또한 다른 기관에서 취급하는 것이 적당하다고 인정하는 경우에는 그 인계 연락처, 연락 방법이 교시되는 등 인계가 확실하게 이루어지도록 하고 있다.

면담 장소는 가능한 한 다른 사람의 눈이 닿지 않고 이야기 소리가 들리지 않는 것과 같은, 상담자를 안심시킬 수 있도록 하는 소년상담실 등에서 행하고 있다.

상담 담당자는 상담자가 안심하고 스스로 말할 수 있도록 배치하고 격려하고 또한 상담자의 연령, 성별, 성격 등에 상응하여 알기 쉬운 단어로 지도·조언을 행한다.

이와 같이 상담 및 지원 담당자는 피해 소년 지원에 있어서 그 심정에 대해 충분히 배려하고, 긴밀도를 유지하므로 안심하고 상담 할 수 있다.

또한 아동 포르노 사진을 찍힌 피해 아동의 상담에 응하는 것 외에 인터넷에 게재 된 아동 포르노 영상에 대한 사이트 관리자 등에 삭제 요청 등 아동 포르노 사범 피해 아동에 대한 상담·지원 활동도 추진하고 있다.

(3) 소년서포터센터(소년지원센터)

피해소년에 대한 지원은 각각의 경우 긴 호흡이 필요하다. 그래서 경찰에서는 소년보도직원(少年補導職員)을 중심으로 소년문제의 전문조직인 "소년지원센터"를 모든 도도부현 경찰에 설치케 하여 더 나은 지원활동을 하도록 조직적인 활동의 노력을 하고 있다.

소년지원센터를 설치하여 더 나은 지원활동을 실시하기 위한 조직적인 활동에 노력하고 있다. 소년지원센터의 마련에 있어서 소년 또는 보호자 등 심리적 압박을 주지 않도록 경찰 시설 이외의 장소에 설치를 추진하고 있으며, 경찰 시설에 설치하는 경우에도 전용출입구와 전용상담실을 마련하는 등의 배려를 실시하고 있다. 소년지원센터는 도도부현 경찰 본부위치 및 주요도시를 중심으로 설치되어 피해소년과 그 보호자 등에 대한 지원활동을 실시하고 다양한 각도에서 피해 소년의 회복을 위한 지원을 하도록 학교나 아동상담소 등의 관계기관과 지원봉사자와 네트워크 만들기에도 노력하고 있다.

2) 아동학대에 대한 대응

아동학대란 인격형성기에 있는 아동의 심신에 심각한 영향을 미치는 중대한 문제이기 때문에 경찰에서는 아동학대 방지 등에 관한 법률의 취지를 바탕으로 아동상담소 등의 관계기관과 연대하여 아동의 안전확인과 안전확보를 최우선으로 한 대응을 행하고 있다.

(1) 조기발견과 통보

조기발견의 철저를 기하면서 아동학대를 받았다고 생각되는 아동을 발견한 경우에는 즉시 아동상담소 등에 통보하고 있다.

(2) 아동의 안전 확인 및 안전 확보

아동학대가 의심이 되는 사안을 인지한 경우에는 아동의 안전을 직접 확인하고 아동상담소에서 출입조사 및 일시보호의 지원을 적극 요청하고 적절하게 사건화 조치를 강구하는 등, 피해아동의 안전확인 및 안전확보를 최우선한 대응에 노력하고 있다.

(3) 원조요청의 대응

아동상담소장 등이 경차서장에게 원조가 요청된 경우는 대응의 방법, 역할분담 등을 협의하고 사안에 즉시 적절한 원조를 실시하고 있다.

(4) 아동의 지원

아동상담소 등의 관계기관과의 적절한 연대와 역할분담 하에서, 전문직원 등에 의한 아동의 상담, 보호자에 대한 조언·지도 등을 실시하고 있다.

(5) 적절한 사건화

사건으로 취급해야 할 사안에 있어서는 적절하게 사건화하고 있다.

(6) 관계기관과의 연대강화

아동상담소장을 시작으로 보건의료기관, 학교, 민간피해자지원단체 등의 관계기관·단체와의 실질적이고 효과적인 연대를 한층 강화하고 있다.

3. 폭력단범죄의 피해자에 대한 대응

1) 피해자지원의 현황

폭력단범죄 피해자는 경찰에 상담 하는 것 등으로 폭력단원으로부터 보복의 앙갚음(お礼参り:폭력단원 등이 자신을 고발한 사람의 집에 앙갚음하는 일 등)이나 괴롭힘을 받을지도 모른다는 불안감을 안고 있는 경우가 많다. 그래서 경찰에서는 이러한 피해자의 안전을 확보하면서 적극적인 피해 신고를 촉진하기 위해 전용전화를 개설하는 등 폭력단 관계 상담의 접수

체제를 정비하고 상담자의 불안감을 제거하도록 조언을 실시하고, 사건 검거 폭력단 대책법의 규정에 의한 중지 명령 등의 발표, 경고 등의 조치를 강구하고 있으며, 도도부현 폭력 추방운동 추진센터(이하 '도도부현 센터'라고 한다)나 각 변호사회 민사개입폭력대응위원회 등과도 연대하면서 사안의 내용에 상응하여 적절한 해결이 되도록 노력하고 있다. 또 폭력단범죄의 피해자의 신청에 근거하여,

"폭력단원에 연락이나 연락처의 교시",

"피해회복교섭에 관한 조언",

"피해회복교선을 행할 장소로써 경찰시설의 활용"

등을 지원하고 있는 것에 의해 폭력단범죄에 의한 피해의 회복을 꾀하고 있다.

2011년 12월 「보호대책실시요강」을 새롭게 제정하고 폭력단범죄피해자나 참고인, 폭력단관의 관계의 단절을 꾀하는 기업관계자등의 안전을 확보하기 위해 신변경계원을 지정하여 보호대책을 강화한 것 외에도, 순찰을 철저하게 하는 등, 피해를 미연에 방지하기 위하여 노력하고 있다.

[표 7] 폭력단피해 관계 상담건수의 추이[31]

구 분	2012년	2013년	2014년	2015년	2016년
전(全)폭력 상담	46,351	47.098	53,487	52,619	51,967
경찰상담	22,369	23,630	24,183	22,637	21,823
센타상담	23,982	23,468	29,304	29,982	30,144

2) 손해배상청구제도에 관하여 피해자 측의 입증부담을 경감

2008년 폭력단원에 의한 부당한 행위의 방지 등에 관한 법률의 일부개정에 따라 지정폭력단원이 그 폭력단의 이름을 표시하는 등으로 자금획득행위를 행할 때에 타인의 생명, 신체 또는 재산을 침해한 경우에서는 그 지정 폭력단의 대표자 등이 이것에 의하여 발생한 손해를 배상할 책임을 지도록 규정하고 있다. 그 규정에 따르면, 예컨대,

"지정폭력단에 의한 공갈의 피해를 입은 경우"

"지정폭력단원으로부터 요구받은 신변보호료(신변보호료라는 명목 금품을 제공하지 않으면 폭력행위를 하여 신변의 안전이 보장되지 않는다는 명목으로 금품을 요구하는 것)의 지불을 거절한

---

31) 경찰청 홈페이지 발췌 (최종방문일 : 2018. 9. 11.) 범죄피해자지원시책 해당파일 23면. https://www.npa.go.jp/higaisya/shien/pdf/higaisyashienP.pdf

것으로 폭력행위를 받은 경우"

등의 피해를 받은 경우에 지금보다(지금껏 손해배상을 청구할 때의 경우보다도) 손해청구를 행할 때의 피해자 측의 입증부담이 경감되어 있다.

3) 도도부현 센타와의 연대

도도부현 센터에서는 경찰 기타 관계기관 등과의 연대 하에서 폭력추방 상담위원으로써 위촉된 변호사, 소년지도위원, 보호사, 원경찰직원 등이 각각의 전문적 지식, 경험을 살려서 폭력단원에 의한 부당한 행위에 관하여 상담에 응하는 것과 함께 폭력단원에 의한 부당한 행위의 피해자에 대한 위로금의 지급, 폭력단원을 상대로 한 민사소송의 비용을 대출하는 등의 사업을 실시하고 있다.

도도부현 센터나 경찰서에서는 "민폭(民暴)상담 안내서"를 배포하고, 그 사안내용 등을 소개하고 있다.

4. 교통사고 피해자에 대한 대응

1) 교통사고피해자의 현황

2016년 중의 전국 교통사고발생건수(인사사고에 한정)는 49만 9,201건으로 교통사고에 의한 사상자수는 62만 2,757명이었다.

교통사고 피해자(유족을 포함)는 대부분 신체적, 정신적 또는 경제적 타격을 받거나 혹은 매우 소중한 생명을 잃었다고 하는 큰 불행을 겪고 있기 때문에 이러한 교통사고 피해자를 지원하기 위한 각종 시책을 추진하고 있다.

2) 교통사고 피해자에 대한 상담의 대응

도도부현 경찰에 있어서는 교통사고 피해자에게 「피해자 수첩」, 현장배포용 전단지 등을 활용하여,

"형사절차의 흐름",

"교통사고로 생긴 손해의 배상을 구하는 절차",

"뺑소니 사건이나 상대방이 자배책임보험에 가입하고 있지 않았던 경우에 국가가 보상으

로 전보를 하는 제도(정부보장사업)",
"피해자지원에 관한 각종상담창구"
등에 관하여 설명을 실시하고 있다.

3) 교통사고피해자에게 정보의 제공

「피해자연락제도」에 의해 뺑소니사건, 교통사망사고 등의 중대한 교통사고사건의 피해자를 대상으로 해서, 사건을 담당한 수사관이 수사상황, 검거상황 및 처분상황 등에 관하여 연락을 하고 있다.

또 피해자 쪽에서 사고의 개요 등에 관하여 설명을 요구받는 경우 「피해자연락제도」의 대상사건이 아닌 교통사고에서도 수사에 지장 등을 감안하면서, 피해자의 요구사항에 응하여 적절하게 수사상황 등의 정보를 제공하고자 노력하고 있다.

더욱이 교통사고 피해자로부터 가해자에 행정처분에 관계되는 의견 청취 등의 기일 등에 대한 문의를 받았을 경우나 교통사망사고 유족, 중증 후유 장애를 받은 자 및 그 측근 가족으로부터 가해자에 대한 행정처분 결과에 대한 문의를 받은 경우에는 적절한 정보의 제공을 실시하고 있다.

4) 도도부현 교통안전활동 추진센터

도도부현 교통안전활동 추진센터에서 교통사고 상담업무를 실시하고 교통사고 피해자 등의 교통사고상담에 응하고 있다. 교통사고 피해자는 교통사고 인해 신체적, 경제적 피해 외에 정신적 피해를 받은 경우가 매우 많아서 피해자에 대한 지원으로 교통사고 보험 청구, 손해배상 청구, 합의 등의 경제 피해 복구에 관한 것뿐만 아니라 상담 등의 정신적 피해의 회복에 관한 것을 내용으로 하는 교통사고 상담을 실시할 필요가 있다. 그래서 도도부현 교통안전활동 추진센터에서는 직원 외에도 변호사 등을 상담원으로 배치하고 교통사고 보험 청구, 손해배상 청구, 합의 등의 경제적 피해 회복에 관한 상담에 응하는 것뿐만 아니라 교통사고로 인한 정신적 피해의 회복에 관해서도, 교통사고 피해자의 상담에 따라 적절한 조언을 하고 있다. 2016년도 전국 도도부현 교통안전활동 추진 센터에서 교통사고 상담의 실시 상황을 보면, 사고 조사에 관한 상담을 중심으로 9,736회 상담에 응하였다. 또한 전국 상담원의 수는 2016년 말에 192명에 달하고 있다.

5) 교통사고 사건수사에서 2차적 피해방지 - 피해자의 심정을 배려한 적절한 대응

수사과정에서 피해자에 대한 2차적 피해방지를 위하여 사고조사나 피해자연락 등을 함에 있어서는 피해자의 심정을 배려한 적절한 대응을 노력 하고 있다.

또 각 도도부현 경찰부의 교통사고 사건수사담당과에 설치된 피해자연락 조정관 등이 교통사고 피해자의 심정을 배려하는 적절한 대응을 행하도록 각 경찰서에서 실시하는 피해자연락에 관하여 지도를 행하는 것과 함께 교통수사원에 대하여 적절한 피해자 연락에 따른 교육을 실시하고 있다.

6) 사고원인을 철저하게 규명하기 위한 절정하고 치밀한 교통사고

교통 사고 피해자의 심정을 배려하면서 적정하고 치밀한 교통사고 사건 수사를 추진하기 위해 각 도도부현 경찰본부의 교통사고 사건 수사 담당과에 설치된 교통사고 사건수사 총괄관 및 교통사고 감식관이 악성 교통사고, 사고 원인의 규명이 어려운 교통사고 등에 대해 조직적이고 중점적인 수사를 실시하는 동시에 면밀한 실황 실지답사와 감식활동을 벌이는 등 교통사고 사건 수사의 강화에 노력하고 있다. 피해자의 "진실을 알고 싶다"는 강한 요구에 부응하기 위해서도 교통사고 감식관 양성연수를 비롯한 각종 수사연수를 실시하고 사원의 능력 향상을 도모함과 동시에, 3D 레이저 스캐너 방범 카메라, 드라이브 레코더 등 객관적인 증거 자료 수집에 도움이 되는 각종 기기장비를 수사에 활용하는 등 과학적인 수사를 추진하여 사고 원인의 철저한 규명을 도모하고 있다.

7) 피해자로부터 사정 청취를 하기 위한 장소의 배려

피해자로부터 사고의 사정청취를 행할 장소에는 그 말의 뜻을 충분히 청취하는 것과 함께 유족조서 등을 작성하는 경우에 있어서도 그 의향을 충분하게 배려하고 적절한 시기에 작성하는 등 그 심정을 배려한 수사활동을 하도록 노력하고 있다.

5. 스토커 사안·배우자로부터 폭력 등의 사안(DV; Domestic Violence)에 대한 대응

1) 범죄의 특수성에 상응한 피해자 보호

스토커 사안이나 배우자로부터의 폭력 사안 등은 가해자의 피해자에 대한 집착과 지배 의식이 매우 강한 것이 많고, 또한 가해자가 피해자 등에 대하여 강한 피해 의사를 가지고 있다. 경우에 따라서는 검거되는 것을 무릅쓰고 대담한 범행을 저지를 수도 있는 등 사태가 급 전개되고 중대 사건으로 발전할 위험이 크다. 이 때문에 경찰은 스토커 사안이나 배우자로부터의 폭력 사안 등을 비롯한 신체의 안전을 조속히 확보 할 필요가 인정되는 사안에서 일원적으로 대처하기 위해 체제를 확립하고 피해자 등의 안전확보를 최우선으로 하고, 법령을 적극적으로 적용하기 위하여 가해자의 검거 외에 피해자 등의 안전한 장소로 피난이나 신변의 경계, 110번 긴급 통보 등록 시스템에 등록, 비디오 카메라 및 긴급 통보 장치 등의 기자재의 활용 등에 의한 피해자 등의 보호조치 등, 조직에 의한 신속·정확한 대응을 추진하고 있다. 또한 피해자 등의 상담에 적절히 대응할 수 있도록 "피해자의 의사 결정 지원 절차" 등을 소개하고 있다.

2) 피해자 의사결정지원 절차

피해자의 의사결정지원 절차는 사안의 위험성이나 스토커 규제법 등에 기초한 경찰이 집행할 수 있는 조치 등을 피해자 등에게 도시화 하면서 알기 쉽도록 설명하고 피해자 등의 요구에 대응하여 있는 의사결정을 지원하기 위한 것이다. 경찰은 그 절차에 의해 피해자 등의 의사를 설명하고 있는 것으로 피해자 등과 공통인식을 가지고 보다 신속·정확한 사안에 대응을 도모하고 있다.

[그림 4] 스토커 사안 · 배우자에 의한 폭력사안 등(DV)에 관한 절차의 흐름

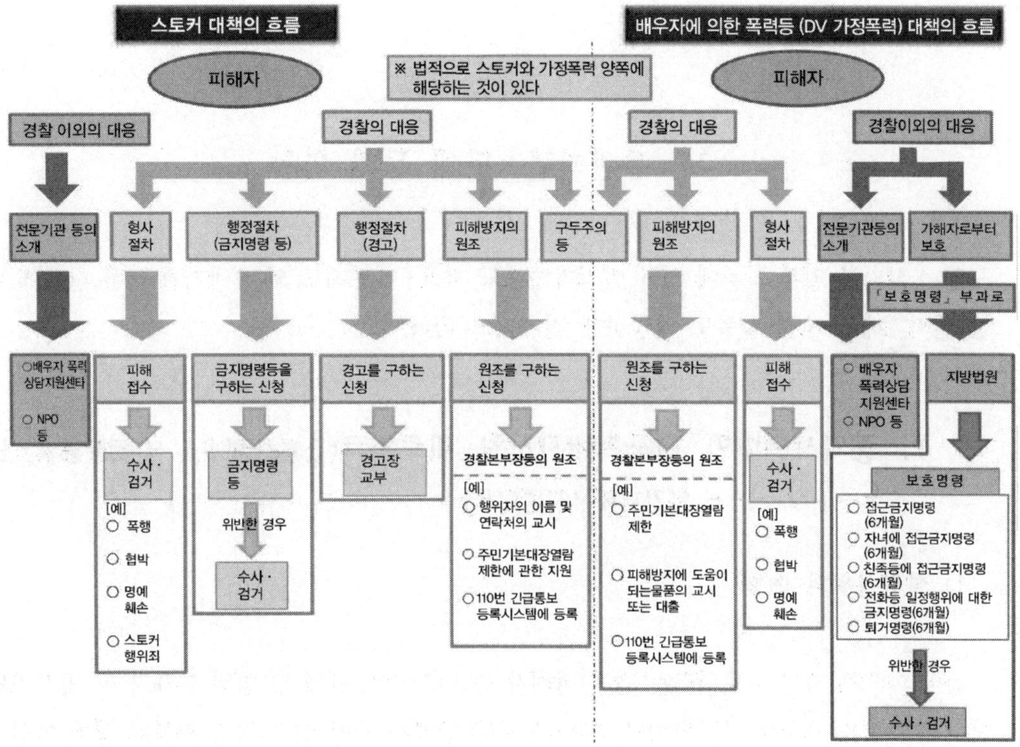

* NPO: 인정특정비영리활동법인을 의미

3) 스토커 가해자에 대한 정신 의학적 · 심리학적 접근

경찰은 스토커 가해자에 대한 정신의학적 · 심리학적 접근에 관한 조사연구를 실시했던 것에서 그 결과를 근거로 경찬관이 지역정신과의 등에게 가해자에 대응하는 방법이나 치료 · 카운셀링의 필요성에 대하여 조언을 받고, 가해자에게 진료를 받을 것을 권하는 등, 지역정신과의 등과 연대를 추진하고 있다.

4) 관계기관 · 단체와 연계

피해자 등의 안전확보를 꾀하기 위해서는, 가해자에 대한 검토조치 등을 집행하는 것과 동시에 피해자 등에 대한 안전한 장소로 신속하게 피난시키는 등의 철저한 보호조치가 필요

하다. 이를 위하여 경찰은 피해자 등의 일시보호 등을 행한 부인상담소나 배우자 폭력상담 지원 센터 등의 관계기관·단체와의 연대를 도모하고 있다.

Ⅵ. 유관기관·단체 등의 활동

앞서 살펴본 일본 경찰에 의한 범죄피해자의 지원·보호제도 외 유관기관 혹은 단체에 의한 범죄피해자 지원 활동도 다양하게 전개되고 있다.

1. 공익사단법인 전국피해자지원 네트워크(公益社團法人 全國被害者支援ネットワーク - 민간피해자지원단체)

1) 설립경위와 연혁

전국 피해자 지원 네트워크는 범죄 피해자 등 민간지원 단체 및 범죄 피해자 등 민간지원 단체의 지정을 목표로 전국의 민간 피해자 지원 단체가 가맹 인정 특정 비영리 활동 법인이다.

초기 전국 피해자 지원 네트워크는 8현에 설치된 민간 피해자 지원 단체에 의해 1998년 5 월에 설립되었다. 그 후 전국 피해자 지원 네트워크 가맹 단체는 해마다 증가하여 2009년 7 월 47개 도도부현 전체에 민간 피해자 지원 단체가 가맹하였다. "전국 피해자지원 네트워크"(2016. 11. 1. 공익 사단법인 인정, 법인번호2010005024925)는 범죄피해자등 민간지원단체 및 그 지정을 목적으로 하는 민간 피해자 지원단체로 구성된 비영리법인이다.

전국 피해자 지원 네트워크는 범죄피해자지원사업을 위한 조사와 연구 및 심포지엄의 개최, 구성원 연수 등을 통해 각 도도부현의 민간피해자지원단체(가맹단체)의 사업수준을 향상시키는 것에도 기여하고 있다. 또 2003년부터 전국 피해자 지원 네트워크활동을 시작하여 "범죄피해자 급부제도 출범 10주년 기념 심포지엄 1991년"이 개최된 10월 3일을 "범죄피해자 지원의 날"로 정하고 각종 행사를 실시하고 있다.

2) 각 도도부현의 민간피해자지원단체 - 범죄피해자지원센터(공익사단법인 전국피해자지원네트워크 가맹단체)의 설립배경

2009년 7월에는 47개 도도부현에 설치된 민간피해자지원단체가 "전국피해자지원 네트워크"에 가입하게 되었다. 이들 단체는 경찰 등의 관계기관과의 제휴를 도모하면서 다음 활동을 하고 피해자의 정신적 피해 회복 등 피해의 조기 경감에 큰 역할을 담당하고 있다. 또 2017년 4월 1일 현재, 이들 단체 중 47단체가 도도부현 공안위원회로부터 범죄피해자 등 민간지원단체로 지정되어 범죄피해자 조기지원단체와 민간피해자지원단체는 사실상 일치한다.

전국 피해자 지원 네트워크에서는 범죄 피해자 등의 지원 활동을 실시하는 단체 등의 연계 및 상호 협력을 통해 범죄 피해자 등에 대한 지원 사업을 효과적으로 추진하기 위해 가맹 단체의 피해자 지원원(일본의 피해자지원 전문가)의 연수[32] 등을 실시하는 것 외에 매년 전국 범죄 피해자 지원 포럼을 개최하고 사회 전체가 범죄 피해자 등을 지원하는 의식의 고양을 도모하고 있다.

범죄피해자 등 민간지원단체란 "범죄피해를 조기에 경감하는 것과 함께, 범죄피해자 등이 다시 평온한 생활을 영위할 수 있도록 지원하는 것을 목적으로 설치된, 범죄피해자 지원에 관한 사업을 적정하고 확실하게 행할 수 있도록 인정된 영리를 목적을 하지 않는 법인"으로, 그 사업을 행하는 자로 도도부현 공안위원회로부터 지정의 효과[33]는 공적 인정에 의하여 사회적 신용이 높고, 범죄피해자가 안심하고 지원을 받을 수 있다. 경찰로부터 피해자의 이름, 주소 등의 정보를 제공받을 수 있으며, 능동적인 접근이 가능하다는 점을 꼽을 수 있다. 범죄피해자를 지원하는 민간단체임에도 불구하고 도도부현의 공안위원회로부터 지정된 법인(공익사단법인)이라는 특징을 갖는다.

---

32) 민간피해자지원단체의 연수커리큘럼과 모델안에 대하여는 경찰청의 범죄피해자등에 대한 시책에서 자세히 안내하고 있어서(최종방문일 : 2018. 9. 11.) 전국적으로 통일된 모델을 제시하고 있다. https://www.npa.go.jp/hanzaihigai/kohyo/curriculum/curriculum.html

33) 출처 경찰청 홈페이지 (최종방문일 : 2018. 9. 11.)
https://www.npa.go.jp/hanzaihigai/soudan/dantai/dantai.html#shiendantai
"이 사이트는 범죄피해를 당하신 분들에게 정보 제공뿐만 아니라 범죄피해자 단체 등의 상호 교류에 도움이 되고자 게시하고 있습니다. 이러한 취지로 범죄 피해자 단체 등으로부터 게재 희망이 전해진 경우에는 원칙적으로 게재하고 있습니다. 따라서 이 사이트에 게재 된 단체에 대해 경찰청이 특히 공헌, 추천 등을 하는 것이 아니므로, 양지하시기 바랍니다."라고 명시하며 등록단체를 공시하고 있다.

3) 전국 피해자 지원 네트워크 주요 사업내용

전국 피해자원 네트워크와 공안위원회의 지정에 기한 법인인 범죄피해자 민간지원단체의 구체적인 사업활동은 아래와 같다(범죄피해자 지원법 제23조).

① 전국피해자지원 네트워크의 주요 사업

- 전국 범죄피해자지원포럼의 개최 등 정보교환에 관한 사업
- 전국 연수회 등 교육, 훈련에 관한 사업
- 범죄피해자지원에 관한 조사, 연구사업
- 범죄피해자지원에 관한 광고, 계발
- 민간 피해자지원단체의 지원스텝의 연수
- 전국 각지에 있는 민간피해자지원단체 설립의 추진과 연대
- 피해자, 유족의 자조 그룹지원과 연대

② 가맹 민간피해자지원단체의 구체적 시행 사업(범죄피해자 지원법 제23조)

- 피해자지원에 관한 홍보, 개발
- 범죄피해자 등에 대한 상담대응(전화상담, 면접상담)
- 병원이나 법원(에 갈 때) 등에의 보조인(附添人, 동행)
- 범죄피해자 등 급부금 재정의 신청보조
- 물품의 대여 및 제공, 역무의 제공 기타 방법에 의한 범죄피해자 등의 지원
- 피해자자조그룹(유족회 등)에의 지원
- 자원봉사자(보란티어, ボランティア, Volunteer)의 상담원 양성 및 연수

등의 활동을 하고, 피해자의 정신적 피해의 회복 등 피해의 조기경감에 큰 역할을 담당하고 있다.

또한 범죄 피해 등을 받은 직후의 범죄 피해자 등은 혼란과 충격 상태에 있고, 스스로 필요성을 판단하여 도움을 요청하는 것이 곤란한 경우가 있다. 따라서 범죄 피해자 등 민간지원 단체가 범죄 피해자 등에 대하여 능동적으로 접근하고 도움을 줄 수 있도록 경찰 본부장 등은 범죄 피해자 등 민간지원 단체의 요구에 따라 범죄 피해자 등 민간지원 단체에 대하여 범죄 피해자 등의 동의를 얻어 당해 범죄 피해자 등의 성명 및 주소 기타 당해 범죄

피해의 개요에 관한 정보를 제공 할 수 있다(범죄 피해자 지원법 제23조 제4항).

이 규정에 따라 범죄 피해자 등 민간지원 단체가 피해 후 초기부터 경찰을 비롯한 관계 기관 · 단체와 연계한 지원을 함에 있어 지원의 필요성을 스스로 판단하기 어려운 범죄 피해자들에 능동적으로 접근하는 것을 가능하게하고, 범죄 피해자 등이 이 단체에 자신의 범죄 피해를 반복 설명하는데 따른 정신적 부담을 해소할 수 있게 되어 있다.

[그림 5] 범죄피해자 민간지원단체의 활동

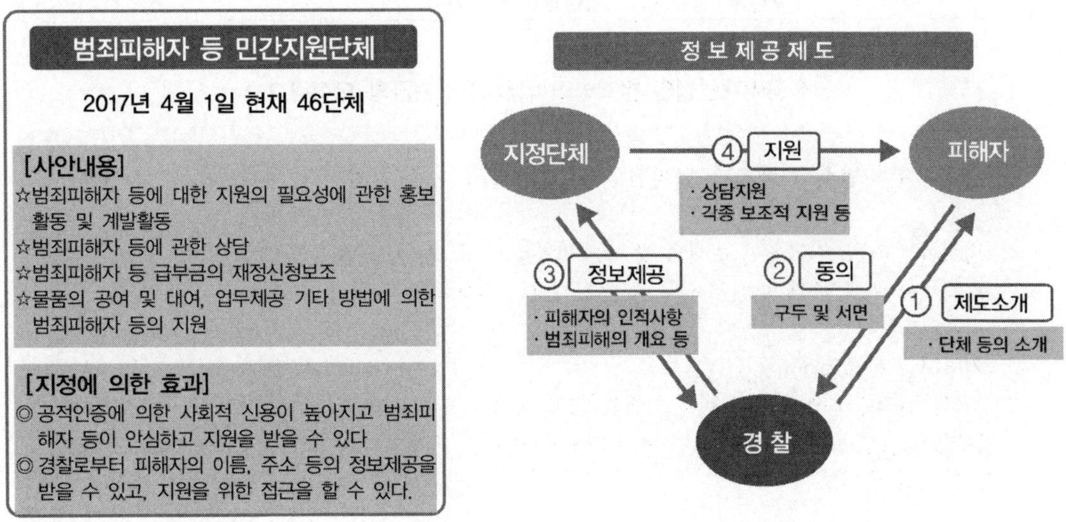

4) 공익재단법인 범죄피해자구조기금(公益財團法人犯罪被害救援基金)

공익재단법인 범죄피해구원기금(범죄피해구조기금)은 1981년 5월에 널리 국민들로부터 모집한 재원(財源)를 바탕으로 설립되었다. 주요 사업으로서 범죄 피해자의 유족인 자녀에 대한 장학금의 급여를 실시하고 있으며, 생활 상담, 민간 피해자 지원 단체에 대한 다양한 협력을 하고, 일본의 범죄 피해자 지원의 충실에 기여 하고 있다.

※ 공익재단법인 범죄피해구조기금[34]은 국민으로부터 기부금에 의하여 아래와 같은 사업을 실시하고 있다. 상세한 것은 공익재단법인 범죄 피해자구조지원금 홈페이지에서 조성사업규모와 사업내용(급여대상자, 장학금 급여액수 등)과 집행 현황 등에 상세히 게시하고 있다.

---

34) 公益財団法人　犯罪被害救援基金のホームページ（リンク先：http://kyuenkikin.or.jp/）

[표 8] 공익재단법인 범죄피해자구조기금의 주요 사업

장학금 급여 사업	사람의 생명 또는 신체를 해하는 고의적인 범죄 행위로 인하여 뜻하지 않은 죽임을 당한 사람 또는 신체에 중대한 장해가 남은 사람의 자녀 중 경제적 이유로 학업이 곤란한 사람에게 장학금을 지급하고 있다.
지원금 지급 사업	범죄 피해자 등으로 실제로 크게 곤란을 당하고 있고, 사회 연대 공조의 정신에 입각하여 특별히 구제를 도모 할 필요가 있다고 인정되는 자에게 지원금을 지급하고 있다.
조성 사업	범죄 피해자 등에 대한 지원 사업을 하고 있는 피해자 지원 단체 등에게 기금의 일부를 조성(助成)하고 있다.

〈 공익재단법인 범죄범죄피해자구조기금의 모집광고 〉

※ 묻지마 범죄 피해자나 남겨진 아이(피해자의 유족인 자녀)등에게 사랑의 손길을!

범죄피해자구조기금은 소득세법 및 법인세법상 특정 공익증진법인으로써 증명을 받을 수 있기 때문에 기금에 대한 기부금은 세법상 특별한 우대조치를 받을 수 있습니다.

〈기부하실 분들에게〉
기금의 취지에 찬성하시는 분은 금액의 크고 작음에 상관없이 기부해주시면 감사하겠습니다.
기부하시는 방법은 공익재단법인 범죄피해자구조기금 홈페이지(링크http://kyuenkikin.or.jp/)을 참조해 주세요.

동 법인은 기금의 모집 외에 헌책의 기부(홍데린구 프로젝트)와 기금마련을 위한 기부형 자판기 설치 사업의 방법으로 재원을 확보하는 방법 등을 사용하고 있다.[35)]

2. 일본 사법지원센터(법테라스 法テラス)[36)]

1) 일본 사법지원센터(일명 '법테라스')의 설립배경

일본 사법지원센터 일명 법테라스(이하 법테라스)는 "전국 어디서나 법적 문제를 해결하기 위한 정보와 서비스를 받을 수 있는 사회의 실현"을 이념으로 국민을 향한 법적 지원을 행

35) http : //www.nnvs.org/ 최종방문일:2017. 10. 04.

36) 일본 사법지원센터에 관한 내용은 일본 사법지원센터(법테라스) 홈페이지의 내용을 발췌하여 번역하였다(최종 방문일 : 2018. 9.11.). https://www.houterasu.or.jp/index.html

하는 중심적 기관으로 설립되었다. 법테라스는 「사법제도개혁의 3기둥」[37]의 주요 내용의 하나이다. 법 테라스는 재판 기타 법률에 의한 분쟁의 해결을 위한 제도를 국민들이 보다 용이하게 이용하고, 변호사 및 변호사 법인 및 법무사 기타 인접 법률 전문직들의 서비스를 더욱 친근하게 받을 수 있도록 하기 위한 종합적인 지원·실시 및 체제의 정비에 관한 것으로 민사, 형사를 가리지 않고 두루 전국에서 법에 의한 분쟁의 해결에 필요한 정보와 서비스를 제공받을 수 있는 사회의 실현을 목표로 그 업무의 신속, 적절하고 효과적인 운영을 목적으로 한다. (종합법률지원법 제2조) 법테라스의 업무에는 법률정보의 제공, 민사 법률구조 업무, 사법 과속대책업무(법률가가 없는 지역에 사법서비스에 접근성을 높이는 업무), 국선변호 등의 관련업무, 수탁업무 외 '범죄피해자 지원 업무'를 주요 업무로 지정하고 있다.

2) 법테라스의 범죄피해자 지원업무

법테라스는 범죄피해자 지원을 실시하고 있는 기관·단체와 연계 하에 각지의 상담 창구의 정보를 수집하고 그 사람이 필요로 하는 지원을 실시하고 있는 창구를 안내한다.

또한 피해를 입은 피해자와 그 가족 등의 피해가 걸려있는 형사절차에 적절하게 관여하거나 받은 손해와 고통의 회복경감을 도모하기 위한 법제도를 제공한다. 그리고 변호사에 의한 법률 상담 등의 지원을 필요로 하는 경우에는 개별상황에 따라 변호사를 소개하고 있다. 변호사 비용에 대해서도 그 피해자 등의 경제 상황 등에 따라 민사법률 부조와 일본 변호사 연합회 위탁 법률 지원제도를 이용할 수 있다.

기타 "피해자 참가인을 위한 국선변호인"이나 "피해자참가 여비지급제도"에 관한 업무를 수행하고 있다. 2018년 1월 24일부터 개정 종합법률지원법의 시행으로 가정폭력, 스토커, 아동 학대를 실제로 받고 있는 피해자(현재 받는 것으로 의심되는 자도 포함)을 대상으로 법률 상담지원제도, "가정폭력 등 피해자 법률상담지원제도"가 시작되었다(종합법률지원법 제30조 제1항 5호 외).

---

37) 「사법제도개혁의 3기둥」은 1999년 '일본 사법제도개혁심의회'가 설치되어 21세기의 일본 사회에 있어서 사법이 수행해야 할 역할을 명확하게 하고, 국민이 보다 이용하기 쉬운 사법제도의 실현, 국민의 사법제도에의 관여, 법조의 바람직한 모습과 그 기능의 충실·강화, 기타 사법제도의 개혁과 기반의 정비에 관하여 필요한 기본적 시책에 대해 조사·심의하기 위한 목적으로 설치되었다. 동 기관은2001년 마지막 회의에서 사법제도개혁의 기본이념과 방향을 구체화한 "국민의 기대에 부응하는 사법제도(제도적 기반의 정비)", "사법제도를 뒷받침하는 법조의 바람직한 모습(인적 기반의 확충)", "국민적 기반의 확립(국민의 사법참가)"의 "사법제도개혁의 세기둥"을 주요 내용으로 하여 발표한다. 그 구체적인 사례가 법테라스, 새로운 사법시험과 법과대학원, 재판원제도이다. 보다 자세한 내용은 櫟原 利明(法務委員会調査室)´"司法制度改革の成果と今後の課題", 「立法と調査」(No. 275), 2008. 1. 16면 이하 참조.

3. 기타 범죄피해자 단체소개 – 범죄피해자단체(자조그룹포함)

이들 단체의 경우 범죄피해자들이 자체적으로 조직을 형성하여 상호 돕고, 상호교류하는 단체들로 경찰청 등에서 지원하는 단체라기보다 등록만 되어 있고, 주로 자체적인 활동을 하고 있는 단체들이다. 범죄피해자 및 그 유족들이 자체적으로 조직을 구성하고 상호 조력하는 단체라는 특징을 갖는다. 해당 단체는 경찰청 피해자지원 홈페이지에 소개되어 있다[38].

Ⅶ. 관계기관 · 단체의 종합적인 연계를 통한 지원 – 피해자지원 연락협의회

전술한 바와 같이 범죄피해자를 지원하는 다양한 기관과 활동이 존재함에 따라 이러한 기관과 단체의 종합적인 연계를 통한 지원이 필요하며, 이러한 역할을 담당하는 것이 「피해자지원 연락협의회」의 활동이다. 피해자지원 연락협의회에는 다양한 관계기관 · 단체(지사부국, 지방검찰청, 보호관찰소, 현의 변호사회, 현의 의사회, 현의 생명보험 협회 등)에서 피해자와 그 유족 등이 처한 현실의 상황을 기반으로 관계기관, 단체에 의한 긴밀한 연대와 상호협조에 의한 피해자 등의 지원, 피해의 회복 · 경감, 재발방지활동을 피해자등의 입장에서 추진하는 것을 목표로 회의를 개최하고 피해자지원에 관한 제도에 있어서 정보제공 등을 행하고 있다.

보다 명확한 이해를 위한 사례로, 돗토리현(鳥取県)에서는 사회전체에서 피해자를 지원하고, 피해자도 가해자도 생기지 않는 사회를 만들기 위한 "돗토리현 범죄피해자 지원연락회 총회"를 매년 개최하고 있다. 이를 범죄피해자 지원을 위한 피해자지원 연합회 활동의 사례로 소개하고자 한다.[39]

---

38) 경찰청 홈페이지에서 발췌 (최종방문일 : 2018. 9. 11.)
https://www.npa.go.jp/hanzaihigai/soudan/dantai/dantai.html#anc001

39) [포럼] 지방공공단체에 의한 노력(돗토리현), "돗토리현(鳥取県) 범죄피해자 지원연합회 총회개최에 관하여 ", 경찰청 홈페이지 발췌, (최종방문일 : 2018. 9.11.)
警察庁ホーム 〉 犯罪被害者等施策 〉 公表資料の紹介：犯罪被害者白書 〉 平成27年版 犯罪被害者白書 〉 コラム3 地方公共団体における取組 (鳥取県) 鳥取県犯罪被害者支援連絡協議会総会の開催について
https://www.npa.go.jp/hanzaihigai/whitepaper/w-2015/html/zenbun/part1/s1_1_2c03.html

「범죄피해자 지원연락협의회(이하 협의회)」에서는 피해자의 현황과 문제점, 안고 있는 고민을 이해하기 위해 범죄피해자 유족 등을 위한 강연을 실시함과 동시에 상정 사례에 각 기관이 가능한 지원과 시책에 대해 발표와 검토를 실시하고 있다.

2014년도에는 교통사망사고를 상정한 사례에서 어떤 지원이 가능한지, 어떤 지원이 필요한지 등에 대해 각각의 대응을 확인했다. 관계기관에서는 각종 기관의 상담창구, 아동학생의 자립지원사업(고도의 전문적인 지식과 경험을 가진 감독자 : 예, 임상심리사, 의사, 사회복지사 등)의 활용, 학교 사회복지사의 지원, 경제적 지원으로 아동부양수당, 피해복구 경감을 도모하기 위한 법제도에 관한 정보 제공 등 활발한 지원 시책이 발표된 각 관계기관의 지원과 함께 협력의 중요성을 재인식하는 회의이다.

제 6 장 독일의 범죄피해자 보호 · 지원제도

Ⅰ. 개 관

독일의 경우 범죄피해자 보호 · 지원은 민간단체에서부터 시작되었고, 그 이후 민간단체의 노력으로 법제정이 이루어지는 등 범죄피해자지원과 관련해서는 민간단체가 선도적 · 중심적 역할을 한다. 이에 독일의 주요 피해자지원단체들은 민간에 의해 운영되고 정부 예산에도 크게 의존하지 않는다. 독일의 비교적 탄탄하고 포괄적인 피해자지원시스템에서 가장 눈에 띄는 특징 중 하나는 자원봉사자가 피해자지원에서 중요한 기능을 담당하고 있다는 점이다. 독일의 자원봉사 전통은 사회복지사업의 전통과 관련된다고 할 수 있다. 사회복지사업이란 구호대상자들(빈민, 장애인, 노인, 아동 등)뿐만 아니라 청소년 범죄자나 일반 범죄자에게도 제공되는 개인적 · 자선적 복지서비스의 조직적인 사업을 말한다. 독일 사회복지사업의 전통은 길고 복잡하다.[1] 사회복지사업의 시작을 유럽의 산업화와 사회적 문제 및 이 과정에 수반되는 변화의 반작용으로 보는 견해가 있는 반면, 다른 견해는 그보다 훨씬 더 이전으로 돌아가서 사회복지사업의 기원을 중세와 그 이전시대에 고아와 가난한 사람을 위한 자발적인 돌봄 내지 보살핌에서 찾는다. 사회복지사업의 이러한 모든 초기 형태는 자원봉사자 또는 다른 전문직 구성원에 의해 수행되었다. 전문직으로서의 사회복지사업은 19세기 말 독일에서 성장하기 시작하였다. 빈민에 대한 원호는 독일제국(1871~1918)과 바이마르공화국(1918~1933) 시기 동안 사회보장체제로 발전하였고 엄청난 성장과 혁신을 이루었다. 이러한 사회복지사업의 발전은 나치정권 동안에는 더 이상 진행되지 않았다. 1970년대에 사회복지사업에 대한 보다 학문적이고 학술적인 접근이 널리 퍼졌다. 사회복지사업은 최근에는 사회

---

1) 이하 사회복지사업의 전통과 관련된 서술은 Amthor, Ralph-Christian, Einführung in die Geschichte der sozialen Arbeit, Weinheim, 2016에서 발췌하여 정리한 것이다.

복지학으로도 불리는데, 이는 사회학, 정신분석학, 법률 등 다방면의 지식을 요구하는 응용 과학으로, 오늘날 사회복지사는 응용 과학/교육 학사 또는 전문학사 학위를 취득해야 한다. 사회복지사로서의 윤리적 자세와 인격적 특성이 강조되는 것은 물론이다. 이러한 사회복지 사업의 전통과 발전은 독일의 피해자지원서비스 구조 및 체계에 영향을 미친 것으로 보인다.

범죄피해자는 보통 신체적 · 정신적인 고통과 괴로움, 두려움과 불안, 불신과 의심 그리고 죄책감 등을 겪게 되고, 이로 인해 자신을 둘러싼 환경, 주위 사람 그리고 사회에 대한 신뢰를 잃는다. 규범의 준수와 피해자의 보호에 책임을 지지 않는 사회와 국가는, 더 이상 범죄피해를 입기 전과 같이 신뢰할 수 있는 기관이 아닌 것이다. 그러한 상황에서 피해자에게는 피해(상황)를 극복하고 자신의 모습을 회복할 수 있는 기회가 주어져야 한다. 이는 재범방지에 대한 노력뿐만 아니라, 피해자 편에서 상담이나 치료 등 지원을 받을 기관들의 존재를 통해서도 이루어질 수 있다. 그래서 범죄피해자는 보통 국가에도 도움을 구한다. 국가 차원에서 범죄피해자를 지원하는 가능성 내지 정당성에 대한 법적 근거로 기본법 제20조 제1항에 있는 사회국가요청이 고려된다.

이러한 배경 하에 헤센(Hessen)주에서 1984년에 '하나우어 힐페'(Hanauer Hilfe)를 창설한 이후로, 주(州)정부는 범죄피해자가 처한 상황을 개선하고 그들이 필요로 하는 도움을 지원하기 위해 좀 더 구체적이고 다양한 조치를 취한다. 주정부는 피해자지원서비스를 직접 제공하는 경우도 있고, 민간단체가 제공하는 서비스에 대해 자금을 제공하는 형태로 범죄피해자를 지원하기도 한다. 주에는 상담소나 피해자지원사무소 등 범죄피해자가 도움을 청할 수 있는 기관과 주 재단 내지 기금이 설비되어 있다. 이러한 재단은 주정부를 통해 창설되었고 주 예산으로부터 조달된다. 그 기금을 통해 폭력범죄피해자뿐만 아니라 피해자 원호에 참여하고 노력하는 다수의 피해자지원민간단체에 대해서도 재정상 지원된다.

주정부에서의 범죄피해자 보호 · 지원은 독일의 연방체제로 인해 16개 주(州)에서 개별적으로 이루어지고 있다. 연방정부 차원에서 피해자지원에 대해 종합 · 총괄적인 조정역할을 하지는 않는다. 하지만 주마다 약간의 차이가 있을 뿐 대부분의 경우 거의 비슷한 서비스와 체계를 가지고 있다. 연방정부는 피해자지원단체의 운영에 직접적으로 관여하지는 않고 관련 단체를 지원하는 방식으로 개입한다.

Ⅱ. 범죄피해자 보호 · 지원의 근거법률

독일에서는 1970년대에 비로소 형사절차에서 범죄피해자 및 증인의 특별한 역할에 대한 법정책적 논의를 시작하면서, 그동안 형사소송절차에서 피의자 · 피고인에 대한 집중이 변화하기 시작하여 피해자의 요구가 점진적으로 고려되기 시작하였다. 이와 더불어 국가가 범죄를 예방하지 못했기 때문에 피해자에게 보상을 한다는 사회복지국가 이념에 근거하여, 1976년에 「폭력범죄피해자의 배상에 관한 법률(Gesetz über die Entschädigung für Opfer von Gewalttaten): 이하 '피해자보상법'(Opferentschädigungsgesetz - OEG)이라 한다」이 제정되었고, 이에 따라 폭력범죄의 피해자에 대한 보상이 주정부에 의해서 보장되었다. 이 법률은 전쟁 · 군무 등에 의하여 건강상 손상을 입은 자 등에 대한 보상에 관해 규정한 「전쟁피해자보상법(Bundesversorgungsgesetz)」에 의한 사회보장을 폭력행위 피해자에게도 준용한 것이다. 피해자보상법은 범죄피해자보상과 관련한 주요 법률로, 범죄로 인한 물적 손해 및 인적 손해에 대한 배상이 아니라, 의학적 치료를 위한 보상금 지급, 가족의 부양 또는 재활조치를 위한 보조금 지급 등에 대해 규정한다. 그 외에 형사절차상 피해자의 권리와 보호에 대한 대부분은 형사소송법에 근거한다.

범죄피해자 지원과 관련하여 가장 중요한 '보상'에 관해 피해자보상법에서 구체적으로 규정하고 있기 때문에 이 법률의 전문(全文)을 옮기는 것으로 설명을 갈음한다.[2)]

폭력범죄피해자의 보상에 관한 법률 (Gesetz über die Entschädigung für Opfer von Gewalttaten) ('피해자보상법'(Opferentschädigungsgesetz - OEG))
(제정일: 1976년 5월 11일, 최종개정일: 2011년 6월 20일)

제1조 보상권

(1) 이 법의 유효한 영토 내 또는 독일 선박이나 항공기내에서 고의의 불법적인 물리적 폭력행위나 또는 그러한 폭력에 대한 합법적인 방어로 인해 신체상해를 입은 자는 전쟁피해자보상법(Bundesversorgungsgesetz)의 규정을 준용하여 건강침해와 경제적 손해에 대하여 보

2) 원문은 http://www.gesetze-im-internet.de/aktuell.html에서 다운받을 수 있음.

상을 받을 권리를 가진다. 이 조항의 적용은 가해자가 자신의 행위가 정당하다고 잘못 인식하고 행하였다는 이유로 배제되지 않는다.

(2) 다음 각 호는 제1항에 규정된 물리적 폭력과 동일하게 간주한다.

1. 고의적인 독극물의 첨가
2. 사회에 위험한 수단으로 행해진 범죄로 인하여 타인의 생명과 신체에 대한 위험을 적어도 과실에 의해 발생하게 하는 것

(3) 전쟁피해자보상법 제1조 제2항 (e) 또는 (f)의 조건 하에서 발생한 사고로 인한 상해는 이 법 제1항에 규정된 상해와 동일한 것으로 간주하고, (e)는 피해자가 형사절차 진행 중에 입은 사고에 대해서도 적용된다.

(4) 다음 각 호의 외국인은 보상 받을 권리를 가진다.

1. 유럽공동체 회원국가의 국민인 경우
2. 독일국민과 동등한 대우를 요하는 유럽공동체의 법규정이 적용될 수 있는 경우
3. 상호주의가 보장되어 있는 경우

(5) 그 밖의 외국인은 6개월 이하의 임시 체류가 아닌, 합법적으로 독일에 거주하는 경우에 다음 각 호에 따라 보상을 받는다.

1. 최소 3년 이상 지속적으로 독일에 적법하게 거주하는 외국인은 독일국민과 같이 보상을 받는다.
2. 3년 미만 지속적으로 독일에 적법하게 거주한 외국인은 소득과 무관한 보상만을 받는다.

이 법에서 의미하는 합법적 거주에는 강제추방이 법적 · 사실적 이유로 또는 상당한 공공의 이익을 근거로 중지된 경우도 포함된다.

(6) 6개월 이하의 임시 체류 동안 독일에 합법적으로 거주한 외국인 피해자도 아래 각 호에 해당하는 경우에는 위 제5항 제2호에서 언급된 외국인과 같이 보상을 받는다.

1. 독일국민과 3등급 이상의 친인척관계가 있거나, 제4항 또는 제5항에서 언급된 집단에 속한 외국인이거나 혹은 제8항의 인적 범위에 해당되는 관계에 있는 경우
2. 1983년 11월 24일 폭력범죄피해자보상에 관한 유럽협정을 체결하고 그 협정에 관해 이의를 제기하지 않은 국가의 국민인 경우

(7) 위 제5항이나 제6항에 의해 보상권이 있는 외국인이

1. 추방 또는 강제 출국되거나
2. 독일을 떠났고 그의 거주기한이 종료되었거나
3. 독일에서 출국했고 6개월 이내에 합법적으로 재입국하지 않았다면,

독일에서 중단 없이 합법적으로 거주를 시작했던 매 해에 대한 월기초연금의 3배 범위에서, 단 총합계는 월기초연금의 10배 이상 30배 이하의 범위 내에서 보상을 받는다. 이는 독일거주법(Aufenthaltsgesetz) 제53조나 제54조 또는 제55조 제2항 제1호 내지 제4호에 해당하는 사유로 추방당한 자에 대해서는 적용되지 않는다. 이 조항의 제1문에 따른 보상청구가 발생하거나 제2문에 따른 추방의 경우 제5항과 제6항에 의해 발생하는 모든 청구권들은 효력을 잃고, 이는 그 상해정도가 부상연금을 받을 정도에 이르지 않은 외국인에게도 마찬가지이다. 제1문과 제3문은, 범행이 1993년 7월 27일 이후에 행해진 경우에, 이주외국인 및 1951년 7월 28일 난민의 법적 지위에 관한 협약이나 1954년 9월 28일 무국적자의 법적 지위에 관한 협정의 적용을 받는 독일 소재 외국인에게도 적용된다. 제1문 내지 제4문은 이 법의 효력이 미치는 영토 내에 거주하지 않는 유가족에게도 준용한다.

(8) 범죄피해자의 유가족은 전쟁피해자보상법의 규정을 준용하여 신청에 의해 보상을 받는다. 제5항 내지 제7항 및 제10조 제3문이 적용될 수 있다. 이것이 더 유리하다면, 제7항에 따른 보상을 계산할 때 유가족의 거주에 대해 고려되어야 한다. 파트너가 상해의 결과로 사망하고, 다른 파트너가 생업을 포기하고 그의 자녀를 부양하는 한, 동거파트너는 전쟁피해자보상법 제40조, 제40조a 및 제41조에 의하여 보상을 받는데, 이 청구권은 자녀에 대한 처음 3년 동안으로 제한된다.

(9) 전쟁피해자보상법 제10조 제4항이나 제5항과 연관되어 있는 제1항이나 제8항에 따른 보상청구권자 또는 보상금수령자가 입은 상해와, 사고 피해자에게 필요한 보조를 할 때 간병인 또는 동행인이 전쟁피해자보상법 제8조a의 전제조건 하에서 입은 상해는 제1항에 규정된 상해로 간주한다.

(10) 신체착용보조기구, 안경, 콘택트렌즈 또는 틀니의 손상은 제1항에서 의미하는 건강침해와 동등한 것으로 간주한다.

(11) 이 법은 자동차 또는 트레일러에 의한 폭력으로 인한 상해에 대해서는 적용될 수 없다.

(12) 전쟁피해자보상법 제1조 제3항, 제64조 내지 제64조d, 제64f 및 제89조는, 제4조에 의해 주(州)가 비용을 부담할 경우에는 연방노동사회부(Bundesministeriums für Arbeit und Soziales)의 동의를 전쟁피해자보상에 결정권이 있는 최고 지방관청(oberste Landesbehörde)의 동의로 대체하여 적용된다. 이때 독일국민에게 적용되는 규정은 이 법에 의해 고려되는 외국인에게도 적용된다.

(13) 전쟁피해자보상법 제20조 제1항 제3문에 규정된 숫자는 전년도의 숫자와 비교하여 이 법에 따라 연금을 받을 수 있는 범죄피해자와 유가족의 숫자로 대체한다. 동조 제1항 제4

문에 규정된 가족을 포함한 각 의료보험 회원과 연금수령자에 대한 의료보험금 지출은 각 회원에 대한 연방적인 지출로 대체한다. 동조 제2항 제1문은 전쟁피해자보상에 결정권이 있는 최고 지방관청 또는 그 관청으로부터 특정된 부서에 적용된다. 동조 제3항 제1문에서 언급된 숫자는 1, 3으로 대체하고, 제2문과 제4문은 적용하지 않는다.

(14) 의료교육학적인 치료, 물리치료와 운동치료도 필요하면 치료의 일종으로 보장된다.

제2조 보상거절 사유

(1) 범죄피해자가 스스로 상해를 유발하였거나 특히 청구권자 자신의 행동에 존재하는 그 밖의 이유로 보상금 지급이 부당하다고 인정되는 경우에는 보상이 거절될 수 있다. 보상은 범죄피해자나 신청인이 다음 각 호에 해당하는 경우에도 거절될 수 있다.

1. 모국에서 정치적 갈등에 적극적으로 관여하거나 관여하였고 그로 인해 상해를 입은 경우
2. 모국에서 무력충돌에 적극적으로 관여하거나 관여하였고 그로 인해 상해를 입은 증거가 있고 그렇지 않다는 것을 입증하지 못하는 경우
3. 조직범죄에 연루되거나 연루되었고 또는 폭력범죄 조직의 일원이거나 일원이었고 그로 인해 상해를 입은 것이 아니라는 점을 입증하지 못하는 경우

(2) 범죄피해자가 사실관계의 규명과 행위자의 기소에 최선의 협력을 하지 않은 경우, 특히 형사소추에 책임 있는 기관에 지체 없이 신고하지 않은 경우에 보상이 거절될 수 있다.

제3조 청구권의 경합

(1) 이 법에 의한 보상청구와 전쟁피해자보상법 제1조 또는 전쟁피해자보상법의 준용을 규정하고 있는 다른 법에 의한 청구가 경합하면, 상해로 인한 총 피해를 통해 계산된 피해정도를 고려해서 하나의 연금이 적용된다.

(2) 상해를 근거로 전쟁피해자보상법 또는 전쟁피해자보상법의 준용을 규정하는 법에 의한 보상청구가 존재하는 한, 이 법에 의한 보상청구는 배제된다.

(3) 이 법에 의한 보상청구가 과실직무불이행으로 인한 손해배상청구와 경합되면, 민법 제839조 제1항에 의한 청구권은 제1조에 규정된 조건이 존재한다는 이유로 제외되지 않는다.

(4) 이 법에 따른 피해의 경우 사회법 제7권의 제4조 제1항 제2호는 적용되지 않는다.

제3조a 외국에서 입은 폭력범죄피해에 대한 보상

(1) 독일국민 또는 제1조 제4항이나 제5항 제1호에 의한 외국인이 외국에서 제1조 제1항 또는 제2항에 따른 폭력범죄로 인해 제1조 제1항에서 의미하는 상해를 입으면, 다음과 같은 조건 하에 건강침해와 경제적 손해에 대해서 신청에 의하여 제2항에 따른 보상을 받는다.

1. 이 법의 유효한 영토 내에서 통상적이고 합법적인 거주지를 가지고 있고

2. 외국에서 6개월 미만의 기간 동안 임시거주하고 있는 때 범행이 일어난 경우

(2) 범죄피해자는 상해에 대해 심리치료를 포함한 의료상 재활과 치료의 필요한 조치를 받는다. 또한 범죄피해자는 다음과 같은 일시금을 받는다.

피해정도가 10에서 20사이인 경우 714유로,

피해정도가 30에서 40사이인 경우 1,428유로,

피해정도가 50에서 60사이인 경우 5,256유로,

피해정도가 70에서 90사이인 경우 9,192유로,

피해정도가 100인 경우 14,976유로.

사지의 상실, 감각기관 손상이나 뇌손상과 결합한 신체기능의 상실 또는 심한 화상의 경우에 일시금은 25,632유로이다. 사지가 존재하지만 기능이 상실된 경우에는, 그 기능상실로 사지상실의 경우와 같이 최소한 피해정도가 1인 경우에만 사지의 상실로 인정된다.

(3) 제1항에 규정된 조건을 충족한 자가 상해로 인해 사망한 경우에, 전쟁피해자보상법 제38조에 규정된 유가족은 먼 친척 및 부양비를 받을 권리가 있는 자를 제외하고 일시금을 받는다. 이 일시금은 부모가 모두 사망한 경우에는 2,364유로, 한 부모만 사망한 경우에는 1,272유로, 그리고 그 밖에 다른 경우에는 4,488유로이다. 미성년 자녀가 외국에서 폭력범죄로 인하여 사망한 경우에는 부모를 포함한 유가족은 필요한 심리치료를 받을 권리를 가진다. 제3자가 비용을 부담하지 않는 한, 이송비용과 장례비용에 대하여 1,506유로까지 보조금이 지급된다.

(4) 다른 공적·사적 보장시스템이나 연금제도에 의한 보상청구는 제2항과 제3항에 따른 보상으로 산입될 수 있다. 여기에는 폭력범죄가 발생한 국가의 보장시스템 또는 연금제도에 의한 보상청구도 포함될 수 있다. 산입되는 보상인 연금지급이 이루어지고 있으면, 제1조에 따라 신청할 때 받을 수 있었던 보상청구금액을 기초로 계산하여 공제된다.

(5) 중과실로 개개의 상황에 따라 요구되는 보험을 통해 보호를 받지 못한 범죄피해자에게는 제2항에 의한 보상금이 지급되지 않는다. 또한 범죄피해자에게 제2조 제1항 제1문이나 제2항에 규정된 지급거절사유가 존재하면, 제2항에 의한 보상청구는 제외된다.

(6) 제5항에 따른 제외사유가 유가족 또는 사망한 범죄피해자에게 존재하면, 유가족에게는 제3항에 의한 보상금이 지급되지 않는다.

제4조 비용부담자

(1) 상해가 발생한 주(州)에서 보상에 관한 책무를 진다. 그 지방이 확정될 수 없는 경우에는 범죄피해자가 범죄가 발생했을 때 거주했거나 통상적으로 거주했던 주에서 비용을 부담

한다.

(2) 범죄가 발생하였을 때 범죄피해자가 이 법의 유효한 영토 내에 주소가 없거나 거주하지 않은 경우에는 연방정부가 보상비용을 부담한다. 상해가 독일 선박, 독일 항공기 또는 외국에서 발생한 경우에도 동일하게 적용된다.

(3) 연방정부는 이 법에 의한 재정적 지원으로 발생하는 주(州)정부의 지출에 대하여 40%를 부담한다. 그 재정지원에는 배상을 위해 또는 현물급여 대신에 지급되는 금액은 포함되지 않는다. 결산을 간단하게 하기 위해서 연방정부는 제1항에 의해 주정부에 발생되는 지출의 각 22%를 합산해서 주정부에게 지급한다. 연방정부는, 2014년부터 시작하여 5년마다, 제3문에 규정된 비율에 대한 전제조건들을 재심사하여 결정한다.

(4) 제3조 제1항의 경우에 계속되는 피해의 추가를 통해 발생하는 비용은 추가상해 보상에 책임이 있는 자가 부담한다.

제5조 법적 손해배상청구권의 이전

제4조에 의하여 주(州)정부가 비용을 부담한 경우에, 전쟁피해자보상법 제81조a는, 제3자에 대한 법률상 손해배상청구권이 이 법에 따라 보상을 제공해야 하는 주정부로 넘어가는 것을 조건으로 적용된다.

제6조 관할과 절차

(1) 이 법에 의한 보상의 제공은 전쟁피해자보상법의 집행에 관할권이 있는 관청이 책임을 진다. 만약 연방정부가 비용을 부담하고,

1. 범죄피해자가 독일 주(州)에 주소를 두고 있거나 통상적으로 거주하는 경우에는, 그 주(州)의 관청에 관할권이 있다.
2. 범죄피해자가 이 법의 유효한 영토 밖에 주소를 두고 있거나 통상적으로 거주하는 경우에는, 그 주소지나 거주지 국가에 있는 전쟁피해자의 보상을 집행하는 독일 주(州)의 관청에 관할권이 있다.

제2문과 구분해서, 상해가 독일 선박이나 항공기 내에서 발생한 경우에는, 선박이 등록된 주(州) 또는 항공기의 소유자가 거주지나 주소지로 두고 있는 주(州)의 관청에 관할권이 있다.

(2) 관청의 지역적 관할은 주(州)정부가 법규명령을 통해 결정한다.

(3) 전쟁피해자보상의 행정절차에 관한 법률 (제3조 내지 제5조는 제외) 및 전심(前審)절차에 관한 사회법원법(Sozialgerichtsgesetz)의 규정을 적용한다.

(4) 전쟁피해자보상법 제25조 내지 제27조h에 따른 전쟁피해자구호금에 상응하는 보상의 제공이 있는 경우에는 제3항이 적용되지 않는다.

제6조a 연방노동사회부의 책무

(1) 연방노동사회부는 1983년 11월 24일 폭력범죄피해자보상에 관한 유럽협정 제12조 제2문에서 의미하는 중앙당국의 책무를 진다.

(2) 연방노동사회부는 더 나아가 2004년 4월 29일 범죄피해자보상에 관한 유럽심의회 지침 2004/80/EG 제3조 제1항에서 의미하는 지원관청 및 제16조에서 의미하는 중앙연락처의 책무를 진다.

제7조 법적 수단

(1) 이 법 관련사항에 대한 공적·법적 분쟁에 있어서는 (제2항과 관련된 경우는 제외), 사회복지와 관련된 재판을 하는 법원에 제소할 수 있다. 사회법원법이 전쟁피해자보상에 대한 특별규정을 담고 있는 한, 이러한 특별규정 역시 제1문에 따른 분쟁에 적용된다.

(2) 전쟁피해자보상법 제25조 내지 제27조h에 따른 전쟁피해자구호금에 상응하는 보상의 제공이 있는 경우에는 행정법적 수단이 주어져 있다.

제8조 (독일제국보험법(Reichsversicherungsordnung)의 개정)

- 삭제

제9조 (의무보험(책임보험)법(Pflichtversicherungsgesetz)의 개정)

- 삭제

제10조 경과규정

이 법은 발효 이후 범해진 행위로 인해 발생한 청구권에 대하여 적용된다. 이외에 제3조a를 제외한 제1조부터 제7조까지는, 제10조a와 제10조c에 따라서, 1949년 5월 23일부터 1976년 5월 15일까지의 기간 중에 범해진 행위로 인해 발생한 청구권에 대해서 적용된다. 제1조 제5항과 제6항의 경우에 이 법은 1990년 6월 30일 이후에 범해진 행위에 대해서만 적용되고, 1990년 7월 1일 이전에 범해진 행위에 대해서는 제10조a가 제1조 제7항을 고려하여 준용된다. 통일조약(Einigungsvertrag) 제3조에 규정된 지역에서 이 법은 1990년 10월 2일 이후에 범해진 행위로 인해 발생한 청구권에 대해서 적용된다. 이외에 제3조a를 제외한 제1조부터 제7조까지는, 제10조a와 제10조c에 따라서, 제4문에서 언급된 지역에서 1949년 10월 7일부터 1990년 10월 2일까지의 기간 중에 범해진 행위로 인해 발생한 청구권에 대하여 적용된다. 제3조a의 경우에 이 법은 비로소 2009년 6월 30일 이후에 범해진 행위로 인해 발생한 청구권에 대하여 적용된다.

제10조a 특별한 피해 조치

(1) 1949년 5월 23일부터 1976년 5월 15일까지의 기간 중에 상해를 입은 자는 다음 각 호를 모두 충족하는 경우에 한하여 신청에 의해 보상을 받는다.

1. 오로지 이러한 상해의 결과로 중(重)상해를 입고
2. 경제적으로 곤궁하며
3. 이 법의 유효한 영토 내에 주소나 통상 거주지가 있다.

상해가 1949년 10월 7일부터 1990년 10월 2일까지의 기간 중에 통일조약 제3조에서 언급된 지역에서 발생했으면, 그 지역에 주소나 통상 거주지가 있는 자 또는 상해를 입은 시점에 앞에서 언급된 지역에 주소나 통상 거주지가 있었던 자도 제1문에 따른 보상을 받는다. 전쟁피해자보상법 제31조 제4항 제2문이 적용된다.

(2) 전쟁피해자보상법 제33조에서 규정하는 청구인의 소득이 전쟁피해자보상법 제33조 제6항 한도규정(Anrechnungsverordnung)에 따라 청구할 수 있는 보상금과 당시 기초연금(최저연금), 중상해보조금 및 장기요양보조금의 합계보다 많지 않을 경우, 청구인은 경제적으로 곤궁한 것으로 간주한다.

(3) 그 소득이 보상금을 지급받을 수 있는 액수를 초과할 경우에는, 보상 관련 금액은 기초연금, 중상해보조금 및 장기요양보조금 순서로 초과액만큼 감소된다. 초과액을 산정할 때에는 현재근로소득을 다른 소득 보다 먼저 고려한다. 전쟁피해자보상법 제33조 제4항, 제33조a 제2항과 제33조b 제6항은 적용되지 않는다.

(4) 범죄피해자의 유가족은 경제적으로 곤궁하고 이 법의 유효한 영토 내에 주소나 거주지를 두고 있는 한, 전쟁피해자보상법 제38조 내지 제52조를 준용하여 신청에 의해 보상을 받는다. 제2항과 제3항이 준용된다. 범죄피해자의 사망시기와 관계없이 생존배우자 보조금에 대해서는 신청할 때 유효하게 적용될 수 있는 전쟁피해자보상법 제48조 제1항 제1문, 제5문과 제6문의 청구조건을 기준으로 한다.

(5) 보상은 직업상 손해보상과 손실보상을 제외하고 전쟁피해자보상법에 의해 규정된 모든 서비스를 포함한다.

제10조b 특별한 피해 보상

제1조 제5항과 제6항이 적용되는 구체적인 경우에 특별한 피해가 발생한 경우에는, 연방노동사회부와 협의하여 최고지방관청의 승인을 받아, 특별한 피해보상은 1회에 한해 70의 피해정도에 해당되는 월 기초연금의 20배까지, 유가족의 경우에는 생존배우자에게 지급되는 기초연금의 10배까지 지급될 수 있다. 이는 상해범행으로 인해 중(重)상해를 입은 범죄피해자에게도 적용된다.

제10조c 경과조치

이 법의 개정으로 인해 나타나는 새로운 청구는 신청에 의해서만 확인된다. 개정 법률이 공포된 후 1년 이내에 신청하면, 보상금 지급은 시행일 이후 보상금청구조건이 충족된 달로부터 시작된다.

제10조d 경과규정

(1) 1998년 1월 1일 이전에 지급된 보상금 지출로부터 1998년 1월 1일까지 상환되지 않은 금액은 그때까지 유효한 상환규정에 따라 결산된다.

(2) 1998년도 총액은 다음과 같이 산출된다. 1995년부터 1997년까지 이 법에 따른 의료보험기금에 대한 주(州)의 상환 총액으로부터, 1995년 3월 31일까지 유효한 전쟁피해자보상법 제11조 제4항 및 제12조 제5항에 따른 장기요양보조금에 대한 상환을 공제하고 1993년 12월 31일까지 유효한 전쟁피해자보상법 제19조 제4항에 따른 상환액을 공제하여 연평균이 산출된다.

제11조 (발효)

- 삭제

Ⅲ. 범죄피해자 보호·지원 기관[3)]

1. 범죄피해자 보호·지원 업무 수행 국가기관

연방정부는 피해자보상법 제4조와 제6조a에 근거하여 범죄피해자를 보호 및 지원할 책무를 진다. 정부부처 중 연방법무부(Bundesministerium der Justiz und für Verbraucherschutz: BMJV), 연방노동사회부(Bundesministerium für Arbeit und Soziales: BMAS), 연방 가족·노인·여성·청소년부(Bundesministerium für Familie, Senioren, Frauen, Jugend: BMFSFJ), 연방내무부(Bundesministerium des Innern: BMI)가 피해자지원에 부분적으로 협력한다.

3) 범죄피해자 보호·지원 기관의 각 지원활동과 재정상황 등에 대해서는 주로 FRANET, Victim Support Services in the EU: An overview and sssessment of victims's rights in practice. Germany, 2014와 독일 법무부 홈페이지 2016.9.15. "Bericht zur Umsetzung der Richtlinie 2012/29/EU" https://www.bmjv.de/DE/Themen/OpferschutzUndGewaltpraevention/OpferhilfeundOpferschutz/Bericht_BundLaender_AG.html에서 다운받은 자료를 주로 참고하였음.

1) 관련 정부부처와 지원 활동

(1) 연방법무부

연방법무부는 형사절차 및 피해자의 권리와 의무에 관한 정보가 담긴 소책자 '피해자 안내서'(Opferfibel)[4]를 발행하고, 베를린대학 및 범죄피해자지원협회(Arbeitskreis der Opferhilfen e.V.)로 구성된 '피해자지원 업무담당직원을 위한 1년 연수 과정'과 같은 프로젝트에 재정적 지원을 통해 협력한다.[5] 또한 극단주의자에 의한 폭력피해자를 위한 긴급구호기금을 지원하고 있다.

(2) 연방노동사회부

연방노동사회부는 피해자보상법 제6조a 제1항에 따라 폭력범죄피해자보상에 관한 유럽협정에서 의미하는 중앙당국의 책무를 지는데, 실제적으로는 피해자지원에 있어 주변적인 역할을 하는 것으로 보인다. 현재 전국에 존재하는 피해자지원서비스 조사와 같은 몇몇의 시범사업, 워크숍 또는 연구에 자금을 지원한다. 또한 연방노동사회부는 범죄피해자보상과 관련하여 2004년 4월 29일 범죄피해자보상에 관한 유럽심의회 지침 2004/80/EG에서 의미하는 지원관청 및 중앙연락처의 책무를 진다(피해자보상법 제6조a 제2항).

(3) 연방 가족 · 노인 · 여성 · 청소년부

연방 가족 · 노인 · 여성 · 청소년부는 가정폭력 피해자를 위한 안내 책자를 발행하고, 파일럿 프로젝트에 자금을 지원하고 연구 · 조사하며, 가정폭력 피해자를 위한 24시간 상담전화를 운영한다. 또한 '전국 반(反) 인신매매 및 이주여성폭력 협회'(Bundesweiter Koordinierungskreis gegen Frauenhandel und Gewalt an Frauen im Migrationsprozess e.V.: KOK e.V.), '전국 여성상담소 및 여성긴급전화 연합'(Bundesverbandes der Frauenberatungsstellen und Frauennotrufe: bff), '여성보호시설 협회'(Frauenhauskoordinierung e.V.)에 자금을 지원한다. 연방 가족 · 노인 · 여성 · 청소년부는 인신매매와 가정폭력에 관한 각 주의 공동연구회에서 주도적인 역할을 담당한다.

(4) 연방내무부

4) www.bmj.de/OpferFibel

5) www.ash-berlin.eu/weiterbildung/zertifikatskurse/?&zertkurs=2013&zid=105

연방내무부는 피해자지원 민간단체와 경찰을 연계하는 지역 네트워크를 구축하고, 범죄피해자 구조기관 관련 네트워크를 지속적으로 홍보한다.

2) 재원 및 재정상황

피해자보상법 제4조에 따라 범죄가 발생한 주에서 피해보상의 비용을 부담할 의무가 있고 연방정부는 그 주정부의 지출에 대해 40%를 부담해야 한다. 범죄가 발생하였을 때 범죄피해자가 독일 내에 주소가 없거나 거주하지 않은 경우에는 연방정부가 보상비용을 부담한다(피해자보상법 제4조 제2항). 2012년에 연방정부는 피해자보상법에 의한 보상금 예산으로 4,900만 유로를 책정했고, 4,397만 유로를 지급했다. 2011년에는 4,197만 유로를 지급했었다. 일반피해자지원단체에 대한 연방정부의 재정지원은 없다. 특정피해자지원단체에 대해서도 직접 자금을 지원하지는 않고, 피해자지원단체들이 다양한 프로그램을 통해 신청을 하면 지원받을 수 있다. 특정피해자 중 극단주의자 폭력의 피해자를 위한 기금[6]이 있는데, 연방법무부는 이에 대한 재정지원으로 1백만 유로를 예산으로 책정했고, 712,487유로를 지급했다.

2. 범죄피해자 보호 · 지원 업무 수행 지방자치단체

주정부는 피해자보상법 제4조와 제6조에 근거하여 범죄피해자의 피해를 보상할 책무를 가진다.

1) 주정부의 지원 활동

(1) 범죄피해자를 대면하여 업무를 처리하는 법률실무가에 대한 교육 · 연수

주(州)경찰과 지방법원 법관들에 대한 교육 · 연수는 주에서 수행한다. 거의 대부분의 주에서 경찰관 연수에 피해자지원에 관한 세미나를 필수적으로 포함한다. 더 나아가 범죄피해자를 어떻게 대면 · 상담해야 하는가에 대한 교육 · 연수 세미나는 모든 주에 개설되어 있다. 일반적으로 이러한 세미나는 피해자지원담당관과 같은 특정 직책의 경찰관에 대한 교육 · 연수를 제외하고는 무료로 진행된다. 거의 모든 주에서는 추가 교육 · 연수 세미나에 다양한 피해자지원단체가 참여한다.

6) www.bundesjustizamt.de/DE/Themen/Buergerdienste/Opferhilfe/extremistisch/Haerteleistung_node.html.

검사의 경우는 – 경찰과 달리 – 피해자지원에 관한 세미나 참여가 의무사항은 아니며, 독일판사협회 또는 지방사법협회의 세미나에 임의적으로 참석할 수 있다. 몇몇의 주에서는 신입 검사와 판사를 대상으로 피해자보호 측면을 포함하는 세미나를 실시한다. 보다 일반적으로, 피해자의 권리 및 보호에 관한 부분은 모든 법조인이 수행해야 하는 일반 법률교육에 포함되어 있다. 판사도 검사의 경우와 마찬가지로, 피해자지원 관련 연수에의 참여는 선택적이다. 독일판사협회에서 제공하는 교육 · 연수에는 피해자보호에 관한 세미나가 매년 포함되어 있고 일반피해자는 물론 아동 또는 성폭력이나 인신매매 피해자와 같은 특별한 그룹도 대상으로 한다.[7] 또한 대부분의 주에는 특정피해자집단과 피해자 보호에 대한 교육 · 연수를 제공하는 (지방)사법(司法)학교가 있다. 법원 직원에 대해서는 대다수의 주에서 피해자지원 연수 · 교육을 실시하지 않는다. 일부 주에서는 사법경찰이나 사법기관의 사회복지업무 담당자와 같은 특정그룹에 대해 교육을 제공한다.

(2) 경찰의 피해자지원 업무

독일에서 경찰은 피해자에게 가장 중요한 동반자이다. 장애가 있는 피해자를 위해서 수화 통역서비스를 제공하고, 쉬운 일상 언어로 된 정보책자를 제공하며, 피해자 집을 방문하는 등의 조치를 수행한다. 경찰은 피해자에게 피해자보호 · 지원을 위해 접근가능 한 웹 사이트와 경찰 담당부서, 장애를 대하는 방법에 대한 경찰관 지침 등을 설명한다. 그러나 이러한 조치들이 종합적으로 확립되어 있지는 않다. 또한 가정폭력, 여성에 대한 폭력, 아동 학대나 성폭력의 경우 피해자를 대신해서 피해자지원단체에 연락하여 보호 · 지원을 받도록 연결해 준다.

경찰은 범죄피해자에게 형사절차의 정보를 제공할 의무가 있다. 물론 이 의무가 반드시 경찰에만 있는 것은 아니고, 절차의 단계에 따라 검찰 또는 법원과 같은 기관이 의무를 가질 수 있다. 관련 법률에서도 정보제공에 대한 고정된 시점을 규정하지는 않지만 피해자에게는 최대한 신속하게 그리고 가능한 한 피해자가 이해할 수 있는 언어로 정보를 전달할 것을 요구한다(형사소송법 제406조h). 경찰은 형사소송법 제406조 제5항에 근거하여 모든 범죄피해자에게 피해자지원서비스에 관한 정보를 제공할 의무가 있고, 형사소송법 제406조 제3항에 의해 모든 피해자에게 어떤 상황에서 보상을 청구할 수 있는지에 관한 정보를 제공할 의무가 있다. 또한 경찰은 모든 피해자에게 그들의 권리와 형사소송에서의 역할에 관한 정

7) www.deutsche-richterakademie.de

보를 제공할 법률상 의무가 있다(형사소송법 제406조h). 독일어를 이해하지 못하거나 장애를 가진 사람들을 위한 무료 통역은 공판에서뿐만 아니라 공판준비절차에서도 제공되는데(법원조직법 제187조), 경찰의 조사 동안의 무료통역제공에 대해서는 현행법에 규정되어 있지 않다. 통역은 경찰과의 인터뷰 동안에 제공되고 주정부는 공인된 통역관들에 대한 명단을 가지고 있다고 한다. 그러나 관련 법규정이 없다는 점뿐만 아니라 양질의 통역이 제공되지 않는다는 사실이 비판을 받고 있다.

(3) 형사소송절차에서 피해자 보호 · 지원

사법기관의 피해자지원에 대한 책임은 주에 있다. 일반적으로, 법원에 기반을 둔 피해자지원서비스가 존재하고 보통 사법부의 사회복지사업이 포함된다. 이 서비스에는 보호관찰업무, 가해자-피해자-조정(Täter-Opfer-Ausgleich: TOA), 사법보조(Gerichtshilfe) 및 증인지원 등이 있다.

대부분의 법원에는 증인을 위한 특별공간이 있다. 증인을 위해 마련된 단순한 대기실부터 자원봉사자가 배치되어 있는 방까지 매우 다양하다. 일부 법원은 심지어 심리적 지원을 제공하는 전문직원과 재판절차 및 공판 전 조사에 관한 정보를 제공하는 증인보호실을 갖추고 있다. 공판정에 피해자를 위한 특별한 자리가 마련되어 있지는 않다. 그러나 일반적이지는 않지만 중한 범죄의 피해자는 피고인과 대면할 수 없게 배치된 자리를 신청할 수 있다.

그 밖에 검사는 사법부의 사법보조공무원을 통해서 피해자의 안전, 육체적 · 심리적 상태 등에 대해서 통보받을 수 있는데(형사소송법 제160조 제3항), 이것은 예외적으로만 사용되고 있다. 검사의 경우와 비슷하게, 판사가 사법보조공무원에게 피해자의 상태에 대한 판단을 요청하는 것 또한 가능하지만 거의 사용되지 않고, 이것은 가해자에게 더 자주 사용된다.

피해자는 재판 중에 피해자를 지원하는 자의 동반을 신청할 수 있고(형사소송법 제406조f 제2항), 피해자의 법정대리인은 몇 가지 제한 하에 재판기록을 열람하고 복사할 권리를 가진다(형사소송법 제406조e). 소송절차 동안에 특히 피해자의 프라이버시에 대한 권리 및 보호와 관련해서는, 피해자가 공판 중에 증언하거나 특정 사건에 대해 진술하는 동안 또는 소송절차 중에 별개로 분리된 방에서 전해지는 동안 피고인을 퇴정하게 할 수 있다(형사소송법 제247조, 제247조a). 또한 법원은 사생활에 대한 권리의 보호를 근거로 공판심리에서 방청객의 출입을 제한할 수 있다.

그 밖에 형사절차의 각 단계에 따라 경찰뿐만 아니라 검찰 또는 법원도 모든 피해자에게 피해자지원과 피해자보상, 그리고 피해자가 형사소송절차에서 갖는 권리와 역할에 관해서 고지할 의무를 가진다. 피해자의 신청이 있는 경우, 피해자는 수사를 종료하거나 가해자를 기소하지 않겠다는 결정 및 재판의 최종판결에 대한 통지를 받아야 한다(형사소송법 제406조d 제1항). 공판의 시간과 장소에 대해서는 모든 피해자가 아니라, 형사소송절차에 합법적인 당사자로서 참여할 권리가 있는 사람(Nebenklageberechtigte)만이 통지 받는다(형사소송법 제406조e 제1항). 독일어를 이해하지 못하거나 장애를 가진 사람들을 위한 무료 통역은 공판에서뿐만 아니라 공판준비절차에서도 제공된다(법원조직법 제187조).

(4) 피해자에 대한 법률서비스 지원

대부분의 주에서 법원은 저소득자에게 바우처를 배부한다. 함부르크[8]와 슐레스비히홀슈타인 주[9]의 몇몇 도시는 저소득주민이나 저임금근로자를 위한 무료법률상담을 제공한다. 일반적으로 법률상담은 변호사에 의해 제공되며, 저소득층은 주정부가 부담하는 비용을 지원받는 것을 신청할 수 있다.

(가) **법률상담지원**(Beratungshilfe)

중범죄 피해자는 「법률상담지원에 관한 법률(Beratungshilfegesetz)」에 따라 자산 조사 없이, 즉 수입이 많은지 여부와 상관없이 무료법률상담을 받을 수 있다. 또한 중범죄가 아닌 일반범죄의 피해자는 저소득자인 경우에 무료법률상담을 신청할 수 있다. 정기적으로 지방법원은 지원할 신청서를 결정하고 무료소송대리에 적용되는 것과 동일한 조건 하에서 무료법률상담을 승인해야 한다. 법원은 변호사와 상담시 사용될 수 있는 무료법률상담 바우처를 제공하는데, 그 변호사가 고객에게 청구할 수 있는 최대 금액은 10유로이다. 이 바우처는 법원소송절차 전 또는 법정 밖에서의 화해 전에만 법률상담을 위해 사용될 수 있다. 법원을 포함한 공공기관은 불법거주자를 출입국관리당국에 통보할 의무가 있기 때문에(독일거주법 제87조 제2항), 합법적 체류자가 아닌 사람은 그 지역 법원에 의해서 무료법률상담 바우처를 얻을 수 없다.

(나) **소송경비지원**(Prozesskostenhilfe)

중범죄의 피해자 또는 형사소송법 제397조a 제1항에 열거된 범죄피해자의 가족 또는 배우자가 형사소송에서 합법적인 당사자의 지위를 갖는 피해자(Nebenkläger)인 경우 소송경비

---

8) www.hamburg.de/oera.

9) www.kiel.de/rathaus/service/_leistung.php?id=9741600.

지원을 받을 수 있다. 그 밖에 형사소송절차에서 당사자 지위를 갖지만 형사소송법 제397조a 제1항에 열거된 범죄로 인한 피해자가 아닌 경우, 피해자가 자신의 이익을 보호할 수 없고 필요한 재정적 수단을 가지고 있지 않다는 것을 증명할 수 있으면, 소송경비지원을 받을 수 있다. 소송경비지원을 받을 자격이 있는지 여부를 책정함에 있어 집세, 세금, 난방비, 본인과 배우자 또는 자녀에 대한 개인적 비용 등에 의한 소득 감소 등 여러 경비들이 고려된다. 이 모든 공제 후 소득이 1인당 월 15유로 이하이면, 법원소송절차를 통해 발생하는 비용도 포함하여 소송경비지원이 허가될 것이다. 소득이 위 금액을 초과하면, 신청자는 소송비용 및 법원소송절차를 통해 발생하는 비용을 할부로 지불할 수 있다.

(다) 소송비용면제

피고인에 대하여 유죄판결이 내려지면 소송절차에 의해 발생된 비용은 피고인이 부담하여야 한다(형사소송법 제465조 제1항). 피고인에게 무죄판결이 내려지는 경우는 국고로 그 비용을 부담한다(형사소송법 제467조 제1항).

(라) 통역 · 번역과 관련된 비용 면제

형사소송절차에서 당사자의 지위를 갖는 피해자가 소송절차에서 통 · 번역을 필요로 하는 경우에 그 서비스를 무료로 받을 수 있다(법원조직법 제185조, 제187조 제2항).

(마) 소송절차를 통해 발생한 소득기회상실, 교통비 및 숙박비의 상환

사법 보수 및 보상법(Justizvergütungs- und entschädigungsgesetz: JVEG) 제19조 내지 제23조에 따르면, 모든 증인은 소득기회상실, 교통비 및 숙박비에 대해 보상받는다.

(바) 긴급재정지원

사회법 제2권에 의해 실업수당을 받는 사람이 재정지원의 필요(예컨대 경제적 어려움)를 증명하면 추가 재정 지원을 신청할 수 있다. 범죄피해자가 된 후 부대비용이 발생하고 그것을 충당할 자금이 부족하면, 사회법 제2권의 제24조에 의해 긴급재정지원을 받을 수 있다. 피해자기금이 있는 주에서는, 이러한 피해자기금이 주정부에 의한 긴급재정지원에 대한 대안일 수 있다.

(5) 범죄피해자의 손해배상 및 보상권 지원

피해자는 형사소송절차 중에 가해자에게 손해의 배상을 청구할 권리를 가진다(형사소송법 제403조 내지 제406조c). 배상금 이외에, 가해자의 사유재산 내지 불법행위로부터 얻은 것이 압수, 몰수 또는 압류되는 경우 피해자는 자신의 청구권에 대해 우선 충족할 권리를 가진다(형사소송법 제111조g). 그 압수된 물건이 형사절차의 목적을 위해 더 이상 필요하지 않게 되면 피해자는 개인 재산을 반환받을 권리를 가진다(형사소송법 제111조k). 형사절차 부대소송 중에 또는 민사소송을 통해 피해자가 청구한 배상금은 가해자가 지불해야 한다. 원칙적으로 가해자에 대한 배상청구는 민법 제199조가 준용되어 범죄가 행해진 때로부터 3년 이내에 해야 한다. 생명, 신체, 건강 또는 자유의 중대한 침해로 발생한 배상청구는 행위 후 30년 이내에 행해져야 한다. 성폭행 사건의 경우는 「성폭력 피해자의 권리강화에 관한 법률(Gesetz zur Stärkung der Rechte von Opfern sexuellen Missbrauch: StORMG)」에 의해 민법 제197조가 적용되어 배상청구 기한은 30년이다.

검사와 법원은 형사소송법 제155조a에 따라 형사절차의 어떠한 단계에서나 가해자와 피해자 사이에 화해가 이루어질 가능성이 있는지를 검토해야 한다. 화해가 적절하다고 판단되는 경우 검사와 법원은 화해를 적극적으로 유도하도록 해야 한다. 가해자가 피해자와의 화해에 도달하기 위해 진지하게 노력하고 자신의 행위로 인해 발생한 손해의 전부 또는 일부에 대한 원상회복 또는 원상회복을 위한 노력을 하고, 규정된 요건이 충족되는 경우, 검사는 공소를 제기하지 않을 수 있다(형사소송법 제153조a 제1항). 검사는 가해자가 피해자에게 손해에 대한 배상을 하게 할 의무를 가진다. 이렇게 가해자가 피해자에게 손해배상을 하는 것은 기소 결정에 고려되고, 나아가 양형시 감경사유로 작용하기도 한다. 즉, 가해자가 '가해자-피해자 조정'에 참여하고 그 절차의 일환으로 손해배상을 한다면 양형시 감경사유로 작용할 수 있다(형법 제46조 제2항). 가해자가 지불하지 않는다고 해서 주정부가 그 배상금을 지불해 주는 것은 아니다. 다만 몇몇의 주에서 가해자가 지불할 능력이 없거나 소재불명이거나 도주한 경우 피해자에게 보상금을 지급할 피해자지원기금을 운영하기도 한다.

유죄판결을 받은 사람들이 지불해야 하는 범죄피해자기금제도는 국가 혹은 주정부 어디에서도 운영하고 있지 않다. 벌금을 주정부 혹은 복지단체 중 어느 기관에 납부하여야 하는지 여부는 판사의 재량에 속한다. 어떤 사건이 형사소송법 제153조(경미사건에 대한 절차배제) 내지 제153조a(준수사항과 지시사항을 이행한 때의 절차중지)에 의해 절차가 중지되면, 판사는 '형사절차 및 범칙금절차에 대한 지침' (RiStBV)의 제93조에 따라 벌금을 할당한다. 이 규정에 의해 우선적 수혜자로는 피해자지원단체를 비롯하여, 여러 유형의 단체들이 그 대상이 된다.

지금까지 살펴본 범죄피해자의 손해에 대한 배상과 달리, 범죄피해보상금은 피해자보상법에 규정된 요건이 충족되는 경우 주정부가 지급한다. 예컨대 극단주의자 또는 테러범의 폭력으로 인한 피해자의 경우, 그 피해자는 주정부로부터 보상금을 받을 수 있다. 일부 주에는 주 법무부로부터 지원받는 피해자지원기금이 존재하는데, 이로부터 물질적 손해에 대한 재정적 지원과 경우에 따라 비물질적인 손해에 대한 보상이 제공될 수 있다.[10] 피해자보상법에 따른 청구에는 기한이 없다.

(6) 피해자 전화상담서비스 운영

폭력범죄 여성피해자를 대상으로 하는 '여성폭력' 도우미 전화(08000 116 016)가 2013년 3월 6일에 개설되었다. 개설되고 처음 5주 동안 대략 6천 건의 상담서비스가 확인되었다. 모든 주에서 전화상담은 1주일 24시간 무료로 운영된다. 이 서비스는 채팅, 전화, 이메일의 형태로 가능한데, 전화통화가 가장 자주 사용된다. 전화상담서비스는 심리학자 또는 변호사와 같은 전문가를 통해서 제공된다. 이 서비스는 주에 의해 지원되고, 운영예산은 2013년도에 500만 유로였다. 전화상담을 통해서 제공되는 서비스는 비공개적으로 지원되고, 필요한 경우 해당 지역의 현지 지원서비스로 적절하게 안내한다. 독일에서 유럽연합(EU) 피해자지원 전화번호 116 006으로 전화를 걸면 '바이서 링'(Weisser Ring e.V.)과 연결된다.

(7) 피해자지원단체에 자금 지원

대부분의 주에 주정부 예산으로부터 조달되는 기금이 마련되어 있다. 그 기금은 폭력행위 피해자뿐만 아니라 피해자지원에 노력하는 공익단체에 대해서도 지원된다. 주로 주 법무부, 주 노동 · 사회부, 주 가족 · 노인 · 여성 · 청소년부에서 재정상 지원을 수행한다.

2) 재원 및 재정상황

피해자보상법에 따른 범죄피해보상은 범행이 발생한 주에서 보상에 관한 책무를 지고, 그 지방이 확정될 수 없는 경우에는 범죄피해자가 범죄가 발생했을 때 거주했거나 통상적으로 거주했던 주에서 비용을 부담한다(피해자보상법 제4조 제1항). 2011년에는 피해자보상법에 따른 보상금으로 1억7868만 유로가 주정부에 의해 지급되었다. 앞에서[11] 언급된 2011년 연방정부에 의해 지급된 보상금과 합하면, 2011년에 피해자보상법에 의해 지급된 금액은 총 2억 2천65만 유로이다.

---

10) 예를 들어 바덴뷔르템베르크 주 피해자보호기금: www.landesstiftung-opferschutz.de; 니더작센 주 피해자지원기금: www.opferhilfe.niedersachsen.de.

11) 이 보고서 목차 제5장 III. 1. 2)

주에서 피해자지원단체를 지원하는 자금은 주정부가 편성하는 예산으로부터 조달되는데, 잠재적으로 관여하는 주정부와 연방정부 부처의 수 때문에, 일반피해자지원단체 및 특정피해자지원단체에 대해 주정부가 예산으로 책정한 금액에 대한 정보를 제공받기는 어렵다. 전국적으로 모든 주에서 특히 여성과 아동에 대해 많은 피해자지원서비스를 제공한다. 니더작센 주의 사회부는 가정폭력을 실제로 경험했던 아동의 지원에 관한 5개의 파일럿 프로젝트에 2014년 12월 이후 3년 동안 각 60,000 유로를 지원하였다.

그 외에 '가해자－피해자 조정'은 피해자와 가해자 간의 갈등해소를 위해서 그리고 법평화의 회복을 위해서 의미있는 제도라고 할 수 있는데, 주에서는 이러한 원상회복서비스 또한 지원한다. 예컨대 바덴뷔르템베르크 주에서는 2013년 7월부터 예산 160,000 유로로 '가해자－피해자 조정'에 관한 프로젝트를 지원한다.[12] 또한 슐레스비히홀슈타인 주는 소년형법에서 '가해자－피해자 조정'의 경우에 자선단체에 대한 재정적 지원을 2012년에 60,000 유로, 2013년에 110,000 유로, 2014년에는 155,000 유로로 높였다. 노르트라인베스트팔렌 주도 2015년 초 수용자의 경우에 '가해자－피해자 조정'의 강화를 위한 파일럿 프로젝트를 창설했고, '가해자－피해자 조정'에 대한 서비스 사무소와 형사조정서비스 사무소를 지원한다.

3. 범죄피해자 보호·지원 업무 수행 민간단체

1) 일반 피해자지원단체

특정범죄의 피해자에 제한을 두지 않는 일반피해자지원단체가 전국 규모로 존재한다. 독일에서는 자원봉사자가 일반피해자지원시스템에서 중요한 역할을 한다. 일반피해자지원단체에는 전문직원이 있지만 피해자지원의 대부분은 자원봉사자에 의해서 이루어진다. 연방전체에 걸쳐 전국적으로 활동하는 단체로 '바이서 링'(Weisser Ring e.V.)과 '독일피해자지원협회'(Arbeitskreis der Opferhilfen in Deutschland e.V.: ado)가 존재한다. 그 외에 주로부터 재정적 지원을 받는 다수의 피해자지원단체와 상담소(1,000개 이상)가 존재한다. 이 단체들은 전문·직업적으로 또는 자원봉사를 통해 범죄피해자가 된 사람들을 보호하고 상담을 제공한다. 일반피해자지원단체는, ① 경험한 범죄행위로 인한 불안과 두려움에 대한 대화, ② 심리사회적 지원으로서 트라우마 해소를 위한 지원, ③ 손해배상청구, 무료상담, 고소, 부대소송 등과

---

12) http://www.toa-bw.de/?projektbeschreibung,1

같은 법적 · 사회적 · 심리적 · 재정적 지원 가능성에 관한 상담, ④ 변호사, 치료전문가, 아동복지국, 여성보호시설 등과 관계 맺을 때 도움 제공, ⑤ 피해자로서 그리고 증인으로서 형사절차에서의 지위에 관한 정보 제공, ⑥ 희망할 경우 경찰이나 법원과 같은 공적 기관에 갈 때 동반서비스 제공 등과 같은 서비스를 범죄피해자에게 제공한다.

(1) 바이서 링[13)]

(가) 설립 및 운영현황

'바이서 링'은 독일의 피해자지원민간단체 중 가장 큰 자원봉사단체로, 현재 420개 지회에서 일하는 약 3,000명의 자원봉사자가 있다. 바이서 링은 1976년 피해자를 돕기 위한 한 명의 기자의 주도 하에 17명으로 시작하였는데, 여기에는 변호사와 법학자뿐만 아니라 경찰서장과 연방 형사경찰서장이 포함되었다. 설립 후 10년 내에 약 400명의 자원봉사자와 215개 지부를 가지게 되었고, 그 이후로도 계속해서 성장해 왔다. 이 민간단체는 처음부터 자원봉사활동에 기반을 두었고, 그래서 자금지원도 기부금에 의존했다. 공적 자금을 받지 않으며, 주로 회원의 회비, 각종 기부금과 헌금, 유증 및 법원의 벌금할당 등을 통해 자금을 조달한다. 현재 일반 개인회원은 월 2.5 유로, 부부회원은 월 4.125 유로, 청소년의 경우에는 1.25 유로를 기본회비로 납부하며, 회비 및 기부금의 경우 세금공제 혜택을 부여하고 있다.

바이서 링에는 전문직원과 자원봉사자가 근무한다. 전문직원의 수는 현재 약 100명, 주당 계약된 근무시간은 비상근직을 포함하면 약 2,565시간이고, 자원봉사자의 수는 약 3000명, 이들의 근무시간은 고정적으로 정해져 있지 않다. 자원봉사자의 평균 연령은 40세 이상이고 약 1/5만이 40세 미만이다. 남성 자원봉사자의 직업 중 가장 많은 부분을 차지하는 그룹(남성 자원봉사자의 1/4)은 경찰이고, 여성 자원봉사자의 가장 많은 부분을 차지하는 직업군은 사회 분야의 전문적인 배경을 가지고 있다.

(나) 지원활동

바이서 링은 다양한 분야에서 효과적인 지원활동을 하고 있다. 주된 업무로는 ① 상담, 조언, 동반 서비스 등 범죄피해자에 대한 정신적 지원, ② 치료, 간호 등 범죄피해자에 대한 의료적 지원, ③ 의료시설 등 다양한 기관과의 협력 · 협동 및 다른 기관의 원조 중개, ④ 경찰, 검찰, 법원 등 사법기관의 형사처리일정에의 동반, ⑤ 법적 절차, 신청절차 등에 관한 조언과 비용의 지원, ⑥ 변호사비용의 지원, ⑦ 의료비나 생활비용 등의 지원, ⑧ 피해자 및 그

---

13) https://weisser-ring.de/

가족에 대한 휴양조치 등 다양한 피해자지원서비스가 이루어지고 있다. 특히, 바이서 링 피해자전화상담서비스(Weisser Ring-Opfer-Telefon) (116 016)는 특정범죄가 아닌 모든 범죄피해자가 무료로 이용할 수 있고, 매일 오전 7시부터 오후 10시까지 전국적으로 운영된다. 이 서비스는 전화 또는 이메일의 형태로 가능한데, 전화통화가 가장 자주 사용된다. 교육과 훈련을 받은 자원봉사자를 통해서 운영된다. 기부와 벌금할당으로 자금이 지원되고, 연간 운영예산은 대략 84,000유로이다. 이 전화상담서비스는 범죄피해자에게 심리적 지원을 제공한다. 또한 피해자의 권리, 해당지역의 피해자지원단체와 지역 경찰서에 대해서 알려주고 형사소송절차와 보상에 대한 정보를 제공한다.

이와 같은 직접적인 범죄피해자지원 외에 범죄방지를 위한 범죄예방활동, 범죄피해자에 대한 이해를 심화시키는 계몽활동과 모금활동, 자원봉사자에 대한 연구, 범죄피해자와 그 가족을 대변하는 입법이나 정책수립 등의 추진사업을 하고 있고, 가해자와 피해자 간의 화해 중재기관으로서의 역할도 하고 있다. 그 외 바이서 링은 독일피해자지원협회(ado)와 함께 범죄피해자를 지원하는 단체에 의해서 제공되는 서비스의 매뉴얼에 열거된 질적 우수성을 평가하는 기준을 개발했다. 또한 피해자지원 유럽 네트워크의 구성단체로, 독일 이외의 다른 국가에 있는 피해자지원단체와 지속적으로 연락한다.

바이서 링은 1년에 4번 "피해자지원 포럼"(Forum Opferhilfe)이라는 회원잡지에서 피해자지원, 범죄예방 그리고 협회의 최근 소식들에 관해서 정보를 제공한다. 가정폭력, 스토킹 또는 사이버상의 범죄 등으로 인해 피해를 입은 경우, 어떻게 대처하면 좋을지에 대한 조언은 물론 다른 피해사례들에 대한 소개 등을 통해서도 범죄피해를 극복하는 데 도움을 주고자 하는 것이다. 특히 범죄발생에 어떠한 기여나 영향을 미치지 않은 테러피해자에 대한 지원은 바이서 링이 설립된 초기부터 중요한 테마 중의 하나였다.[14)]

최근 2016년과 2017년에 특히 유럽에 있는 많은 사람들이 테러공격의 피해자가 되었다. 이에 유럽의 피해자지원단체들은 '테러피해자는 어떤 특별한 요구를 하며 어떠한 지원을 필요로 하는가'라는 문제에 대해 깊이 논의했다. 2017년 2월에 의결된 유럽연합의 '테러방지에 관한 지침'에서는, 테러피해자에 대한 지원은 국내 규정들을 넘어서야 한다는 것을 강조한다. 최근의 테러들은 여러 다양한 지역과 국가에서 나타나기 때문에, 원호와 상담은 지역에 제한되지 않고 수행될 수 있어야 한다. 이에 바이서 링은 국제적인 지원을 계속해서 확장할 것을 임무로 삼는다.

---

14) 이하의 내용은 Weisser Ring, Forum Opferhilfe, 2017.4., 16~19면을 참조하여 작성한 것임.

또한 수년간 고통을 겪는 테러공격의 피해자를 위해 바이서 링은 국가에 그들을 위한 보상기금을 만들 것을 요구한다. 테러폭력의 피해자를 위한 연방사법부에서의 기존 보상은 충분하지 않다고 한다. 테러피해자는 그들을 공격으로부터 보호할 수 없었던 국가에 대해서 보상을 청구할 권리를 가지고, 그들에 대한 적절한 보상은 장기간 극도의 심리적·정신적 고통에 시달리는 테러공격의 피해자를 위해서 심리적·정신적인 이유에서도 필요하다고 한다. 피해자에 대한 보상이 오로지 기부에 의지해서는 안 될 것이다. 물론 피해자보상법은 테러공격에 따른 보상을 규정하고 있다. 그러나 정신적 피해에 대한 보상은 없고 절차는 길며 복잡하다.

이렇게 범죄피해자와 그 가족을 대변하는 입법이나 정책수립 등의 추진사업 결과 2017년 7월 22일 사망자 유가족의 정신적 고통에 대한 적절한 보상청구권을 규정한 새로운 법률이 시행되었다. 보상청구에 대한 조건은 사망자와 유가족 사이의 특별히 가까운 관계이다. 법률은 그 예로 부부, 인생의 반려자, 부모와 자녀의 관계 등을 규정한다. 그러나 그 외의 관계에 있는 사람들도 특별히 가까운 관계가 입증될 수 있으면 청구할 수 있다. 보상청구의 한도금액은 법률에 규정되어 있지 않고, 법원이 구체적인 개별사안에 따라 결정한다.

(2) 독일피해자지원협회[15)]

독일피해자지원협회는 독일에서 피해자지원을 위해 전문적으로 활동하는 여러 단체들의 연합으로, 1988년에 창설되었다. '베를린피해자지원협회'(Opferhilfe in Berlin e. V.)는 1986년 형사사법관련 실무에 종사하는 사람들을 중심으로 설립된 단체인데, 이 협회가 중심이 되어 1988년에 독일피해자지원협회가 조직되었다. 초기에는 가입된 단체가 많지 않았으나 회합을 거듭하면서 토론과 정보교환의 장을 만들고 피해자를 위한 '피해자지원기준'을 작성하는 한편 회원확대를 위해 지속적으로 노력함으로써 현재는 8개 주에 지사를 두고 있는 독일의 대표적인 범죄피해자지원협회이다. 처음에는, ① 피해자를 지원하는 단체에는 어떤 유형이 있는가 ② 피해자지원이 실제로 얼마나 되고 있는가 ③ 어떤 전문인력, 어떤 직업교육 그리고 어떤 인격적 능력이 필요한가 ④ 그리고 누가 재정지원을 하는가 등의 문제들을 설명하고 해결해 나가는 과정에서, 나아가 어떤 피해자가 상담소에 조언을 구하고 그들은 어떤 요구를 하는가 등에 대한 대답을 체계적으로 정리하는 과정에서, 범죄피해자를 전문적으로 지원하는 데 필요한 최소한의 요건 내지 기준을 마련해갔다. 그리하여 만들어진 피해자지원기준은 ① 조직 내지 단체의 유형 및 법인 정관, ② 기본 구상과 홍보활동, ③ 직원 규모, ④

---

15) https://www.opferhilfen.de/

공간, ⑤ 재정지원의 다음 다섯 분야로 구분된다.

이 협회에서는 다음의 업무를 하는 단체들이 함께 협력하여 활동한다: ① 모든 범죄유형의 여성 및 남성 피해자를 위한 상담센터, ② 강간 및 강제추행된 아동 및 여성들을 위한 긴급전화그룹과 상담소, ③ 반(反)동성애 폭력 피해자를 지원하고 원호하는 단체, ④ 독일아동보호연맹(DKSB)의 지역협회, ⑤ 공판에서 증인의 보호를 위한 기관 등. 협회의 본부는 함부르크에 있으며 브레멘 주의 범죄피해자 및 증인보호협회가 대표적으로 활발하게 활동하는 조직이다. 이 민간단체의 재원은 회원들의 회비와 기부금, 주정부의 보조금 등으로 조성되고 있다. 주로 범죄피해자를 위한 전화상담 또는 면담 및 심리적 치료를 주된 업무로 하고, 나아가 각 조직의 소재지 관할 법원의 위촉을 받아 가해자와 피해자의 화해를 위한 중재기관으로서의 역할을 수행하고 있다.

이 협회는 바이서 링과 함께 범죄피해자를 지원하는 단체에 의해서 제공되는 서비스의 매뉴얼에 열거된 질적 우수성을 평가하는 기준을 개발했다. 이러한 기준은 모범적인 피해자 지원을 위해 요구되는 의무사항 및 추천 · 권장사항에 대한 목록을 포함하고 있다. 피해자지원 직원을 교육하는 대학과정도 개발했고, 이 교육은 필수적으로 받아야 하는 의무사항은 아니다. 그 외에 협회는 피해자지원 유럽 네트워크의 구성단체로, 독일 이외의 다른 국가에 있는 피해자지원단체와 연락을 유지하면서, 유럽 전체에서 모든 범죄피해자의 평등한 대우가 보장되도록 하기 위한 공동노력에도 참여하고 있다.

2) 특정범죄피해자 지원단체

(1) 연혁과 발전

독일에는 일반피해자지원단체뿐만 아니라 특정한 피해자그룹에 특화되어 있는 피해자지원단체도 다수 운영되고 있다.

1970년대에 가정폭력은 점점 더 대중의 주목을 받았고 여성단체들은 여성과 아동에 대한 폭력에 저항하는 활동을 시작했다. 이에 초기의 특정피해자지원단체는 주로 아동에 대한 부당한 대우와 학대에 중점을 두었다. 아동에 대한 첫 번째 지원서비스는 대학 프로젝트로 시작되었고, 그 결과 1975년 베를린에 첫 번째 아동보호센터(Kinderschutz-Zentrum Berlin e.V.)[16]가 설립되었다. 비슷한 시기에 여성에 대한 폭력이 대중의 관심을 받게 되었다. 최초의 여성

---

16) www.kinderschutz-zentrum-berlin.de.

보호시설인 '여성의 집'은 1976년 베를린과 쾰른에서 자치적인 여성협회(여성자치단체연합)에 의해 설립되었고, 주로 가족부, 법무부 산하 전문적인 일반지원기관에 의해 자금을 지원받았다.[17] 신체적 · 심리적 폭력으로 인한 피해 여성과 아동을 위해 특수화된 지원체계는 전국적인 여성긴급전화 외에 각 주에는 다음의 서비스를 지원하는 단체들이 있다. ① 여성보호시설과 아동보호시설, 가정폭력 피해 여성과 그 자녀를 위한 보호주거, ② 가정폭력과 스토킹의 경우 여성상담소와 위기개입시설, ③ 성폭력의 경우 여성긴급전화와 전문상담소, ④ 성폭력과 인신매매 피해 여성을 위한 전문상담소와 보호주거, ⑤ 강제결혼, 납치와 폭력으로부터 위협받는, 주로 이주 배경을 가진 여자아이와 젊은 여성을 위한 전문상담소와 보호주거, ⑥ 소녀보호시설과 소년사무소 및 아동보호전화, ⑦ 트라우마 치료를 위한 이동진료소.

특정범죄피해자 지원단체는 전문직원을 통한 관청이나 법원 또는 병원 동행서비스, 폭력피해자에 대한 외래상담과 사후관리 등의 지원을 제공한다. 상담은 모든 피해자 지원단체에서 무료로 제공되고, 불법체류 여부 또는 출신국가나 국적에 상관없이 모든 범죄피해자들이 이용할 수 있다. 장애가 있는 피해자를 위한 수화통역서비스, 쉬운 일상 언어로 된 정보책자 제공, 피해자 집 방문 등의 특별 조치들이 있다. 그리고 전국 여성상담협회는 장애여성들이 보다 쉽게 접근할 수 있는 여성에 대한 폭력 지원 서비스를 만드는 캠페인을 운영하고 있다.[18] 피해자지원단체에서는 독일 이외의 국가 출신 범죄피해자도 피해자의 권리 등과 관련된 정보를 이용할 수 있게 다양한 언어로 번역하고 이해를 도울 수 있게 설명하는 서비스 등을 제공한다.

아래에서는 전국 규모를 가지고 있는 특정범죄피해자 지원단체들에 대해 조금 더 살펴보겠다.

(2) 전국 반(反) 인신매매 및 이주여성폭력 협회[19]

이 단체는 폭력 및 인신매매를 경험한 이주여성들을 위한 전국 기구로서, 지역사회 · 전국적 · 국제적 수준에서 인신매매를 퇴치하는데 책무를 갖고 이주민들의 인권을 실현하기 위한 기구이다. 1987년 인신매매 희생자를 위한 상담소를 마련하는 것으로부터 설립된 본 기구는 1999년에 협회를 세웠다. 현재 37개의 조직을 회원으로 두고 있으며 각 회원조직들은

17) www.frauenhauskoordinierung.de/index.php?id=20.

18) www.frauen-gegen-gewalt.de/projekt-zugang-fuer-alle.html

19) http://www.kok-buero.de/wir-ueber-uns.html

여성상담소, 이주민 프로젝트, 여성보호시설, 성매매여성 상담소 등으로 이루어져있다. 조직의 공통된 목적은 여성의 인권침해 영역에서 나타나는 부정적인 관계를 효과적으로 변화시키는 것이다. 폭력 및 인신매매를 경험한 이주여성을 위한 전국 네트워크는 본 기관이 유일하며 따라서 전국적일뿐 아니라 국제적인 수준으로 발전할 것을 목표로 활동한다.

(3) 전국 여성상담소 및 여성긴급전화 연합[20]

독일에서 여성상담소와 여성긴급전화를 전국적으로 연계하는 연합이다. 전국적으로 160개 이상의 여성긴급전화와 여성상담소를 연계하고 있다. 본 연합은 무엇보다도 폭력피해경험여성을 위한 외래 상담과 도움센터의 역할을 담당한다. 또한 관련 정책 결정에도 영향력을 갖고 있고 세미나와 연구회를 통해 실천현장과 연구의 전문적 지식을 널리 알리며 여성폭력에 대한 정보자원을 발전시키고자 한다.

(4) 여성보호시설 '여성의 집' 협회[21]

여성보호시설 '여성의 집'(Frauenhäuser)은 전국에 400여 곳이 있어 피난장소의 제공이나 법률상담을 하고 있다. 그러나 보호시설의 필요성에 대한 사회적 합의가 있음에도 공적인 재정이 충분하게 이루어지지 않은 문제는 남아있다. 거의 모든 주에 폭력피해경험여성을 지원하는 프로그램이 있고 원칙적으로 주정부로부터의 보조금이 있지만 충분하지 않은 상황이다. 기본적으로 보호시설에서 필요로 하는 보충재정은 주정부가 담당한다.

---

20) https://www.frauen-gegen-gewalt.de/

21) http://www.frauenhauskoordinierung.de/

Ⅳ. 범죄피해자 보호 · 지원 기관 간 업무협력체계[22)]

1. 연방정부와 주정부의 협력수행방식

앞에서 살펴보았듯이, 독일에서 범죄피해자 보호 및 지원시설은 연방정부와 주정부가 직접 관리하는 것이 아니라 운영기관이 따로 있으며, 연방정부와 주정부는 관련 단체를 지원하는 방식으로 피해자지원에 협력한다.

연방법무부는 주 법무부와 협력하여 피해자의 권리에 관한 책자를 발행한다. 전국적으로 통용되는 책자 외에, 각 주는 약간 수정된 버전을 가지고 있다. 그 책자는 독일 이외의 국가 출신 범죄피해자를 위해서 베트남어, 아랍어, 페르시아어, 프랑스어, 이탈리아어, 영어, 스페인어, 알바니아어, 세르보 크로아티아어, 터키어, 러시아어, 그리스어, 포르투갈어, 크로아티아어, 폴란드어, 불가리아어 및 루마니아어 등의 다양한 언어로 번역되어 있다. 노르트라인베스트팔렌 주는 23개 언어로 번역하였다.[23)]

여성에 대한 폭력과 관련해서 연방 가족 · 노인 · 여성 · 청소년부는 가정폭력에 관한 연방과 주의 공동협회에서 각 주의 대표와 협력하고 있다. 그러나 일반피해자지원에는 해당사항이 없다. 그 밖에 연방의 사법행정은 지방법원의 사회복지업무를 통해서 제공되는 서비스에 대해 규제할 책임이 있다.

피해보상 지급과 관련해서는, 연방정부와 주정부가 피해자보상법에 근거하여 연방정부가 40%, 주정부가 60%를 각각 부담하고 있는데(피해자보상법 제4조), 이 법에 따른 범죄피해자보상을 위한 기금은 국가의 일반재원으로 마련되고 있다.[24)] 또한 특정피해자에게 연방정부와 주정부가 부분적으로 지원하는 기금이 있다.[25)] 예컨대 학대피해자를 위해 두 가지의 주거지

22) 범죄피해자 보호 · 지원 기관 간 업무협력체계에 대해서도 주로 FRANET, Victim Support Services in the EU: An overview and sssessment of victims's rights in practice. Germany, 2014와 독일 법무부 홈페이지 2016.9.15. "Bericht zur Umsetzung der Richtlinie 2012/29/EU" https://www.bmjv.de/DE/Themen/OpferschutzUndGewaltpraevention/OpferhilfeundOpferschutz/Bericht_BundLaender_AG.html 에서 다운받은 자료를 주로 참고하여 정리하였음.

23) www.justiz.nrw.de/BS/opferschutz/allgemeine_informationen/opferschutz_strafverfahren/avr_32/index.php

24) 재원규모 및 조달방식에 대해서는 이 보고서 III. 1. 2)와 2. 2) 참고.

원기금이 운영되고 있는데, 하나는 가정 내에서 성적학대피해자에 대한 기금(2013년 5월 1일부터 시작)[26]이고, 또 하나는 극단주의자 폭력의 피해자를 위한 기금[27]이다.

2. 민간단체와의 유기적 관계

1) 피해자로부터 경찰에 범죄 신고가 들어왔을 때 범죄유형별 피해자 지원

범죄피해가 신고되면 경찰의 피해자보호 담당부서를 중심으로 경찰이 직접 원조하거나 민간단체를 연계함으로써 민간단체와의 네트워크를 구축하고 있다. 그러나 피해자지원단체로부터 보호 · 지원받는 것은 피해자가 경찰에 신고 내지 고소하는 것을 반드시 전제로 하지는 않는다. 또한 피해자지원단체는 경찰의 수사에 협조하는 피해자에게 우대조치, 예컨대 경찰 수사에 협조하지 않는 피해자보다 더 신속하게 조치를 취해주는 특혜를 제공하는 것도 아니다.

(1) 가정폭력 · 여성에 대한 폭력 · 아동학대 · 성폭력의 피해자

경찰은 내규에 따라 피해자에게 가정폭력, 여성에 대한 폭력, 아동학대 또는 성폭력에 특화된 피해자지원단체를 알려줄 의무가 있다. 각 주 마다 전문여성상담소, 조정단체, 여성긴급전화, 여성보호시설 등 다양한 단체들이 있다. 또한 경찰은 가정폭력에 영향을 받거나 복지가 위태롭게 된 아동을, 필요하다면 동의 없이 청소년복지사무소에 연락할 수 있다. 경찰은 범죄유형에 따른 피해자지원단체가 열거되어 있는 VIKTIM이라는 독일 내의 전국적인 데이터베이스로 접근할 수 있다. 주 정부에도 또한 지역적인 데이터베이스가 있다. 피해자가 원하면 경찰이 대신 피해자지원단체들과 연락한다.

(2) 절도 또는 강도 피해자

경찰은 내부규정에 따라 피해자에게 피해자지원단체를 알려줄 의무가 있다. 주 마다 이용할 수 있는 서비스들이 다양하고, 주로 바이서 링이 경찰과의 협업을 통해 피해자지원업무를 수행하고 있다. 그러나 절도나 강도 사건의 경우에는 경찰이 피해자를 대신하여 피해자

---

25) www.fonds-heimerziehung.de.

26) www.fonds-missbrauch.de.

27) www.bundesjustizamt.de/DE/Themen/Buergerdienste/Opferhilfe/extremistisch/Haerteleistung_node.html.

지원단체와 연락하지는 않는다. 대부분의 주에서 바이서 링이, 몇몇의 주에서는 경찰이 치료 내지 치유 등의 애프터케어를 제공하고, 도난방지장치에 관한 정보를 제공한다.

(3) 인종차별적 폭력의 피해자

경찰은 내규에 따라 피해자에게 인종차별적 폭력에 특화된 피해자지원단체나 일반피해자지원단체를 알려줄 의무가 있다. 또한 일부 주의 경찰은 극단주의자들 폭력 피해자를 위한 긴급지원기금이 있음을 알려준다. 경찰은 인종차별적 폭력이나 이주자를 위한 서비스에 특화되어 있는 피해자지원단체가 열거되어 있는 VIKTIM이라는 독일 내의 전국적인 데이터베이스로 접근할 수 있다. 주 정부에도 또한 지역적인 데이터베이스가 있다.

(4) 피해자가 불법체류자인 경우

경찰을 비롯한 공공기관은 이민당국에 불법거주자를 신고해야 할 의무가 있다(독일거주법 제87조 제2항). 이는 합법적 거주상태에 있지 않은 자는 범죄피해자가 되었을 경우 신고될 것을 감수하지 않고는 경찰에 도움을 요청할 수 없다는 것을 의미한다. 독일거주법 제59조 제7항에 따르면 가혹한 노동착취 또는 인신매매의 피해자로 인정되는 경우에는 3개월 동안 임시휴가를 받을 수 있다. 불법거주자가 피해자지원단체와 연락할 수 있게 하는 경찰의 지원으로부터 배제되어 있는 것은 아니지만, 피해자지원단체의 도움을 받으려고 해도 언어를 포함한 여러 이유로 지원받는 것이 실제적으로 어려울 수 있다고 한다. 피해자지원단체에도 이들에 대한 특별한 조치가 준비되어 있지 않다.

2) 각 주에서의 피해자지원단체 설립과 지원

각 주에는 여러 피해자지원민간단체가 설립·운영되고 있다. 자선단체 '하나우어 힐페'(Hanauer Hilfe)는 1984년에 헤센 주 법무부에 의해 설립된 최초의 전문적인 일반지원단체로, 주가 관할하는 범죄피해자지원단체 중의 하나이다. 이 단체는 범죄피해자를 상담하고 사안에 따라 장기간 원호하는 것을 임무로 한다. 범죄피해자와 증인 그리고 그들의 가족을 위해 지원하고, 나이나 성별, 국적에 상관없이 상담을 요구할 수 있으며, 무상으로 활동한다. 이 시범 프로젝트를 모델로 하여 다양한 피해자지원단체가 헤센 주에 설립되었다.[28] 베를

---

28) www.kasseler-hilfe.de/04unsere_arbeit/jahresberichte.htm#02.

린, 브란덴부르크, 함부르크, 니더작센, 메클렌부르크포어포메른 주를 포함한 다른 주에서도 유사한 접근방식을 취했다. 특히, 각 주는 도움을 요하는 범죄피해 여성과 아동을 위한 여러 피해자지원시설을 갖추고 있다. 예를 들자면 중간정도의 규모를 가진 라인란트팔츠 주는 17개의 여성보호시설, 14개의 여성상담소, 12개의 여성긴급전화와 성폭력에 관한 전문기관, 인신매매 · 성매매 · 강제결혼과 같은 사건을 대상으로 하는 16개의 상담시설과 지원시설 등을 가지고 있다. 면적이 큰 바이에른 주에는 2016년 당시 여성을 위한 340개의 자리와 아동을 위한 400개의 자리를 갖춘 총 38개의 여성보호시설이 존재했다.[29] 니더작센 주는 위기개입장소를 가진 보호시설[30]을 창설했고 인신매매 피해자를 위해 특수화된 전문상담소에는 보호주거가 존재한다. 베를린 주에는 젊은 이주여성들을 위해서 행정부로부터 자금이 지원되는 전문화된 위기시설 뿐 아니라, 여성보호시설, 여성상담소, 가정폭력피해자상담소, 성범죄피해자를 위한 상담소, 강간피해여성을 위한 위기센터 등이 조직되어 활동하고 있다.

전국적으로 운영되고 있는 여성보호시설은 각 주의 복지단체나 교회 관련 협회에서 담당하며, 각 주는 관련 기관 간의 유기적인 협력과 인프라 구축을 위한 재정적 지원을 담당하고, 연방정부는 폭력피해경험여성과 자녀를 돌보는 관련 단체들을 지원하는 식의 전달체계 시스템을 갖추고 있다. 그 밖에 몇몇의 주에는 가정폭력의 남성피해자를 위한 남성보호시설도 있다. 헤센 주는 신체적 · 정신적 폭력행위의 피해자인 남성을 위한 상담소도 제공한다.

3) 민간단체활동에 대한 주정부의 지원

범죄피해자에 대한 의료 및 심리적 지원은 민간단체에 의해 수행되지만, 이러한 서비스를 위한 자금지원은 주정부에 의해 정기적으로 제공된다.

법률상담과 관련해서는, 지방법원이 저소득자가 변호사와 상담시 무료로 법률상담을 받을 수 있는 바우처를 제공하는데, 피해자지원단체인 바이서 링이 지방법원을 대신하여 범죄피해자를 위한 법률상담 바우처를 배부할 수 있다. 이렇게 바이서 링에 의해 재정적으로 지원되는 바우처는, 지방법원이 제공하는 그것과 마찬가지로, 소송절차 전 또는 법정 밖에서의 화해 전에만 법률상담을 위해 사용될 수 있다. 한편 바이서 링은, 법원에서 제공하는 바우처와 달리, 불법체류 여부와 상관없이 바우처를 제공한다.

모든 피해자지원단체에서 상담은 무료로 제공되는 반면, 여성보호시설에서의 숙박은 비

29) http://www.scheherazade-hilft.de/
30) http://ada-schutzhaus.de

용이 청구된다. 요금은 보호시설마다 다르게 정해져 있다. 자녀에게는 할인된 요금이 적용된다. 여성보호시설에 대한 자금조달은 법률에 충분히 규제되어 있지 않고 주정부와 지방자치단체가 제공하는 총금액은 매번 다르고, 대개 공공단체의 재정적 어려움이 있는 시기에는 철회될 수 있는 임의적 협약에 근거한다. 저소득 여성의 경우 사회법 제2권의 제36조a 또는 사회법 제7권의 제68조 제2항에 의해 지방자치단체가 부담한다.

사법기관의 사회복지서비스들이 주정부에 의해서 직접 제공되는지 여부는 독일의 16개 주 사이에 차이가 있다. 몇몇의 주는 민간단체와 복지단체에게 이러한 서비스 제공을 위한 자금을 지원한다.

4) 주정부의 지원 활동에 대한 민간단체의 참여

주에서 제공하는 피해자지원과 관련한 대부분의 프로그램에 다양한 피해자지원 민간단체가 참여한다. 범죄피해자를 대하는 실무자 연수의 경우, 피해자지원단체는 일부 강의를 운영하는 방식으로 독일판사협회에서 제공하는 교육·연수에 정기적으로 참여하고, 지방사법협회에서 제공하는 교육·연수에도 참여한다. 몇몇의 주에서는 모든 법조인이 수행해야 하는 일반 법률교육을 피해자지원단체 또한 수행하도록 하고 있다.

피해자지원단체가 전국적인 네트워크를 형성하고 있지 않는 경우, 즉 베를린, 브란덴부르크, 함부르크, 니더작센, 작센, 메클렌부르크포어포메른 및 헤센 주의 독일피해자지원협회는 지역적으로 사무소를 운영하고, 몇몇의 주(바이에른, 바덴-뷔르템베르크, 브레멘, 자를란트, 라인란트팔츠, 작센안할트, 슐레스비히홀슈타인 및 튀링겐 주)의 일반피해자지원단체는 사무소를 보유하지 않는다. 여기에서 전국적으로 운영되고 있는 자원봉사단체인 바이서 링이 이러한 공백을 메운다.

V. 외국인(비유럽국가 국민) 피해자 보호 · 지원

1. 피해보상

독일의 피해자보호와 관련된 특징 중 하나는, 가해자에 대한 배상청구에 관해서는 비유럽국가 국민도 독일시민권자나 유럽연합국가 국민과 동일한 권리를 갖는다는 점이다. 그런데 범죄피해자가 불법체류자인 경우, 이론적으로는 가해자에게 손해배상을 청구할 수 있지만, 그러나 이러한 청구는 사실상 법원을 비롯한 공공기관에 의해서 금지되고 오히려 그 기관들은 불법거주자를 이민당국에 알려야 할 의무를 가진다(독일거주법 제87조 제1항, 제2항).

반면, 비유럽국가 국민이 피해자보상법에 따라 피해보상을 신청할 경우에는 피해자보상법 제1조 제5항 내지 제8항에 의해 독일체류기간에 따라 특정한 기준이 적용된다. 즉, 최소 3년 이상 지속적으로 독일에 합법적으로 거주한 경우는 독일국민과 같은 보상을 받고, 3년 미만 거주한 경우는 소득과 무관한 보상만을 받는다. 그리고 6개월 이하 기간 동안 독일에 합법적으로 거주한 경우에는 독일국민과 3등급 이상의 친인척관계가 있거나 폭력범죄피해자보상에 관한 유럽협정을 체결하고 그 협정에 관해 이의를 제기하지 않은 국가의 국민인 경우에 소득과 무관한 보상을 받을 수 있다. 이와 같은 보상권 있는 외국인이 당시 독일에 체류하지 않은 경우에는 독일에서 중단 없이 합법적으로 거주를 시작했던 매 해에 대한 월기초연금의 3배 범위에서, 단 총합계는 월기초연금의 10배 이상 30배 이하의 범위 내에서 보상을 받는다. 범죄피해자가 불법체류의 경우에는 피해자보상법에 따른 보상을 받을 수 없다.

한편, 피해자들이 모국으로 돌아간 경우, 유럽연합 회원국의 피해자의 경우에는 피해자보상법에 의해 자국의 중앙연락처에 보상을 신청할 수 있고 그때 독일에 신청될 것이다. 반면 비유럽국가 국민들을 위해서는 그러한 장치가 없다. 국외의 가해자로부터 배상을 청구하는 민사소송은 가능하지만, 그것을 용이하게 하거나 간소화하는 특별한 장치는 마련되어 있지 않다.

2. 피해자보호시설 이용

독일에는 피해자지원 관련 정보 등을 여러 국가의 언어로 사용할 수 있게 하는 다양한 서비스가 제공되어 있다. 무료상담서비스는 합법적 거주 여부나 국적에 상관없이 모든 범죄피해자가 무료로 이용 가능하다. 여성보호시설의 숙박시설은 비유럽국가 국민도 이용할 수는 있지만, 독일국민과 유럽연합국가 국민과 달리, 숙박료가 주정부에 의해서 지원되지는 않는다.

제 7 장 오스트리아의 범죄피해자 보호·지원 제도

I. 개 관

오스트리아의 범죄피해자에 대한 보호·지원제도는 크게 민간단체를 통한 간접적 보호·지원과 국가의 직접적 보호·지원으로 나눌 수 있다. 전자는 국가기관이 민간 피해자보호·지원단체(Opferhilfeeinrichtungen)와 계약하여 민간단체에 범죄피해자 보호·지원활동을 위탁하는 것을 의미하고, 후자는 우리나라의 구조금 지급과 같이 직접적으로 범죄피해자들에게 경제적 보상을 해 주는 것을 말한다.

간접적 보호·지원의 법적 근거는 형사소송법(Strafprozessordnung, 약칭 StPO)[1] 제66조 제2항과 치안경찰법(Sicherheitspolizeigesetz, 약칭 SPG) 제25조 제3항이다. 형사소송법 제66조 제2항은 다음과 같이 절차동반제도에 대해 규정하고 있다: “제65조 제1항 제a호 또는 제b호의 범죄피해자에게는 피해자의 신청이 있고, 피해자의 형사절차상의 권리를 보장하기 위해 필요하다면 심리적·사회적 절차동반(psychosoziale Prozessbegleitung) 및 법률전문가에 의한 절차동반(juristische Prozessbegleitung)이 인정되어야 한다. 성적 불가침성을 침해당하였고, 14세 미만인 피해자에게는 어떠한 경우에도 절차동반이 보장되어야 한다. 심리적·사회적 절차동반은 형사절차를 준비하고, 형사절차의 진행과정에서 피해자에게 발생하는 감정적 문제를 완화시키고, 수사·재판 단계에서의 피해자 신문에 동행하는 것을 포함하며, 법률전문가에 의한

1) 2017년 7월에 일부 개정된 형사소송법을 지칭한다. 오스트리아 형사소송법을 포함하여 이하에서 언급되는 각종 오스트리아 법령은 ‘오스트리아 연방 법정보시스템(Rechtsinformationssystem des Bundes)’ 홈페이지(https://www.ris.bka.gv.at/) 또는 오스트리아 법률 검색사이트 Jusline 홈페이지(https://www.jusline.at/)에서 검색 및 다운로드 가능하다. 이하에서 특별한 언급 없으면 오스트리아 법령을 지칭한다.

절차동반은 변호사에 의한 법률적 상담 및 변호를 포함한다. 연방 법무부는 확실하고 적절한 단체와 계약을 체결하여 그러한 단체가 법률적 요건의 충족 여부를 검토하여 제65조 제1항 제a호 및 제b호의 범죄피해자에게 절차동반을 행하도록 위탁한다." 절차동반제도란 범죄피해자와의 상담, 형사절차 관련 정보제공, 신문에의 동행 등을 통해 범죄피해자가 형사절차의 진행에서 가질 수 있는 심리적 · 경제적 부담을 완화시켜 피해자를 안정화시켜 주고, 그가 형사절차에서 가지는 권리를 실현할 수 있도록 도와주며, 피해자에게 2차적 피해가 발생하는 것을 방지하고자 하는 제도를 말한다.[2)] 절차동반제도는 '심리적 · 사회적 절차동반'과 '법률전문가에 의한 절차동반'으로 나뉜다.[3)]

치안경찰법 제25조 제1항과 제2항에 의하면 치안담당 국가기관인 연방 내무부(Bundesministerium für Inneres)는[4)] 생명 · 건강 및 재산에 대한 위험한 공격을 방지하기 위해 그러한 공격행위에 직면한 개인에게 위험을 알려주고 위험에 대응할 수 있는 개인의 능력을 증진하도록 해야 하며(제1항), 나아가 그러한 위험을 예방하기 위한 조치를 취해야 한다(제2항). 동조 제3항에 의하면 "스토킹 행위(beharrliche Verfolgung)를 포함한 폭력행위에 직면한 사람에게 상담과 비물질적 지원을 제공하기 위해 연방 내무부장관은 그러한 사람과 대화를 개시하는(ansprechen) 역할을 확실하고 적절한 피해자보호 · 지원단체(개입단체)에 위탁할 권한을 가진다. 그러한 역할을 하는 피해자보호 · 지원단체가 주로 여성의 상담 · 지원을 목적으로 하는 단체라면 연방 내무부 장관은 연방 건강 · 여성부 장관과 공동으로 계약을 체결하고, 아동의 상담 · 지원을 주목적으로 하는 단체라면 연방 사회 · 세대 · 소비자보호부 장관과 함께 계약을 체결한다."

형사소송법 제66조 제2항의 절차동반제도는 특정 범죄의 피해자로 피해자 범위가 제한되지만[5)] 피해자의 성별이나 연령 등을 기준으로 피해자그룹을 제한하지 않는다는 점에서 일

2) Nachbauer, Opferhilfe - Erfahrungen aus Österreich, in: Leuschner/Schwanengel (Hrsg.), Hilfen für Opfer von Straftaten, Bd. 1, Wiesbaden 2014, 146 f.; Rupp, Eine Verpflichtung des Hilfesystems, in: Recht würde helfen. Tagungsdokumentation, 2007, 11 f. 참조.

3) 일반적으로 절차동반제도는 우리나라에서 진술조력인 제도로 번역되는데, 우리나라의 현행 진술조력인 제도는 성폭력범죄 또는 아동학대범죄에서 13세 미만인 피해자 또는 장애인 피해자에게만 한정적으로 인정되고 있다. 반면에 오스트리아에서 '심리적 · 사회적 절차동반'은 형사소송법 제65조 제1항 제a호 또는 제b호의 범죄피해자에 해당하는 모든 피해자에게 인정되고, 오스트리아의 절차동반제도는 법률전문가에 의한 절차동반을 포함한 개념이다. 따라서 오해의 소지를 줄이기 위해 여기서는 원어 "Prozessbegleitung"을 직역하여 "절차동반"으로 표현한다.

4) 치안경찰법 제4조 및 제5조 참조.

5) 이에 대해서는 후술한다.

반적인 보호 · 지원제도로 이해될 수 있다. 그러나 치안경찰법 제25조 제3항을 통한 범죄피해자 보호 · 지원은 주로 여성 폭력피해자와 아동 폭력피해자를 보호 · 지원하는 것을 목적으로 한다는 점에서 형사소송법 제66조 제2항에 의한 절차동반 제도와 차이가 난다. 이러한 점에서 민간 피해자보호 · 지원단체를 통한 간접적 보호 · 지원은 여성, 아동 등 특정 피해자그룹을 대상으로 하는지, 아닌지로 구분하여 살펴볼 수 있다.

한편 오스트리아 범죄피해자법(Verbrechensopfergesetz, 약칭 VOG)은 일정 고의범죄로 인해 신체상해 또는 건강손상을 입은 피해자나 사망한 피해자의 유족에게 수입손실이나 생계비 손실을 보상하는 것, 치료보장을 하는 것, 또는 일시불로 위자료를 지급하는 것 등의 경제적 지원방안에 대해 규율하고 있다. 범죄피해자법에 의한 경제적 지원은 비록 일정 범죄의 피해자로 신청권자가 제한될지라도 피해자의 성별이나 연령 등을 기준으로 피해자그룹을 제한하지 않는다는 점에서 일반적 보호 · 지원제도로 볼 수 있다.

Ⅱ. 민간단체를 통한 간접적 보호 · 지원제도

1. 절차동반제도

1) 인정범위 및 의의

형사소송법 제65조 제1항은 범죄피해자를 다음과 같이 세 그룹으로 나누고 있다: “a. 고의로 행해진 범죄로 인해 폭력이나 위험한 협박에 노출되었거나 성적인 불가침성과 자기결정권을 침해당하였거나 인적 종속성에 노출된 자, b. 범죄로 사망한 자의 배우자, 사실혼 관계에 있는 자, 직계혈족, 형제자매 및 기타 피부양자 또는 범죄행위의 목격자인 다른 친족, c. 범죄로 인해 손해를 입었거나 형법에 의해 보호되는 자신의 법익을 침해당한 기타의 자.” 제a호의 경우 고의로 행해진 범죄이면 족하고, 피해자에게 특정한 신체적 손상이 발생하였을 것을 요구하지 않기 때문에 강도와 같은 특정 재산범죄의 피해자도 제a호에 포함되고, 피해자의 자율성을 침해하거나 강제상태를 이용하는 인신매매 범죄의 피해자도 제a호에 포함된다. 제b호의 경우 고의범인지 과실범인지를 불문하고, 제c호의 경우 형사범죄이기만 하면 족하다.

제65조 제1항의 범죄피해자 구분은 제66조 제2항에 따르면 제65조 제1항 제a호와 제b호의 범죄피해자에게만 절차동반제도가 인정된다는 점에서 큰 의미를 가진다.[6] 그러나 제65조 제1항 제a호와 제b호의 범죄피해자에 해당하고, 피해자의 신청이 있다면 피해자의 성별, 연령 등에 관계없이 절차동반이 인정된다. 따라서 절차동반은 오스트리아의 모든 민간 피해자 보호 · 지원단체가 공통적으로 행하는 최소한의 활동에 해당한다.[7] 절차동반에 의한 피해자 보호 · 지원 활동은 형사절차의 개시시점부터 종료 시까지로 한정되지 않는다. 절차동반은 형사절차 개시 이전의 형사절차준비를 위한 상담, 정보제공 그리고 형사절차 진행 중 단계에서 신문에의 동행 및 지원뿐만 아니라 형사절차 종결 후의 심리적 안정화 또는 민사적 청구권 실현을 위한 보조도 포함한다. 2009년 이후 절차동반은 형사소송뿐만 아니라 민사소송에서도 인정된다.[8]

오스트리아는 '절차동반의 질에 관한 기준(Qualitätsstandard)'을 제정하여 민간단체에 의해 행해지는 절차동반의 구체적 내용, 민간단체 절차동반 담당자가 갖추어야 할 자격 · 능력, 민간단체에 대한 감독 등을 규정하고 있다. 현재 '아동 및 청소년에 대한 폭력범죄에서 절차동반의 질에 관한 기준', '남성에 의한 폭력 및 인신매매 피해 여성을 위한 절차동반의 질에 관한 기준', '상황적 폭력의 피해자를 위한 절차중단의 질에 관한 기준'이 있다.[9]

2) 관할기관 및 구체적 운영방식

형사소송법 제66조 제2항에 의하면 연방 법무부장관은 요건을 갖춘 적절한 피해자보호 · 지원단체와 계약을 체결하여 그러한 단체에 절차동반을 행하도록 위탁한다. 따라서 절차동반의 관할기관은 연방 법무부이고, 절차동반활동 경비는 연방 법무부의 재정으로 충당된다. 그러나 연방 법무부가 직접 절차동반활동을 행하는 것이 아니라, 연방 법무부와 계약을 체결한 민간 피해자보호 · 지원단체가 절차동반활동을 수행한다. 연방 법무부와 민간단체는 매

---

6) 절차동반을 신청할 수 있는 피해자의 범위가 너무 좁다는 비판은 Nachbauer, Opferhilfe - Erfahrungen aus Österreich, in: Leuschner/Schwanengel (Hrsg.), Hilfen für Opfer, 2014, S. 151; Gewaltschutzzentrum Steiermark, Reformvorschläge 2017, Mai 2017, 28 f. 참조.

7) Nachbauer, a.a.O., S. 146.

8) 오스트리아 민사소송법(Zivilprozessordnung, 약칭 ZPO) 제73조의b 참조.

9) 이 기준들은 오스트리아 연방 법무부 홈페이지에서 다운로드 가능하다. https://www.justiz. gv.at/web2013/home/buergerservice/opferhilfe_und_prozessbegleitung/prozessbegleitung__grundlagen~2c94848535a081cf0135a49ef4880021.de.html (2017. 9. 1. 최종검색).

년 계약을 새로이 체결하는데,[10] 민간단체들은 연방 법무부와 계약을 체결하기 위해서, 즉 연방 법무부의 지원금을 받으면서 절차동반활동을 행하는 민간단체가 되기 위해서 노력한다.[11] 연방 법무부와 계약을 체결하지 못한 민간단체들도 계약을 체결한 민간단체와 협력하면서 절차동반활동을 행한다.[12]

연방 법무부는 절차동반활동을 수행한 민간단체에 지원금을 지급하는데, 지원금 지급은 보조금 형태의 통합지급이 아니라 절차동반활동에 소요된 경비를 개별적으로 계산하여 일괄지급하는 방식을 따른다.[13] 따라서 민간 피해자보호·지원단체가 단체의 일반적 운영차원에서 다른 단체와의 협력 등을 위해 사용한 경비는 절차동반 지원금으로 지급받을 수 없는 경우가 있고, 그러한 경우 민간단체 스스로 그 경비를 부담해야 한다.[14] 2014년을 기준으로, 범죄피해자는 60시간을 한도로 절차동반활동을 지원받을 수 있고, 평균적으로 피해자 1인당 1,000 유로 정도가 절차동반비용으로 지원된다.[15]

연방 법무부와 계약을 체결해 절차동반활동을 행하는 민간단체가 절차동반활동을 지원받을 수 있는 피해자인지 아닌지를 판단한다.[16] 민간단체는 '피해자와 가해자의 인적 관련성(persönliche Betroffenheit)'을 가장 중요한 기준으로 삼아 절차동반활동을 지원받을 만한 피해자인지, 아닌지를 판단한다.[17] 민간단체 스스로 절차동반활동 대상자를 선정하고, 국가기관은 이에 관여하지 않기 때문에 민간단체가 어느 피해자를 절차동반활동 지원대상자로 선정하지 않았다고 할지라도 피해자가 그러한 판단에 불복하여 항고나 소송을 제기할 수 없다.[18] 그러나 절차동반활동의 대상범죄가 범해졌다는 개연성이 인정된다면 절차동반활동 지원이 거부되는 경우는 드물다고 한다.[19] 절차동반활동을 행하는 민간단체가 국가로부터

---

10) Nachbauer, Opferhilfe - Erfahrungen aus Österreich, in: Leuschner/Schwanengel (Hrsg.), Hilfen für Opfer, 2014, S. 146.

11) A.a.O., S. 146.

12) A.a.O., S. 146.

13) A.a.O., S. 148.

14) A.a.O., S. 148.

15) Stärkung der Opferrechte im Strafverfahren, http://www.sven-rissmann.de/index.php?ka=1&ska=1&idn=52 (검색일: 2017. 9. 1). 이 인터넷 자료는 오스트리아 '바이서 링(Weisser Ring)'에서 근무하는 Barbara Unterlerchner의 오스트리아절차동반제도에 대한 소개를 요약하고 있다.

16) 위 인터넷 자료.

17) 위 인터넷 자료.

18) 위 인터넷 자료.

19) 위 인터넷 자료.

지원금을 받을지라도 절차동반활동과 관련하여 민간단체의 독립성은 매우 높은 것으로 평가되고 있다.[20] 민간단체는 절차동반활동을 지원받은 피해자의 수 및 지원시수에 대해서만 연방 법무부에 보고하고, 연방 법무부는 '개개 지원활동이 지원받을 만한 피해자에게로 행해졌는지'에 대해서는 원칙적으로 심사하지 않는다고 한다.[21]

3) 절차동반 지원금의 구성 및 지원금 규모

절차동반 지원금은 대부분 연방정부의 벌금 등 수입에 의해 이루어진다. 형사소송법 제381조 제1항에 의하면 법원은 유죄판결을 선고하면서 피고인에게 소송비용을 부담시킬 수 있는데, 절차동반비용은 1,000유로를 상한으로 하여 소송비용에 포함될 수 있다(제9호). 그러나 유죄판결을 받은 자가 납부하는 절차동반비용은 연방 법무부의 절차동반 지원금 구성에 아주 미미한 비율을 차지할 뿐이라고 한다.[22] 아래 [표 1]은 2011년 ~ 2015년 연방 법무부의 절차동반 지원금 지출액을 나타낸다. 총 지출액에서 '심리적 · 사회적 절차동반' 지원액을 빼면 '법률적 절차동반' 지원액이 된다.

[표 1] 연방 법무부의 2011 ~ 2015년 절차동반제도 지출 비용[23]

(단위: 유로)

년 도	2011	2012	2013	2014	2015
총지출액	4,538,391	4,882,812	5,284,899	5,433,847	5,930,181
심리적 · 사회적 절차동반	2,099,252	2,286,933	2,470,579	2,586,504	2,878,236

4) 연방 법무부와의 계약을 통해 절차동반활동을 행하는 민간단체

아래 [표 2]는 2016년 연방 법무부와의 계약을 통해 절차동반활동을 행한 민간단체와 각 단체에 지원된 금액을 정리한 것이다.

---

20) 위 인터넷 자료.

21) 위 인터넷 자료.

22) Nachbauer, Opferhilfe - Erfahrungen aus Österreich, in: Leuschner/Schwanengel (Hrsg.), Hilfen für Opfer, 2014, S. 149.

23) https://www.parlament.gv.at/PAKT/VHG/XXV/AB/AB_08485/imfname_536736.pdf 자료와 https://www.parlament.gv.at/PAKT/VHG/XXV/AB/AB_12770/imfname_663046.pdf 자료를 통해 파악한 수치 (2017. 9. 1. 최종검색).

[표 2] 2016년 절차동반 담당 민간단체별 지원금 지급[24)]

(단위: 유로)

단 체	지원금	단 체	지원금
Avs Kärnten	23,958	Kidsnest GESMBH	56,152
Autonomes Frauenzentrum	79,163	Kinderschutzzentrum Innviertel	14,641
Verein Balance	5,801	Kinderschutzzentrum Leibnitz	28,736
Beratungsstelle Für sexuell missbrauchte Frauen	142,872	Kinderschutzzentrum Salzburg	72,227
EVITA	3,151	Kinderschutzzentrum Wigwam	56,588
Frauen für Frauen Burgenland	1,688	Verein LEFÖ	115,975
Frauen für Frauen Hollabrun	29,334	Die Möwe	796,252
Frauen gegen Vergewaltigung	45,134	Verein Neustart	69,678
Frauenberatung Mostviertel	16,944	Verein Notruf	150,109
Frauenhaus Linz	12,090	Kinderschutzzentrum Oberes Murtal	24,175
Frauenhaus Salzburg GmbH	62,810	Kinderfreunde Kärnten	22,227
Frauenhäuser Steiermark	11,547	Rettet Das Kind Steiermark	190,795
Gewaltschutzzentrum Burgenland	30,250	TAMAR	238,195
Gewaltschutzzentrum Kärnten	71,138	TARA Frauennotruf	49,839
Gewaltschutzzentrum NÖ	310,007	Tiroler Kinder und Jugend GmbH	44,964
Gewaltschutzzentrum Oberösterreich	215,326	Gewaltschutzzentrum Tirol	97,279
Kinderschutzzentrum Tandem	37,169	Verein Frauennotruf Salzburg	68,739
Infromationsstelle für Männer	210,466	Gewaltschutzzentrum Steiermark	305,523
Institut für Frauen- und Männergesundheit, Men Via	37,038	Gewaltschutzzentrum Salzburg	156,569

24) https://www.parlament.gv.at/PAKT/VHG/XXV/AB/AB_13159/imfname_671573.pdf (2017. 9. 1. 최종검색). 원 자료에는 센트(Cent)까지 나타나 있으나 센트는 내림하였다.

Institut für Sozialdienste	225,367	Kinderschutzzentrum Linz	89,803
Wiener Frauenhäuser	176,825	Kinderschutzzentrum Graz	47,118
Wiener Interventionsstelle	813,013	Verein Rettet Das Kind Burgenland	5,800
Weisser Ring	932,899	Beratungsstelle IMPULS – Sozialzentrum Vöcklabruck	36,966
Von Frau zu Frau – Frauenbetratungsstelle Wels	11,124	Volkshilfe Steiermark – Kinderschutzzentrum Liezen	18,804

5) 절차동반자 양성 · 교육 비용

2016년 6월을 기준으로, 연방 법무부는 세 개의 절차동반활동 교육과정을 운영하고 있다(일반적 기초과정 1 + 특수 기초과정 2).[25] 이 교육과정을 운영하는 데에는 약 12만유로 정도의 비용이 드는데, 이 비용을 2015년에 체결된 행정협정에 의해 연방 법무부, 연방 교육 · 여성부(Bundesministerium für Bildung und Frauen) 그리고 연방 가정 · 청소년부(Bundesministerium für Familen und Jugend)가 공동으로 분담한다.[26] 한편 연방 법무부는 2015년 말 오스트리아 변호사협회와 법률가를 위한 절차동반 교육과정을 운영하기로 합의를 하였다.[27]

2. 폭력피해자보호센터(Gewaltschutzzentrum) 또는 개입단체(Interventionsstelle)에 의한 특정 피해자그룹에 대한 보호 · 지원

1) 연 혁

1978년 오스트리아 최초의 '여성의 집(Frauenhaus)'이 빈에 설립되었고, 1980년대에 그 숫자는 점점 늘어 나 1988년경에는 오스트리아 전 주(州)에 여성의 집이 설립되었다.[28] 이와 함께 1980년대부터 폭력으로부터 여성을 보호하는 것 또는 가정폭력 방지 및 가정폭력 피해자를

25) https://www.parlament.gv.at/PAKT/VHG/XXV/AB/AB_08485/imfname_536736.pdf, S. 2.

26) https://www.parlament.gv.at/PAKT/VHG/XXV/AB/AB_08485/imfname_536736.pdf, S. 2.

27) https://www.parlament.gv.at/PAKT/VHG/XXV/AB/AB_08485/imfname_536736.pdf, S. 2.

28) Wolfslehner, Schutz vor Gewalt in der Familie. Maβnahmen gegen physische und psychische Beeinträchtigungen im Straf-, Zivil- und Verwaltungsrecht, Uni. Wien Dissertation, Wien 2014, S. 3.

보호 · 지원하는 방안에 대한 논의가 많이 이루어졌는데, 1994년에 연방정부는 '가정폭력을 방지하기 위한 정책프로그램(Aktionsprogramm der österreichischen Bundesregierung gegen Gewalt in der Familie 1994)'을 채택하였고, 1994년에 이미 이른바 '민간 개입단체'를 통해 이른 시기부터 가정폭력 피해자를 보호 · 지원해야 한다는 방안이 제시되었다.[29] 이러한 논의의 결과를 기초로 가정폭력의 피해자를 보호하기 위한 법 개정이 추진되었고, 1996년에 이른바 '1차 폭력피해자보호법'이 제정되었다. '1차 폭력피해자보호법'의 정식 명칭은 '민법, 집행법 및 치안경찰법의 개정에 관한 연방법률(Bundesgesetz über Äderungen des allgemeinen bürgerlichen Gesetzbuchs, der Exekutionsordnung und des Sicherheitspolizeigesetzes)'이다.[30] 즉 '1차 폭력피해자보호법'은 '법 개정을 위한 법률'로서 그러한 명칭의 단일한 법률이 존재하는 것이 아니라 실제로는 가정 내에서의 폭력 피해자를 보호하기 위해 민법, 집행법 및 치안경찰법의 관련 부분에서 제 · 개정된 규정들을 통칭하는 것이다. 위 개정법률은 정식 명칭 외에 괄호로 '가정 내에서의 폭력피해자를 보호하기 위한 연방법률, 약칭 폭력피해자보호법(Bundesgesetz zum Schutz vor Gewalt in der Familie – Gewaltschutzgesetz)'이라고 명명되고 있기에 편의상 '폭력피해자보호법'이라고 지칭된다. '1차 폭력피해자보호법'은 ① 경찰의 폭력행위자에 대한 퇴거명령(Wegweisung) 및 출입금지명령(Betretungsverbot), ② 민사법원에 의한 긴급보호조치처분, ③ 경찰이 폭력범죄를 인지한 초기단계부터 민간 개입단체(Interventionsstelle)를 통하여 폭력피해자를 보호 · 지원하도록 하는 것을 주요내용으로 하였다.[31] 1차 폭력피해자보호법 이전에는 민간 개입단체가 국가의 지원 없이 순전히 민간 차원에서 폭력피해자에게 보호 · 지원활동을 행하였는데, 동법 제정을 통해 민간개입단체는 국가의 지원을 받으면서 개입활동을 할 수 있게 되었다.[32]

2007년 이후 아동 폭력피해자, 아동 성범죄피해자 그리고 여성 성범죄 · 폭력범죄 피해자에 대한 보호를 개선하기 위한 논의가 많이 이루어 졌고,[33] 이러한 논의 결과 2009년 '제2차 폭력피해자보호법'이 제정되게 되었다.[34] '제2차 폭력피해자보호법'도 '법 개정을 위한 법률'이다. '제2차 폭력피해자보호법'은 ① 폭력행위의 범위를 가정폭력에서 사적 영역에서의 폭

29) A.a.O., S. 3 f.

30) öBGBl. Nr. 759/1996. 1997. 5. 1. 발효됨.

31) Wolfslehner, Schutz vor Gewalt in der Familie, 2014, S. 4.

32) Nachbauer, Opferhilfe - Erfahrungen aus Österreich, in: Leuschner/Schwanengel (Hrsg.), Hilfen für Opfer, 2014, S. 151.

33) A. a. O., S. 4 f.

34) öBGBl. I Nr. 40/2009. 2009. 6. 1. 발효됨.

력으로 확장하여 폭력행위에 스토킹 행위도 포함되도록 하였고, ② 민사법원에 의한 최초 긴급보호조치처분의 유효기간을 연장하고, 갱신에 대한 규정을 두는 것을 주요내용으로 하였다.[35]

2013년에는 '연방 아동·청소년지원법(Bundes-KInder- und Jugendhilfegesetz, 약칭 B-KJHG 2013)'이 제정되어[36] 아동의 안전·복지가 위태화 되었다고 의심이 가는 사례에서의 보고의무, 그러한 사례에 대한 조사, 아동에 대한 폭력사건에서 사건에 대한 상세기록 작성(Dokumentation), 아동지원 계획의 수립 등에 대해 자세히 규율하고 있다.[37] 또한 2013년에는 치안경찰법 개정을 통해 아동에 대한 가정 내 폭력사건의 경우 학교, 아동보호소, 유치원 등으로 출입금지명령의 범위가 확대되었고, 아동 폭력사건을 경찰이 인지하면 즉시 관련 아동·청소년 보호단체에 연락하고, 폭력행위자 및 피해자 등에 대한 정보를 아동·청소년 보호단체에 제공하도록 하였다.[38]

2) 현행법의 주요내용

위와 같은 과정을 거쳐 형성된 현행법의 규율내용을 간단히 정리하면 다음과 같다. 치안경찰법 제25조 제1항과 제2항에 의하면 치안담당 국가기관인 연방 내무부(Bundesministerium für Inneres)는[39] 생명·건강 및 재산에 대한 위험한 공격을 방지하기 위해 그러한 공격에 직면한 개인에게 위험을 알려주고, 위험에 대응할 수 있는 개인의 능력을 증진하도록 해야 하며(제1항), 나아가 그러한 위험을 예방하기 위한 조치를 취해야 한다(제2항). 동조 제3항에 의하면 "스토킹 행위(beharrliche Verfolgung)를 포함한 폭력행위에 직면한 사람에게 상담과 비물질적 지원을 제공하기 위해 연방 내무부장관은 그러한 사람과 대화를 개시하는(ansprechen) 역할을 확실하고 적절한 피해자보호단체(개입단체)에 위탁할 권한을 가진다. 그러한 역할을 하는 피해자보호단체가 주로 여성의 상담·지원을 목적으로 하는 단체라면 연방 내무부장관은 연방 건강·여성부 장관(Bundesminister für Geseundheit und Frauen)과 공동으로 계약을 체결하고, 아동의 상당·지원을 주목적으로 하는 피해자보호단체라면 연방 사회안전·세대·

35) Wolfslehner, Schutz vor Gewalt in der Familie, 2014, S. 5.
36) BGBl. I Nr. 69/2013. 2013. 5. 1 발효됨.
37) Wolfslehner, Schutz vor Gewalt in der Familie, 2014, S. 7.
38) A.a.O., S. 7.
39) 치안경찰법 제4조 및 제5조 참조.

소비자보호부 장관(Bundesminister für soziale Sicherheit, Geseundheit und Konsumentenschutz)과 함께 계약을 체결한다.

치안경찰법 제38조의a 제1항에 의하면 특정 사실에 근거할 때, 특히 그가 이전에 폭력행위를 범했기 때문에, 그가 신체, 건강 또는 자유에 대한 위험한 공격행위를 할 것으로 예상되는 경우 경찰은 그 자(위태자)를 1. 피위태자가 거주하고 있는 주거 및 인근 지역으로의 출입을 금지하고 2. 피위태자가 미성년자인 경우 학교, 아동보호소 또는 유아원 및 인근 50미터로의 출입을 금지할 수 있다. 이 경우 경찰은 피위태자에게 집행법 제382조의b 및 제382조의e에 따른 (민사법원에 의한) 긴급보호조치처분을 신청할 수 있다는 것을 알리고, 피위태자가 미성년자인 경우 지체 없이 해당 지역에 있는 아동·청소년보호단체에 사건을 알려야 한다(동조 제4항). 치안경찰법 제56조 제1항 제3호에 의하면 피위태자를 보호하기 위해 필요하다면 경찰은 위태자 및 피위태자에 관한 인적 정보 및 사건기록(Dokumentation)을 해당 피해자보호단체에 제공하여야 한다.

3) 개입활동의 의미

'(위기)개입활동(Intervention)'이란 폭력피해자를 발견하는 즉시 사건에 개입하여 폭력피해자와 얘기하는 역할을 담당하면서 피해자에게 상담 등의 지원활동을 행하는 것을 의미하고, 이러한 역할을 하는 민간단체를 가리켜 '개입단체(Interventionsstelle)'라고 한다. 개입활동을 주목적으로 하는 단체들은 주로 '개입단체(Interverntionsstelle)'라는 명칭을 사용하는데, 2016년을 기준으로 '개입단체'라는 명칭을 사용하고 있는 피해자보호단체는 10개가 있다.[40] 그러나 개입단체라는 명칭을 사용하지 않고, '폭력피해자보호센터(Gewaltschutzzentrum)', '상담센터(Beratungsstelle)'라는 명칭을 사용하고 있는 피해자보호·지원단체도 개입활동을 한다.[41] 개입단체는 경찰로부터 퇴거명령 및 출입금지명령에 관한 사건기록을 제공받으면 즉시 피위태자와 연락을 취하여 다음과 같은 활동을 한다. 피위태자와 협의하여 상담날짜에 상담 제공, 피위태자의 안전을 위한 계획 수립, 사건의 구체적 정황 등을 기초로 위험도 분석, 법원 등에 어떠한 신청을 하는 경우에 이를 보조, 피위태자의 생활 전반에 관한 심리적 상담, 다른 적절한 피해자보호단체로 피위태자를 연계시켜 주기, 통역인이 필요한 경우 통역인 구해

40) Wolfslehner, Schutz vor Gewalt in der Familie, 2014, S. 13.

41) 이러한 이유로 '개입단체', '폭력피해자보호센터', '상담센터'는 용어 사용자에 따라 상호호환적으로 사용되기도 하고, 후 2자를 포괄하는 개념으로 '개입단체'라는 용어가 사용되기도 한다.

주기 등이다.[42)]

개입활동은 수사절차가 개시되기 이전에 행해질 뿐만 아니라 수사절차 또는 재판절차에 동행하는 것과 상관없이 이루어질 수도 있다는 점에서 절차동반활동과 다르다. 그러나 개입활동을 행하는 대부분의 피해자보호단체는 절차동반활동을 병행하고 있다.[43)] 다르게 표현하면, 절차동반활동을 행하는 대부분의 피해자보호단체는 절차동반활동만 행하는 것이 아니라 개입활동도 한다. 이것은 앞의 [표 2]를 보면 명확히 알 수 있다. 절차동반 지원금을 수령하는 대부분의 단체가 '폭력피해자보호센터', '여성의 집', '개입단체(Interventionsstelle)'로서 명칭의 차이에도 불구하고 모두 다 개입활동을 행하는 단체이다. 따라서 개입활동과 절차동반활동이 개념상 구분될지라도 실제로 이를 엄격히 구분하여 어느 하나만을 행하는 것을 목적으로 하는 피해자보호단체는 많지 않다. 다만 국가의 지원금을 받는지, 그렇지 않은지에 따라 활동의 주안점에 차이가 있다고 볼 수 있다. 예컨대 국가와 절차동반활동에 관한 계약을 체결하지 못한 피해자보호단체들은 자신의 활동을 위기개입으로 한정하고, 절차동반활동과 관련하여서는 계약을 체결한 단체와 협력하여 절차동반활동을 행하거나 피해자를 그러한 단체에 연계시켜 줄 것이다.

4) 민간 피해자보호 · 지원 단체의 유형

민간 피해자보호 · 지원단체 또는 개입단체는 어떤 피해자그룹의 보호 · 지원을 주목적으로 하는가에 따라 아래와 같이 나뉜다.

① **여성 폭력피해자 보호 · 지원 단체** : 여성 폭력피해자의 보호 · 지원을 주목적으로 하는 피해자보호단체는 주로 '여성의 집(Frauenhaus)', '여성 상담센터(Frauenberatungsstelle)', '여성긴급전화(Frauennotrufe)'라는 명칭을 사용한다. 2016년을 기준으로 30개의 '여성의 집', 58개의 여성/소녀상담소 그리고 6개의 '여성긴급전화'가 있다.[44)] '여성의 집' 단체들은 두 개의 연합체를 설립하여 상호협력하고 있다. 하나는 1988년에 설립된 '오스트리아 자주 여성의 집 연합회(Verein Autonome Österreichische Frauenhäuser, AÖF)'이고(15개 여성의 집이 상호 협력하고 있음),

---

42) Nachbauer, Opferhilfe - Erfahrungen aus Österreich, in: Leuschner/Schwanengel (Hrsg.), Hilfen für Opfer, 2014, S. 157.

43) A.a.O., S. 157.

44) http://archiv.bundeskanzleramt.at/DocView.axd?CobId=63401 (2017. 9. 1. 최종검색).

다른 하나는 2013년에 설립된 '여성의 집 연합회(Zusammenschluss österreichischer Fraenhäuser, ZÖF)이다(11개 여성의 집이 상호협력하고 있음). 여성/소녀상담소는 1995년부터 '여성/소녀상담소 네트워크(Netzwerk der Frauen und Mädchenberatungsstellen, FMBST)'를 설립하여 상호협력하고 있다.[45] AÖF는 24시간 운영되는 '긴급전화 서비스(Helpline)'를 운영하고 있는데, 이 운영경비는 약 31만 7천 유로이고(2015년 기준), 연방여성부가 부담한다.[46] 피해자보호단체의 보호 · 지원을 받는 피해자는 대부분 여성이다.[47]

② **아동 폭력피해자 보호 · 지원 단체** : 아동 폭력피해자의 보호 · 지원을 주목적으로 하는 단체는 주로 '아동보호센터(Kinderschutzzentrum)'라는 명칭을 사용한다. 2011년부터 '오스트리아 아동보호센터 연합회(Bundesverband Österreichische Kinderschutzzentren)'가 설립되어 아동보호센터 단체들은 상호협력하고 있다.[48] 아동 및 청소년 폭력피해자를 위한 긴급전화(Notrufe)[49] 서비스로 '전화를 통한 147 상담(147 Rat auf Draht)'이 있는데, 이 긴급전화 서비스는 여러 연방정부의 지원금, 주정부 지원금 및 기부금에 의해 충당되는 재원으로 운영된다.[50]

③ **모든 폭력피해자 보호 · 지원 단체** : '폭력피해자보호센터(Gewaltschutzzentrum)'는 여성, 아동, 스토킹 피해자뿐만 아니라 남성, 노인 등 모든 폭력피해자의 보호 · 지원을 목적으로 한다.[51] 모든 주에 폭력피해자보호센터가 있는데, 1985년 이후 모든 주에 '남성 범죄피해자 상담소(Männerberatungsstelle)가 설립되어 있고, 2013년부터 남성긴급전화서비스가 운영되고 있다.[52] 한편 오스트리아에서도 최근에는 노인폭력피해자의 보호가 많이 논의되고 있다.[53]

④ **모든 범죄피해자 보호 · 지원단체** : '바이서 링(Weisser Ring)'은 모든 범죄피해자의 보호 · 지원을 목적으로 하고 있으며,[54] 오스트리아에서 가장 거대한 피해자보호단체이다. '바

---

45) http://archiv.bundeskanzleramt.at/DocView.axd?CobId=63401 (검색일: 2017. 9. 1).

46) Ministerium für Frauen und Gesundheit, Grevio. Staatenbericht. Österreich, Wien 2016, S. 37.

47) Sozialministerium, Gewaltschutz für Ältere Menschen, 2015, S. 59 참조.

48) Nachbauer, Opferhilfe - Erfahrungen aus Österreich, in: Leuschner/Schwanengel (Hrsg.), Hilfen für Opfer, 2014, S. 158.

49) '긴급전화(Notrufe)'라는 용어는 24시간 운영되는 긴급전화 센터를 지칭하는 경우도 있지만, 개입활동을 행하는 단체를 뜻하는 경우도 있다.

50) Ministerium für Frauen und Gesundheit, Grevio. Staatenbericht. Österreich, Wien 2016, S. 39.

51) A.a.O., S. 3.

52) http://archiv.bundeskanzleramt.at/DocView.axd?CobId=63401 (검색일: 2017. 9. 1).

53) 노인 폭력피해자 보호 문제의 특수성에 대해서는 Sozialministerium, Gewaltschutz für Ältere Menschen, 2015, S. 56 ff. 참조.

이서 링'은 모든 범죄피해자의 보호 · 지원을 목적으로 하지만 특화된 피해자보호단체에 인계하는 것이 적당한 경우에는 특화된 피해자보호단체로 피해자를 연계시켜 준다.[55] 바이서링은 모든 범죄피해자를 위한 긴급전화(Notrufe) 서비스를 운영하고 있는데, 운영경비를 연방 법무부가 지원한다.

5) 특정 피해자그룹의 보호 · 지원을 위한 지원금

치안경찰법 제25조 제3항에 의하면 내무부장관은 개입활동을 행하는 피해자보호단체와 계약을 체결하여 개입활동을 위탁하고, 동조 제4항에 의하면 개입활동을 행하는 피해자보호단체가 주로 여성의 상담 · 지원을 목적으로 하는 단체라면 연방 내무부장관은 연방 건강 · 여성부 장관과 공동으로 계약을 체결하고, 아동의 상담 · 지원을 주목적으로 하는 피해자보호단체라면 연방 사회안전 · 세대 · 소비자보호부 장관과 함께 계약을 체결한다.

개입단체는 연방 내무부 등과 무기한부 계약을 체결한다.[56] 그러나 연방 내무부장관, 연방 건강 · 여성부장관 그리고 연방 사회안전 · 세대 · 소비자보호부장관은 3년 후에는 계약을 해지할 수 있고, 해지하는 경우 1년의 유예기간이 주어진다.[57] 여성 폭력피해자를 대상으로 개입활동을 하는 피해자보호단체에는 연방 내무부와 연방 건강 · 여성부가 각각 반반씩 지원금을 부담한다.[58] 연방내무부와 연방 건강 · 여성부는 2014년도의 경우 각각 357만 유로를, 2015년도의 경우 각각 366만 유로를 여성 폭력피해자를 위한 개입활동 지원금으로 지출하였다.[59] 개입단체 중에는 주정부로부터 지원금을 받는 경우도 있다. 예컨대 '잘츠부르크 여성의 집'은 2015년도에 잘츠부르크 주정부로부터 150만 유로의 지원금을 받았다.[60]

---

54) FRANET, Victim Support Services in the EU: An overview and assessment of victims's rights in practice. Ausria, 2014, pp. 10~11.

55) Nachbauer, Opferhilfe - Erfahrungen aus Österreich, in: Leuschner/Schwanengel (Hrsg.), Hilfen für Opfer, 2014, S. 160.

56) A.a.O., S. 157.

57) A.a.O., S. 157.

58) Wolfslehner, Schutz vor Gewalt in der Familie, 2014, S. 13.

59) Ministerium für Frauen und Gesundheit, Grevio. Staatenbericht. Österreich, Wien 2016, S. 3.

60) A.a.O., S. 3.

Ⅲ. 범죄피해자법에 의한 사회보장적 보상지원

1. 신청권자

다음 요건을 갖춘 자는 범죄피해자법에 의한 사회보장적 보상지원(Hilfeleistung)을 신청할 수 있다.

① 6개월 이상의 자유형으로 위하되고 있는 위법하고, 고의적인 행위에 의해 신체상해 또는 건강손상을 입었거나(범죄피해자법 제1항 제1호) 다른 이에게 행해진 그러한 행위로 인해 민법의 기준에 따른 질병에 상응하는 심리적 침해를 당하였거나(제2호) 그러한 행위에 참가하지 않은 자로서 신체상해 또는 건강손상을 당했지만 국가배상법(Amtshaftungsgesetz)에 의한 배상을 신청할 권한이 없는 경우이고(제3호), 상해 등으로 인해 치료비용(Heilungskosten)이 발생하였거나 수입능력이 감소하였을 것.

② 범죄행위자가 책임귀속불능 상태에서 범죄를 행하였거나 면책적 긴급피난이 인정되는 경우(제2항 제1호), 범죄행위자의 사망, 공소시효 또는 기타 사유로 형사소추가 허용되지 않는 경우(제2호) 또는 범죄자가 밝혀지지 않았거나 피의자의 소재불명으로 소추될 수 없는 경우(제3호)일지라도 보상지원이 인정된다.

③ 수입능력 감소의 경우 이러한 상태가 적어도 6개월 이상 계속될 것으로 예상되거나 제1항 제1호의 범죄행위가 중한 신체상해(형법 제84조 제1항)에 해당하는 경우에만 보상지원이 인정된다.

④ 제1항의 범죄행위가 사망을 초래한 경우 사망자가 부양의무를 부담하고 있었던 사망자의 유족이 오스트리아 국민이고 피해자의 사망으로 인해 생계비가 상실되었다면 보상지원을 제공받는다. 제4조 제5항에 의한 비용인수는 생계비 상실 여부를 불문하고 행해진다.

⑤ 아동에게는 제4항에 의한 보상지원이 18세에 이를 때까지 이루어진다. 뿐만 아니라 정규의 학교교육 또는 직업교육으로 인해 스스로 수입을 가지지 못하는 아동에게는 27세에 이르는 시점을 최대한으로 하여 그 교육과정을 통상적으로 마칠 때까지 이루어진다. 중략(제1호). 신체적 또는 정신적 허약상태(Gebrechen)로 인해 지속적으로 스스로 수입을 가지지 못하는 자에게는 그러한 허약상태가 18세 이전 또는 제1호에 언급된 기간 내에 발생하였다면 그 상태가 계속되는 한 제4항에 의한 보상지원을 제공한다.

⑥ EU 시민 그리고 '유럽 경제구역에 관한 조약' 당사국 국민에게는 다음 요건 하에 오스트리아 국민과 동일하게 이 법에 의한 보상지원이 제공된다: 1. 제1항의 범죄행위가 오스트리아 영토 내에서 또는 오스트리아 선박 또는 항공기 내에서 범해졌거나, 2. 제1항의 범죄행위가 외국에서 범해졌지만, 관련인이 오스트리아에 통상적인 거소지를 가지고 있고, 범죄지국에 의해 범행이 인정되는 경우.

⑦ 생략.

⑧ 피해자가 신체적 능력의 결함을 보완하기 위해 사용하는 보조도구의 손상, 특히 안경, 콘택트렌즈 또는 의치의 손상은 그러한 보조도구의 손상을 초래하는 행위가 2005년 6월 30일 이후에 행해진 경우 신체상해 또는 건강손상과 동일하게 취급된다. 보조도구의 교체 · 수선은 제5조 제2항에 따라 이루어진다.

2. 보상지원의 유형 및 내용

범죄피해자법 제2조는 피해자에 대한 "지원(Hilfeleistung)"을 다음과 같이 구분하고 있다: ① 수입손실 또는 생계비손실의 보상, ② 치료보장(Heilfürsoge): a) 의사에 의한 처치 b) 의약품 c) 치료도구 d) 시설입원에 의한 치료 d) 치과 치료 e) 건강을 확고히 하기위한 조치 (일반사회보장보험법 제155조), 2a. 의료기관의 정신과 의사, 건강심리학자 및 심리치료사에 의한 위기개입의 경우 비용인수, ③ 정형외과적 보조도구 지원(orthopädische Versorgung): a) 신체부위대체물, 정형외과적 보조도구 및 기타 보조도구의 구입 또는 그러한 대체물 · 보조도구의 교체 b) 장애자용 위생 · 보건도구의 교체 · 설치 비용의 지원 c) 장애자용 다차로 차량의 장비설치 비용의 지원 d) 다차로 차량 구매시의 보조 e) 필수적인 이동경비, ④ 의료적 재활비용 지원: a) 주로 재활치료를 목적으로 하는 의료기관의 입원 b) 제a호의 조치와 직접적으로 연결되어 있거나 관련되어 있어 필요한 의사에 의한 치료, 의약품, 치료도구 c) 필수적인 이동경비, ⑤ 직업적 재활비용 지원: a) 수입능력의 복구 · 증가시키기 위한 직업교육 b) 새로운 직업 획득을 위한 교육참여 c) 추가지원금 또는 대출지원(일반 사회보장법 제198조 제3항) ⑥ 재사회화 지원: a) 장애로 인해 공공 교통수단을 이용하기 어려운 경우 운전자특권을 획득하기 위한 비용의 추가지원 b) 일반 사회보장보험법 제306조에 의한 교부금(Übergangsgeld), ⑦ 보조인비용 보조금 및 시각장애자 보조금, ⑧ 장례비용 지원, ⑨ 수입대비 부가적 지원, ⑩ 통합적 · 일괄적 위자료 보상.

제3조에 의하면 수입손실 또는 생계비손실의 보상은 피해자에게 발생한 수입손실 또는

피해자가 사망한 경우 유족에게 발생한 생계비손실에 상응한 금액을 매달 지급하는 방식으로 이루어진다. 사고 이후 피해자 또는 유족의 현실적 수입에 보상금액을 합한 금액을 월수입으로 계산하는데, 월수입 한계액은 원칙적으로 2,608 유로이고, 피해자 또는 유족의 현실적 월수입과 계산된 월수입의 차액을 보상금으로 지급한다. 월수입 한계액은 부양가족의 수(특히 아동의 수)에 따라 증가하고, 고아의 경우 연령대에 따라 특정의 월수입 한계액을 규정하고 있다(제1항 참조).

제4조 제2항에 의하면 "치료보장은 1. 피해자 또는 유족이 법정 의료보험 또는 사보험에 가입되어 있거나 보험사에 치료보장 급부를 청구할 수 있는 경우 보험사에 의해 치료보장이 이루어진다. 2. 기타의 경우 지역 의료보험공단(Gebietskrankenkasse)이 치료보장을 제공한다. 치료보장은 지역의료보험공단의 의무적 피보험자가 법률 또는 정관에 의해 받을 수 있는 보장급여의 범위 내에서 피해자 등에게 이루어진다." 제4조 제4항에 의하면 피해자 또는 유족이 치료비용을 스스로 부담한 경우 연방정부는 치료보장이 보험사 또는 의료보험공단을 통해 이루어질 경우 연방이 부담하였어야 할 금액의 범위 내에서 피해자 또는 유족에게 비용을 보상한다. 제4조 제5항에 의하면 의사에 의한 심리치료에서 의료보험사가 정관에 따라 본래 피해자 또는 유족이 자부담으로 해결해야 할 치료일수에 대한 추가부담을 승인한 경우 연방정부는 의료보험사가 추가부담하는 비용의 세배에 달하는 금액을 상한으로 추가 치료일수에 대한 비용을 분담한다. 의료보험사가 추가부담을 이행하면 연방 사회보장·장애인청(Bundesamt für Soziales und Behindertenwesen)은 심리치료사와 직접 분담비용을 계산할 수 있고, 심리치료사는 연방 사회보장·장애인청으로부터 직접 분담비용을 수령받을 수 있다. 연방정부의 비용인수는 의료보험사가 지정의료기관 아닌 의료기관에서의 심리치료에 대한 추가부담을 승인하는 경우에도 마찬가지로 허용된다. 제4조의a에 의하면 의료기관의 정신과 의사, 건강심리학자 및 심리치료사에 의한 위기개입의 경우 연방정부에 의한 치료비용의 인수는 10번에 걸친 치료에 한해 이루어진다.

정형외과적 보조도구 지원은 신체장해 및 건강손상으로 인해 의료보험법상 지원되는 보장을 신청하지 못하는 피해자 그리고 신체장해를 입은 모든 유족에게 인정된다(제5조 제1항 및 제2항 참조). 피해자 또는 유족이 신체대체물, 정형외과적 또는 기타 보조도구를 스스로 구입한 경우 범죄피해자법에 의해 연방이 지원해야 하는 범위 내에서 구입비용을 보상받을 수 있다(제3항 참조). 이동경비란 이사비용을 포함하고, 신체대물이나 정형외과적 보조도구의 재부착·교체를 위한 이동에 소요된 경비 또는 범죄피해자법에 의한 지원을 담당하는 기관의 소환에 응하여 교통에 소용된 경비를 의미한다(제5조의 제4항 및 제9조의 제e항 참조).

제2조 제4번 내지 제6번의 재활/재사회화(Rehabilitation)는 관련 사회보험에 의한 보장이 이루어지 않거나 피해자가 신체장해 등으로 인해 의료보험에 의한 보장을 신청할 수 없는 경우에 인정된다(제5조의a 제1항). 일반 사회보장법 제300조의 보험사고에 따라 피보험자 또는 연금퇴직자에게 제공되는 정도의 재활/재사회화 보장이 피해자에게 인정된다(제2항). 보조인 비용 보조금은 피해자가 범죄행위로 인해 평생 타인의 도움을 받아야 할 정도의 신체상해를 입은 경우에 인정된다(제6조).

범죄행위로 인해 피해자가 형법 제84조 제1항의 중상해를 입었다면 통합적 · 일괄적 위자료로 2,000 유로가 지급되고, 중상해로 초래된 건강손상 또는 노동능력 상실이 석달 이상 계속될 정도인 경우 4,000 유로의 위자료가 지급된다(제6조의a 제1항). 범죄행위로 인해 피해자가 형법 제85조의 '지속적 중상해' 결과를 입었다면 위자료는 8,000 유로에 이르고, 그러한 지속적 중상해가 연방원호금법(Bundespflegeldgesetz)이 정하는 원호등급 중 적어도 5등급에 해당하는 경우 위자료는 12,000 유로가 지급된다(제2항). 범죄행위로 인해 피해자가 사망한 경우 장례비용을 지출한 자에게 3,300 유로가 보상된다(제7조).

연방 사회 · 장애인청은 이 법에 의한 금전적 지원 신청이 받아들여질 개연성이 있는 경우 긴급성이 인정된다면 범죄행위에 대한 수사가 종결되기 전일지라도 지원금 일부를 사전에 지급할 수 있다. 동일한 요건 하에 보험에 가입되어 있지 않은 자도 해당 지역의료보험공단에 의해 사전에 치료보장을 제공받을 수 있다(제7조의a).

3. 관할기관

범죄피해자법 제9조 제1항에 의하면 "이 법에 의한 지원의 신청은 연방 사회 · 장애인청에 이루어져야 한다. 신청이 관할 기관이 아닌 사회보장 보험사 또는 지역 관청으로 행해진 경우 신청서는 지체 없이 연방 사회 · 장애인청으로 송부되어야 하고, 송부되면 연방 사회 · 장애인청에 신청된 것으로 간주된다." 제9조 제2항에 의하면 연방 사회 · 장애인청이 신청에 대해 판단한다.

제17조 제1항 제1호에 의하면 치료보장(Heilfürsorge), 위기개입시의 의료비용의 인수, EU

회원국 국민에 대한 보상은 연방 노동 · 사회보장부가 집행을 담당한다. 제12조에 의하면 범죄피해자법에 의한 지원을 받을 사람이 다른 법률에 의거해 손해배상권을 가지는 경우 이 손해배상권권은 연방으로 이전된다. 제17조 제1항 제4호는 연방으로 이전된 손해배상권의 집행을 연방 법무부 관할로 하고 있다.

4. 재 정

[표 3] 연방 사회 · 장애인청의 피해자보상 비용[61)]

(단위: 백만유로)

	2010	2011	2012	2013	2014	2015	2016
총 지급액	2.830	2.901	3.086	3.459	4.013	4.032	4.865
범죄자 수입	0.161	0.207	0.208	0.206	0.184	0.228	0.269
위자료 지급 건수	103	170	185	270	259	260	297
심리치료 지원 건수	768	778	890	995	954	956	883

Ⅳ. 연방과 주의 관계: 아동 · 청소년 보호 · 지원 분야

1. 청소년복지에서 연방과 주의 입법권 분배

앞에서 살펴보았듯이 오스트리아는 범죄피해자 보호 · 지원을 연방 정부의 관할 · 책임으로 하고 있다. 그러나 오스트리아 연방 헌법(Bundes-Verfassungsgesetz) 제12조에 의하면 청소년복지(Jugendfürsorge)는 연방과 주가 공동으로 입법권을 행사하는 분야에 속한다. 오스트리아 연방헌법은 제10조 내지 제12조에서 연방과 주 간의 입법권 분배에 대해 규율하고 있는데, 동 규정들에 의하면 국가의 활동은 ① 연방이 입법 및 집행을 담당하는 분야(제10조), ② 연방이 입법을 담당하고, 주가 집행을 담당하는 분야(제11조), 그리고 ③ 연방은 일반원칙에 관한 입

61) 도표 출처는 https://www.sozialministeriumservice.at/site/Ueber_uns/Sozialministeriumservice/Zahlen_Daten_Fakten/#intertitle-1 (2017. 9. 1. 최종검색).

법(Gesetzgebung über die Grundsätze)을 담당하고, 주는 시행법률(Ausführungsgesetz)의 입법과 집행을 담당하는 분야(제12조)로 나뉜다. 제12조 제1항 제1호에 의하면 청소년복지는 연방이 일반원칙에 관한 입법을 담당하고, 주가 시행법률의 입법 및 집행을 담당하는 분야에 속한다. 따라서 청소년복지의 경우 연방이 전국적으로 공통적으로 적용되는 일반원칙을 연방법률을 통해 규정하고, 각 주는 연방법률의 범위 내에서 연방법률을 구체화하는 시행법률을 입법하고, 구체적인 집행과 관련된 규칙 등을 제정할 수 있다.[62]

오스트리아 연방정부는 1989년에 제정된 '연방 청소년복지법(Bundes-Jugendwohlfahrgesetz)'을 통하여 전국적으로 통일되게 적용되는 청소년 복지에 관한 일반원칙들을 규정하였다. 그리고 각 주는 연방 청소년복지법을 구체화하는 시행법률인 '주(州) 청소년복지법' 및 구체적인 집행방법에 관한 '시행규칙' 등을 제정하였다. 그러나 오스트리아는 2013년에 '연방 아동 · 청소년지원법'을 제정하여 청소년복지법을 대체하였다.

2. 연방 아동 · 청소년지원법 2013

1) 입법이유 및 입법목적

이혼율의 증가 등으로 인해 아동 · 청소년이 부모 일방에 의해 양육되는 경우가 많아지고, 맞벌이 부부 및 이민가정의 증가 등으로 인해 아동 및 청소년의 양육 · 교육이 소홀히 되거나 아동 · 청소년이 폭력이나 성범죄 등의 위험에 처하는 경우가 많게 되었다.[63] 그러나 1989년에 제정된 연방 청소년복지법은 1999년에 일부 개정되었지만 이러한 사회적 변화를 제대로 반영하지 못하고 있었다. 뿐만 아니라 20년 넘게 청소년복지 분야에서 형성된 실무와 각 주의 시행법률에서 도입된 수많은 세부 방안들이 있는데, 이것들은 주마다 다른 경우도 많아서 전국적으로 공통적으로 적용되는 통일된 방안 · 기준을 규정하는 동시에 사회상황의 변화에 맞추어 그러한 방안 · 기준을 연방법률로 규정할 필요성이 있었다.[64]

---

62) Regierungsvorlage – Erläuterunen mit WFA('연방 아동 · 청소년지원법 2013' 정부안 제출 이유서), S. 3. 이 자료는 https://www.parlament.gv.at/PAKT/VHG/XXIV/I/I_02191/index.shtml에서 다운로드 가능(2017.11.1. 최종접속).

63) Regierungsvorlage – Erläuterungen mit WFA, S. 3.

64) A.a.O., S. 3.

이러한 상황에서 오스트리아는 아동 및 청소년을 최대한 보호 · 지원하면서도 적절한 범위 내에서 가정생활에 정부가 관여하기 위해 아동 · 청소년 보호 · 지원기관의 임무를 구체화하고, 전국적으로 공통적으로 적용되는 보호 · 지원급부의 최소기준을 규율하기 위해 2013년에 '연방 아동 · 청소년 지원법(Bundes-Kinder-und Jugendhilfegesetz)'을 제정하였다.[65] 동 법률 정부초안의 입법이유서에서는 '① 가정폭력 및 기타 위험으로부터 아동 및 청소년을 보호하는 것을 증진함, ② 전국적으로 통일된 기준을 마련하고 관련 인력의 전문화 할 필요성에 부응, ③ 양육 · 교육문제의 예방을 강화함, ④ 아동 · 청소년 보호 · 지원의 목적 및 임무를 구체화함, ⑤ 인적 정보의 보호를 개선함'을 동 법률제정의 목적으로 들고 있다.[66]

2) 주요내용

'연방 아동 · 청소년지원법 2013'은 다음과 같은 점에서 기존 청소년복지법과 비교된다.[67] ① 아동 · 청소년지원기관에 위험규명 및 지원방안기획 의무를 새로이 부과함. ② 아동복지가 위험에 처했다고 의심되는 사례에서 관련 기관 · 단체에 보고의무를 부과함. ③ 아동 · 청소년 지원방안과 지원기준을 명확히 함. ④ 특정한 경우 관련인의 침묵의무, 아동 · 청소년 및 관련기관 · 단체의 정보권, 관련기관 · 단체의 문서화의무, 정보보호 등에 대한 상세한 규율.[68] '연방 아동 · 청소년지원법 2013'에서 중요한 일부 조문을 발췌하면 아래와 같다.

제2편 아동 · 청소년지원의 내용

제1장 총 칙

제10조 관할기관

(1) 주(州)가 아동 · 청소년지원기관이다.

(2) 주의 입법기관은 제2편의 규정에 따라 행해져야 할 아동 · 청소년지원 급부를 행하고, 기타 이 법률이 아동 · 청소년지원기관의 임무로 규정하고 있는 것을 수행하는 기관을 특정한다.

(3) 아동 · 청소년지원기관에 유보되어 있지 않은 활동은 사적 아동 · 청소년지원단체에 의해

---

65) A.a.O., S. 3.

66) A.a.O., S. 1.

67) 상세히는 A.a.O., 5 ff.

68) 새로이 상세히 규정된 보고의무 및 침묵의무에 의하면 아동 · 청소년의 보호가 효율적으로 이루어질 수 없다는 비판은 Kinderschutzexperten warnen: Neues Kinder- und Jugendhilfegesetz verhindert effektiven Kinderschutz, 19. März 2013, http://www.ifs.at/pr4008.html (2017. 11. 1 최종검색) 참조.

행해질 수 있는데, 그 단체의 물적 설비 및 인적 구성이 그러한 임무를 수행하기에 적절한 경우에만 그러하다.

제11조 사적 아동 · 청소년지원단체

(1) 아동 · 청소년지원기관은 사적 아동 · 청소년지원단체의 신청이 있으면 해당 단체가 제10조의 임무를 수행하기에 적절한 요건을 충족하는지에 대해 판단하여 통지하여야 한다. 충족요건이 변경되는 경우 요건의 충족여부를 다시 심사하여 통지하여야 한다.

(2) 아동 · 청소년지원기관은 요건의 충족여부를 심사함에 있어서 사적 아동 · 청소년지원단체로 지정되고자 하는 단체가 아동 · 청소년지원에 관해 전문적이고 확립된 생각을 가지고 있는지, 요구되는 수의 전문가 및 보조인력을 가지는지, 적절한 공간과 충분한 경제적 재원을 가지는지를 특히 고려하여야 한다.

(3) 요건을 충족하는 적절한 사적 아동 · 청소년지원단체가 행하는 지원의 구체적 내용과 관련하여 계약이 체결될 수 있고, 이 계약을 통해 특히, 해당단체가 행하는 지원의 유형, 지원의 정도, 기타 지원의 조건 및 지원에 상응하여 아동 · 청소년지원기관이 제공하는 대가가 정해질 수 있다.

(4) 아동 · 청소년지원기관은 사적 아동 · 청소년지원단체가 행하는 지원을 감독하여야 한다. 지원기관은 지원단체의 흠결을 발견한 경우 흠결의 수정을 요구한다. 지원단체로 지정된 단체가 지정요건을 충족시키지 못하는 경우 지정이 철회된다.

(5) 사적 아동 · 청소년지원단체로의 승인여부를 심사받거나 지원기관의 감독을 받는 경우 또는 지원을 행함에 있어 지원단체는 지원기관에 필요한 정보를 제공하고, 요구되는 서류를 제출할 의무를 부담하고, 지원기관이 지원을 받은 아동 · 청소년과 연락하거나 지원단체의 사무공간을 살펴보는 것을 허용하여야 한다.

제3장 위험규명 및 지원기획

제22조 위험규명

(1) 제37조에 따른 보고, 직업상의 신고의무에 따른 신고 및 신빙성 있는 제3자의 신고에 의해 아동 및 청소년의 복지가 위험에 처한 것으로 의심되는 구체적 근거가 존재하는 경우 위험의 정도를 평가하기 위해 긴급성을 고려하여 위험규명이 시작되어야 한다.

제23조 지원기획

(1) 양육 · 교육지원(Erziehungshilfe)을 제공하기 위한 기초로 양육 · 교육지원에 관한 기획서가 작성되어야 하고, 제공된 양육 · 교육지원이 적절하고 계속 제공되어야 하는지는 적절한 간격으로 심사되어야 한다.

제4장 양육 · 교육지원(Erziehungshilfen)

제25조 양육 · 교육의 지원

(1) 아동의 복지가 위태화되었지만 아동이 가정 또는 기존의 생활공간 내에 여전히 머무르면서 위험이 제거될 수 있다면 위태화된 아동과 청소년에게 양육 · 교육지원이 제공된다.
(2) 양육 · 교육지원은 긴급지원조치, 정기적인 주거방문 및 의료기관 방문 그리고 아동복지를 위태화하는 자에게 아동과의 접견을 금지하는 것을 포괄한다.

제30조 비용부담, 비용상환

(1) 양육 · 교육지원 및 어린 성년자의 지원을 위한 비용은, 연방법률 및 주법률에서 다르게 규정하고 있지 않는 한, 아동 · 청소년지원기관이 먼저 부담한다. 주법률의 입법자는 주법률에서 공법인으로 인정되고 있는 기타 다른 기관을 아동 · 청소년지원 비용의 부담자로 지정할 수 있다.

한편 각 주정부는 '주 아동 · 청소년지원법'을 제정하여 '연방 아동 · 청소년지원법 2013'의 범위 내에서 아동 · 청소년지원을 시행하기 위한 구체적 방안들을 규정하고 있으며, 개별 아동 · 청소년지원방안의 집행에 관한 규칙(Verordnung)을 두고 있기도 하다.[69] 집행규칙의 현황은 각 주마다 상이하다. 부르겐란트(Burgenland)주의 경우 '주 아동 · 청소년지원법'만 있는데 반해, 티롤(Tirol)주는 '사적 아동 · 청소년지원단체의 운영에 관한 가이드라인(Richtlinien für den Betrieb von privaten Kinder- und Jugendhilfeeinrichtungen)', '미성년자 회복소에 관한 가이드라인(Richtlinien für Erholungsheime)', '청소년복지상담에 관한 규칙(Verordnung über den Jugendwohlfahrtsbeirat)' 등 여러 분야에서 상세한 집행규칙을 두고 있다.[70]

3) 재 원

'연방 아동 · 청소년지원법 2013' 정부초안의 입법이유서에 의하면 연방정부와 주정부가 동등하게 아동 · 청소년지원 재원을 부담한다. 입법이유서에서 연방정부는 새로이 제정된 '연방 아동 · 청소년지원법'에 의해 연방정부와 주정부가 추가로 부담하게 될 비용을 다음과 같이 계산하였다.[71]

69) Index des Landesrecht, Stand 1. Nov. 2017, (https://www.ris.bka.gv.at/RisInfo/IndexLR.pdf), 155 f. 에서 관련 주법령을 확인할 수 있음.

70) A.a.O., 155 f.

71) Regierungsvorlage – Erläuterungen mit WFA, 6 f.

[표 4] 5년간 연방정부와 주정부가 아동 · 청소년 지원법에 의해 추가로 부담하게 될 비용

(단위: 백만유로)

	2013	2014	2015	2016	2017
연방정부	3.900	4.020	4.020	4.020	4.020
주정부	3.900	3.900	3.900	3.900	3.900

연방정부와 주정부가 추가로 부담하는 비용은 아동 · 청소년 위험 의심사례에서 행해지는 위험규명 및 아동 · 청소년의 지원에 사용되는 비용이다.[72] 각 주정부는 '주 아동 · 청소년지원법'에서 주정부가 부담하는 아동 · 청소년지원 비용의 부담자 등에 대해 상세히 규정하고 있다. 예컨대 '케른텐(Kärnten)주 아동 · 청소년지원법' 제65조에 의하면 주정부가 비용을 지출하고 각 게마인데(Gemeinde)가[73] 비용의 56%를 주정부에 상환하는 방식으로 주정부와 각 게마인데가 비용을 분담한다.

4) 연방 아동 · 청소년지원법 2013에 대한 평가

헌법 제12조에 기해 '연방 아동 · 청소년지원법 2013'도 기존의 청소년복지법과 마찬가지로 연방법률의 범위 내에서 주정부가 주법률 및 집행규칙을 통해 아동 · 청소년지원에 관해 자율적으로 규율할 수 있는 권한을 부여하고 있다. 따라서 각 주의 아동 · 청소년지원법은 지원내용, 기준 및 지원비용의 부담 등에 있어서 큰 차이는 없지만, 세부적인 점에서는 각 주별로 상이하다.[74] 뿐만 아니라 전통적으로 아동 · 청소년 양육은 각 지역의 문화적 특징이 두드러지게 나타나는 분야이기에 구체적인 집행은(예컨대 어떠한 문제를 결정하는 절차와 방법) 주정부보다도 지역 자치구(게마인데)에 맡겨지는 경우가 많다고 한다.[75]

한편 '연방 아동 · 청소년지원법 2013'에 의해 연방정부와 주정부의 권한관계가 복잡해졌다는 비판이 있기도 하다.[76] 연방과 주의 권한관계의 불명료성은 특히 지원비용의 부담문제

72) A.a.O., S. 6.

73) '게마인데(Gemeinde)'란 지방의회를 가진 가장 작은 행정구역을 지칭한다. 우리나라의 시 · 군과 유사하다고 볼 수 있으나, 우리나라의 시 · 군에 비해 규모가 훨씬 작은 게마인데도 있을 수 있다.

74) Nachbauer, Opferhilfe - Erfahrungen aus Österreich, in: Leuschner/Schwanengel (Hrsg.), Hilfen für Opfer, 2014, S. 158.

75) Pantuček-Eisenbacher, Was machen aus dem neuen KJJG?, 2014,S.3 (http://www.pantucek.com/texte/2014kjhg_reform.pdf).

76) Nachbauer, Opferhilfe - Erfahrungen aus Österreich, in: Leuschner/Schwanengel (Hrsg.), Hilfen für

와 연관성을 가진다. 아동·청소년지원과 관련하여 부족한 재원의 문제는 예전부터 지적되어 왔다.[77] 그런데 연방 아동·청소년지원법 2013 제30조는 양육지원의 경우 주정부가 비용을 부담하도록 하고 있고, 다른 아동·청소년지원의 경우 비용부담자에 대해 명확히 언급하고 있지 않다. 이와 관련하여 '독일은 오스트리아의 5배에 가까운 금액을 아동·청소년의 지원에 투입한다. 충분한 재원이 마련되지 않는 한 아동·청소년지원이 제대로 이루어질 수 없다. 주정부가 지원비용을 마련하는 데에는 어려움이 있음에도 불구하고, 연방정부는 아동·청소년지원 비용을 부담하는데 소극적이다'라는 비판이 가해지고 있다.[78]

Ⅴ. 폭력범죄 피해자 관련 의료기관의 대응조치

1. 의료기관 대응조치의 중요성

대개 폭력범죄의 피해자가 가장 먼저 방문하는 곳은 의료기관이다. 보통 약 4명 또는 3명 중 1명의 여성이 폭력범죄 피해자로서 병원을 방문한다고 한다.[79] 그런데 많은 여성 폭력범죄 피해자들은 자신이 폭력범죄 피해자라는 것을 스스로 밝히는 것을 꺼려하는 경향이 있는데, 특히 가정폭력범죄 또는 성폭력범죄의 피해자들인 경우가 그러하다.[80] 그리고 가정폭력 또는 아동학대 등의 폭력범죄 피해자인 아동들도 스스로 범죄피해자라는 것을 밝히는 것을 주저하는 경향에 있다. 아동 또는 여성 폭력범죄 피해자들이 피해사실을 밝히는 것을 주저하는 데에는 여러 원인이 있다. 가정폭력 사안이거나 가까운 관계에 있는 사람으로부터 피해를 입은 경우이기 때문에 그럴 수 있고, 피해사실을 밝히더라도 제대로 보호·지원을 받지 못할 수 있다는 생각에 피해사실을 밝히기를 주저하기도 한다.[81]

Opfer, 2014, S. 158("연방과 주 간의 권한관계의 정글(Kompetenzdschungel)"이라고 표현하고 있음).

77) A.a.O., S. 158.

78) Fürst, Jugendhilfe: ein System der Hoffnungslosigkeit, 1. Oktober 2012, http://derstandard.at/1348284667154/Jugendhilfe-ein-System-der-Hoffnungslosigkeit (2017. 11. 1. 최종접속).

79) Gruber/Logar, Gemeinsam gegen Gewalt an Frauen und Häusliche Gewalthandeln, Wien 2015, S. 5.

80) GBV Response, RESPONSE Trainingshandbuch für die Erfassung von geschlechtsbasierter Gewalt im Frauengesundheitsbereich, p. 11.

81) Blank/Rösslhumer, Schulungshandbuch. Geschlechtsbasierte Gwalt für medizinische Fachkräft, Wien 2015, p. 17.

일반적으로 아동 또는 여성 폭력범죄 피해자들을 가장 먼저 접하는 곳은 의료기관이기에 치료를 위해 의료기관을 방문한 자가 폭력범죄의 피해자라는 의심이 드는 경우 의료기관이 적절한 질문 등을 통해 폭력범죄 피해자를 조기에 발견하고, 수사기관 및 피해자보호·지원단체와의 협력을 통해 피해자가 신속하고 적절한 보호·지원을 받을 수 있도록 하며, 의료활동 과정에서 후에 개시될 수 있는 형사절차에서 증거로 기능할 수 있는 것들을 적절하게 수집·보전하는 것은 해당 피해자의 보호·지원뿐만 아니라 종국적으로 폭력범죄의 예방을 위해서 매우 중요하다. 이러한 인식하에 오스트리아는 2010년 이전부터 폭력범죄 피해자, 특히 아동 및 여성 피해자와 관련하여 의료기관이 신속하고 적절하게 초기에 대응조치를 취하도록 하는 것에 관심을 가졌다.

2. 아동보호팀과 피해자보호팀의 의무적 설치

오스트리아는 2010년과 2011년 '의료기관 및 치료기관에 관한 연방법률(Bundesgesetz über Krankenanstalten und Kuranstalten, 약칭 KAKuG)'을 개정하여 일정규모의 의료기관은 필요적으로 아동보호팀과 피해자보호팀을 두도록 하고 있다.[82] 관련 현행 규정은 다음과 같다.

> 의료기관 및 치료기관에 관한 연방법
>
> **제8e조 아동보호팀 그리고 피해자보호팀**
> (1) 기관의 목적과 기관의 활동에 의할 때 의료기관으로 인정되는 기관은 주법률이 정하는 바에 따라 아동보호팀을 설치하여야 한다. 아동보호팀을 설치할 의무 없는 작은 규모의 의료기관은 다른 의료기관과 공동으로 아동보호팀을 설치할 수 있다.

---

82) BGBl. I Nr. 61/2010 (NR: GP XXIV RV 779 AB 853 S. 74. BR: 8352 AB 8374 S. 787.); BGBl. I Nr. 69/2011 (NR: GP XXIV RV 1200 AB 1348 S. 114. BR: AB 8566 S. 799.). 2011년의 법개정은 이른바 '이스탄불 협약'이라고 지칭되는 '여성에 대한 폭력 및 가정폭력을 방지하기 위한 유럽평의회 협약(Council of Europe Convention on prevention violence against women and domestic violence)'을 이행하기 위한 것이기도 하였다(IMPLEMENT Health System Response to Gender Based Violence, Environmental Scan Report: Gender-based violence advocacy in health care settings, 2015, p. 10). 유럽평의회의 이스탄불협약은 2011년 4월 7일 이스탄불에서 채택되었는데, 오스트리아는 '여성에 대한 폭력 및 가정폭력의 방지를 위한 협약의 초안작성을 위한 특별위원회(Ad Hoc committee for preventing and combating violence against women and domestic violence)'의 활동에 적극적으로 참여하였을 뿐만 아니라, 이스탄불협약이 채택되자 동 협약을 비준하기 전에(오스트리아는 동 협약의 채택에 서명하였고, 2013년 11월 14일에 동 협약을 비준함) 이미 동 협약의 국내이행 작업에 착수하여 2011년에 '의료기관 및 치료기관에 관한 연방법'을 개정하였다. 이스탄불협약 당사국의 국내이행 현황에 대해서는 https://www.coe.int/en/web/istanbul-convention/country-monitoring-work 참조.

(2) 아동보호팀은 아동에 대한 폭력행위나 아동에 대한 학대 · 방치행위(Vernachlässigung)를 조기에 발견하는 것, 아동 폭력피해자 사건에 적절히 대처하는 것, 18세 미만자인 가정폭력 피해자를 조기에 발견하는 것을 주된 의무로 한다.
(3) 아동보호팀은 최소한 의사측 대표자로 아동 · 청소년치료 전문의 또는 아동외과 전문의 1인 그리고 해당 의료기관에서 심리적 보호 또는 심리치료와 관련하여 활동하는 간호사 등 보조인력측 대표자 1인으로 구성된다. 아동보호팀은 아동복지담당 기관의 대표자도 구성원으로 할 수 있다.
(4) 기관의 목적과 기관의 활동에 의할 때 의료기관으로 인정되는 기관은 주법률이 정하는 바에 따라 성인 가정폭력피해자를 위한 피해자보호팀을 설치하여야 한다. 피해자보호팀을 설치할 의무 없는 작은 규모의 의료기관은 다른 의료기관과 공동으로 피해자보호팀을 설치할 수 있다.
(5) 피해자보호팀은 가정폭력행위를 조기에 발견하고, 가정폭력 피해자 사건에 적절히 대응하는 것을 주된 의무로 한다.
(6) 피해자보호팀은 최소한 2인의 의사측 대표자로 구성되어야 하고, 그 의사측 대표자는 해당 의료기관의 의료활동에 따라 외과의학, 여성치료학, 산부인과 등에서 대표성을 가진 자여야 한다. 의사측 대표자 외에도 해당 의료기관에서 심리적 보호 또는 심리치료와 관련하여 활동하는 간호사 등 보조인력측 대표자를 두어야 한다.
(7) 아동보호팀이 제6항의 인적 구성요건을 충족하여 제5항에 따른 피해자보호팀의 임무를 수행할 수 있는 경우라면 피해자보호팀을 따로 설치하지 않을 수 있다. 피해자보호팀 또는 아동보호팀 대신에 폭력피해자보호팀을 설치할 수 있고, 이 팀은 제3항과 제6항의 인적 구성에 관한 요건을 충족하고 제2항 및 제5항에 따른 임무를 수행할 수 있는 팀이어야 한다.

'의료기관 및 치료기관에 관한 연방법률' 제8e조에 따라 주법률이 정하는 일정 규모의 의료기관은 필요적으로 아동보호팀 및/또는 피해자보호팀을 설치하여야 한다. 각 주의 '의료기관에 관한 법률(Krankenanstaltengesetz)'은 아동보호팀 및 피해자보호팀을 의무적으로 설치해야 하는 의료기관의 규모, 각 보호팀의 구성원 등과 관련하여서만 각각 조금 더 상세하게 규정하고 있을 뿐, 기타 사항과 관련하여서는 연방법률 제8e조의 내용을 그대로 옮겨 놓고 있다.

잘츠부르크 주(州) 의료기관에 관한 법률(Salzburger Krankenanstaltengesetz 2000) 제30a조 제1항은 아동 · 청소년 치료 또는 아동외과 시술을 위한 입원실 또는 기타 설비를 가지고 있는 의료기관에 의무적으로 아동보호팀을 설치할 의무를 부하과하고, 여성치료과 및 산부인과 또는 외과병원이나 정형외과 및 외상학과(Traumatologie)를 위한 입원실 또는 기타 설비를 가지고 있는 의료기관에는 의무적으로 피해자보호팀을 설치하도록 하고 있다. 25인 이하를 수용할 수 있는 입원실 또는 기타 설비를 가진 의료기관에는 아동보호팀 또는 피해자보호팀을 다른 의료기관과 공동으로 설치할 수 있도록 하고 있다.

'남부오스트리아(Niederösterreich) 주 의료기관법률' 제19f조 제1항 및 제3항에 의하면 아동 · 청소년과를 가진 의료기관은 아동보호팀을 설치하여야 하고, 아동보호팀 구성원의 임기는 5년인데, 각 구성원에 대해 동일한 자격을 갖춘 예비구성원을 선임해 두어야 한다. 제19g

조에 의하면 공공의료기관(öffentliche Krankenanstalten)은[83] 성인 가정폭력 피해자를 위한 피해자보호팀을 설치하여야 하고, 2명의 의사측 대표자 중 외과의사 또는 여성치료 및 산부인과 전문의가 의사측 선임대표자가 된다. 그리고 피해자보호팀 구성원은 5년의 임기로 선정되고, 연임할 수 있으며, 각 구성원에 대해 예비구성원을 선임해 두어야 한다.

포어아를베르크(Vorarlberg) 주 의료기관법률 제39조에 따르련 아동 · 청소년 치료를 위한 일반의료기관(Allgemeine Krankenanstalten)과 전문의료기관(Sonderkrankenanstalten)의 경우 의무적으로 아동보호팀을 설치하여야 하고, 통상의료기관(Standardkrankenanstalten)의 경우 다른 의료기관과 공동으로 설치할 수 있다다. 그리고 아동보호팀의 회의에는 아동 · 청소년보호를 담당하는 공무원이 참가하여야 한다. 제39a조에 의하면 일반의료기관에는 의무적으로 피해자보호팀이 설치되어야 하고 통상의료기관은 다른 의료기관과 공동으로 설치할 수 있다. 티롤(Tirol) 주는 입원실을 가진 아동 · 청소년치료를 위한 일반 공공의료기관의 경우 의무적으로 아동보호팀을 설치하도록 하고 있고, 일반 공공의료기관에 성인 폭력범죄 피해자를 위한 피해자보호팀을 의무적으로 설치하도록 하고 있다.[84] 빈 의료기관법률 제15e조는 집중의료기관 및 중점의료기관에 의무적으로 피해자보호팀을 설치하도록 하고 있고, 아동 관련 특별의료기관에 아동보호팀 설치의무를 부과하고 있다.

의무적으로 아동보호팀과 피해자보호팀이 설치되어야 하는 의료기관의 규모는 주에 따라 조금씩 다르지만, 공공의료기관, 대학병원이나 대형병원은 모두 의무적으로 아동보호팀과 피해자보호팀을 설치해야 하는 의료기관에 해당한다. 따라서 현재 거의 모든 공공의료기관이나 대학병원 또는 대형병원에는 아동보호팀 또는 피해자보호팀이 설치되어 있다. 그런데 '의료기관 및 치료기관에 관한 연방법률'과 각 주의 의료기관법률은 의무적으로 아동보호팀 또는 피해자보호팀을 설치해야 하는 의료기관이 의무에 위반하여 보호팀을 설치하지 않은 경우의 제재에 대한 규정을 두지 않고 있다. 이러한 이유로 중형 규모의 의료기관의 경우 아직 보호팀을 두지 않고 있는 경우가 적지 않은 듯하다.[85]

한편 의무적으로 아동보호팀과 피해자보호팀을 설치해야 하는 의료기관이라면 원칙적으로 양자 모두 설치하여야 한다. 그런데 '의료기관 및 치료기관에 관한 연방법률'은 아동보호팀이 피해자보호팀의 역할을 수행할 수 있는 경우라면 피해자보호팀을 따로 설치할 필요 없

83) 공공의료기관은 사설 의료기관에 대립되는 개념이다.

84) 티롤주 의료기관법률 제12b조.

85) 피해자보호팀 설치가 지체되고 있다는 2014년 3월 7일자 잘츠부르크 신문의 보도 참조 (Opferschutzgruppen nur zögerlich umgesetzt, Salzburger Nachrichten, 07. März 2014, https://www.sn.at/panorama/oesterreich/opferschutzgruppen-nur-zoegerlich-umgesetzt-3808597, 2018. 9. 25. 최종방문).

이 아동보호팀이 피해자보호팀의 역할을 함께 수행할 수 있다고 하고 있다. 민간 '여성의 집' 등 피해자보호·지원단체는 아동 폭력피해자와 성인 폭력피해자는 다른 특성을 가지고 대응방법 등에 있어서도 차이가 나는데 아동보호팀이 성인 피해자 사건을 함께 다룰 수 있도록 하는 것은 적절치 않다고 하면서 '의료기관 및 치료기관에 관한 연방법률' 제8e조 제7항의 삭제를 제안하고 있다.[86)]

3. 아동보호팀과 피해자보호팀의 역할 및 활동

아동보호팀은 아동에 대한 폭력행위나 아동에 대한 학대·방치행위(Vernachlässigung)를 조기에 발견하는 것, 아동 폭력피해자 사건에 적절히 대처하는 것, 18세 미만자인 가정폭력 피해자를 조기에 발견하는 것을 주된 의무로 하고, 피해자보호팀은 가정폭력행위를 조기에 발견하고, 가정폭력 피해자 사건에 적절히 대응하는 것을 주된 의무로 한다.

의료기관의 아동 및 성인 폭력피해자에 대한 대응조치는 의료활동 과정 중 피치료자가 폭력범죄의 피해자라는 것을 나타내 주는 징표, 징후 등을 인식하는 것 → 적절한 방식의 질문, 피치료자와의 대화·상담을 통해 폭력행위를 확인·발견하는 것 → 의료활동을 행하면서 사진촬영 및 범죄의 증거물을 획득·보전하고, 사안을 기록하는 것 → 피해자에 대한 위험을 평가하고 피해자와 피해자의 보호·안전에 대한 계획을 수립하는 것 → 피해자의 보호·지원을 위해 적절한 전문 피해자보호·지원단체에 연결해 주기, 필요하고 적절한 경우 수사기관에 고발 / 가능한 최대한 빨리 법의학전문가를 참여시키는 것 → 전문 피해자보호·지원단체, 수사기관 등과의 지속적인 협력의 순서로 진행되어야 한다.[87)] 아동보호팀과 피해자보호팀은 구체적인 사안에서 이러한 대응조치에 관해 결정하고, 당해 의료기관 종사자들에 의해 이러한 대응조치가 효율적으로 수행될 수 있도록 제반여건을 조성하고, 교육 및 감독을 행한다. 의료기관의 피해자 대응조치 및 피해자 보호·지원이 효율적으로 이루어질 수 있도록 하기 위해 오스트리아는 현재 다음과 같은 노력을 하고 있다.

---

86) Bundesverband der Gewaltschutzzenten Interventionsstellen Österreichs, Reformvorschläge 2018, Mai 2018, 110 f.

87) Schleicher, Gesundheitliche Versorgung gewaltbetroffender Frauen. Ein Leitfaden für Krankenhaus und medizinische Praxis, 1. Aufl., Wien 2010, 25 ff.

1) 의료기관 종사자들의 '대응조치 매뉴얼' 확립 및 매뉴얼 교육

의료기관의 범죄피해자에 대한 대응조치가 효율적으로 이루어지기 위해서는 어떠한 기준에 따라 어떠한 조치를 어떻게 취할 것인지가 확립되어 있어야 하고, 의료기관 종사자들이 이러한 행동매뉴얼을 숙지하여야 하며, 이를 위해 대응조치 및 행동매뉴얼에 대한 교육이 있어야 한다.[88] 따라서 오스트리아 정부기관은 민간 피해자보호 · 지원단체와 협력하여 지속적으로 '의료기관 종사자들의 범죄피해자에 대한 대응조치에 관한 행동매뉴얼' 및 '행동매뉴얼 교육서'를 개발 · 개선해 나가고 있다. 여기서는 대응조치 매뉴얼에 대한 상세한 언급은 어려우므로 '대응조치 매뉴얼' 및 '행동 매뉴얼 교육서'에 관한 문헌만을 소개하기로 한다.

- Elisabeth Gruber/ Rosa Logar, Gemeinsam gegen Gewalt an Frauen und häusliche Gewalthandeln. Leitfaden für Leitung und Praxis in Krankenhäsern zur Versorgung von Gewaltbetroffenen Patientinnen, Wiener Interventionsstelle gegen Gewalt in der Familie, Wien 2015.

'오스트리아 자주 여성의 집 연합회(Verein Autonome Österreichische Frauenhäuser, AÖF)', 연방청소년대표(Bundesjugendvertretung, BJV) 그리고 '가정폭력 방지를 위한 비엔나 개입단체(Wiener Interventionsstelle gegen Gewalt in der Familie)'는 2014부터 2016까지 EU와 오스트리아 연방 교육 · 여성부의 재정적 지원을 받아 "나의 병원을 통해 폭력 없는 삶을 살기(GewaltFREI LEBEN durch mein Krankenhaus)"라는 프로젝트를 시행하였다. 이 프로젝트는 의료기관의 아동보호팀 및 피해자보호팀과 협력하여 폭력범죄 피해자인 환자들의 보호 · 지원에 관한 기준 및 가이드라인을 개발하는 것을 목적으로 하였고, 그 결과물이 위에 소개된 문헌이다.[89]

- Medina Johnson/Diana Dulf/Alexandra Sidor. RESPONSE Trainingshandbuch für die Erfassung von geschlechtsbasierter Gewalt in Frauengesundheitseinrichtungen; Projekt RESPONSE, 2017.

---

88) 한 설문조사에 의하면 의료기관 종사자들이 폭력범죄 피해자로 보여지는 환자에게 폭력행위에 대해 질문하는 것을 꺼리는 이유는 다음과 같은 순서로 나타났다(Signal, Wissenschaftlicher Bericht der Begleitforschung, 2004): ① 시간이 없어서(27.9%), ② 환자들이 질문해 주길 원하는지 불확실해서(25.6%), ③ 내가 적절한 사람인지 불확실해서(20.9%), ④ 질문하는 것이 환자에게 어떠한 심리적 부담이 될지 불확실해서(18.6%).

89) 이 문헌의 영문판이라고 할 수 있는 Blank/Rösselhumer, Training Manual on Gender-based violence for health professionals, AÖF, May 2015.

위 '젠더(性)를 이유로 한 폭력범죄의 피해자에 대한 의료기관의 대응조치에 관한 교육서'는 REC독일, 프랑스, 오스트리아, 루마니아 및 스페인의 관련 전문가들이 협력하여 펴낸 것으로 오스트리아 AÖF에 의해 수용되었다.

범죄피해자인 환자들에 대한 의료기관 종사자들의 대응조치가 잘 이루어지기 위해서는 범죄피해자에 대한 이해와 대응조치 매뉴얼에 대한 교육이 있어야 한다. 현재 오스트리아에서는 대학 교육과정의 일환으로 또는 의료기관 종사자들, 특히 아동보호팀 또는 피해자보호팀 구성원을 위한 직무교육의 형태로 그러한 교육이 제공되고 있다.[90]

2) 의료기관 아동보호팀 및 피해자보호팀과 관련 단체/기관의 협력강화 방안

의료기관의 주된 역할은 폭력범죄 피해자를 조기에 발견하여 적절한 전문 피해자보호·지원 단체와 연결시켜 주는 중간자 역할을 하면서 지속적으로 전문 피해자보호·지원 단체 그리고 소추활동이 이루어지는 경우 수사기관과 협력하는 것이다. 그런데 현행법에서는 아동보호팀 및 피해자보호팀은 의사측 대표자 및 의사보조인력측 대표자 그리고 경우에 따라서는 관할 정부기관 공무원으로 구성되고, 전문 피해자보호·지원단체는 구성원이 아니다. 이에 피해자보호·지원 단체는 현행법을 개정하여 보호팀에 피해자보호·지원단체의 대표자도 의무적으로 참여토록 할 것을 제안하고 있다.[91]

의료기관 종사자의 범죄피해자에 대한 초기 대응활동은 후에 개시될지도 모르는 형사절차를 위한 증거수집의 측면에서도 중요하다. 그런데 일반 의료기관에 종사하는 의사는 법의학에 관한 전문지식을 가진 자가 아니고, 일반적으로 형사사건에서 법의학에 전문지식을 가진 자는 사건이 적어도 경찰에 인계되고 나서야 사건에 관여하게 된다. 법의학적 전문지식이 필요한 사안이라면 증거보전을 위해서는 가능한 최대한 조기에 법의학적 전문지식을 가진 자가 사안에 참여할 필요성이 있다. 현재 오스트리아에서는 포렌직 활동을 행하는 4개의 법의학연구소(그라츠, 인스브루크, 잘츠부르크 및 비엔나)가 있지만, 이 중 그라츠 대학교와 인스부르크 대학교의 법의학연구소만이 사안이 경찰에 고발되기 전이라도 사인의 요청에 의해 법의학적 조사활동을 행하고 있다.[92] '그라츠 대학교 산하의 클리닉-포렌직 조사실'은 사

90) Burgenländische Krankenanstalten Ges.m.b.H., Fort- und Weiterbildungskatalog der KRAGES 2018, p.

91) 의료기관종사자들을 위한 직무교육 또는 경력교육의 형태로 제공되는 교육과정의 예로는 Bundesverband der Gewaltschutzzentren Interventionsstellen Österreichs, Reformvorschläge 2018, Mai 2018, S. 35 u. 57.

92) Bundesministerium für Bildung und Frauen, Forensische Untersuchungsstellen für gewaltbetroffene Frauen und Kinder in Österreich. Status Quo, Wien 2015, S. 2.

건이 경찰에 고발되기 이전 단계, 즉 환자가 대학병원 응급실에 있는 경우일지라도 법의학적 검사를 하고, 피해자가 고발을 원하지 않는 경우에는 증거물을 6개월 간 법의학연구소에 보관한다. 이로써 이른 시기에 법의학적 검사를 함으로써 증거보전에 기여할 뿐만 아니라 1번의 법의학적 검사만 함으로써 피해자의 부담도 경감시키고 있다.[93] 현재 법의학적 전문가의 부족, 치료활동이 아닌 경우 의료보험의 적용대상이 아니라는 점 등으로 인해 고발 이전의 법의학적 검사는 제대로 이루어지지 않고 있다.[94] 따라서 오스트리아에서는 최대한 조기에 그리고 충분히 법의학적 조사를 통한 지원이 이루어질 수 있도록 하기 위해서 다음과 같은 개선방안이 제시되고 있다.

① 2013~2014년에 시행된 '슈타이어마르크 클리닉-포렌직 네트워크' 프로젝트를 확대시행하는 것: 이 프로젝트는 그라츠의 법의학 연구소 외에도 몇 개 도시에 "해명소(Abklärungsstellen)"라는 지소를 설치하여 법의학전문가들을 상주케 하고, 그들이 범죄피해자로 여겨지는 환자들을 직접 조사하거나 의사가 환자를 질문하는 과정에 법의학적으로 동참하였다. 또한 그라츠의 법의학연구소와 24시간 연락이 가능하도록 하였고, 의사, 의사보조인력 등이 상처 등을 올바르게 기록하는 것, 폭력행위의 징후를 인식하는 것 등에 관해 교육을 받았다. 이러한 네트워크화 프로젝트를 통해 최대한 조기에 법의학적 조사활동이 이루지고, 통일된 법의학적 조사방법이 적용되고, 동일한 기준에 따른 범죄피해의 기록 등이 가능했다.[95]

② 당해 의료기관에 법의학전문가가 없다면 인근의 법의학전문가가 빠른 시간 내에 이동하여 법의학적 조사활동을 행할 수 있도록 이른바 '날아가는 법의학전문가'를 구성할 필요가 있다.[96]

③ 대개의 경우 법의학적 조사를 필요로 하는 복잡한 사안이 아니므로 의사, 의사보조인력 등이 올바른 상처의 기록방법, 증거물 보존방법, 증거물 사진촬영 방법 등에 관해 교육을 받음으로써 충분히 법의학전문가를 대신할 수 있다.[97]

3) **정보수집 및 통계**

오스트리아에서는 일정 규모 이상의 의료기관에서는 아동보호팀과 피해자보호팀의 설치

93) A.a.O., S. 2 f.

94) A.a.O., S. 5.

95) A.a.O., S. 3.

96) A.a.O., 7 f.

97) A.a.O., 8 f.

가 의무적일지라도 폭력범죄 피해자 관련 통계를 위해서 폭력범죄 피해자 정보를 수집할 의무를 병원에 부과하고 있지는 않다.[98] 물론 병원 스스로 내부보고 등의 목적으로 폭력피해자 사건 정보를 수집하거나 또는 병원 간에 공유되는 정보시스템에 폭력피해자 정보를 입력하기는 하지만, 국가가 폭력범죄 피해자에 관한 세부통계를 위해 병원에 관련 정보를 수집하도록 하고 있지는 않다.

Ⅵ. 기타 범죄피해자 보호·지원제도의 개선에 관한 논의

1. 범죄피해자보호· 지원 관련 정부기관 및 민간단체의 협력네트워크

1) 관련 연방부처의 워킹그룹(IMAG)

각 분야별 민간 범죄피해자 보호·지원단체는 각각 연합회를 형성하여 상호 협력할 뿐만 아니라, 개별 사안에서도 다른 단체와의 협력이 필요한 경우에는 협력하여 보호·지원조치를 취한다. 이러한 민간단체 상호간의 협력네트워크 외에도 범죄피해자 보호·지원 업무와 관련된 부처 간의 협력 및 정부부처와 민간단체 간의 협력을 강화하기 위해 "폭력으로부터 여성을 보호"라는 명칭을 가진 '연방부처 간 워킹그룹(Interministerielle Arbeitsgruppe, 약칭 IMAG)'이 연방 여성부 내에 설치되어 있다. IMAG에는 연방 여성부, 법무부, 내무부, 가정·청소년부, 노동·사회부, 교육부 등 범죄피해자 보호·지원과 관련된 연방 정부부처 관계자들이 참석할 뿐만 아니라 각 분야별 민간단체 연합회의 대표들도 참석하여 범죄피해자 보호·지원 정책의 큰 틀에 대해 논의한다.[99] 이 부처간 워킹그룹 산하에는 두 개의 하위 워킹그룹이 있는데, 하나는 '피해자보호 지향적 범죄자연구'이고, 다른 하나는 '범죄피해자 보호·지원 관련 직업군, 특히 의료관련 영역 직업군의 교육'이다.

2) 각 분야별 협력 네트워크

절차동반의 경우 각 지역의 법원, 검찰 및 민간단체의 관련자들이 회합하여 절차동반에

98) GREVIO, Baseline Evaluation Report. Austria, 2017, S. 22.

99) Ministerium für Frauen und Gesundheit, Grevio. Staatenbericht. Österreich, Wien 2016

관한 각각의 인식과 지식을 공유하면서 문제점을 상호 협력하여 해결하는 것을 목적으로 하는 이른바 '라운드 테이블(Runder Tisch)'이 정기적으로 개최되고 있고, 라운드 테이블은 절차 동반에서 관련 기관·단체의 인식공유 및 상호협력에 기여하는 것으로 평가되고 있다.[100] 반면에 관련자들의 설문조사를 바탕으로 한 2010년의 한 연구에 의하면 아동·청소년 성범죄 피해자의 경우 관련 행정관청 공무원, 수사기관(경찰 및 검찰) 공무원 그리고 법관 간의 교류 및 협력이 강화될 필요성이 있는 것으로 나타났다.[101]

2. 부처 간 업무중복으로 인한 비효율성?

2009년 2월 오스트리아 수상에 의해 '행정기관의 관할개혁 및 구조조정에 관한 워킹그룹'이 설치되어 연방 정부의 효율성 증진을 위해 연방정부 부처의 관할 및 구조를 개혁할 필요성에 대해 조사하였다.[102] 이 워킹그룹은 2010. 8. 24. 보고서를 제출하였는데, 이 보고서는 연방 차원에서 여러 부처의 업무중복으로 인해 임무에 혼란이 발생하고, 신속한 대응조치가 잘 이루어지지 않아 효율성이 떨어지는 분야로 범죄피해자 보호를 들고 있다.[103] 그 이유로 범죄피해자 보호·지원은 연방 법무부, 연방 내무부 등 4개 연방부처, 9개 주 및 약 170여개의 민간단체에 의해 이루어질 뿐만 아니라 연방 법무부와 각 주 간의 협력은 충분치 않다는 것을 제시하고 있으며, 범죄피해자 긴급전화 제도가 조정될 필요성을 지적하고 있다.[104]

3. 재정확충 방안

오스트리아에서도 범죄피해자 보호·지원을 위한 재원이 부족하다는 문제점은 끊임 없이 지적되고 있다. 필요한 재원을 확충하기 위한 한 방안으로 범죄자로부터 몰수한 재산으로 구성되는 피해자보상기금을 조성할 것이 제안되고 있다. "피해자에게 손해를 배상할 능력이

---

100) Nachbauer, Opferhilfe - Erfahrungen aus Österreich, in: Leuschner/Schwanengel (Hrsg.), Hilfen für Opfer von Straftaten, Bd. 1, Wiesbaden 2014, S. 149 f.

101) David/Haller, Länderbericht Österreich, in: David/Elz/Haller (Hrsg.), Kooperation von öffentlicher Jugendhilfe und Strafjustiz bei Sexualdelikten gengen Kinder, Wiesbaden 2010, 107 ff.

102) Arbeitsgruppe Verwaltung Neu, Aufgabenreform und Strukturbereinigung, 8.2010, S. 2 f. (http://www.rechnungshof.gv.at/fileadmin/downloads/2010/beratung/verwaltungsreform/Aufgabenreform/Problemanalyse_Aufgabenreform.pdf).

103) A.a.O., S. 24.

104) A.a.O., S. 28 f.

없거나 배상할 의지가 없는 범죄자가 있는데, 이러한 경우를 위해 피해자보상기금이 조성되어야 한다. 이 기금은 범죄자로부터 몰수된 재산으로 구성되고, 피해자에게로 상환될 의무가 있는 것으로 보아야 한다"고 한다.[105)]

105) Gewaltschutzzentrum Steiermark, Reformvorschläge 2017, Mai 2017, S. 115.

제 8 장 각국 제도의 비교 검토

Ⅰ. 범죄피해자 보호 · 지원 체계

1. 범죄피해자 보호 · 지원을 위해 이원적 체계 혹은 병립적 체계를 취하고 있는 국가

1) 영 국

영국은 범죄피해자 보호 · 지원에 대해 이원형 체계를 취하고 있다. ① 살인, 강간, 성폭행, 테러, 중상해 등 중대범죄의 피해자, ② 비교적 경미한 범죄라도 지속적으로 표적이 되는 피해자, ③ 사회적 또는 가정적 지원이 없거나 정신장애가 있는 등 피해자가 될 가능성이 높은 취약 피해자 등 범죄의 충격을 가장 심각하게 경험하는 피해자에 대한 보호 · 지원은 직선제로 선출되고 있는 42개 지방경찰위원장이 결정한다. 그러나 인신매매, 살인피해자의 유족 등 비교적 소수이며 복잡한 고려가 필요한 피해자나 전국적 일관성이 필요한 사건관리기능 및 가정폭력과 스토킹 상담전화 등 전국적으로 제공될 수밖에 없는 서비스는 중앙정부인 법무부가 수행하기로 하였다. 이러한 이원형 보호체계는 2012년 도입되었는데, 이 체계에 대해서는 도입시부터 상당한 논란이 야기되었다. 특히 지방경찰위원장의 업무수행에 대한 적정성 여부를 묻는 설문에서 전체 196명의 응답자 중 136명이 반대하였다. 지방분권화를 찬성하는 측에서도 '전국적 서비스 표준'이 없다면 서비스 품질이 지역적으로 차별화되는 "우편번호 복권(postcode lottery)"현상이 발생될 수 있다는 비판적 지적이 있었다. 또한 선출직 정치인인 지방경찰위원장이 자신의 정견에 따라 지원대상을 선정하거나 지지표를 의식하여 인지도 높은 사건만 집중 지원할 가능성이 있다는 문제점도 제기되었다. 이는 소외된 피해자는 더 소외될 가능성이 있다는 문제와 연결되었다. 그러나 이러한 논란에도 불구하고, 법무부는 예정대로 피해자 보호의 지방분권화를 시행하였다.

2) 미 국

미국은 범죄피해자보상제도는 주(State)에 의해 운영되지만 범죄피해자기금은 연방의 대표적인 정부기관인 법무부 소속의 OVC가 운영하는 병립적 체계를 유지하고 있다. OVC는 1984년 VOCA 개정안을 통해 1988년 설립되었으며 범죄피해자기금을 비롯하여 범죄 직후의 피해자 지원, 피해자의 갱생을 위한 지속적인 지원에 초점을 맞춘 광범위한 제도 및 지원을 수행한다. 주 정부 차원의 피해자 지원 및 보상제도는 VOCA 규정에 따라 OVC가 운영하는 범죄피해자지금으로부터의 공식보조금을 제공받아 운영되고 있다. 주정부는 폭력범죄의 피해자 등에게 의료비(정신건강 상담 및 치료), 일실이익(수입의 손실), 장례비(피해자 사망 시 유족에게) 등을 제공한다.

2. 중앙정부(법무부)가 범죄피해자 보호·지원의 주도적 기능을 수행하고 있는 국가

1) 뉴질랜드

뉴질랜드의 경우에는 영국과는 달리 피해자와 관련된 정책결정기능은 중앙정부기관인 법무부가 수행하고 있다. 뉴질랜드 법무부가 상정하고 있는 최상위 과제는 "사람중심의 사법서비스"다. 그것을 달성하기 위한 목표로 "범죄, 피해자화 및 피해 축소"를 설정하고, "피해자를 지원하고, 범죄자에게 책임을 지도록 하며, 인권을 지원하는 등 다양한 문제를 해결하는데 도움이 되는 사법정책을 개발하고 장관 및 내각에게 자문을 제공한다." 법무부는 이러한 피해자 보호기능을 그 산하의 피해자 센터(Victim Centre)를 통하여 수행한다. 법무부는 피해자센터를 통해서 Victim Support 등 피해자 지원단체에게 보조금을 제공하거나 조달계약을 통해 서비스를 확보한다. 경찰은 피해자를 피해자 지원단체에게 연결해주는 기능과 피해자권리보호법에 따라 피해자에게 정보를 제공하는 기능을 수행한다. 또한 경찰은 Victim Support 본부를 비롯하여 전국의 경찰서 건물 내에 사무실을 지원하고, 피해자 지원인력의 교통편을 제공한다. 뉴질랜드의 피해자 지원·보호 제도는 Victim Support(공식명칭은 "New

Zealand Council of Victim Support Groups")를 중심으로 이루어지고 있다. Victim Support 예산은 약 87%가 법무부의 지원금이며, 나머지 13%는 모금활동으로 충당하고 있다.

2) 오스트리아

오스트리아의 범죄피해자에 대한 보호·지원제도는 국가의 직접적 보호·지원과 민간단체를 통한 간접적 보호·지원으로 구분된다. 국가기관은 직접적으로 범죄피해자들에게 경제적 보상을 해 주며, 동시에 민간 범죄피해자 보호·지원단체와 계약을 체결하여 범죄피해자 보호·지원활동을 위탁하는 형태로 운영한다. 국가기관인 연방법무부는 위탁계약을 체결한 민간단체가 수행하는 범죄피해자를 위한 절차동반활동에 대해 지원금을 지급하는데, 지원금 지급은 보조금 형태의 통합지급이 아니라 절차동반활동에 소요된 경비를 개별적으로 계산하여 일괄지급하는 방식을 취한다.

3) 한 국

범죄피해자지원체계는 국가기관인 법무부를 중심으로 지방자치단체의 협력을 통해 이루어지고 있다. 2014년 개정에서는 제46조의2를 신설하여 "범죄피해자 지원법인의 장 또는 보호시설의 장은 피해자나 피해자의 가족구성원을 긴급히 구조할 필요가 있을 때에는 경찰관서(지구대·파출소 및 출장소를 포함한다)의 장에게 그 소속 직원의 동행을 요청할 수 있으며, 요청을 받은 경찰관서의 장은 특별한 사유가 없으면 이에 따라야 한다."고 하여 경찰관서의 협조를 규정하고 있다.

3. 지방경찰청 혹은 지방정부가 범죄피해자 보호·지원의 주도적 기능을 수행하고 있는 국가

1) 일 본

일본의 경우 일본의 범죄피해자 보호·지원의 주도적 역할은 경찰청이 담당하고 있다. 현행 일본 경찰은 중앙에는 정치적으로 독립된 "국가공안위원회" 소속의 국가경찰을, 그리고 지방에는 "도도부현공안위원회" 관리 하에 자치경찰을 존속시키는 이원적 구조의 형태를 취하고 있다.

2) 독 일

독일은 지방분권화가 이루어진 연방체제를 취하고 있기 때문에 범죄피해자 보호·지원 역시 16개 주(州)에서 개별적으로 이루어지고 있다. 따라서 연방정부 차원에서 피해자지원에 대해 종합·총괄적인 조정역할을 하지 않는다. 연방정부와 주정부는 피해자지원단체의 운영에 직접적으로 관여하지 않고 관련 단체를 지원하는 방식으로 개입한다. 그러나 독일의 경우 범죄피해자 보호·지원이 민간단체에서부터 시작되었고, 그 이후 민간단체의 노력으로 법제정이 이루어지는 등 중앙정부와 주정부는 독립적인 운영체계를 갖춘 민간단체를 지원하는 역할만 수행하는 점에 있어서 일본과 구별된다.

4. 시사점

이상에서 살펴본 바와 같이 범죄피해자 보호·지원을 위한 주도적 기능을 중앙정부 혹은 지방정부(경찰청) 중 어느 기관이 수행하는가는 국가마다 그 특성이 반영되어 있다. 범죄피해자보호지원제도를 최초로 입법화하여 정책을 시행하고 있는 뉴질랜드의 경우에는 법무부에서 범죄피해자보호·지원제도를 담당하고 있으며, 이에 대한 집행을 민간단체에 위임하고 있다. 오스트리아의 경우에도 중앙정부인 법무부가 범죄피해자 보호·지원을 직접 수행하거나 민간단체에 위탁하여 구조금을 지급하고 있다. 영국의 경우에는 이원체계를 취하고 있으나, 지방경찰위원장이 선출직이라는 점에서 특성이 있다. 일본의 경우에도 자치경찰제도의 체제하에서 범죄피해자 보호·지원을 수행하고 있다는 점에서 그 특성을 찾을 수 있다. 이에 반해 독일의 경우에는 국가와 지방자치단체의 협력을 강조하고 있기는 하지만 범죄피해자보호가 민간단체인 바이서 링에서부터 시작되었다는 점에서 다른 국가와 구별되는 점이다. 이와 같은 점을 고려하였을 때 범죄피해자보호·지원을 위한 기본정책의 수립 및 범죄피해자구조금의 지급주체가 어느 기관인가가 중요하기 보다는 실질적으로 범죄피해자 보호·지원제도가 효율적으로 운영되기 위해 국가적 특성이 반영된 체계를 취하는 것이 중요하다 할 것이다. 우리나라의 경우 범죄피해자 보호·지원이 중앙정부에서부터 시작되었고, 현재에는 어느 정도의 체계를 구축하고 있기 때문에 지원체계를 변경하는 것보다는 현재의 체계하에서 실효적인 운영방안을 모색하여 발전적 방향으로 나아가는 것이 더 중요하다 할 것이다. 즉 피해자구조금의 지급 등 구체적인 절차의 시행은 피해자의 접근이 상대적으로 용이하고 상담과 법률지원 등이 함께 이루어질 수 있는 민간단체에서 수행하고, 이에 대한 관리를 현재의 체제를 반영하여 국가와 지방자치단체가 서로 협력하여 업무를 분담하여 행하는 것이 가장 적절할 것으로 판단된다.

Ⅱ. 범죄피해자구조금 제도

1. 영 국

영국은 범죄피해자지원 부담금(Victim Surcharge)을 벌금 및 과태료 등에 일정액을 추가하여 납부하도록 하는 제도에 의해 운영하며, 수형자소득법(Prisoners' Earnings Act)에 따라 개방교도소의 수형자가 시설 외에서 작업하여 얻은 소득으로부터 일정액을 공제하여 피해자 지원 기금으로 활용한다. 영국은 지방분권화가 시작되던 2014년 10월 법무부는 지방경찰위원장에게 £31.55m의 보조금을 지급하였다. 이 금액은 피해자 보호지원 서비스 £24m, 회복적 사법 £6.25m, 성폭력/가정폭력 피해자 지원 £1.3m이 포함된 금액이다. 또한 2014년 법무부는 중대범죄 피해자, 지속적 피해자, 취약 피해자를 위한 프로그램을 지원하기 위하여 별도의 경쟁입찰을 통해서 £12.5m을 교부하였다. 지방분권화는 종전의 중앙집중형 서비스 제공자였던 Victim Support의 예산을 크게 변화시켰다. Victim Support에 대한 법무부의 직접적 예산 지원은 £34.2m(15/16년도)에서 £2.9m(16/17년도)로 급감하였다. 법무부는 별도로 피해자에게 직접 경제적 지원을 제공하는 범죄피해자보상기금과 긴급생계기금을 운영하고 있다. 이러한 기금의 지급여부에 대한 판단은 법무부 산하의 집행청인 형사피해보상관리청(Criminal Injuries Compensation Authority; CICA)이 수행한다.

2. 뉴질랜드

뉴질랜드에서는 별도의 피해자 지원기금을 운영하지는 않으며, 법무부의 비부처(non-departmental) 예산으로 편성된다. 뉴질랜드에서는 자국민이 외국에서 당한 사고와 외국인이 뉴질랜드에서 당한 사고까지 보상한다. 또한 자신의 과실로 인한 상해나 타인의 행위로 인한 상해를 보상해주는 '무과실 보상제도'로 운영되고 있기 때문에 피해자가 고의로 자해행위 또는 자살한 경우, 살인의 유죄판결을 받은 경우, 범죄자가 2년 이상의 징역에 처할 수 있는 범죄 중에 상해를 입은 경우 등에는 보상금을 지급하지 않는다.

3. 미 국

범죄피해자기금은 재무부에 독립계정으로 창설된다. 해당 기금에는 ① 연방범죄로 유죄판결을 받은 자들로부터 징수한 벌금 전부(all fines), ② 수집된 형벌부가금(penalty assessments), ③ 몰수된 출석보증금(appearance bonds)·보석보증금(bail bonds)·담보물의 수익금(proceeds of collateral), ④ 기금에 편입되도록 명해진 일체의 금액, ⑤ 개인이나 민간단체가 기금에 수여한 선물(gifts)·유증(bequests)·기부(donations) 일체가 편입된다. 기금에 편입되는 금액은 기금에 유보되어야 하며 회계연도의 제한 없이 보조금에 지출되어야 한다. VOCA에 의해 설립된 범죄피해자기금은 연방지방검찰청(U.S. Attorney's Offices), 연방법원(federal courts), 연방교도국(Federal Bureau of Prisons)이 징수한 연방형사벌금, 몰수된 보석보증금, 벌금 및 특별과세로 구성된다.

구조금의 구체적인 내용은 주정부가 시행하는데, 캘리포니아의 경우 구조금의 지급대상에 캘리포니아 주에서 3년 이내에 발생한 범죄, 캘리포니아 주 이외의 지역에서 발생한 범죄피해자 혹은 캘리포니아 거주자 또는 주둔군인(함께 사는 가족 포함)을 포함하고 있다.

4. 일 본

일본은 범죄피해자 구조대상으로 사망, 중장해, 중상병을 규정하고 있으며, 구조금 종류로 유족급부금, 장해급부금, 중상별급부금을 두고 있다. 유족구조금의 최고 2,964만 500엔까지 지급이 가능하며, 장해구조금은 14등급으로 구분하여 최고 3,974만 4000엔까지 지급이 가능하다. 일본의 경우에는 국외범죄피해조위금 등 지급제도를 규정하여 국외에서 불의의 범죄피해를 입은 피해자 등에게 국가가 조의금이나 위문금을 지급하는 제도를 운영하고 있다.

5. 독 일

독일에서는 연방정부와 주정부가 피해자보상법에 근거하여 연방정부가 40%, 주정부가 60%의 범죄피해자보상기금을 부담하고 있는데(피해자보상법 제4조), 이 법에 따른 범죄피해자보상을 위한 기금은 국가의 일반재원으로 마련되고 있다. 범행이 발생한 주에서 피해보상의 비용을 부담할 의무가 있고 연방정부는 그 주정부의 지출에 대해 40%를 부담한다. 또한 범죄가 발생하였을 때 범죄피해자가 독일 내에 주소가 없거나 거주하지 않는 외국인의 경우에는 연방정부가 보상비용을 부담한다.

6. 오스트리아

절차동반 지원금은 대부분 연방정부의 벌금 등 수입에 의해 이루어진다. 형사소송법 제381조 제1항에 의하면 법원은 유죄판결을 선고하면서 피고인에게 소송비용을 부담시킬 수 있는데, 절차동반비용은 1,000유로를 상한으로 하여 소송비용에 포함될 수 있다(제9호). 그러나 유죄판결을 받은 자가 납부하는 절차동반비용은 연방 법무부의 절차동반 지원금 구성에 아주 미미한 비율을 차지할 뿐이라고 한다. 오스트리아에서는 범죄피해자 보호·지원을 위한 재원이 부족하다는 문제점은 끊임없이 지적되고 있다. 필요한 재원을 확충하기 위한 한 방안으로 범죄자로부터 몰수한 재산으로 구성되는 피해자보상기금을 조성할 것이 제안되고 있다.

7. 시사점

위에서는 각국의 범죄피해자 기금 운영현황에서 살펴본 바와 같이 기금의 조성의 주요 재원으로 벌금수납액을 활용하는 국가가 다수이며, 수형자에게 부과하는 금액이나 국가 혹은 주정부의 고정예산으로 책정하는 국가 등 다양하게 나타나고 있다. 즉, 기금의 조성을 위한 재원은 각국의 특성을 반영한 것으로 판단할 수 있다. 이에 우리나라의 기금 역시 벌금수납액의 6%가 주요 조성재원이기는 하지만 다른 나라와 비교할 때 조성재원에서의 차이는 크게 나타나지 않는다고 볼 수 있다. 다만, 점차 확대되고 있는 범죄피해자보호·지원 사업을 충당하기에 지원기금의 액수가 부족하기 때문에 다양한 재원마련방안이 강구되어야 할 것이다. 특히 일반 국민들의 기부금 확대 및 수형자에게 일정 액수를 부과하는 외국의 입법례를 참조할 필요는 있다. 재원의 확충과 더불어 범죄피해구조금의 대상을 확대할 필요가 있다.

위에서 살펴본 바와 같이 외국의 경우 범죄피해자 보호·지원을 위한 대상범죄를 과실범죄까지 포함하여 구조금을 지급하고 있는 국가가 있으며, 장해구조금도 14등급까지 세분화하여 지급하는 국가가 있다. 우리나라 역시 현행 법률이 구법에 비해 구조의 대상이 되는 범죄피해의 범위를 중장해에서 장해 또는 중상해까지 확대하고 구조금의 지급요건에서 가해자의 불명 또는 무자력을 제외하여 범죄피해자의 구조범위를 확대한 것은(제17조 제1항) 매우 긍정적으로 평가할 수 있다. 그럼에도 범죄피해의 범위가 여전히 장해 혹은 중상해로 규정하여 그 범위를 한정하고 있기 때문에 정신적 피해를 수반하는 범죄피해에 대한 보호·지원 및 과실에 의한 범죄피해에 대한 보호·지원에는 한계가 있다. 이에 범죄피해의 범위를 확대하는 방안에 대한 논의가 필요하다.

Ⅲ. 각 국가의 범죄피해자보호 · 지원제도의 장 · 단점 및 시사점

1. 영 국

1) 제도의 장 · 단점

영국의 피해자 보호제도는 2014년 이후 전국적 민간단체인 Victim Support를 중심으로 중앙정부가 수행하던 중앙집중형 체제에서 실무의 대부분을 각 지방경찰위원장이 수행하고, 중앙정부는 일부 전국적 대응이 필요한 부분(예컨대, 인신매매와 살인피해자의 유족)만 수행하는 지방분권적 이원형 체제로 재편하는 과정에 있다. 그 도입과정의 논거로 다음과 같은 문제점이 제기되었다. ① 중앙정부가 중첩적인 서비스를 제공하는 250여개 이상의 지방 단체들을 일일이 평가하여 최선의 지원단체를 선별하는 것은 불가능하고, ② 중앙정부에게 피해자 지원제도를 수행하는 일관적이고 전략적인 접근방법이 없으며, ③ 지원의 우선순위나 성과평가 방법 부재로 자원의 낭비가 초래된다.

긍정적인 측면에서 상호 경쟁적이고 중첩적인 서비스를 제공하던 소규모 단체들이 일부 통합되었고,[1] 산출평가가 아닌 성과평가로 인해 자원의 효율적인 운영이 가능해졌으며, 중앙정부의 부처(보건부, 사회복지부 등)와 지방경찰 및 민간단체의 유기적인 협력이 가능해 졌다. 그러나 3년여의 시행과정에서 문제점도 없지 않다.

가장 중요한 문제점은 정책의 연속성이다. 아직까지는 법무부가 인구수에 비례하여 각 지방별로 보조금을 분배해 주고 있는데, 이 보조금의 지급여부가 연단위로 결정되기 때문에 지방으로서는 중장기적 투자계획이나 정책일관성 및 연속성을 확보하기 어렵다는 것이다.

두 번째는 피해자 보호서비스의 품질에 지역별 격차가 생긴다는 것이다. 형태론적으로도 경찰과 민간단체가 같은 장소에서 팀을 구성하여 활동하는 경우, 경찰과 민간단체가 하나의 포털을 공유하는 경우, 민간단체에게 서비스를 위탁하는 경우 등 지방경찰청 마다 상이한 형태의 피해자 보호제도가 운영되고 있다. 또한 단일의 지방경찰청이 독립적으로 서비스를 제공하기도 하고, 2개 혹은 3개의 지방경찰청이 연계하여 서비스를 제공하기도 한다. 중앙

---

1) 기존의 프레임에 이의를 제기하는 새로운 아이디어의 출발을 봉쇄할 수 있기 때문에 이러한 통폐합이 반드시 긍정적인 측면만 가지고 있다고는 할 수 없다.

정부가 일부 조정권한을 가지고 있기는 하지만 전국적인 서비스 표준을 제공할만한 입장에 있지 않고, 구체적인 실무를 통제할 수 없기 때문에 거주지에 따라 서비스가 달라지는 문제(우편번호 복권)가 발생하고 있다.

세 번째는 피해자 보호서비스의 주체 변화에 대해 제기되는 문제다. 종전에는 정책결정과 집행을 중앙정부가 하면서도 실제의 서비스는 민간위탁형태로 수행되었지만, 현재는 지방경찰이 민간단체와 협력하는 형태로 피해자 보호에 직접관여하고 있다. 이에 대해, Victim Support에 따르면, 피해자들은 지원서비스가 정부로부터 독립적이라는 점을 중요시하며, 약 20% 이상은 정부나 경찰이 공동으로 제공하는 서비스인 줄 알았다면 피해자 서비스를 받지 않았을 것이라고 응답했다고 한다.[2] 피해자 지원제도에서 정서적 지원의 중요성을 감안하면, 이와 같은 심정적 문제점은 무시할 수 없는 것이다.

영국의 "범죄피해자를 위한 실무기준(Code of Practice for Victims of Crime)"은 사실 피해자의 권리가 아니라 형사사법 관련기관의 대응지침을 정한 문서다. 형사사법기관이 실무기준을 위반할 경우에도 곧바로 민형사상의 책임으로 이어지지 않기 때문에 실무기준이 정하고 있는 '피해자의견진술'의 기회가 존중되는 경우가 15%에 불과할 정도로[3] 실무기준 준수 수준이 대단히 낮게 나타나고 있다. 이에 대해 피해자 담당관 Baroness NewLove는 "피해자보호 실무기준이 희망사항에 불과하다는 사실이 수치로 드러난 이상 누구도 피해자가 '형사사법 시스템의 중심'이라고 할 수 없을 것"[4]이라고 지적하며, 피해자의 권리가 법제화되어야 한다고 주장하고 있다.[5] 이와 함께, 실무기준의 준수여부를 감시할 수 있는 일관적인 제도가 없다는 문제점도 제기되고 있다.[6]

우선 실무기준의 준수여부를 감시하기 위해서는 준수여부 자체에 대한 데이터 확보가 필수적이겠지만 그 데이터의 확보자체가 불가능하다고 한다. 이는 전국적인 보고/준수 제도가

---

2) "경찰의 늘어난 팔이 아니었다면, 지원서비스가 의미있는 의견을 제공한다고 느꼈을 것 같다"고 답변한 사람도 있었다고 한다. Rossetti, P., Mayes, A., Moroz, A., Victim of the System: The experiences, interests and rights of victims of crime in the criminal justice process, Victim Support, 2017, p.21

3) Victims' Commissioner, *Victim Personal Statement: Victim Inequality 2015/16*, https://victimscommissioner.org.uk/victim-personal-statement-offer-inconsistent-approach/, 2017.

4) Victims' Code is not delivering entitltments for victims, http://victimscommissiner.org.uk/

5) https://victimscommissioner.org.uk/victims-commissioner-calls-for-new-victims-law/, 또한 Victim Support, Making a Victims Law a Reality, 2015 도 참조.

6) Rossetti, P., Mayes, A., Moroz, A., Victim of the System: The experiences, interests and rights of victims of crime in the criminal justice process, Victim Support, 2017, p.56 이하.

없기 때문이다. 이처럼, 전국적이고 집중적인 실무기준 준수/감시기관 없이 각 기관이 자체적으로 '자기평가'를 수행하는 구조이기 때문에 시민의 적절한 감시를 받을 길이 없다. 이에 따라 피해자 지원제도가 어떻게 실패하고 있는지 알 방법이 없고, 실무기준의 준수를 장려할 방법도 없다.

나아가 피해자가 실무기준에서 인정하는 권리(설사 권리라고 해도)가 침해되었다고 하더라도 이를 다투거나 바로잡을 만한 견고하고 단일한 불복절차가 존재하지 않고, 각 기관별로 상이한 불복절차를 마련해 두고 있어서 최대 14개의 형사사법기관을 거치는 피해자 입장에서 권리침해 주장이 거의 불가능하게 되어 있다.[7] 개별 기관에 대한 불복한 후에 PHSO(의회보건서비스 옴부즈만)에게 불만을 제기할 수 있지만, 이곳에 불만을 제기하기 위해서는 의원의 소개를 거쳐야 한다. 이처럼 복잡한 절차 덕분에 2015/16년 발생된 총 3백5십만건의 사건 중 24건이 옴부즈만에게 접수되었고, 그 중 3건에 대해 조사결정이 이루어졌으며, 단 1건에 대해서만 침해가 인정되었다.

2) 시사점

현재 법무부가 피해자 실무기준의 준수를 개선하고 감시하는 방법을 고려하고 있다고는 하지만,[8] 중앙집중적 이행감시와 지방분권형 피해자 지원제도는 개념적으로 상충되는 관계에 있기 때문에 어떤 감시방식이 도입될 수 있을지 의문이다. 궁극적으로 이와 같은 현상은 피해자의 권리를 법제화하자고 주장하는 피해자 담당관의 주장에서 나타나는 것과 같이 피해자의 '권리'가 아니라 형사사법기관의 실무기준인 이상 피할 수 없는 문제일 것으로 생각된다. 이와 같은 피해자의 '권리'가 실제로는 '권리'가 아니라 실무지침에 불과하다는 점은 피해자보호·지원제도의 중요성이 점차 그 힘을 받아가고 있는 우리나라의 제도운영에 있어서 참고해야 할 사항이라고 생각된다. 즉 피해자보호·지원은 피해자의 권리로서 보장되어야 하는 것이지 국가 혹은 지방정부의 사업의 일환으로 고려되어서는 안 될 것이다.

아울러 영국에서 피해자에 대한 이중적 지원체계로 인하여 피해자지원이 일관적이지 않다는 비판이 제기되고 있는 점은 현재 각 지역 경찰 중심으로 피해자 지원체계를 새로이 구축해야 한다는 주장이 제기되고 있는 재현될 수 있는 문제이므로 피해자보호·지원을 위에

7) 피해자보호법 §34. 형사사법기관의 실무기준위반이 곧바로 민형사책임을 일으키는 것이 아니라, 피해자가 그 기관을 상대로 인권침해 등을 주장할 때 하나의 증거로 고려되도록 한 법제에서도 이와 같은 문제점이 드러난다.

8) http://www.parliament.uk/business/publications/written-questions-answers-statements/written-question/Commons/2017-02-20/64646/

서 언급한 피해자의 권리로서 보장해야 한다는 것을 함께 고려한다면 지원기관이 지방정부 혹은 지역 경찰을 중심으로 이루어져야 한다는 것이 반드시 필요한 것은 아니라고 할 것이다.

2. 뉴질랜드

1) 장 · 단점

전세계에서 가장 모범적인 피해자 지원제도를 수행 및 구성해 가고 있는 뉴질랜드에 대해서 장단점을 평가한다는 것은 쉽지 않다. 인구 460만의 소규모 국가답게 각 지방 피해자 지원조직의 전국적인 결사체인 Victim Support를 중심으로 피해자 지원제도가 구성되어 있어서 영국과 같은 중앙정부와 지방정부 사이의 역할분담, 전국적인 서비스 표준 필요성 등에 관한 문제는 발생하지 않는다.

또한 영국이나 우리나라와 달리 뉴질랜드 범죄피해자의 권리는 문자 그대로 '권리'이기 때문에 (다소 변형된 절차에 의해) 법적으로 집행할 수 있는 구조로 되어 있어서 형사사법기관의 피해자 권리보호 실무지침 준수에 대한 감시가 강력하게 이루어지고 있다(각 부처별로 연차보고서에 피해자 지원관련 사항을 기재하도록 되어 있다). 다시 말해, 뉴질랜드의 피해자 지원 단체는 영국과 같이 비권리의 권리화를 위해 고군분투하는 단체가 아니라, 피해자의 권리를 보장할 국가의 의무를 대신 이행하는 단체라 할 수 있다. 이 같은 권리중심적 제도구성에 따라 피해자 지원서비스는 정서적 지원의 효과성과 금전적 지원의 효율성을 높이는 방식으로 구성되고 있는데, 이를 위해 법무부는 비부처 예산으로 피해자 지원예산을 편성하여 매년 예산집행 성과를 평가하든 등 피해자 정책의 개선을 위해 노력하고 있다.

2009년 법무부가 피해자의 권리와 지원서비스 접근성 개선을 위한 피해자권리제고를 위한 검토(Enhancing Victims' Rights Review)를 수행하였고, 이에 따라 피해자 센터 설치, 피해자 정보제공 웹사이트 개설, 피해자 권리 강화 등 여러 가지 개선을 이루었으며, 1996년부터 5년단위로 시행하는 범죄피해자조사를 통해 범죄피해자의 경험과 곤란, 형사사법제도의 문제점 개선사항 등을 지속적으로 발굴하여 개선해 나가고 있다.

오늘날 개인정보에 대한 자기 통제권이 중시되고 있어서 피해자의 정보를 경찰이 피해자 단체에게 공개하는 것은 법적으로 중요한 문제가 될 수 있다. 그러나 실제로 정보공개에 불만을 제기하는 피해자는 연간 다섯 손가락으로 꼽을 정도라고 한다. 우리나라나 영국과 같이 경찰 등 형사사법기관이 피해자에게 피해자 지원단체에 대한 정보를 제공하는 방식도 근저에는 개인정보 보호문제가 깔려 있다고 할 수 있다. 피해자의 입장에서 직접 지원서비스를 찾아가야 한다는 점도 대단히 불편한 점일 수 있는데, 뉴질랜드는 이와 같은 개인정보 보호의 문제를 개인정보보호법(Privacy Act 1993)에 의해 입법으로 해결해 두었다.[9] 이에 따라 뉴질랜드 Victim Support는 사건 신고 후 90분 이내 현장에 도착한다는 서비스 기준을 세울 수 있으며, 전반적인 피해자 지원 효과가 크게 높아질 수 있는 것이다. 그러나 우리나라에서는 개인정보보호법(제18조)에 의할 때에는 정보주체의 동의가 있거나, 범죄의 수사와 공소의 제기 및 유지를 위하여 필요한 경우가 아니면 개인정보를 제공할 수 없어서 피해자로 하여금 피해자 지원 단체를 직접 찾아가도록 할 수 밖에 없다.

2) 시사점

뉴질랜드의 제도구성은 근본적으로 피해자의 권리가 기본권과 같은 주관적 공권으로 인식됨에 따라 이와 같은 권리를 보장하기 위한 국가의 역할이 정치적 책무가 아니라 법적 의무로 인식되기 때문이라 할 수 있다. 이와 같은 구성적인 측면은 피해자보호·지원에 대한 관심이 점차 높아지고 있는 우리나라에서 그 제도를 운영함에 있어서 시사하는 바가 크다. 국가가 어떤 민간단체를 어떻게 지원하느냐, 누가 어떻게 수행하는 것이 더 적절한가의 문제는 제도의 지속적인 운영을 통해 해결이 가능하기 때문에 피해자기금의 안정적 확보, 피해자지원체계의 전문화 및 확대 등과 같이 제도 자체에 대해 제기되는 문제점을 해결하기 위한 근본적 대안이 될 수는 없다. 즉 피해자지원제도가 피해자를 은혜적으로 보호하는 제도가 아니라 피해자의 권리를 보장하는 제도라는 인식의 변화가 필요하다.

3. 미 국

1) 장·단점

미국의 범죄피해자 보호 및 지원제도의 특징은 연방차원에서 이를 실현하기 위한 기금을

---

9) Privacy Act 1993 별표 5는 법무부가 피해자 지원서비스를 제공하기 위하여 피해자의 신원정보에 접근할 수 있도록 하고 있다. Victim Support는 법무부의 업무수탁자로서 피해자의 신원정보를 경찰로부터 직접 제공받는다.

별도로 설립하고 그를 위한 다양한 재원을 확보함으로써 실질적인 보호와 지원 프로그램을 확대한 점이다.[10] 기금은 2000년도 중반에 고갈될 위기에 처하기도 하였으나, 그 후 지속적으로 확충되어 2012년도의 경우 기금의 25% 밖에 사용하지 않아도 될 정도로 충당되었으며 의회와 각 주 정부에서도 해마다 기금의 사용한도를 증액하고 있는 추세이다.[11] 즉 미국의 범죄피해자 보상에 있어서 가장 큰 특징이자 장점 중의 하나는 피해자보상을 위한 기금을 별도로 마련하여 탄력적으로 활용하고 있다는 점이라고 할 수 있다.

다음으로는 범죄로 인하여 발생한 피해에 대하여 완전한 범위의 보상을 국가 차원에서 해 줄 수는 없지만, 가해자가 신속하게 그것을 완전한 범위로 보상하도록 법원에서 배상명령(restitution orders)으로 결정하고 있는 점이다. 이로 인해 피해자는 그 경제적 손실에 대해서 원상회복을 청구 받을 권리를 보유하게 된다. 이는 헌법상 또는 각 주 정부의 형사법을 통해 대부분 규정하고 있어 피해자의 권리로 확고하게 보장되어 있다. 따라서 국가보상프로그램과 배상명령이 함께 피해자에 대한 완전한 원상회복을 위해 상호 보완적 역할을 담당하고 있는 것이다.

미국의 범죄피해자 보호 및 지원 프로그램은 여러 장점을 보유하고 있는 것도 사실이나, 미국 내부에서는 다음과 같은 지적을 받고 있기도 하다. 미국의 민간단체에서 지적하는 내용 몇 가지만을 살펴보면 다음과 같다.

첫째, 전체 폭력범죄 피해자 수에 비교할 때 피해자보상을 받기 위한 신청자 수는 약 4% 정도에 그친다고 한다. 이에 피해자보상혜택을 받는 대상자 수가 작아 대다수의 피해자는 혜택을 받지 못하고 있다는 비판이 제기되고 있다.

둘째, 대다수의 국민이 피해자보상프로그램을 잘 알지 못하고 있는 등 적극적인 구조 활동이 미흡하다는 지적이다. 통계에 따르면 보상신청자의 90%는 범죄피해를 당하기 전에 피해자보상제도가 있다는 것을 모르고 있었으며 자신이 그 혜택의 대상이 되는지도 모르고 있다고 한다.

셋째, 보상기금의 재원에 있어서 지나치게 형사벌금과 형벌부과금에 의존하고 있다는 지적이다. 주 정부 및 연방 기금의 경우 전체의 약 90% 가량이 범죄자로부터 징수한 벌금, 법정수수료, 몰수보증금 등으로 구성되어 있는데, 이에 따라 기금의 재원을 다양화하기 위한

10) Susan Herman, "Repairing the Harm", The National Center for Victims of Crime, 2004, p.24.

11) Irvin Waller, "Rights for Victims of Crime : Rebalancing Justice", Rowman & Littlefield Publishers, Inc. 2011, p.107; Robert C. Davis/Arthur J. Lurigio/Susan Herman, "Victims of Crime", fourth ed. SAGE, 2013, p.332.

노력이 요청된다고 한다.[12)]

2) 시사점

미국의 범죄피해자 보상에 있어서 가장 큰 특징이자 장점 중의 하나는 피해자보상을 위한 기금을 별도로 마련하여 탄력적으로 활용하고 있다는 점이라고 할 수 있다. 그러나 이러한 기금의 대부분이 형사벌금과 형벌부과금에 의해 구성된다는 점이 비판되기도 한다. 이러한 점은 우리나라의 기금운용 방식과 유사하다. 우리나라 역시 기금 역시 벌금수납액을 주재원으로 하고 있기 때문이다. 다만 미국과 달리 벌금수납액이 점차 감소하고 있기 때문에 피해자보호기금 역시 점차 감소하고 있다는 점에서 차이가 있다. 이에 우리나라에서도 벌금수납액의 비율을 증가하여 피해자보호기금을 안정적으로 확보할 필요가 있다.

미국의 경우 국가 차원에서 보상하지 못하는 부분에 대해서는 가해자가 신속하게 보상하도록 법원에서 배상명령(restitution orders)으로 결정하고 있는 점이 특징 중 하나이다. 그러나 이러한 제도는 가해자의 보상능력을 전제로 하는 것이기 때문에 우리나라에서 도입하기에는 어렵다고 판단된다. 다만, 미국에서 현재 논의되고 있는 기금재원의 확보를 위한 다양한 방안의 모색은 우리나라에도 적용되는 논의주제이다. 피해자보호 · 지원제도의 홍보를 통해 국민들의 인식전환과 더불어 기부금을 활성화하는 방안 혹은 구상권의 확대 등의 방안에 대한 논의가 이루어져야 할 것이다.

4. 일 본

1) 장 · 단점

일본의 범죄피해자지원제도의 가장 큰 특징은 국가기관인 경찰에 의한 주도적 지원체제를 구축하고 있다는 것이다. 경찰에 의한 주도적 지원체제는 가장 먼저 범죄를 인지할 수 있는 수사기관에 의한 지원체제가 이루어지고 있다는 점에서 범죄피해자 지원의 조기원조가 가능하다는 점이 장점으로 꼽힌다. 이러한 경찰주도적 범죄피해자 지원은 중앙집권적 서비스보다는 현중심의 현경찰청과 이들이 지정한 민간지원단체인 피해자지원 조기지원단체(각 현의 범죄피해자지원센터)가 지자체와 함께 지원하고 있다는 점에서 피해자지원에 효율적

12) Susan Herman, "Repairing the Harm", The National Center for Victims of Crime, 2004, pp.30~32.

인 체제라고 평가된다.

국가기관인 경찰이 주도적으로 지원하고 있기 때문에 ① 범죄피해자지원에 대한 투명성과 조기 지원이 가능하다는 점, ② 우리나라와 같은 5주년 단위로 공표되는 범죄피해자 지원계획에 근거한 지원이 원활하다는 점을 장점으로 꼽을 수 있다. 또한 지자체와 현경찰 그리고 민간지원단체의 상호원조와 협업을 위해 이들을 지원하는 협의체인 피해자지원 연합회를 두어 범죄피해자지원을 위한 구체적 회의와 구체적 지원전략을 수립할 수 있다는 점에서 분산된 지원제도와 지원기관들이 유기적이고 효율적인 지원이 가능하다는 점을 장점으로 꼽을 수 있다.

민가단체인 범죄피해자지원단체를 공안위원회에서 지정한다는 점이 특이하다. 각 도도부현에는 2017년 10월 기준, 각 도도부현 공안위원회로부터 범죄피해자지원단체로 지정된 47개의 민간피해자지원단체와 그 지정을 위한 (전국에) 1개의 민간피해자지원단체(공익사단법인 전국피해자지원네트워크와 가맹단체)가 가맹해 있다. 국가기관에 의한 지정으로 민간단체이지만 그 신뢰성을 확보할 수 있다. 그리고 해당 민간단체에서 활동하는 자들의 전문성을 확보하기 위해 지자체 단위로 진행되는 전문화 교육이 있으며, 이에 내각부가 중심이 되어 연수커리큘럼의 모델안을 제시함으로써 각 지자체의 활동자원의 전문성의 통일성(평균적 전문성)을 확보할 수 있다는 장점을 갖는다.[13] 피해자지원 급부금은 경찰에서 예산을 마련하여 지원하고 있으나, 민간단체로써 활동위한 자원은 지자체의 지원 외에 별도의 '공익재단법인 범죄피해자구조기금'을 설립하여 모금활동을 하고 있으며, 이러한 활동으로 관의존적 구조를 타파하고 독자적인 자체 활동을 할 수 있는 반면, 국가적 예산의 지원이 많지 않아 활동에 경제적 자원확보의 과제를 안고 있다.

아울러 범죄피해자지원을 위한 기관들 외에 범죄피해자들이 자체적으로 단체를 구성하여 상호 원조는 자조단체들을 결성하고 있다. 이들을 지원하고 이들의 활동을 파악하기 위해 각 현단위의 경찰청은 범죄피해자 자조단체의 등록과 지원을 하고 있다는 점이 특징이다. 우리나라의 경우 범죄피해자지원센터 중심의 피해자(유족포함)들의 지원체제를 구축하고 있는 수동적 활동에 비교하면 자체적인 단체의 결성과 상호원조의 능동적 활동을 하고 있다는 점에서 보다 적극적이고 능동적인 활동(예컨대 자체적 워크샵 등의 활동도 주기적으로 개최하고 있으며, 전국 단위의 네트워크도 형성하고 있음)이 가능하다. 실제 범죄피해자지원 정책의 방향

13) 범죄피해자 지원 전문가에 대한 상세한 설명은 일본 전국피해자지원네트워크 홈페이지 참조. http;//www.nnvs.org/network/about/develop/ 최종 방문일 : 2017. 11. 30.

성과 필요성을 끌어내는 것에도 상당한 영향력을 미치고 있다. 실제로 범죄피해자 지원의 활성화와 근거마련에 피해자의 자체적 단체를 형성하고 스스로의 목소리를 높혀 자신들의 상황과 지원의 요구가 일본 범죄피해자지원시스템을 마련하도록 하는 계기가 되기도 하였다. 스스로의 니즈를 지원기관에 요구할 수 있으며, 또 이러한 활동에 기반한 정책 방향성의 제안 등으로 적극적이고 현실적인 지원으로 연계할 수 있는 장점은 반면 단점으로도 작용하여 이러한 네트워크가 강하게 형성된 현과 그렇지 않은 지역간 공평한 지원을 지향하는 국가주도적 지원체제에 장애적 요소로도 작용하기도 한다(현재 일본의 경우 국제적 형사정책적 동향인 회복적 사법의 도입 등은 범죄피해자지원단체 등의 반대로 실제 형사사법 시스템 안으로 들어오는데 많은 어려움을 겪고 있다).

2) 시사점

일본의 경찰에 의한 지원체제는 우리나라의 경찰에 의한 지원체제로 바로 환원하기에는 많은 어려움이 있다. 이는 일본 경찰체제와 우리나라의 체제가 다르다는 점에 근거한다. 일본의 경찰은 가장 상위에 경찰청을 두고 있으나 이들이 직접 수사권이나 구체적 서비스지원을 하지 않고 일본 경시청 및 도도부현 경찰 본부를 감독하는 역할을 한다. 직접적인 수사활동이나 서비스는 각 지자체인 도도부현의 경찰이 담당하고 있다. 또 관료독선화와 정치경찰의 문제 등으로 경찰의 철저한 지방분권화와 민주화를 위하여 1,600개의 지방자치제 경찰로 세분화되었으며, 이러한 지방분권화와 정치적 중립성을 유지하기 위해 국가공안위원회를 두고, 지방에는 도도부현 공안위원회를 두고 있다. 이에 일본의 제도를 고려하여 현재 우리나라에서 주장되고 있는 경찰 중심의 피해자보호지원체제로 변경되어야 한다는 의견은 자치경찰제의 시행이 전제되어야 할 것이다.

민간단체의 운영과 관련하여서도 우리나라는 국가의 지원이라는 큰 틀에서 벗어나지 못하는 수동적 지원체계를 형성하고 있는 것에 반해 일본의 경우 자체적인 단체의 결성과 상호원조의 능동적 활동을 하고 있다는 점은 긍정적으로 그 도입이 검토되어야 할 것이다. 특히 일본의 경우 민간단체가 독자적인 운영에 의해 범죄피해자지원 정책의 방향성과 필요성을 끌어낼 정도의 영향력을 미칠 수 있다는 점은 민간단체 운영에 고려되어야 할 것이다.

5. 독 일

1) 장·단점

범죄피해자가 처하게 되는 어려움에 대한 적절한 대처와 지원활동은 국가의 노력만으로는 부족하다. 범죄피해자보호를 위한 민간단체활동의 역사가 오래된 독일에서는 범죄피해자지원과 보호를 위한 활동의 상당부분을 민간단체에서 수행하고 있는 점이 가장 큰 장점으로 작용한다.

민간단체 중 '바이서 링'은 전국에 걸친 범죄피해자지원사무소 외에 상시 사용가능한 '범죄피해자긴급전화'도 제공하는 등 피해자보호·지원을 위해 전국적인 기구를 조직하여 광범위하게 활동하고 있다. 이 단체는 범죄피해자에 대해서 민간차원의 지원을 제공하는데 그치지 않고 범죄예방분야에서도 활동하고 있다. 국가의 제도를 통해서 보장되고 있는 범죄피해자에 대한 제도와 연계하여 범죄피해자의 피해배상을 확보하여 주는 기능을 수행할 뿐만 아니라 형사소송 등에서 범죄피해자의 입장이 잘 대변되도록 법률적인 조력도 제공하고 있다. 일반피해자지원단체인 '독일피해자지원협회' 역시 각 지역에서 전문적으로 활동하는 다양한 피해자지원단체의 상부조직으로 작용한다. 이 단체의 주된 활동목표는 피해자지원단체 간의 정기적인 정보교환, 전문적인 피해자지원의 기준마련, 피해자지원 전문단체의 계속적인 설립 그리고 다양한 피해자단체 간의 협력강화이다.

그 외에 특정범죄, 특히 성폭력범죄나 이른바 혐오범죄, 즉 인종차별, 외국인적대, 동성애와 성전환 등의 혐오가 동기로 작용하여 피해를 입은 자에 대한 상담 및 보호에 특화된 피해자지원단체들도 다수 있다. 이러한 민간단체들은 구체적인 피해자지원활동은 물론, 극우폭력방지를 위한 캠페인이나 관련 집단의 이해관계를 위한 투입·파견과 같이 범죄예방을 위한 노력 또한 업무로 수행하고 있다. 그리고 모든 주에서 특히 여성과 아동을 위한 피해자지원서비스가 제공된다. 여성의 집, 여성상담소, 성폭력 및 가정폭력, 인신매매나 성매매의 피해자를 위해 전문화된 상담소와 시설들이 그것이다. 이러한 민간단체들은 관청이나 법원, 병원을 방문할 때 동반서비스, 지속되는 심리·정신적 문제해결을 위한 외래상담 또는 사후관리 등을 수행한다.

지역사회의 민간단체를 통한 지원체계는 범죄피해자가 시간의 흐름에 따라 필요로 하는 요구사항이나 처하게 되는 상황에 더 신속하고 구체적이며 세심한 도움을 유연하게 제공할 수 있다는 장점을 가진다. 그러나 16개 주에 분포되어 있는 각각의 민간단체가 개별적·독자적으로 피해자보호·지원을 수행함으로 인해 피해자에게 지원되는 서비스의 양이나 질적인 부분에서 주 사이에 차이가 있을 수 있다는 점이 단점으로 지적된다. 그러나 단점으로 지적된 지원의 질적 부분에서의 차이는 연방 전체에 걸쳐 활동하는 피해자지원 민간단체인 '바이서 링'과 '독일피해자지원협회' 등이 메워주고 있기 때문에 큰 문제는 아니라는 주장도 있다. 독일에서는 범죄피해자보호·지원과 관련하여 이와 같이 각 관련 기관이 조직적·체계적으로 운영되고 비교적 탄탄하게 자리를 잡은 상황이다 보니 컨트롤타워 기능을 하는 정부부처나 기관의 협력에 대한 필요는 느끼지 않는 것으로 보인다. 범죄피해자보호·지원 관련 정부기관 및 민간단체의 협력네트워크에 대한 문제점을 지적한 기사나 문헌을 발견하지 못했다.

독일의 경우 범죄피해자지원체계와 관련해서 큰 문제는 없어 보이고, 다만 범죄피해자지원 서비스를 받는 피해자 범위의 확장이나 재정확충 등의 문제가 거론될 수 있다.

'바이서 링'이나 '범죄피해자지원협회'는 피해자지원 유럽네트워크의 회원으로써 유럽연합 회원국의 피해자는 피해자지원을 받는 데 별 어려움이 없는데 비해, 비유럽국가 국민들이 보상을 받는 부분은 상대적으로 용이하지 않고 제한적이다. 또한 독일에는 관광객 범죄피해자를 위한 지원이 없다는 점도 문제점으로 지적된다.[14)]

독일에서도 범죄피해자를 재정적으로 지원할 수 있기 위한 재정확충방안에 대해서는 끊임없이 논의되고 있다. 범죄피해자에 대해서 국가가 금전적인 지원을 한다는 것은 경제적 부담을 수반하게 되므로 범죄피해자기금은 범죄피해자보상과 관련하여 중요한 의의를 갖는다. 몇몇의 유럽연합회원국들, 예컨대 벨기에, 리투아니아, 네덜란드, 폴란드 및 스웨덴이 운영하는 보상벌금제도, 즉 유죄판결을 받은 범죄자들이 범죄피해자서비스를 지원하기 위해 벌금을 지불하는 범죄피해자기금 등이 모범사례로 소개되기도 한다.

2) 시사점

범죄피해자에 대한 지원은 민간단체의 활동에 의해서만 이루어지거나 국가의 지원을 통해서만 이루어질 수 있는 것이 아니라, 민간의 지원활동과 국가의 각종 지원제도들이 상호간에 적절하게 연계되어 조직화되고 상호적인 지원활동이 이루어짐으로써 보다 철저하고

---

14) 반면 예컨대 아일랜드에는 아일랜드를 관광·방문하는 동안 범죄피해를 입는 관광객들에게 즉각적인 도움과 지원을 무료로 제공하는 전문서비스가 있다고 한다. 이러한 '아일랜드 관광지원서비스 (ITAS)'는 다양한 언어를 구사하는 직원과 자원봉사자에 의해서 운영된다 (FRANET, Victim Support Services in the EU: An overview and sssessment of victims's rights in practice. Germany, 2014, 35면).

효율적인 범죄피해자지원이 이루어질 수 있다. 독일에서 전국적으로 운영되고 있는 피해자지원시설 등은 각 주의 복지단체나 교회 관련 협회와 같은 민간단체에서 담당하며, 각 주는 관련기관 간의 유기적인 협력과 인프라 구축을 위한 재정적 지원을 담당하고, 연방정부도 관련 단체들을 지원하는 식의 피해자지원시스템을 갖추고 있다. 범죄피해자가 필요로 하는 서비스를 지역사회 서비스전달체계 네트워크를 통하여 전문적으로 분담하여 제공하는 독일의 지원체계는 범죄피해자지원단체가 일반범죄피해자지원과 각 특성별 피해자지원이 다양하게 운영되고 있는 우리나라의 제도 시행에 시사점을 준다, 즉, 독일의 바이서 링과 같이 특정한 범죄에 국한되지 않고 범죄피해와 관련한 전반적인 도움을 주는 지원단체 뿐만 아니라 범죄의 특성에 맞게 전문적인 원호가 가능한 특정범죄에 특화·전문화된 지원단체가 각각 독자적으로 운영되고 있다는 점에서 우리나라 역시 피해자지원단체들의 통합을 주장할 것이 아니라 각 특성별로 전문화된 기관으로 활성화하는 방안을 강구하는데 도움이 될 것이다. 아울러 운영예산도 정부의 기금보조 이외에 독자적인 기금마련방안을 강구하여 운영뿐 아니라 재정적인 측면에서의 독자성을 확보하는 방안을 마련해야 할 것이다. 독일의 경우 민간단체의 피해자지원에서 중요한 자원은 자원봉사자의 활동이라는 점도 고려해야 할 점이다. 우리나라의 경우에는 독일에 비해 자원봉사의 활동이 빈약하므로, 자원봉사의 훌륭한 문화를 장려하기 위한 대책이 마련되어야 할 것이다.[15)]

그 밖에 독일 대부분의 주정부는 범죄피해자를 대하는 실무자들(경찰, 검사, 판사, 법원 직원, 피해자지원단체 직원 등)을 대상으로 체계적인 연수를 실행하는데, 이러한 교육·훈련은 우리의 경우에도 필수적인 것으로 보인다.

15) 최영승·윤동호, “범죄피해자지원센터의 활성화방안”, 범죄피해자 보호 및 지원의 효율화 방안연구(법무부, 2006), 135면에서는, 자원봉사자들로부터 꾸준하면서도 적극적인 지원활동을 이끌어내기 위해서는 일정한 동기부여가 필요한데, 그 방법으로 국가 및 지방자치단체 차원에서 자원봉사활동을 공식적인 사회봉사활동 경력으로 인정하고 그에 대한 대가로 여러 혜택을 주는 방안을 예로 들고 있다.

6. 오스트리아

1) 장 · 단점

오스트리아에서 (폭력)범죄피해자 보호 · 지원제도는 민간단체를 통해 행해지는 간접적 보호 · 지원제도로서의 절차동반활동과 개입활동 그리고 국가의 직접적인 보호 · 지원제도로서 범죄피해자법에 의한 사회보장적 보상제도로 크게 나뉜다. 절차동반활동과 개입활동은 (폭력)범죄피해자들을 직접 상담하면서 보호 · 지원하는 활동이므로 국가기관이 직접 행하기보다는 민간단체를 통해 행하는 것이 적절하다고 여겨 계약을 통해 민간단체를 통해 간접적으로 행하고 있다. 반면에 구조금 지급 등 직접적인 경제적 보상은 사회보장적 성격을 가지는 것으로 보아 연방 사회 · 장애인청이 업무를 관할하며 민간단체를 통하지 않고 국가기관에 의해 직접적으로 이루어진다.

민간단체를 통한 간접적인 보호 · 지원의 경우 형사소송을 전제로 이루어지는 절차동반활동은 연방 법무부가 관할하지만, 형사소송을 전제로 하지 않는 (초기)개입활동 등은 연방 내무부, 연방 건강 · 여성부, 연방 사회 · 세대 · 소비자보호부의 공동관할에 속한다. 모든 (폭력)범죄피해자 보호 · 지원은 원칙적으로 연방 정부의 관할이므로 연방정부가 모든 주에 공통적으로 적용되는 일반원칙을 규율한다. 다만 청소년 복지(또는 아동 및 청소년 폭력피해자 보호 · 지원)의 경우 연방법률로 정해진 범위 내에서 주정부가 시행법률로 청소년 복지에 관하여 규율할 권한을 가지므로 다른 범죄피해자 보호 · 지원에 비해 상대적으로 더 많은 입법재량을 가질 뿐만 아니라 재원에 관해서도 주정부가 부담하는 비율이 상대적으로 더 크다.

아동 · 청소년 폭력피해자에 대한 보호 · 지원의 경우 상대적으로 주정부의 역할 및 주정부의 경제적 부담이 크지만, 그럼에도 불구하고 모든 범죄피해자 보호 · 지원제도는 원칙적으로 연방정부의 관할이고, 연방의회가 연방법을 통해 모든 주에 적용되는 일반 원칙을 규율하고 있는 것은 오스트리아 제도의 장점이라고 할 수 있다. 한편 오스트리아에서 연방 법무부는 형사소송을 전제로 하는 절차동반활동을 관할하고, 형사소송과 직접적 관련을 가지지 않는 피해자보호 · 지원 활동의 경우 연방 내무부, 연방 건강 · 여성부 및 연방 사회 · 세대 · 소비자보호부의 공동관할이며, 범죄피해자법에 의한 사회보장적 보호 · 지원은 연방 사회 · 장애인청의 관할인데, 이러한 규율방식은 범죄피해자 보호 · 지원활동의 특성에 따라 범죄피해자 보호 · 지원에 관련되는 연방부처의 관할을 명확히 하고 있는 것으로서 오스트리아제도의 장점이라고 할 수 있다.

위와 같이 오스트리아는 연방정부와 주정부의 권한, 관련 연방부처의 관할을 기본적으로 명확히 규정하고 있지만, 그럼에도 불구하고 아동 · 청소년 범죄피해자 보호 · 지원제도의 경우 연방과 주 간의 권한관계의 불명확성에 대한 비판이 있고, 연방 부처 간의 업무중복으로 인한 비효율성의 문제가 지적되고 있다. 전자의 문제는 헌법이 주정부에 세부사항의 규율과 관련하여 독자적 권한을 인정하고 있기 때문에 발생하고 있는데, 세부적으로 주마다 다른 기준이 적용될 수 있고, 연방과 주 간에 재원분담에 관한 마찰이 있는 경우 아동 · 청소년 범죄피해자 보호 · 지원이 제대로 이루어지기 힘들다는 것은 오스트리아제도의 단점이라고 할 수 있다. 한편 후자의 문제는 최근 오스트리아 정부도 이 문제를 인식하고 부처 간의 업무중복을 줄여 효율성을 높이는 방안에 대해 고민하고 있지만, 긴급전화(Notrufe 또는 Helpline) 서비스를 개선하는 방안 외에는 아직까지 명확한 개선방안이 제시되지는 않고 있다.

2) 시사점

범죄피해자 보호 · 지원제도를 규율함에 있어 연방에 주된 권한과 책임을 인정하고, 범죄피해자 보호 · 지원활동의 특성에 따라 관련 부처의 관할을 달리하는 오스트리아의 기본적인 규율방식은 우리나라가 참고할 만한 것으로 생각된다. 연방과 주 간의 권한분배에 있어서 범죄피해자 보호 · 지원의 세부기준을 적용함에 있어서 주마다 달리 할 수 있도록 할 것인가의 문제는 각 나라의 정치제도 및 경제적 상황에 따라 달리 인정될 수 있는 것이라고 보여지지만, 연방에 주된 권한과 책임을 인정하면서 구체적인 집행절차 또는 결정절차와 관련하여 주에 규율권한을 인정하는 오스트리아의 방식은 우리나라에도 도입이 가능할 것으로 판단된다. 즉, 범죄피해자보호 · 지원에 대한 주된 권한과 책임은 현재의 체계와 법무부에 인정하되 구체적인 집행절차와 관련하여서는 지방자치단체 혹은 지역 자치경찰 및 민간단체에 권한을 위임하는 방안의 도입이 고려될 수 있을 것이다. 그러나 이러한 범죄피해자 보호 · 지원체계의 변경은 관련 부처와 민간단체들이 지속적인 교류 · 협력을 강화하여 이에 대해 꾸준히 논의해야 할 문제이다. 이에 오스트리아가 오래 전부터 워킹그룹을 설치하여 연방부처 관련자 및 민간단체 대표자들이 꾸준히 지속적으로 교류하여 범죄피해자 보호 · 지원제도의 큰 틀에 대해서 논의하면서 제도를 개선해나가는 것과 같이 우리나라 역시 정부, 지방자치단체, 경찰, 민간단체 모두가 참여하는 워킹그룹을 설치하여 각 기관의 의견을 수렴하여 개선방안을 수립하여야 할 것이다.

Ⅳ. 범죄피해자보호 · 지원 기관의 정비

범죄피해자에 대한 지원은 형사절차에서 실체적 진실을 발견하고 피해자의 인권을 보호하기 위한 단계에서부터 사후에 범죄피해에 대한 구조금의 지급에 이르기까지 다양한 단계에서 요구되고 있다. 그러나 현재 우리나라에는 다양한 피해자 보호 · 지원기관이 설치 · 운영되고 있으나 의료서비스를 비롯하여 수사 및 법률서비스까지 제공되는 통합형모델은 스마일센터와 해바라기아동센터, 여성 · 학교폭력피해자 원스톱지원센터라 할 것이다. 해바라기아동센터와 여성 · 학교폭력피해자 원스톱센터는 보호 · 지원대상이 되는 피해자가 특정되어 있기 때문에 일반범죄 피해자를 위한 보호 · 지원활동을 위한 기관으로 보기는 어렵다. 범죄피해자지원센터 역시 통합형 모델을 지향하고 있으나 실질적인 통합형모델로 운영된다고 보기는 어렵다. 이에 피해자의 재활을 지원하기 위하여 향후에는 수사절차에서부터 사후 구조금 신청단계에까지 지원할 수 있도록 스마일센터와 범죄피해자지원센터의 업무를 활성화하고 그 운영에 있어서 내실을 기할 수 있는 방안을 마련하여야 할 것이다. 독일의 경우 '바이서 링'이 범죄피해자보호법의 제정을 이끌어낼 정도로 범죄피해자보호 · 지원에서 선도적인 역할을 하고 있고, 재정적 자립도 있다. 범죄피해자지원센터가 향후 지향해야 하는 모델이라고 생각된다. 범죄피해자지원센터와는 달리 피해자를 특정하여 운영하고 있는 아동해바라기센터 혹은 여성 · 학교폭력피해자 원스톱센터 역시 그 특성을 더욱 부각하여 전문화된 기관으로 발전할 수 있어야 할 것이다.

참고자료

• 국가별 비교표

국가	지원체계	기금(재원)	민간단체	특징 및 시사점
영국	범죄피해자보호·지원제도가 이원적 형태로 운영되고 있음. 대부분의 피해자 보호·지원은 지역경찰위원장이 담당함. 그러나 발생빈도는 낮지만 충격정도가 크고 전국적 수행이 필요한 경우에 한하여 중앙정부가 직접 수행함. - 법무부가 직접 피해자에게 범죄피해자보상기금, 긴급생계기금 등을 지급 (법무부 산하의 집행청인 형사피해보상관리청이 수행) - 법무부가 지방경찰위원장에게 보조금을 지급하여 지방경찰위원장이 피해자에게 보조금 지급 : 피해자 보호지원 서비스+회복적 사법+성폭력/가정폭력 피해자 지원	피해자지원부담금으로 충당함. - 벌금 납부시 추가로 15파운드 납부함. 수형자의 근로소득으로 충당함.	Victim Support : (종합적 피해자 지원단체 Women's Aid Federation : 가정학대 피해자 지원단체 Rape Crisis England & Wales : 성폭력 피해자 지원단체	피해자지원이 범죄종류, 국적 등을 불문하고 지원되고 있음. 피해자의 '권리'가 실제로는 '권리'가 아니라 실무지침에 불과하다는 점은 비판되고 있음. - 우리나라에서도 피해자보호·지원은 피해자의 권리로서 보장되어야 하는 것이지 국가 혹은 지방정부의 사업의 일환으로 고려되어서는 안 될 것임.

	피해자 보호·지원 제도가 지방분권형으로 전환된 후 중앙정부의 "one-stop-shop" 기능이 필요하게 되어 중앙정부인 법무부는 '피해자정보서비스(Victims' Information Service)"를 신설하여 운영하고 있음.			
뉴질랜드	법무부가 피해자정책을 결정하고 집행함. 피해자 보호기능은 법무부 산하의 피해자 센터(Victim Centre)를 통하여 수행함. 경찰은 피해자를 피해자 원단체에 연결해주는 기능과 피해자권리보호법에 따라 피해자에게 정보를 제공하는 기능을 수행함.	피해자기금은 법무부의 비부처(non-departmental) 예산으로 편성됨. 법무부는 피해자센터를 통해서 Victim Support 등 피해자지원단체에게 보조금을 제공하거나 조달계약을 통해 서비스를 확보함. 사고보상공사(ACC)가 사고보상제도에 따라 사고보상금 지급. - 사고봉사의 재원은 소득, 사업, 유류, 자동차등록 등에 추가납부하는 부담금과정부의 지원으로 충당됨.	Victim Support : 전국적인 피해자지원단체	자신의 과실로 인한 상해나 타인의 행위로 인한 상해를 보상해주는 '무과실 보상제도'로 운영됨. 피해자의 권리를 기본권처럼 인식하기 때문에 피해자 권리보장을 위한 국가의 역할 역시 정치적 책무가 아닌 법적 의무로 인식함. - 우리나라에서도 피해자지원제도가 피해자를 은혜적으로 보호하는 제도가 아니라 피해자의 권리를 보장하는 제도라는 인식의 변화가 필요함.
미국	범죄피해자기금(CVF)은 연방의 대표적인 정부기관인 법무부 소속의 OVC가 운영하고 있음.	범죄피해자기금은 재무부에 독립계정으로 창설됨.	National Organization for Victim Assistance: NOVA) : 종합적 피해자지원기관, 비영리 민간단체	피해자보상을 위한 기금을 별도로 마련하여 탄력적으로 활용하고 있음. 그러나 이러한 기금의 대부분이 형사벌금과 형벌부과금에 의해 구성된다는 점이 비판되기도 함.

	미국은 연방국가로서 주정부의 행정운영체계가 확립되어 있기 때문에 구체적인 범죄피해자보상제도는 주(State)에 의해 운영됨. - 주정부는 OVC의 CVF를 지원받아 운영함.	범죄피해자기금은 연방지방검찰청(U.S. Attorney's Offices), 연방법원(federal courts), 연방교도국(Federal Bureau of Prisons)이 징수한 연방형사벌금, 몰수된 보석보증금, 벌금 및 특별과세로 구성됨.	The National Center for Victims of Crime: NCVC : 연방 및 주 정부와 지역간 협력을 통해 범죄피해자의 권리와 보호 및 지원을 강화하는 단체 National Association of Crime Victim Compensation Board : NACVCB) National Association of VOCA Assistance Administrators : NAVAA)	이에 미국에서 기금 재원의 확보를 위한 다양한 방안을 모색하고 있음. - 우리나라에서도 기금의 안정적 확보를 위해 피해자보호·지원제도의 홍보를 통해 국민들의 인식전환과 더불어 기부금을 활성화하는 방안 혹은 구상권의 확대 등의 방안에 대한 논의가 이루어져야 할 필요가 있음.
독일	범죄피해자 보호 및 지원시설은 연방정부와 주정부가 직접 관리하지 않음. 연방정부와 주정부는 피해자지원 관련 민간단체를 지원하는 방식으로 피해자지원에 협력하는 역할을 담당함.	연방정부와 주정부가 피해자보상법에 근거하여 연방정부가 40%, 주정부가 60%를 각각 부담. 범죄피해자보상을 위한 기금은 국가의 일반재원으로 마련되고 있음.	'바이서 링'(Weisser Ring e.V.) 독일피해자지원협회'(Arbeitskreis der Opferhilfen in Deutschland e.V.) 특정범죄피해자지원단체 : 아동보호센터, 여성의 집, 전국 반(反) 인신매매 및 이주여성폭력 협회 등	외국인도 범죄피해로 인한 보상대상자에 포함. 범죄피해자지원·보호를 위한 활동의 상당부분을 민간단체에서 수행하고 있음. - 우리나라의 민간단체 운영을 위한 모델로 고려할 수 있음. 운영과 그 재원에 있어서 독자성을 확보하는 방안을 마련해야 할 것임.

오스트리아	오스트리아의 범죄피해자에 대한 보호·지원제도는 국가의 직접적 보호·지원과 민간단체를 통한 간접적 보호·지원으로 이루어짐. 국가기관은 직접적으로 범죄피해자들에게 경제적 보상을 하고, 민간 범죄피해자 보호·지원단체와 계약을 체결하여 범죄피해자 보호·지원활동을 위탁하는 형태로 운영함.	연방정부의 벌금 등 수입에 의해 이루어짐. - 절차동반 지원금은 형사소송법에 따라 유죄판결을 선고하면서 피고인에게 소송비용으로 1,000유로를 상한으로 부담하게 할 수 있음.	일반 범죄피해자 보호·지원단체 : 바이서 링(Weisser Ring) 특정범죄피해자지원단체 : - 여성 피해자 보호·지원 단체 : 여성의 집, 여성상담센터, 여성긴급전화 - 아동 피해자 보호·지원 단체 : 아동보호센터 - 폭력피해자보호센터 - 남성 폭력피해자 보호·지원 단체 : 남성 범죄피해자 상담소 - 노인 폭력피해자 보호·지원 단체	범죄피해자보호·지원에 있어 연방에 주된 권한과 책임을 인정하고, 범죄피해자 보호·지원활동의 특성에 따라 관련 부처의 관할을 달리하고 있음. 워킹그룹을 설치하여 연방부처 관련자 및 민간단체 대표자들이 꾸준히 지속적으로 교류하여 범죄피해자 보호·지원제도의 개선방안을 수립·시행하고 있음. - 우리나라 역시 정부, 지방자치단체, 경찰, 민간단체 모두가 참여하는 워킹그룹을 설치하여 각 기관의 의견을 수렴하여 개선방안을 수립하는 것이 필요함.
일본	일본의 범죄피해자 보호·지원의 주도적 역할은 경찰청이 담당함.	피해자기금은 국가(경찰청)의 일반 예산으로 충당하고 있음.	공익재단법인 범죄피해자구조기금 공익사단법인 전국피해자지원 네트워크 각 도도부현의 민간피해자지원단체 범죄피해자 조기지원 단체	국외에서 범죄피해를 입은 피해자 등에게도 위로금 등을 지급. 자치경찰제를 중심으로 피해자보호·지원제도를 운영하고 있음. - 우리나라에서 주장되고 있는 경찰 중심의 피해자보호지원체제로의 변경은 자치경찰제의 시행이 전제되어야 할 것임.

참고문헌

• 국내문헌

김봉수, 새로운 형사재판에서 피해자의 권리보호, 피해자학연구 제16권 제1호, 2008.

김학경/이성기, 영국지방자치경찰의 새로운 패러다임, 경찰학연구 12(1), 2012.

장규원, 우리나라 범죄피해자 지원제도의 발전방향, 피해자학연구 제13권 제1호, 2005.

박미숙, 형사사법모델간 피해자보호 프로그램 비교분석: 미국의 모델을 중심으로, 한국형사정책연구원, 2005.

박미숙, 현행법상 범죄피해자 지원방안, 피해자학연구 제10권 제2호, 2002.

박종렬/노상욱, 우리나라의 범죄피해자 지원제도에 관한 연구, 법학연구 제33집, 2009.

최현미/장수미/김연수/김혜성, 아동의 범죄피해를 경험한 위기가족의 사회적 지원체계 구축 연구, 사회보장연구 제25권 제2호, 2009.

원혜욱, 아동성폭행 피해자의 진술권, 저스티스 제115호, 2010.

홍영오/이수정, 범죄피해 청소년에 대한 보호방안 및 지원체계 연구, 한국형사정책연구원 보고서, 2006.

• 해외문헌

大谷實, 山上晧 編集代表, 犯罪被害者に対する民間支援, 東京 : 東京法令出版, 2000.

片山徒有 著, 犯罪被害者支援は何をめざすのか, 東京 : 現代人文社, 2003.

九州弁護士會連合會 大分県弁護會 編, 犯罪被害者の權利と救濟, 東京 : 現代人文社, 1999.

酒井肇 [外]著 , 犯罪被害者支援とは何か : 附屬池田小事件の遺族と支援者による共同發信, 京都 : ミネルヴァ書房, 2004.

椎橋隆幸, 高橋,則夫, 川出敏裕 著, (わかりやすい)犯罪被害者保護制度, 東京 : 有斐閣, 2001.

高井康行, 番敦子, 山本剛 著, 犯罪被害者保護法制解説 [第2版], 三省堂, 2008

日本弁護士連合會犯罪被害者支援委員會 編, 犯罪被害者の權利の確立と総合的支援を求めて, 東京 : 明石書店, 2004.

犯罪被害者支援法律實務研究會 編 , 山田 ひとし, 犯罪被害者支援の理論と實務, 東京 : 民事法研究會, 2006.

Crawford, A. & Enterkin, J., Victim Contact Work and the Probation Service: A Study of Service Delivery and Impact, CCJS Press Leeds, 1999.

Fry, M., Arms of the Law, Published for the Howard League for Penal Reform by Gollancz, 1951.

Fry, M., Justice for Victims, J. Pub. L. 8, 1959.

Home Office, Multi Agency Working and Information Sharing Project: Final Report, https://www.gov.uk/government/publications/multi-agency-working-and-information-sharing-project, 2014.

Linden (Policing and Crime Deputy Mayor), Integrated Victim and Witness Services Resource Plan 2017-2020, https://www.london.gov.uk/what-we-do/mayors-office-policing-and-crime-mopac/governance-and-decision-making/mopac-decisions-395, 2017.

Ministry of Justice, Getting It Right for Victims and Witnesses: Consultation Paper (Cm 8288), TSO, 2012.

Ministry of Justice, Getting It Right for Victims and Witnesses: The Government Response (Cm 8397), TSO, 2012.

Ministry of Justice, Victims' Services Commissioning Framework, https://www.gov.uk/government/publications/victims-services-commissioning-framework, 2013.

Ministry of Justice, Our Commitment to Victims, https://www.gov.uk/government/publications/our-commitment-to-victims-september-2014, 2014.

Ministry of Justice, Code of Practice for Victims of Crime, https://www.gov.uk/government/publications/the-code-of-practice-for-victims-of-crime, 2015.

Rape Crisis, National Service Standards: Summary Information for Partners, Funders and Commissioners https://rapecrisis.org.uk/userfiles/PDFs/RCNSS.pdf, 2012.

Schafer, S., Compensation and Restitution to Victims of Crime, Patterson Smith Publishing Corporation, 1970.

Victims' Commissioner, Victim Personal Statement: Victim Inequality 2015/16, https://victimscommissioner.org.uk/victim-personal-statement-offer-inconsistent-approach/, 2017.

Walklate, S., Handbook of Victims and Victimology, Routledge, 2012.

Wedlock, E. & Tapley, J., What Works in Supporting Victims of Crime: A Rapid Evidence Assessment, Victims' Commissioner & University of Portsmouth, 2016.

Wnuk, L., Victim Services: Serving Victims of Crime and Other Traumatizing Events CreateSpace Independent Publishing Platform, 2015.

FRANET, Victim Support Services in the EU: An overview and sssessment of victims's rights in practice. Germany, 2014와 독일 법무부 홈페이지 2016.9.15.

Bernadette Wolfslehner, Schutz vor Gewalt in der Familie. Maβnahmen gegen physische und psychische Beeinträchtigungen im Straf-, Zivil- und Verwaltungsrecht, Uni. Wien Dissertation, Wien 2014.

Gewaltschutzzentrum Steiermark, Reformvorschläge 2017, Mai 2017.

Ministerium für Frauen und Gesundheit, Grevio. Staatenbericht. Österreich, Wien 2016.

Sozialministerium, Gewaltschutz für Ältere Menschen. Befragung von Expertinnen und Experten über Möglichkeiten und Hindernisse bei der Umsetzung gesetzlicher Regelungen in Österreich, 2015.

Evelyn David/Brigitt Haller, Länderbericht Österreich, in: Evelyn David/Jutta Elz/Birgitt Haller (Hrsg.), Kooperation von öffentlicher Jugendhilfe und Strafjustiz bei Sexualdelikten gengen Kinder, Wiesbaden 2010, 106~138.

Dina Nachbauer, Opferhilfe - Erfahrungen aus Österreich, in: Leuschner/Schwanengel (Hrsg.), Hilfen für Opfer von Straftaten. Ein Überblick über die deutsche Opferhilfelandschaft, Bd. 1, Wiesbaden 2014, 145~165.

Arbeitsgruppe Verwaltung Neu, Aufgabenreform und Strukturbereinigung, 8.2010, (http://www.rechnungshof.gv.at/fileadmin/downloads/2010/beratung/verwaltungsreform/Aufgabenreform/Problemanalyse_Aufgabenreform.pdf).

FRANET, Victim Support Services in the EU: An overview and assessment of victims's rights in practice. Ausria, 2014.

Peter Pantuček-Eisenbacher, Was machen aus dem neuen KJJG?, 2014,S.3 (http://www.pantucek.com/texte/2014kjhg_reform.pdf).

Roland Fürst, Jugendhilfe: ein System der Hoffnungslosigkeit, 1. Oktober 2012, http://derstandard.at/1348284667154/Jugendhilfe-ein-System-der-Hoffnungslosigkeit

Stärkung der Opferrechte im Strafverfahren, http://www.sven-rissmann.de/index.php?ka=1&ska=1&idn=52

Cameron, B. J., Compensation for Victims of Crime: The New Zealand Experiment, J. Pub. L. 12, 1963.

Schafer, S., Compensation and Restitution to Victims of Crime, Patterson Smith Publishing Corporation, 1970.

Outtrim, L., VICTIM SUPPORT IN NEW ZEALAND – THE SIGNIFICANCE OF THE RELATIONSHIP WITH THE POLICE, Paper presented at the Restoration for Victims of Crime Conference convened by the Australian Institute of Criminology in conjunction with Victims Referral and Assistance Service and held in Melbourne, September 1999, p.3.

Ministry of Justice, Annual Report 2011/12, 2012/13, 2013/14, 2014/15, 2015/16, 2016/17

Victim Support, Annual Report 2012/13, 2013/14, 2014/15, 2015/16, 2016/17

• 기타 자료

https://www.bmjv.de/DE/Themen/OpferschutzUndGewaltpraevention/OpferhilfeundOpferschutz/Bericht_BundLaender_AG.html

www.bmj.de/OpferFibel

www.ash-berlin.eu/weiterbildung/zertifikatskurse/?&zertkurs=2013&zid=105
www.bundesjustizamt.de/DE/Themen/Buergerdienste/Opferhilfe/extremistisch/Haerteleistung_node.html.
www.deutsche-richterakademie.de
www.hamburg.de/oera.
www.kiel.de/rathaus/service/_leistung.php?id=9741600.
http://www.toa-bw.de/?projektbeschreibung,1
https://weisser-ring.de/
www.kinderschutz-zentrum-berlin.de.
www.frauenhauskoordinierung.de/index.php?id=20.
www.frauen-gegen-gewalt.de/projekt-zugang-fuer-alle.html
http://www.kok-buero.de/wir-ueber-uns.html
https://www.opferhilfen.de/
www.justiz.nrw.de/BS/opferschutz/allgemeine_informationen/opferschutz_strafverfahren/
www.fonds-heimerziehung.de.

Angragebeantwortung - 8485/AB vom 03.06.2016 zu 8864/J (XXV.GP) https://www.parlament.gv.at/PAKT/VHG/XXV/AB/AB_08485/imfname_536736.pdf
Anfragebeantwortung - 12770/AB vom 07.08.2017 zu 13300/J (XXV.GP) https://www.parlament.gv.at/PAKT/VHG/XXV/AB/AB_12770/imfname_663046.pdf
Anfragebeantwortung - 13159/AB vom 09.10.2017 zu 13980/J (XXV.GP) https://www.parlament.gv.at/PAKT/VHG/XXV/AB/AB_13159/imfname_671573.pdf

원 혜 욱

약 력

- 現 인하대학교 법학전문대학원 교수
- 이화여자대학교 법과대학 법학사
- 독일 프랑크푸르트(Frankfurt)대학교 법학석사/법학박사
- 변호사시험 출제위원 및 채점위원, 사법시험 출제위원 및 면접위원
- 5급·7급 공무원시험, 입법고시 등 출제위원 및 면접위원
- 대법원 양형위원회 양형위원
- 대검찰청 검찰개혁위원회 위원
- 인천지방경찰청 수사심의위원회 위원장
- 한국형사법학회, 한국피해자학회, 한국보호관찰학회 부회장

저서 및 논문

- 법학입문(피데스, 공저), 2004
- 소년법(세창출판사, 공저), 2006
- 로스쿨 형법각론(세창출판사, 공저), 2009
- 청소년문제론(공동체, 공저), 2010
- 피해자학(Victimology)(그린, 공번역), 2011
- 중간생략등기형 명의신탁과 횡령죄, 2016
- 전기통신금융사기에 사용된 계좌에서 현금을 인출한 행위에 대한 횡령죄 성립여부, 2017
- 청소년이 이해하기 쉬운 형법 1, 2(피데스), 2018 외 다수
- 형법 각론(피데스), 2017

손 진

약 력

- 현 한국예탁결제원 연구개발부 차장
- 성균관대학교 법학박사
- UC San Diego MBA
- 경북대학교 법학사/법학석사

저서 및 논문

- 주요 해외국 법집행기관의 금융거래추적 운영 실태에 대한 연구(한국형사정책연구원 연구보고서, 공저), 2017
- 형법의 정치도구화에 대한 성찰: 국가와 국민의 불편한 권력관계에 대하여 (성균관대학교, 박사학위논문), 2016
- 회복적 정의란 무엇인가: 범죄와 형벌을 바라보는 새로운 시각 (KAP, Howard Zehr의 Changing Lenses 번역서), 2010

홍 민 지

약 력

- 인하대학교 법학박사
- 전국 대학원생 지식재산 논문공모전 우수상 수상, 2007
- 대학원생 논문발표대회 최우수상 수상, 2009
- 한국지식재산학회, 산업재산권(제31호) 게재, 2010
- 한국형사정책연구원, 형사정책연구(제27권 제3호) 게재, 2016
- 인하대학교 우수강의상 수상, 2017

김 재 희

약 력

- 현 이화여자대학교 법학전문대학원 연구교수
- 현 서울중앙지검 형사조정위원, 천안지원 민사·가사조정위원
- 일본 게이오대학교 방문연구원
- 성균관대학교 일반대학원 법학박사(형사법전공)

박 상 민

약 력

- 현 고려대학교 법학연구원 전임연구원
- 독일 괴팅엔(Goettingen)대학교 법학박사

저서 및 논문

- Die strafrechtliche Behandlung gefaehrlicher Straftaeter, Goettingen 2015
- 폐지되었지만 폐지되지 않은 보호감호, 형사정책 2015
- 보안감호제도의 문제점과 입법론적 구성의 기본방향, 형사법연구 2016
- 교통사고와 형법, 비교형사법연구 2017
- 범행 동기에 따른 가중처벌의 문제점 - 혐오범죄를 예로 하여, 형사정책 2017 등.

박 경 규

약 력

- 현 경북대학교 법학연구원 연구원
- 독일 괴팅엔 대학교 법학박사
- 경북대학교 법학 학사·석사

저서 및 논문

- Rechtsnatur, konkrete Voraussetzungen und Legitimität der Beteiligungsform gemäβ Art. 25 Abs. 3 lit (d) IStGH-Statut, Goettingen:Duncker & Humblot, 2015
- 고소제도의 운영현황과 개선방안에 관한 연구(한국형사정책연구원, 공저), 2017

외 다수

범죄피해자보호제도론

2018년 12월 18일 초판 인쇄
2018년 12월 24일 초판 발행

저 자 : **원혜욱 · 손진 · 홍민지 · 김재희 · 박상민 · 박경규**
발 행 인 : **신 창 동**
발 행 처 : fides 도서출판
주 소 : 서울시 관악구 봉천로 485(3층)
전 화 : (02) 876-2246
팩 스 : (02) 876-2237
홈페이지 : www.fidesbook.com
e - mail : fidesbook@naver.com
등 록 : 1997년 11월 28일, 제320-2001-44호

ISBN 978-89-6479-412-8 93360 정가 16,000원